나를 일깨워주신 부모님을 위하여

# 목 차

## 옮긴이의 머리말

글자가 없다면 역사는 말할 것도 없고 찬란한 문화와 문명도 향유할 수 없을 것이다. 그런면에서 글자는 인간이 만들어낸 가장 위대한 발명품이라 할 수 있다. 전세계 인구의 3/4에 해당하는 사람들이 알파벳이나 알파벳에 기초한 글자체계를 이용하고 있으니, 알파벳이야 말로 인류의 찬란한 문화와 문명을 가능케 한 일등공신이라 할 수 있을 것이다. 따라서 그러한 알파벳의 기원과 역사 그리고 쓰임을 제대로 안다는 것은 무척이나 중요하고 의미 있는 일일 것이다.

그러나 우리의 알파벳은 오랜 세월 동안 여러 언어들을 거치면서 만들어진 결과인 탓에 그 기원을 정확히 알아내기가 어려웠다. 그러한 이유로 20세기가 다 끝나가는 무렵에 이르러서야 예일 대학교의 다넬(Darnell) 교수에 의해 이집트의 사막에서 발견된 두개의 명문에 근거하여 4,000여년전에 아무(Amu)라고 천대받으면서 노동자나 용병으로 이집트에서 거주하던 셈족 사람들이 이집트의 상형문자들 중 대략 27개를 택하여 처음으로 알파벳을 만들었음이 밝혀졌다. 삭스(Sacks)는 그러한 발견 덕택에 알파벳의 기원은 물론 각 글자들에 숨겨진 비사들까지도 탐사하는 흥미진진한 항해를 실행에 옮길 수 있었다.

삭스의 탐사여행은 한마디로 경이 그 자체였으며, 그러한 탐사여행에 동참하고 더 나아가 한글로 옮겨 출판을 하게 된 것은 커다란 즐거움임은 물론 생을 살면서 쉽사리 만날 수 없는 커다란 행운이라 생각된다. 이 행운은 영국 런던 대학교의 소아즈 대학(SOAS)(The School of Oriental and African Studies)에서 객원교수로 연구년을 보냈던 2005년에 시작되었다. 소아즈 대학이 대영박물관과 지근한 거리에 위치한 덕분에 박물관을 자주 찾을 수 있었다. 볼거리가 많았지만, 이집트관은 특히 흥미진진했고 늘상 관심을 갖게 만들었다. '배운게 도둑질'이라는 속담이 있던가? 로제타 스톤을 비롯한 상형문자에 관한 유물들은 항상 나의 발길을 붙잡았다. 귀국하기 전에 글자들을 카메라에 담으려고 시도해보았지만 촬영술도 미천했고 또 여러 가지로 여의치도 못했다. 그래서 기념품 판매소를 기웃거리게 되었고, 그러다가 억세게도 운이 좋게도 상형문자에 대한 책들은 물론 전혀 예상하지도 못했던 삭스의 *The Alphabet*까지 발견하게 되었다.

삭스의 탐사여행의 내용은 뜻밖의 큰 행운이었고, 격랑과도 같은 감동이었고, 신선한 충격이었다. 알파벳의 기원과 역사는 물론 인간 생활의 다양한 분야에서 알파벳 글자들이 겪은 많은 경험들을 생생하게 체험할 수 있었기 때문이었다. 그것도 교과서적이 아닌 방식으로, 그러나 그 어떤 교과서보다 훨씬 더 많은 것들을, 학교에서는 결코 배울 수 없는 것들을, 너무나도 흥미진진하게 보여주고 있었기 때문이었다. 영어학과 언어학을 가르치는 교수로서 느낀 즐거움과 풍성해진 지식을 관심이 있는 학생들은 물론 보다 많은 사람들과 나누어야 되겠다는 사명감을 느껴 한글로 옮기기로 작정을 하였다. 옮기는 작업을 하면서 그러한 작정은 큰 의미가 있는 것이었음을 확인할 수 있었다. 읽을수록 탐사여행에 푹 빠져들었기 때문이었다.

작업과정이 즐거움과 흥미로만 가득찼던 것은 아니다. 다방면에 걸친 지식이 부족하여 탐사여행의 세세한 즐거움을 즐기는데 조금은 어려움이 있었다. 외래어 한글표기 문제는 원어의 발음을 표기할 것인가, 영어식의 표기에 따른 발음을 옮겨야 할 것인가와 아니면 독자들에게 익숙한 표기를 따라야 할 것인가 사이의 끝없는 갈등을 강요하였다. 전혀 모르는 외국어에 대한 부담은 어려움을 배가시키기도 했다. 나름대로 원어의 발음에 충실하자는 원칙을 세웠지만, 가독성의 문제도 외면할 수 없어 결과적으로 일관성을 잃어버린 감이 없지 않다. 독자 여러분의 양해를 구할 뿐이다. 그러나 모쪼록 삭스가 탐사하여 얻어낸 지식과 지혜를 공유하고 그로 인해 독자 여러분의 삶이 한층 더 풍성해지기를 바란다. 아울러 보다 깊은 이해와 읽는 즐거움을 배가시키기 위해 시각적으로 다소 불편함을 초래하더라도 가능한 한 역자주를 많이 달려고 노력하였다. 모쪼록 이 책의 내용을 즐기는데 도움이 되기를 바란다.

번거로운 번역허가 절차와 출판을 흔쾌히 맡아주신 신아사의 정현걸 사장님과 책의 성격상 무척이나 복잡하고 까다로웠던 그래서 상당한 기간을 필요로 했던 편집작업을 휴일까지 반납하고 시간과 작업량에 쫓기면서도 묵묵히 감당해주신 최새봄 선생님에게 감사를 드린다. 외래어 표기를 비롯하여 여러 가지로 도움을 주신 동료 교수님들에게도 감사를 표한다. 작업에 쫓기느라 오랜 기간 동안 불량하기 짝이 없는 가장이 되었음에도 불평 대신 이런 저런 방법으로 도움을 주려고 애를 쓴 사랑하는 아내와 딸 그리고 아들에게 진심으로 고마움을 표하고 싶다. 끝으로 아직도 발견되지 않은 채 남아 있는 오역이나 오자 및 탈자 등의 실수는 전적으로 옮긴이의 책임임을 밝힌다.

2007년 12월

서천골 연구실에서

옮긴이 이 건 수 씀

# 머리말

이 책을 통해 알파벳 글자들에 숨겨진 이야기들로의 여행을 시도해 보려고 한다. 다도해에 산재해 있는 섬들을 탐사하듯 스물여섯 글자들을 하나하나씩 탐사해보려고 한다. 각 섬들의 지리와 환경을 간략히 더듬어보는 것은 물론 항로에 흩어져 있는 다른 섬들과의 관계도 탐사해볼 것이다. 어떤 섬들은 다른 섬들에 비해 숲이 더 울창할 수도 있고 지형이 더 험준할 수도 있다. 그러나 어떤 섬을 막론하고 언어, 문학 그리고 과거 4,000년의 역사에 대한 훌륭한 식견은 물론 실제적인 정신적 자양분을 제공해줄 것이다.

우리가 사용하는 알파벳 글자들은 어디에서 온 것일까? 글자들의 형태, 글자들에 배당된 소리, "알파벳 노래"로 불멸화된 순서는 어떻게 결정된 것일까? 왜 영어를 비롯해 스페인어, 체코어, 터키어, 스와힐리어, 베트남어 등 많은 언어들의 표기에 "로마자"를 사용하는데 반해 (러시아어, 그리스어, 아랍어, 힌디어 등과 같은 언어들의 표기를 위해서는 왜 다른 유형의 글자들을 사용할까? 글자라는 것은 정확하게 무엇일까? 알파벳이란 무엇일까? 그러한 질문들에 대해 이 책에서 확실하게 그리고 재미 있게 답해보려는 것이다.

사소하지만 더 흥미로울 수 있는 질문들도 있다. X는 왜 알려지지 않은 것을 의미하는가? 『O 이야기』(*The Story of O*)는 무엇인가? 아일랜드의 록밴드 U2의 이름은 어떻게 만들어지게 되었는가? "mother" (어머니)는 왜 M으로 시작되는가? Q가 지니고 있는 자부심의 근원은 무엇인가? 가장 나중에 알파벳에 합류한 두 글자는 어떤 글자일까? (답은 J와 V이다.) Z는 왜 미국에서는 "지"(*zee*)라고 불리는데 영연방국가들에서는 "제드"(*zed*)라고 불리는가? A는 원래 어떤 동물을 나타냈을까? (답은 황소다. A의 다리들은 뿔들인데, 3,000년전에는 위를 향해 있었다.)

한 글자에 한 장씩 할애하여 탐색하려고 한다. 각 장마다에서 기원전 1000년경의 페니키아 알파벳(Phoenician Alphabet)을 포함하여 고대 근동지역의 알파벳(ancient Near Eastern Alphabet)으로부터의 글자들의 기원을 간략히 설명한다. (알파벳의 기원과 관련하여 이 책은 이집트에서 기원전 2000년경에 알파벳이 만들어졌다는 사실을 공식화한 1999년에 있었던 장대한 고고학적 발견에 덕을 보았다.) 각 장마다 고대 그리스와 로마, 중세시대의 영국은 물론 그 다음 단계들에 걸쳐 해당 글자들의 역사를 추적할 것이며, 문학, 전통적 도상학, 현대의 판매정책과 대중문화 및 기타 다양한 분야에서 글자가 담당하는 중요한 역할들에 대해 이야기할 것이다. 승리를 의미하는 V, 부시 대통령의 별명인 "Dubya"를 의미하는 W, Xbox, 'X-files,' 'X-men' 등이 그 예들이다.

가능한 한 각각의 장마다에서 현대를 사는 독자들에게 각 글자들이 갖는 가장 중요한 의미—연설이나 시각적 매체 등을 통해 나타나는 성격—를 찾아 볼 것이다. 예를 들자면, A는 최상의 품질을 B는 영원한 차선을 뜻한다. C는 소리에 있어 일관적이지 못함을 뜻하는데, 그 이유는 C가 어린 시절에 불안정한 삶을 살았던 것에서 유래한다. O의 형태는 무척 매력적일 수 있다. S는 악행을 나타내든 자연을 나타내든 뱀의 글자이다. N을 발음하기 위해서는 코가 필요하다. 그리고 H는 음성학적으로 글자로서의 자격을 거의 갖추지 못했다.

글자들에 대한 이야기를 넘어 이 책은 부분적으로는 언어들에 관한 것이다. 무엇보다도 영어에 대한 이야기이지만 라틴어, 그리스어, 고대 셈족의 언어들 (셈어들 중 히브리어가 현대 언어에 가장 가깝다), 중세 및 현대 프랑스어를 비롯한 로망스어들, 독일어 등의 언어들도 모두 알파벳 스물여섯자의 이야기들과 관련이 있다. 비록 필자는 이들 언어 중 어떤 것도 말할 줄 모르지만, 약간의 배경적인 지식은 가지고 있으며, 이 연구에 있어서 정확성을 기하기 위해 분투하였다.

이 책에서는 알파벳을 설명하기 위한 수단으로 언어학적 주제들을 이용한다. 글자들은 언어의 외형으로 언어를 구성하는 작은 소리들을 표기하기 위해 기원전 2000년경에 만들어졌다. 글자들은 (영어, 고대 그리스어, 아랍어, 러시아어 등 어떤 언어에서든) 올바르게 결합된다면 단어들의 소리를 재생산해낸다. 구어를 출발점으로 택하고—시험관안에 들어 있는 것이 아니라면 어느 언어를 막론하고 글자로 표기되기 오래전부터 말로 말하졌다—의복과 같이 알파벳을 해당 언어들에 맞추어 조절한다면, 각 글자들의 역사와 의미가 부지불식간에 선명하게 드러난다.

알파벳에 관한 어떤 책들은 글자들을 주로 시각적 도안물로 간주해왔다. 시각적으로 본다면 글자들은 정말로 멋들어지게 만들어졌다. 그러나 그런 식으로 접근한다면, 글자들이 각각의 소리를 어떻게 얻게 되었는가를, 특히 글자와 소리가 불규칙하게 연결되는 경우를 설명하기 어렵게 만든다. C는 왜 E, I 또는 Y 앞에서는 그 발음이 부드러워지는가? J는 왜 영어에서는 "j" 소리를 나타내는데, 스페인어에서는 "h" 소리를, 독일어에서는 "y" 소리를 나타내는가? 그러나 글자가 아니라 언어소리로부터 시작한다면, 그러한 질문들에 답하는 것이 한층 쉬워진다.

하지만 이 책은 결코 교과서가 아니다. 따라서 이 책에서는 그러한 주제들을 철저하게 다루지는 않을 것이다. 철저하게 다루지 않는 것이 이 책을 전혀 지루하지 않게 만들 것이라 믿는다. 설명적이면서도 놀라울 정도로 흥미로운 시각으로 사실들을 추적해 나갈 것이다. 이 책의 목적은 알파벳에 대해 알게 하는 동시에 즐기게 만드는 것이다. 스물여섯개의 작은 형태의 글자들이 얼마나 흥미진진한가를, 수천년에 걸친 문화와 역사가 그 글자들에 어떻게 녹아들어가 있는지를 전달할 수 있기를 바란다.

온타리오주 오타와(Ottawa, Ontario)에서 발행되는 <오타와 시민>(*Ottawa Citizen*)에 알파벳 글자들에 대해 26주에 걸쳐 연재한 글들이 이 책의 바탕이 되었다. 2000년 1월부터 7월까지 매주 한 글자씩 다루었다.

그러나 알파벳에 대한 글을 써야 되겠다는 생각을 처음하게 된 것은 그 이전에 쓴 『고대 그리스 세계 백과사전』(*Encyclopedia of the Ancient Greek World*)(1995년 Facts On File 발행)을 집필하던 중인 1993년으로 거슬러 올라간다. 당시 미천한 지식으로는 감당하기 벅찬 엄청난 과제에 직면한 필자는 노심초사하면서 고대 그리스에 대해 연구하였었다.

연구의 주제 중 하나가 기원을 비롯한 기원전 800년경의 그리스 알파벳에 대한 것이었다. 기원전 800년경에 자신들의 글자가 없었던 그리스 사람들은 (오늘날 레바논 지역을 근거지로 하여 해상활동을 하였던 사람들로 알려져 있는 셈계의 한 족속이었던) 페니키아 사람들의 글자들을 베껴 자신들의 알파벳을 만들었다고 대학시절에 배운 바 있었다. 필자는 그것이 무슨 의미인지 이해도 못한 체 "그리스 사람들은 페니키아 사람들에게서 알파벳을 빌려왔다"라는 말을 답안지에 쓸 수 있었을 뿐이었다. 그저 유추하여 어느 정도 모방을 한 것 정도로만 항상 생각했었다. 다시 말하자면, 페니키아 사람들의 글자에 감명을 받은 그리스 사람들이 스물네개의 글자들을 만들어 사용한 것이 그리스의 글자들이 되었다는 정도로 상상했었다.

그러나 필자는 1993년의 연구를 통해 저간의 사정은 전혀 달랐었음을 알게 되었다. 말 그대로 그리스 사람들은 페니키아 글자를 베꼈던 것이다. (말장난이 아니다.) 그리스 사람들은 단지 페니키아 알파벳에 담긴 개념을 이용한 것이 아니라 실제로 페니키아 글자들을 베꼈고, 그 글자들을 이용하여 그리스어를 표기하기 시작했었던 것이다.

그렇다면 소리는 문제가 되지 않았을까? 그에 대한 실상을 알고는 아연실색하였다. 고대 그리스어와 페니키아어는 마치 영어와 아랍어가 다른 만큼이나 전혀 다른 언어들이었다. 그리스어는 (지금도 마찬가지이지만) 오늘날의 영어, 독일어, 스페인어, 러시아어 등과 같은 언어들이 속해 있는 인도-유럽어족의 한 언어였다. 반면에 지금은 사라져버렸지만 페니키아어는 전혀 다른 어족인 셈어족에 속하였다. 페니키아어 자체는 아마도 히브리어에 더 가까웠었겠지만 셈어족에 속하는 가장 대표적인 오늘날의 언어는 아랍어이다. 셈어족에 속하는 언어들과 인도-유럽어족에 속하는 언어들의 소리들은 전혀 비슷하지도 않았다. 두 어족의 어휘들 사이에는 관련성이 전혀 없었다. 그럼에도…

페니키아 알파벳은 스물두 글자였던 반면에 최초의 그리스 알파벳은 아마도 스물여섯 글자였다. 그리스 알파벳의 첫 스물두 글자는 순서, 형태, 이름 그리고 대체로 소리에 있어서 페니키아 알파벳과 거의 동일하였다. (다섯개의 모음글자들은 예외인데, 이는 그리스어의 모음소리들을 나타내기 위해 페니키아 글자들을 이용하여 새로 만들었기 때문이었다.) 그 이후 몇세기에 걸쳐 그리스 사람들은 페니키아 알파벳에서 벗어나 자신들의 알파벳으로 수정하려고 했다. 기원전 800년경에 이르러 그리스 사람들은 페니키아 글자들을 변형하기도 하고 덧붙이기도 하여 글을 쓰기 시작하였다.

600년대 당시에 문맹이었던 앵글로-색슨 사람들이 아랍 알파벳(Arabic alphabet)을 얻어다 고대 영어의 표기에 사용하기 시작했다면 어떻게 되었을까? 그들도 같은 일을 해낼 수 있었을까? 그렇지 못했을 것이라는 생각이 든다. 그리스 사람들이 했던 일과는 근본적으로 다르지 않겠는가?

필자는 1993년 당시에 그리스 글자들에는 필자 자신이 이해했던 것보다 더 많은 이야기들이 숨겨져 있을 것이 틀림 없다고 생각하였다. 페니키아 글자들을 어떻게 이용할 수 있었을까? 논리적으로 말한다면, 그리스어와 페니키아어는 너무나 달랐기 때문에 페니키아 글자들의 대부분이 그리스어의 소리들을 표기하는데 사용될 수 없지는 않았을까?

하루 종일 골똘히 생각한 끝에 결국 고대 그리스에 대한 책으로부터 알파벳의 역사로 필자의 관심이 옮겨지게 되었다. 알파벳의 역사에 대해 연구해본 적이 전혀 없었지만, 연구를 할 수밖에 없음을 느끼게 되었다. 학창시절에 무엇인가 근본적인 것을 놓친 듯하였다.

필자가 발견한 것은 글자들은 대체로 글자 자체에 적응성이 있는 탓에 어떤 유형의 언어적 방해가 존재하든 상관 없이 이 언어 저 언어에 사용될 수 있을 뿐만 아니라 세월을 건너뛸 수도 있다는 것이었다. 영어의 표기를 위해 사용되는 로마 알파벳은 그런 식의 단계를 네번이나 건너뛴 결과물이다. 그리스 사람들이 페니키아 글자들을 베껴서 사용한 이래 그라스 글자들은 (기원전 700년경에) 이탈리아의 에트루리아 사람들이 베껴서 사용하였다. 그리스어가 페니키아어와 다른 언어였던 것처럼 에트루리아어도 그리스어와는 다른 언어였으나 글자들은 쉽게 받아들여졌다. 그때의 글자들이 에트루리아어의 소리들을 표기하는 에트루리아 글자들이 되었다. 그런 다음 에트루리아 글자들은 로마 사람들을 비롯한 다른 이탈리아족 사람들이 베껴서 사용하였다. 로마 사람들이 사용한 언어는 라틴어였는데, 라틴어 또한 에트루리아어와는 전혀 다른 언어였다. 그런 다음 그 글자들은 또 다시 건너뛰기를 하였다. 로마가 이탈리아를 정복하고 유럽을 정복함에 따라 로마 알파벳은 로마와 로마가 지배하는 유럽지역의 글자가 되었다. (500년경에) 로마제국은 멸망하였음에도 로마 알파벳은 살아 남아 (600년경의) 초기 영어를 비롯한 새로운 언어들에 쓰이게 되었다. 그때의 글자들이 변화를 거듭하여 오늘날 우리가 사용하는 글자들로 변화되어왔다.

결코 영어만이 예는 아니다. 오늘날 로마 글자들은 폴란드어, 줄루어(Zulu), 아제르바이잔어(Azerbaijani), 인도네시아어, 나바호어(Navajo) 등과 같이 키케로(Cicero)가 전혀 들어보지도 못했던 그런 언어들의 소리들을 표기하고 있을 뿐만 아니라 100여개 이상의 언어들에서 날마다 사용되고 있다. 러시아어에 사용되는 키릴 알파벳(Cyrillic alphabet)

또한 마찬가지로 불가리아어와 몽고어에 사용되고 있다. 원래 아랍어를 표기하기 위해 만들어진 아랍 글자들은 이란, 파키스탄, 말레이시아는 물론 아랍어를 쓰지 않는 다른 지역들에서도 사용되고 있다. 이러한 일들은 글자들이 어떤 언어를 막론하고 뛰어넘을 수 있는 능력을 지니고 있기 때문에 가능한 것이다.

파헤치면 파헤칠수록 이러한 사실들이 더욱 더 중요해지는 듯했다. 결국 글자들은 언어의 소리들을 보여줄 수 있는 천재적 재능을 가지고 있다는 생각이 들었다. 글자들은 ("t," "p," "m," "u" 등과 같은) 소리의 가장 작은 단위를 나타내기 때문에 수적인 면에서는 언어에 따라 유동적이고 해당 언어의 소리들을 표기하는데 한치의 오차도 없다. 단어들의 소리들을 포착하기 위해 글자들은 필요하다면 무한히 연결될 수 있다. 이러한 사실이 글자들을 이 언어 저 언어로 옮겨져 쓰일 수 있게 만든다. 다시 말하면, 독자 여러분도 히브리 글자나 키릴 글자로 영어를 소리나는 대로 쉽사리 표기할 있다. (사무실 컴퓨터에 앉아 일을 하다 지루해진 사람들이 심심풀이로 이런 식의 장난을 하기도 한다.)

"사람들은 이런 개념을 이해하지 못하고 있고, 그런 것은 학교에서 배울 수 없는 것이다"는 생각이 떠올랐던 것이 회상된다.

필자는 알파벳에 대한 새로운 면을 알게 되었으며, 그런 관점에서—새로운 면을 알게 된 것은 단지 시작이었기 때문에—활자학, 음성학, 상품명과 디자인에서의 각 글자들의 사용, 표현에서 글자들이 지니는 심리적 전달내용 등과 같은 글자들이 지니는 다른 면들을 계속하여 파헤치기 시작했다. 그렇게 해서 찾아낸 것은 널리 알려 함께 공유할 가치가 있는 귀중한 지혜와 지식이었다.

## 세계 주요 글자체계

| 글자이름 | 사용 인구수 (제1언어) | 지역 |
|---|---|---|
| 로마 알파벳 | 19억 | 아메리카 대륙; 서유럽; 동유럽 일부와 구소련; 터키; 중앙아프리카와 남아프리카; 오세아니아주; 동남아시아 일부 |
| 중국 한자 | 9억 | 중국; 대만 |
| 아랍 알파벳 | 2.91억 | 근동; 북아프리카; 이란; 중앙아시아 및 동남아시아 일부 |
| 데바나가리 글자 (Devanagari) | 2.60억 | 인도 대부분 |
| 키릴 알파벳 | 2.52억 | 러시아, 동유럽 일부; 중앙아시아 일부 |
| 벵갈 글자 | 1.25억 | 인도 북동부; 방글라데시 |
| 일본 글자 | 1.18억 | 일본 |

세계 인구의 약 3/4에 해당되는 사람들이 알파벳이나 알파벳에 기초를 둔 글자를 자국의 글자체계로 사용하는 나라들에서 산다. 위 도표는 전세계에 걸쳐 다양한 식자수준을 고려하여 가장 많이 사용되는 7개의 글자체계들을 뽑아 만든 것으로 사용 인구수는 각 글자를 토박이 글자로 사용함은 물론 그 글자들이 각 지역에서 토착글자로 사용되는 지역의 대략적인 숫자이다. 7개의 글자체계 중 중국의 한자와 일본의 가나만 알파벳이 아니다.

## 세계에서 사용되는 알파벳들의 계보

우리가 사용하는 알파벳을 포함한 대부분의 알파벳은 그 이전 단계의 알파벳으로부터 만들어진 것이다. 글자들이 한 언어로부터 또 다른 언어로 옮겨져 사용된 것이다.

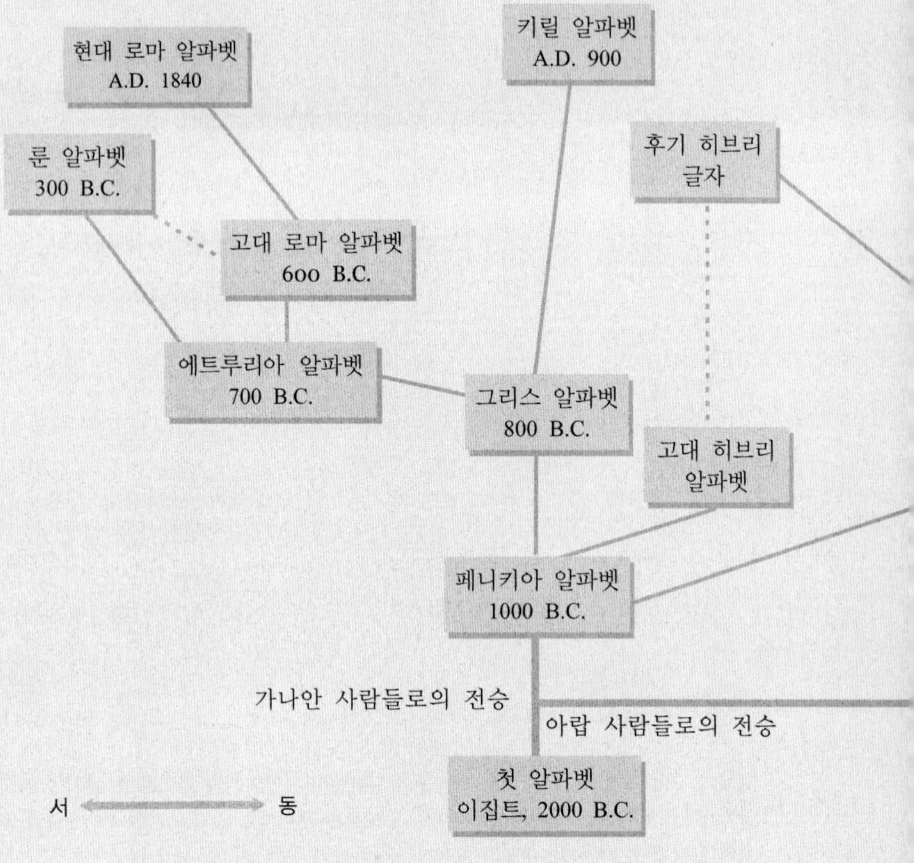


중국 한자와 일본 가나와 같은 알파벳 글자가 아닌 것들을 제외하면 오늘날 세계 도처에서 사용되고 있는 거의 모든 주요 글자들은 하나의 "알파벳 계보"에 속하며 주요 알파벳들은 도표에 보인 바와 같다. 위의 계보는 전적으로 기원전 2000년경에 셈족의 언어에서 처음 만들어진 알파벳으로부터 유래한다. 시조격

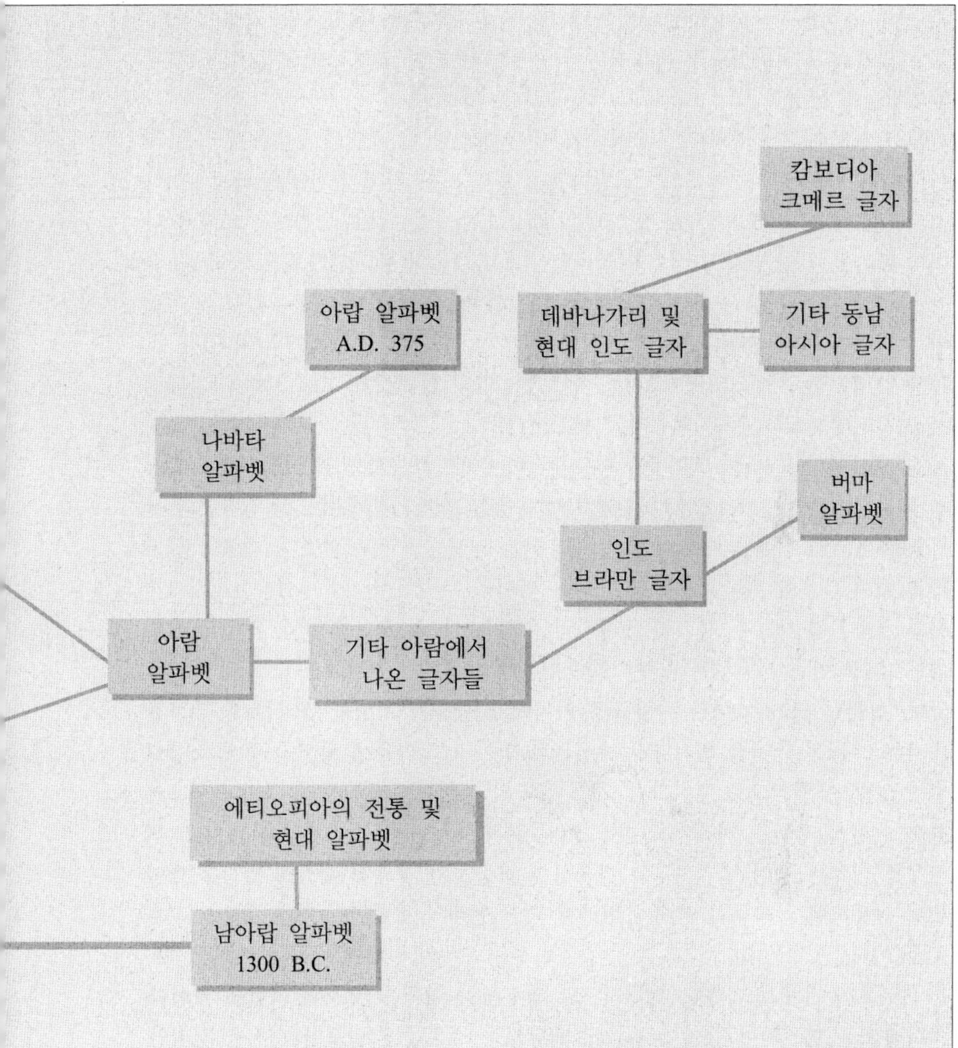


인 이 알파벳이 첫번째 자손인 페니키아 알파벳(기원전 1000년)을 만들어냈으며, 페니키아 알파벳은 현재의 레바논을 근거지로 해서 전세계로 확산의 길로 접어들게 되었다. 편리하게 사용되던 페니키아 글자들은 기원전 800년경에 이르러 다른 언어들로 적어도 네번은 베껴 옮겨졌다. 그 결과로 만들어진 알파벳들 중 아람 알파벳과 그리스 알파벳은 또 다른 알파벳들을 낳았으며, 그렇게 해서 새로 만들어진 알파벳들은 고대시대에 동서로 꾸준히 펼쳐져 나가면서 또 다른 알파벳들을 낳았다.

도표가 보여주는 바와 같이 로마 알파벳은 그러한 한 계열의 후손에서 나온 것이다. 페니키아 알파벳은 그리스 알파벳을 낳았고, 그리스 알파벳은 에트루리아 알파벳을 낳았고, 에트루리아 알파벳은 로마 알파벳을 낳았다. 원래는 고대 라틴어의 표기를 위해 만들어진 로마 알파벳은 로마제국이 붕괴되었음에도(500년) 살아 남아 초기 영어를 비롯한 유럽의 새로운 언어들의 표기에 사용되었다. 알파벳이 형성되던 여러 단계들에서의 특징들이 현재의 알파벳 글자들에 남아 있다. 오늘날의 ABC들은 페니키아, 그리스, 에트루리아의 알파벳과 고대 로마 알파벳에서 사용되었던 글자들의 최종적 결과물이다.

한 알파벳이 또 다른 알파벳을 어떻게 낳았는가? 요술과도 같은 글자들의 적응성 때문이라는 것이 답이다. 기원전 1000년에서 1000년경까지는 한 알파벳의 글자들을 베껴서 다른 언어에 맞추어 사용하는 일들이 되풀이되었다. 대체로 글자들을 베껴 사용한 사람들은 수혜를 받는 언어의 토박이 화자들이었다. (러시아의 키릴 글자처럼 때로는 종교를 전파하려는 선교사들의 도움을 받은 경우도 있었다.) 수혜를 받는 사람들은 대체적으로 기존에 사용하던 글자들을 갖고 있지 않았었다. 그러나 그들은 다른 사람들의 언어에서 사용되고 있던 글자들 중 스물둘 내지는 스물네 글자를 빌려다가 자신들의 언어의 소리들에 맞도록 고쳐 사용할 수 있었다. 구체적으로 말하자면, 개개 글자의 소리는 조정되었을 것이고 필요에 따라 어떤 글자들은 버리기도 하고 어떤 글자들은 새로 만들어냈을 것이다. 몇 세대를 거치는 동안 필기도구와 사용하는 사람들의 시각적 취향에 영향을 받아 베껴 사용하던 글자들의 형태가 변하게 되어 원래의 형태와는 다른 글자가 되었을 것이다.

새로운 알파벳 글자들은 점진적으로 영구적인 형태를 갖추어 나갔을 것이다. 역사적으로 연결되어 있어 글자들에 배당되는 소리들도 비슷한 순서를 갖지만, 결과적으로 어머니격인 글자들과는 형태가 다른 글자가 되었을 것이다. 그리고 새로 만들어진 알파벳을 글자가 필요한 다른 언어를 말하는 또 다른 이방인들이 접하게 되면 또 다시 "재생산의 과정"이 일어나게 되었을 것이다.

스물여덟 글자로 이루어진 한국의 한글은 이와 같이 만들어진 역사적 계보에 속하지 않는 유일한 글자체계로 1400년대에 독자적으로 창안된 것이다.

# 글자는 완벽하다

# 작은 글자들, 큰 개념

사람들에게 이 세상의 역사에서 가장 중요한 발명품들을 말해보라고 한다면, 아마도 바퀴, 전화기, 원자폭탄, 처음에 만들어진 계산기 등이 나열되는 것을 들을 것이다. (1960년대에 코미디언 멜 브룩스(Mel Brooks)는 자신이 진행하던 라디오 촌극 "2,000세 노인"(*The Two-Thousand-Year-Old Man*)에서 가장 위대한 발명은 사란 포장지[saran은 일종의 합성수지로 Saran Wrap은 saran으로 만든 포장지의 상표명이다: 역자주]라고 주장한 바 있다. 이러한 대답에서 간과되었을 법한 것은 독자 여러분이 바로 지금 눈으로 읽어 내려가고 있는 작은 형태들인 알파벳 글자들이다. 알파벳은 장대한 성공적인 발명품이기 때문이다. 그 수명과 현대의 일상생활에서의 사용정도 등에 근거하여 판단한다면, 알파벳은 바퀴에 비견될 수 있다.

알파벳은 이집트에서 기원전 2000년경에 단어들의 소리들을 보이게 하기 위한 방법으로 만들어졌다. 가장 처음에 알파벳을 사용한 사람들은 단어를 형성하는 소리들을 입술로 보여주면서 크게 소리를 내어 알파벳을 읽었을 것이라는 것은 의심할 바 없다. (고대로부터 중세시대에 이르기까지 글자를 읽는 표준적 방법은 소리를 크게 내며 읽는 것이었다.) 알파벳이 가장 처음 만들어진 글자체계는 아니다. 이집트, 메소포타미아 그리고 아마도 중국에는 알파벳 방식은 아니지만 이미 글자가 있었다. 그러나 알파벳은 현재까지 발견된 것 중 가장 효율적인 글자체계이다. 바퀴가 그랬던 것처럼 알파벳은 고대의 세계상을 변환시켰으며, 바퀴처럼 여전히 우리 곁에 있으며, 필요 없게 되는 일은 결코 없을 것이다.

오늘날 인류의 3/4이 넘는 약 48억의 사람들이 알파벳이나 알파벳의 변이형 글자체계를 사용하는 나라들에서 살고 있다. 대략 잡아 26가지의 주요 알파벳 체계가 전세계에 펼쳐져 있다. 국제적으로 사용되고 있는 세가지는 로마 알파벳, 아랍 알파벳 그리고 키릴 알파벳으로 각각 여러 나라들에서 여러 언어들에 사용되고 있다.

우리에게 익숙한 알파벳은 로마제국에 의해 서유럽국가들에게 유산으로 넘겨진 것으로 오늘날 이 지구상에서 가장 널리 사용되는 글자체계이다—로마 알파벳을 사용하는 언어는 대략 100개, 나라는 120개 그리고 사용인구는 전세계에 걸쳐 거의 20억에 달한다. 로마 알파벳의 이와 같은 통계적 우위는 영어(3억5천명의 토박이 화자가 있다)는 물론 스페인어(전세계적으로  토박이 화자가 3억 3천명에 달한다), 포르투갈어(토박이 화자가 1억 6천명이다)와 중앙아프리카와 남아프리카의 여러 언어들(2억7천명의 토박이 화자들이 있다)에 의해 사용되고 있다는 사실이 한 이유가 될 수 있다. 로마 알파벳의 다양한 변이형들이 있다. 예를 들면, 영어에서는 26개의 글자를 사용하나 핀란드어에서는 21개의 글자가 사용되고 있고, 크로아티아어에서는 30개의 글자를 사용한다. 그러나 이러한 변종들의 핵심에는 고대 로마에서 사용하던 23개의 글자들이 있다. (로마 알파벳에는 J, V, W는 없다.)

유일한 예외인 한국어의 (1400년대 중반에 독자적으로 만들어진) 한글이 있기는 하나, 놀랍게도 오늘날 사용되는 알파벳 글자들은 공동의 기원을 갖고 있다. 역사를 거슬러 올라가면 모든 알파벳들의 기원을 한 곳에서 찾을 수 있으니, 그 출발은 바로 기원전 2000년경에 처음으로 만들어진 근동지역의 알파벳이다. 계보는 직접적이며 실제적으로 연결된다. 로마 알파벳은 아랍 알파벳과 팔촌지간이고, 키릴알파

중국 한자들은 전형적으로 글자마다 각각 하나의 단어를 나타낸다. 위의 글자들은 왼쪽으로부터 "차," "듣다," "가운데"를 뜻한다. 가장 오래된 다른 한자들과 마찬가지로 "가운데"라는 기호는 그 글자가 의미하는 바의 그림에 가깝다.

벳과는 육촌지간이고, 그리스 알파벳에는 손자이다. (비록 우리가 사용하는 대문자들 중 절반은 "조부"인 그리스어 알파벳들을 닮기는 했지만) 대체로 다른 체계의 알파벳들끼리는 서로 비슷해 보이지 않는 것이 사실이다. 그러나 알파벳들은 일반적 원칙과 글자들이 지니는 소리들의 순서에 있어서는 친족관계에 있음을 보여준다. "알파벳"이라고 할 때 지칭하는 바는, 특히 이 장에서는 우리가 사용하는 알파벳은 물론 페니키아 알파벳과 아람 알파벳과 같이 현재든 과거든 실제로 사용되거나 사용되었던 알파벳 모두를 말하는 것이다.

지구 인구의 나머지 1/4인 14억의 사람들은 알파벳 방식이 아닌 글자체계를 사용한다. 근본적으로 그러한 글자체계를 이용하는 나라는 중국이며, 타이완과 일본도 그러한 나라에 속한다. 일본의 글자체계는 옛날로 거슬러 올라가 600년대에 중국의 한자를 빌려다 개조한 것으로부터 시작된다.

그러면 어떤 큰 차이가 있는가? 중국 한자는 왜 알파벳의 자격을 갖지 못하는가? 중국의 한자체계에서는 개개의 글자가 북경 관화어(Mandarin Chinese)[중국의 표준어: 역자주]에서의 단어들을 나타낸다. 그러한 식의 기호들을 단어문자(logogram)라고 부른다. (logogram은 "단어와 글자"를 뜻하는 두개의 그리스어 어간에서 온 단어이다.) 중국

한자는 근원적으로 음성적이 아니다. 다시 말하면, 한자체계는 소리를 전달하는 방식이 아니라 단어의 뒤에 숨겨진 개념을 전달하는 방식으로 작동하는 것이다. 도표의 세번째 글자와 같이 몇몇의 부호들은 정형화된 그림의 형태로 아예 자신들이 뜻하는 내용을 실제적으로 보여준다. 그런 종류의 부호들은 단어문자임은 물론 그림문자(pictograph)라고도 한다. (pictograph는 "그림으로 된 글자"를 뜻한다.)

통상적으로 영어 화자들이 "개"라는 단어를  로 적는다면, 그 글자는 그림문자가 될 것이다. 한편 "개"라는 단어를 서로의 약속 아래 ∅로 적는다면, 그것은 단어문자가 될 것이다. 그러나 우리는 두가지 방법 중 어느 것도 사용하지 않는다. 우리는 "dog"이라는 단어를 하나의 부호가 아니라 세개의 부호를 이용하여 적는데, 그 세개의 부호들이 합하여 "dog"이라는 단어의 소리를 재생산해낸다. 각각의 부호, 즉 글자가  말의 작은 조각들, 그러니까 단어의 부분들을 이루는 소리를 나타내는 것이다. 글자를 읽고 쓰기 위한 출발방법으로 유치원에서 또는 유치원에 다닐 무렵의 나이에 "A는 'apple'의 A, B는 'ball'의 B…"라는 식으로 외운 덕분에 우리는 부호와 소리 사이의 규약을 안다.

글자마다의 소리는 따로 분리해낼 수 있는 가장 작은 단위로 언어학자들은 이를 음소(phoneme)라고 부른다. 음소는 언어의 "원자"로, 항상 그런 것은 아니지만, 대체로 음절(syllable)보다 작다. [기껏해야 "icy"(얼음으로 만든)에서의 장모음 I나 영어 단어 "a"나 어떤 다른 모음들의 사용과 관련하여 볼 수 있는 바와 같이 하나의 음소가 하나의 음절인 경우도 있다.] "pencil"(연필)이라는 단어는 두개의 음절을 가지고 있지만 서로 다른 글자들로 깔끔하게 표시된 여섯개의 음소를 가지고 있다.

알파벳은 정의상 음소만을 부호화한 글자들에 의존하는 체계이다. 글자들은 서로 결합하여 단어를 쓰는 사람과 읽는 사람 사이에 공유하고 있는 특정 언어의 단어들의 소리를 보여준다. 알파벳은 정확한 소리들—즉, 해당 언어에 필수적인 대부분의 소리들—을 나타내기에 충분한 만큼의 글자들로 그 언어를 적절히 표기할 수 있어야 한다. 그러나 필요한 글자의 수는 놀랍게도 적어서 대부분의 언어들의 경우 30개가 채 안 된다. 러시아어의 키릴 알파벳은 서른세 글자이고, 아랍 알파벳의 변이형 중 이란의 파르시어(Farsi-language)를 표기하는 알파벳은 서른두 글자로 이루어져 있다. 인도의 데바나가리 글자의 경우는 글자가 마흔여덟개에 달하는데, 데바나가리와 그에 관련된 인도 글자들은 순수한 알파벳이면서도 (아래에서 정의될) 음절문자(syllabary)의 범주에 속하기도 한다.

알파벳은 인간의 언어들은 그리 많지 않은 수의—대체로 언어에 따라 20개에서 40개 사이의 음소들이 존재한다—음소들을 이용한다는 사실을 이용한다. 어떤 언어에 수만개의 단어들이 존재한다고 해도 그 단어들을 분석해보면 겨우 수십여개의 기본적인 소리들이 있을 뿐이다. 물론 모든 언어에 똑같은 40여개의 소리가 있는 것은 아니다. 아랍어와 영어는 많은 소리들을 공유하고 있지만, 아랍어는 영어 화자들이 결코 요람에서 배워 본 적이 없어 발음할 수 없는 인후흡기음[throat click: 목구멍을 딸깍거리면서 내는 소리: 역자주]과 같은 소리들을 필요로 한다. (같은 이유로, 때로는 기분전환을 위해, 파리 사람에게 영어 단어 "law"(법)를 발음해보라고 부탁한다면, 아마도 "loe"와 비슷하게 발음하면서도 그 발음을 하기 위해 무진 애를 쓸 것이다.) 어느 지역의 사투리인가에 따라 다르기는 하지만, 영어는 대체로 44개에서 48개나 되는 다소 많은 수의 음소를 갖고 있다. 영어가 이처럼 많은 수의 음소를 갖게 된 것은 부분적으로는 두개의 다른 언어군에 속하는 게르만어와 프랑스어 및 라틴어의 영향으로 풍성한 유산을 물려받았기 때문이기도 하다. 영어의 음소들 중 거의 절반은 파리 사람들에게는 고통을 안겨주는 "law"와 같은 단어의 A와 같이 약간씩 색조가 다른 모음소리이다.

글자들은 이중의 임무를 수행할 수 있어 44개의 음소를 표기하기 위해 44개의 글자들을 필요로 하지는 않는다. 영어의 철자법은 하나의 모음에 여러개의 소리들을 배당하기도 하고 [go(가다), got(얻었다), ton(중량의 단위) 등] 어떤 소리들을 표기하기 위해서는 OI, CH, TH와 같이 글자들을 짝을 지우기도 한다.

여타의 글자체계에 비해서 알파벳 체계는 보다 적은 수의 글자를 필요로 한다는 큰 이점이 있다. 그 어떤 다른 글자체계도 그렇게 소수의 글자로는 운영될 수 없다. 바로 이런 점이 알파벳을 배우기 쉽게 만든다. 단지 20여개 정도의 글자만 외우면 글을 읽고 쓸 수 있는 능력을 쌓을 수 있고 겨우 5년이면 그런 능력을 발휘할 수 있다.

글자를 외우는 과정은 간단해서 5세 내지 6세 정도의 아이들이면 충분히 해낼 수 있으며, 알파벳을 이용하여 글을 읽고 쓸 수 있는 능력을 기르는 전 과정을 근로를 할 나이에 도달하기 이전에 모두 숙달할 수 있다. 글자를 배우니라 생계에 어려움을 겪을 일도 없다. 이러한 결정적인 요인이 역사적으로 알파벳을 대중들이 글을 깨우치는 중요한 수단이 되도록 만들었다. 알파벳이 만들어짐에 따라 알파벳이 만들어지기 이전 사회의 상황과는 달리 농부, 상인, 노동자들도 읽고 쓸 수 있게 되었다. 오늘날의 학자들은 비밀스러운 이집트 상형문자를 읽을 수 없었던 비천한 사람들을 위해 알파벳이 만들어졌다고 믿는다.

26자로 되어 있는 우리의 알파벳을 중국의 한자체계와 비교해 보라. 중국의 한자체계는 전체적으로는 60,000여개나 되는 글자로 이루어져 있으며, 교육을 받은 사람들이 일상생활에서 읽고 쓰는데 필요한 글자만도 적어도 2,000개나 된다. 이러한 이유로 1949년 당시 공산국가였던 중국에서는 대중의 대부분이 문맹이었던 사실이 가능하였다. 오늘날의 중국 아이들은 글자를 숙달하기 위해 여분의 시간 대부분을 보냄은 물론 서구의 아이들이 읽고 쓰기를 배우기 위해 소비하는 시간보다 대체로 3년이라는 세월을 더 필요로 한다. 부호화의 문제가 있음에도 불구하고 중국의 한자체계는 국가적 필요에 부응하는 면도 있기는 하다. 중국에는 8개의 방언들이 있는데 관화방언의 어휘에 맞추어

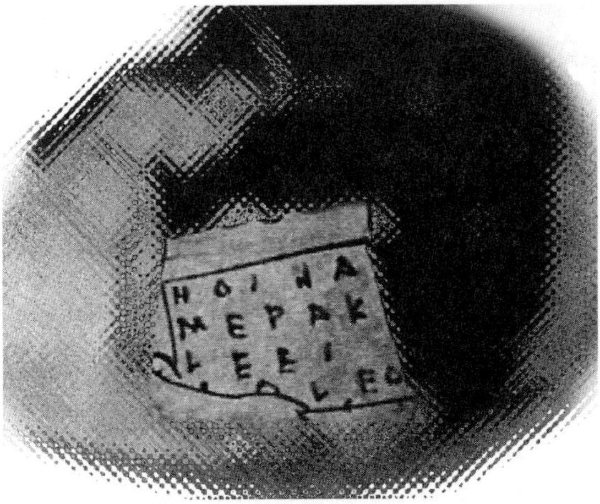

그리스 글자들은 어린 아이들도 숙달하기에 충분할 만큼 간단하다. 파피루스 두루마리에 잉크로 쓰여진 그리스 글자들은 고대 아테네 시대의 어린 아이가 문학수업을 받을 수 있게 만들었다. 위의 그림은 기원전 470년에서 450년경 사이로 추정되는 도자기에 그려진 것이다. 두루마리에 보이는 문구 hoi hamera kleei는 "행동을 하는 사람들은 세월이 유명하게 만든다…"는 의미로 시의 한줄인 듯하다.

져 있기는 하지만, 단어문자체계인 한자는 알파벳 방식의 표기에 비추어 관화방언 화자가 아닌 사람들에게도 적어도 어느 정도는 통할 수 있다. 성조라는 또 다른 요인도 있다. 관화방언과 광동방언(Cantonese)과 같은 중국 언어들은 성조에 의해서만 구분되는 많은 수의 동음이의어를 갖고 있다. 예를 들어, 관화방언에서 *ma*라는 단어는 성조의 변화에 따라 "어머니," "말," "꾸짖음," "삼(대마)" 또는 다른 것들을 뜻할 수 있다. 중국의 글자체계에서는 다양한 *ma*에다 다른 글자들을 부여하여 간단히 해결할 수 있지만, 알파벳 방식의 글자체계에서는 그 단어들을 서로 다르게 보이도록 만드는 것이 어렵다. 중국어에 알파벳을 사용하는 것이 적당치 못하다는 사실은 중국어 단어들을 로마자로 옮기는 병음체계(Pinyin system)[중국어의 로마자 표기법의 하나: 역자주]에 종종 혼란이 초래된다는 사실에 잘 나타나 있다.

역사상으로 알파벳 방식이 아닌 글자체계가 지녀온 족쇄는 많은 수의 부호를 축적해야 한다는 것이었다. 고대 근동지역에서는 알파벳이 만들어지기 이전에 두가지 중요한 글자체계가 있었다. 두 체계 모두 정교하고 표현력이 풍부했지만, 그 사용은 전문가들에게로 한정되었었다. 이집트의 상형문자는 그림문자, 단어문자와 더불어 음성부호들로 이루어져 있다. 연결하여 쓰여진 그림부호들이 700여개나 있었다. 바빌로니아판으로 대표되는 메소포타미아 지역의 설형문자는 600여개의 부호들로 이루어졌으며, 그중 반 정도의 글자들이 규칙적으로 사용되는 음성문자였다.

음성문자였기 때문에 설형문자체계는 알파벳과 마찬가지로 단어들의 소리들을 재생산해내었다. 그러나 설형문자는—우리가 사용하는 알파벳 글자들의 유연성을 보다 잘 이해하기 위해 한번 살펴볼 가치가 있는−음절문자체계였다.

음절문자체계에서는 부호가 음절 전체를 나타낸다. "pencil"(연필)이라는 단어는 ▲가 "pen"이라는 소리를 나타내고 ╛ 가 "sil"이라는 소리를 나타낸다면 그 단어는 ▲╛ 과 같이 두개의 부호가 될 것이다. 여기까지는 간단하고 합리적으로 보인다. 그러나 개별 언어들의 소리들에 따라서는 ▲╛ 가 얼마나 유용하게 쓰일 수 있는가의 문제가 있다. 영어에서라면 별로 유용하게 쓰일 수 없을 것이다. ▲가 "pig pen"을 표기하는데 도움이 되고, ╛ 가 "silver"를 표기하는 데는 도움이 될 수 있을 것이지만, ▲와 ╛ 라는 부호를 함께 사용하려면 보다 많은 시간을 들여야 할 것이다. 그런가하면 다른 부호들도 필요할 것이다. 지속적으로 새로운 부호들을 만들어야 할 것이므로 부호들의 수가 수백개로 늘어나게 될 것이다.

현대 언어 중에는 알파벳 방식과 음절문자 방식 중간 정도의 글자체계에 적합한 언어들도 있다. 힌디어(Hindi)와 한국어가 그러한 예들이다. 그러나 영어의 경우에 음절문자는 대혼란을 불러올 것이다. ▲

와 ㅕ 같은 불완전한 부호들이 얼마나 많이 필요할 것인가—한 200여 개 정도 필요할 것인가? 우리의 글자체계에서는 A와 B와 같은 2개의 부호가 우리 알파벳의 거의 8%에 해당된다. 영어의 경우 2개의 음절 부호를 사용하는 것보다 A와 B를 사용하는 것이 훨씬 더 효과적이다.

글자들은 음소단계의 소리들을 나타내며, 그 어떤 부가적 소리들의 짐꾸러미의 방해를 받지 않기 때문에 최대의 효율성을 일궈낼 수 있다. "pencil"을 이루는 6개의 글자들은 쉽게 분리해낼 수 있어—"linen"(아마 직물), "Nile"(나일강), "stipend"(급료), "clip"(잘라내다) 등과 같은—무수히 많은 다른 단어들에서 재사용될 수 있다—그리고 예로 든 단어들은 "pencil"과는 전혀 소리가 같지도 않다. 글자들은 쬠쇠식의 기발난 도구여서 필요에 따라 서로 다른 글자들과 어울려 사용될 수 있기 때문에 실제 사용에 있어서는 적은 수의 글자만 있으면 된다. 26개 글자를 가지고 거의 500,000개에 달하는 영어 단어를 아주 적절하게 표기해낼 수 있다. 실상 이론적으로는 글자를 한두개 없앨 수도 있다. 예를 들어, Q를 없애고 "queen"(여왕)을 "cween"이나 "kween"으로 쓸 수도 있다.

글자가 지니는 천재적 자질은 단순성과 정확성을 결합하는 방법에 있다. 그 수는 적지만 놀라울 정도로 유동적이며 몇개씩 모여 하나의 그룹을 이루어 다재다능하게 작용한다. 글자들은 다양한 소리들을 나타내기 위해 그 수를 헤아릴 수 없을 만큼 다양하게 배열될 수 있다. 글자들은 단어들의 소리에 멋들어지게 달라붙어 "fill"(채우다)과 "film"(영화), "ascetic"(금욕적인)과 "esthetic"(탐미주의자), "serendipity"(우연히 발견하는 능력)와 "pterodactyl"(익수룡), "Mooselook-meguntic" 등과 같은 구성들을 보일 수 있다. 발성기관들은 소리를 나타냄에 있어 글자들보다 훨씬 더 정확하지도 정교하지도 못하다. 적어도 대부분의 언어들에 있어서 그렇다.

단지 글자들이 지니는 정확성이 열광할 주제는 아니다. 정확성은 알파벳에 대한 아주 중요한 사실들로 연결되는 문이다. 즉, 우리의

26개 글자들의 배경과 그 뒤에 숨겨져 있는 많은 양의 세계문화를 이해하기 위한 열쇠이다. 다시 말하면, 글자들은 언어들을 건너뛰어 넘을 수 있다는 것이다. 글자들은 말소리들을 보여줌에 있어 무척이나 현명하여 어떤 특정의 언어에 국한되어 사용될 필요가 없어 때로는 어떤 특정의 언어에서 또 다른 특정의 언어로 곧바로 옮겨져 사용될 수도 있다.

두 언어의 성격이 전혀 다를 경우에 조차도 종종 글자들은 옮겨져 사용될 수 있다. (알파벳의 아주 초기 단계들로부터 물려받은) 핵심적으로 선택된 소리들은 거의 범언어적인 탓에 몇가지 변화만 주면 대개 글자들은 다른 언어에 적용될 수 있다: 서너개 글자들의 소리를 새로운 소리에 맞도록 조정하거나, 한두개의 글자를 만들거나, 필요가 없는 글자를 버리거나 하는 것이다. 이것이 바로 다양한 현대 언어들이 같은 알파벳임에도 사용하는 글자들의 수가 다른 알파벳을 가지고 있는 이유이다.

역사적으로 보건데 글자들은 이 언어 저 언어를 거치면서 사용되어 왔다. 원래 바로 그것이 글을 읽을 수 없었던 사람들 사이에서 알파벳이 만들어져 사용되면서 고대 세계에서 널리 퍼져 나간 방법이었다: 알파벳은 유태 사람들, 아람 사람들[Aram및 그 주변에 살던 셈족: 역자주], 그리스 사람들, 에트루리아 사람들, 로마 사람들과 그외 다른 나라의 사람들에게 퍼져 나갔다. 열거된 나라의 사람들은 서로 다른 언어들을 사용하였다. 그러나 그들은 각각 다른 언어를 사용하는 사람들의 알파벳을 베끼는 한편 글자들을 자신들의 언어에 맞도록 개조함으로서 자신들의 알파벳을 얻었다. 로마의 장군으로 기원전 59년에 골(Gaul) 지역에 입성한 줄리우스 케사르(Julius Caesar)는 그 지역에 사는 사람들이 그 이전 한 세기에 걸쳐 오늘날 마르세유(marseille)라 불리는 항구에서 그리스 상인들에게서 배운 그리스 알파벳을 이용하여 자신들의 언어인 켈트어(Celtic)를 표기하는 것을 발견하였다.

글자를 읽고 쓸 수 있는 능력이 처음으로 보급된 이래 지구상의 알파벳들은 여러 곳으로 건너뛰기를 계속해 왔는데, 그 원동력은 정복, 선교 또는 문화정책 등이었다. 1990년대 초기에 구소련에 속했던 세 나라들은 (1940년에 스탈린에 의해 강제로 사용하게 되었던) 자신들의 키릴 알파벳을 버리고 로마 알파벳을 사용할 것이라고 발표하였다. 최근에 독립을 한 나라들인 아제르바이잔(Azerbaijian), 투르크메니스탄(Turkmenistan), 우즈베키스탄(Uzbekistan)은 터키어와 친척관계에 있는 자신들의 언어를 바꾸지는 않았다. 그러나 그 나라들의 정부는 키릴 알파벳으로 쓰여진 거리의 표시판들, 교과서들, 세금고지서 양식들을 로마 알파벳을 조정하여 29개의 글자들로 새로 만든 자신들의 알파벳으로 새롭게 만들어 교체를 하였다. 이제 그들 나라의 초등학교에서는 로마 알파벳 글자들을 가르친다. 대폭적이면서 파괴적인 전환이—서방세계와 교역을 하려는 야심과 구소련의 기억에 대한 혐오가 원인이 되어—아제르바이잔에서 공식적으로 선포되었으며 적어도 2001년에는 그러한 전환이 완성되었다. 새 알파벳은 현재 터키에서 사용되고 있는 알파벳을 모형으로 삼은 것으로 터키는 1928년에 서구화의 노력을 경주한 케말 아타튀르크(Kemal Atatürk) 정권 때 아랍글자를 로마글자로 대체하여 쓰기 시작한 바 있다.

1940년 이전에는 아제르바이잔, 투르크메니스탄과 우즈베키스탄은 초기 소련이 1920년대에 로마글자를 쓰도록 강요할 때까지는 아랍글자를 사용하였다. 그런 이유로 이 세 나라들은 지난 80년간 세가지 주요 글자의 사용을 경험하였으니, 아랍글자, 키릴글자 그리고 (두 차례에 걸친) 로마글자이다. 비록 그 세 나라들의 언어는 아랍어, 러시아어나 라틴어와 친척관계에 있지는 않지만 세가지의 알파벳이 차례로 사용되었다.

그외 다른 예들도 많다. 1860년경에 로마니아(Romania)는 제정러시아의 그늘을 벗어나 서방세계로 돌아 서면서 키릴글자를 로마글자로 대체하였다. 베트남은 1910년에 프랑스의 식민정책에 의해 로마글자를 사용하게 되었다. 그러한 변화로 인해 전통적으로 중국의 한자로 쓰던 글들이 퇴출되었다. 오늘날 호치민시(Ho Chi Minh City)에서는 상점의 간판, 신문 등은 로마글자를 이용해 베트남어로 쓰고 있다. 그런가 하면 이웃하고 있는 캄보디아에서는 베트남어와 혈족관계에 있는 언어임에도 고대 인도글자에 근거한 전혀 다른 방법으로 표기하고 있다.

우리는 아랍 알파벳을 아랍어의 표기형태로 생각한다. 하지만 아랍글자들은 다른 언어들에도 사용되어 왔다. 군대와 해상 여행자들에 의해 600년대 중반에 아랍으로부터 외부로 전파된 아랍 알파벳은 오늘날에는 언어학적인 측면에서 아랍어와 전혀 관련도 없는 9개의 중요 언어들에 사용되고 있다. 모로코의 버버어(Berber), 수단의 누비아어(Nubian), 이란의 파르시어와 쿠르드어(Kurdish), 파키스탄의 우르드어(Urdu)와 신디어(Sindhi), 아프카니스탄의 파쉬토어(Pashto), 중국의 위그르어(Uighur)와 말레이시아의 말레이어(Malay)가 그 언어들이다. 말레이어는 전통적으로 아랍 알파벳이나 로마 알파벳으로 쓰여졌었다. 오늘날에는 로마글자가 우위를 점하고 있기는 하지만, 수도인 쿠알라룸푸르에서는 여전히 로마 알파벳으로 인쇄된 신문은 물론 아랍글자로 인쇄된 신문도 사서 볼 수 있다.

체계가 다른 두가지 글자로 표기되는 언어가 말레이어만은 아니다. 아프리카 동북부지역의 공용어인 스와힐리어(Swahili)는 아랍글자나 통상적인 로마 알파벳으로 표기될 수 있다. 세르보-크로아티아어(Serbo-Croatian)라 알려진 언어는―방언적 차이가 있기는 하지만 세르비아 민족과 크로아티아 민족이 공유하고 있는 언어임―세르보 사람들 사이에서는 키릴글자로 크로아티아 사람들 사이에서는 로마 알파벳으로 표기된다. (중세시대에 선교에 참여했던 교회들의 경쟁으로 한 언어의 표기방법이 분열되었음은 물론 민족간에 불행한 불신이 확실하게 심어졌다.) 마찬가지로 인도의 힌디어와 파키스탄의 우르드어는 근본적으로 같은 언어임에도 인도에서는 데바나가리 글자만 사용하고 파키스탄에서는 아랍글자를 사용한다. 그리고 이디쉬어는 독일어와 똑같지는 않지만 독일어에 아주 가깝다. 그럼에도 불구하고 이디쉬어는 히브리어 알파벳으로 표기되는 반면에 독일어는 로마 알파벳으로 표기되고 있다.

알파벳이 "전파성"을 지니고 있다는 것은 우리가 현재 사용하고 있는 로마 알파벳의 미래가 정말로 아주 밝아 보인다는 것을 의미한다. 모스코바에서 동남쪽으로 440마일 정도 떨어져 있는 볼가계곡 지역에서 터키어를 사용하는 반자치국가인 타타르스탄(Tatarstan)이라는 나라는 아제르바이잔의 예를 따라 로마 알파벳을 사용하겠다는 의도를 공표하였다. 마찬가지로 다른 지역의 국가들 특히 중앙아시아와 동남아시아 지역의 국가들도 향후 10여년내로 국제통상에 유대를 맺고 국민들이 영어를 배우도록 준비를 더 잘 하려는 시도로 자신들의 언어를 로마 알파벳으로 바꾸어 표기할지도 모른다는 예견을 할 수 있다. 추앙을 받고 정신적 지지를 받을 일들은 결코 아니지만, 비참하게도 앞으로 다가올 21세기에서는 피할 수 없는 일인 듯하다. 그리고 우리의 26글자가 그러한 힘을 발휘하고 있음을 진지하게 숙고해볼 일일 것이다.

우리의 알파벳의 비밀을 파헤치기 위해 먼저 고대 페니키아 알파벳 이야기부터 시작해보자. 기원전 1000년경의 페니키아 알파벳은 현재 우리가 사용하고 있는 알파벳의 증조모가 될 것이다. 오늘날의 로마 알파벳 중 19개 정도의 글자가—형태상, 글자들의 순서상 그리고 대부분의 경우 발음상—페니키아 알파벳의 해당 글자들로 직접 거슬러져 올라간다. 물론 오늘날의 로마 알파벳만이 유일한 후손인 것은 아니다. "세계에서 사용되는 알파벳들의 계보"에서 본 바와 같이(xviii-xix쪽 참조), 과거와 현재를 막론하고 페니키아 알파벳이 거의 모든 알파벳의 근원이 되었다.

페니키아 사람들은 역동적인 철기시대에 현재의 레바논 지역을 근거지로 살던 사람들이다. 페니키아 사람들은 고대 세계에서 해상무역을 가장 활발하게 했던 사람들로 오늘날 기억되고 있다. 기원전 700년대에 페니키아 사람들은 지중해의 동쪽 연안 지역의 사치품들을 지중해의 서쪽 연안 지역의 원자재들과 교환하는 해상무역망을 형성하여 지중해 지역을 누비고 다녔다. 바빌로니아의 직물, 이집트의 금속세공품, 페니키아의 상아조각제품 등이 북아프리카의 코끼리 상아, 스페인의 은과 주석 등과 교환되었다. 페니키아 사람들이 무역망을 유지할 수 있었던 것은 14개의 중요한 식민지들이 있어—그곳들에다 페니키아 항구를 건설하여 선박의 정박소로, 지역 무역항으로 이용함으로써—서쪽으로의 연결통로로 사용할 수 있었기 때문이었다. 당시에 건설한 시설들 중 몇군데는 오늘날까지도 남아 있어 사람들이 살고 있다. 예를 들면, 스페인 남부지역의 카디즈(Cadiz)는 가디르(Gaddir)("성벽으로 둘러싸인 장소")라는 이름의 페니키아 식민지로 출발한 항구였다. 그러나 페니키아의 식민지 중 가장 숙명적인 식민지는 카르타고(Carthage)(Kart Hadasht, "신도시")로 기원전 800년이 조금 지난 시점에 튀니지(Tunisian)의 해안에 건설되었다. 카르타고는 이탈리아의 도시국가였던 로마의 도전을 받아 패망하게 되기(기원전 146년) 전까지는 지중해 지역에서 대단한 힘을 갖게 되었으며, 결국에는 부와 힘에 있

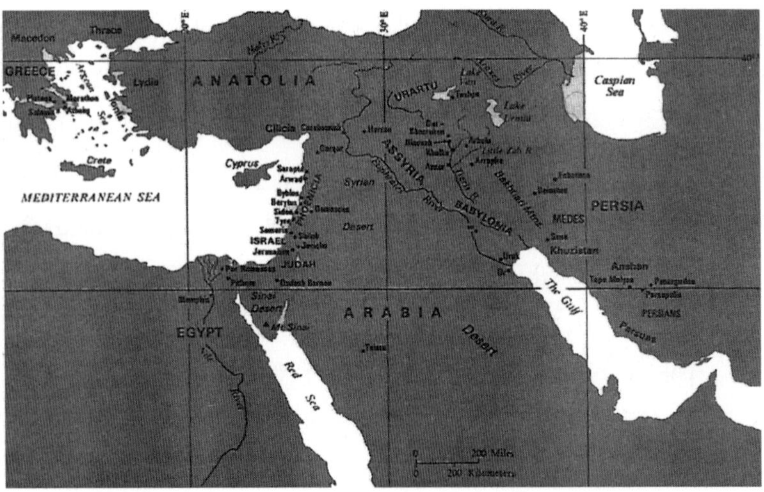


*기원전 1000년경의 페니키아, 근동, 지중해 동쪽 연안 지역*

어서 페니키아를 위축시켰다.

페니키아 사람들이 원래 살던 지역은 통일된 국가가 아니라 공동의 언어와 종교 그리고 각각의 이해관계로 연결된 독립적인 항구도시들의 집단이었다. 비블로스(Byblos), 시돈(Sidon), 섬 자체가 요새였던 티레(Tyre)가 가장 중요한 도시들이었다. 이 세 도시들은 모두 레바논의 도시들로 오늘날에도 사람들이 살고 있다. 레바논의 수도인 베이루트(Beirut)도 역시 한때는 페니키아 사람들의 항구였다.

페니키아 사람들은 민족과 언어에 있어서 고대 유태인들과 혈족관계에 있는 셈족계 사람들(Smites)[노아(Noah)의 아들 셈(Shem)의 자손들: 역자주]이었다. 페니키아 사람들의 언어는 마치 고대 히브리어처럼 들렸을 것이다. 다윗과 솔로몬의 자손들인 유태인의 왕국인 이스라엘은 페니키아의 남쪽지역에 살던 이웃으로 기원전 900년대의 교역 상대국이었다. 그러나 일신교주의였던 유태 사람들과는 달리 페니키아 사람들은 여러 신들을, 특히 보호신인 멜카르트(Melkart)["도시의 왕"으로 때로는 바알(Baal)(Lord)로도 불렸다]와 그의 아내인 여왕답고 매혹적인 아스타르테(Astarte)를 섬겼다.

기원전 1000년 그 이전 어느 때부터 페니키아 사람들은 자신들의 언어를 22개의 글자로 된 알파벳을 이용하여 표기하기 시작했다. 페니키아 사람들은 그 알파벳을 만들어낸 것이 아니라 셈족 사람들이 사용하던 것을 물려받은 것이다. 기원전 2000년경에 셈족 사람에 의해 만들어진 알파벳을 이용한 표기기술은 서서히 근동지역으로 번져 나가면서 셈족계의 여러 민족들이 배우게 되었다. 셈족계 민족들은 그 알파벳을 사용하지 않았음에도 알파벳에 대해서 알 수 있었지만, 셈족계가 아닌 민족들은 알파벳에 대해 아는 바가 전혀 없었다.

페니키아 사람들로 인해 셈족의 알파벳은 국제적 기반을 획득하게 되었다. 왕성하게 돌아가는 페니키아의 도시에서는 아이들에게 알파벳을 가르쳤으며, 국가통치와 교역을 위해 알파벳이 사용되었으며, 상인들에 의해 바다 건너편 다른 나라들로 옮겨졌다. 페니키아 사람들이 사용하던 글자들은 자신들의 글자가 없었던 다른 나라의 무역상들에게 부러움으로 비쳐졌을 것이다. 그래서 결국 부러워하던 무역상들 중 어떤 사람들은 자신들을 위해 페니키아 글자들을 베껴 가고 싶어 했을 것이다.

알파벳은 페니키아 사람들이 번영할 수 있도록 만들어준 여러 가지 기술들 중의 하나이다. 페니키아 사람들은 선박건조와 항해술(페니키아 사람들은 북극성을 발견하여 항해에 이용하였다), 목공일, 금속가공에 있어서 발전된 기술을 지닌 장인들이었고, 가장 먼저 유리세공을 한 사람들이었다. 알파벳의 사용은 페니키아 사람들의 기술력을 확실하게 향상시켰고, 페니키아 사람들의 성공과 항해는 원했던 원하지 않았던 페니키아 알파벳을 널리 알리는데 이바지했다.

비록 페니키아 사람들은 알파벳이 처음 만들어지고 나서도 거의 1,000년이나 지나 자신들의 알파벳을 사용하기 시작했지만, 그들이 사용한 알파벳은 오늘날 연구의 대상이 되기에 충분한 가장 오래된 글자이다. 고고학적 가치가 있는 유물들이 많이 남아 있는 덕분에 학자들은 페니키아 글자들을 분석하고 이해할 수 있다. 페니키아 알파벳 이전의 1,000년간은 만족스러운 유물들을 별로 남기지 못했다.

기원전 1000년 이후의 페니키아 유물로는 약 500여개의 명문들이 있고, 기원전 400년 이후의 카르타고의 유물로 또 다른 6,000여개의 명문들이 있다. 대부분의 명문들은 기도문, 묘비명, 가공물의 소유권에 관한 설명 등과 같은 것이다. 명문들은 대개 돌이나 도자기와 같이 내구성이 있는 물질들에다 끌로 파거나 긁어서 새겨 넣은 것들이다—이처럼 내구성이 강한 물질들에 새겨 넣은 덕분에 글들이 지금까지 남아 있을 수 있었다. 페니키아 글자들은 페니키아어를 옮겨 놓은 것인데, 히브리어와 유사하기 때문에 대체로 전문가들에 의해 확실하게 해독될 수 있다. 명문들 중에는 알파벳의 순서에 따라 글자들을 나열해 놓은 귀중한 목록들을 포함하여 학교교실 등에서 연습용으로 사용되었던 것들도 있다.

현존하는 유물들은 페니키아 알파벳으로 당시에 써 놓았던 것들 중 극히 일부에 지나지 않는다. 이집트, 그리스와 로마의 학자들에게서 페니키아나 카르타고의 역사연대기, 업무기록서와 종교적 가르침을 적어 놓은 기록물들에 대해 이야기를 들을 수 있다. 그러나 그 기록들은 대개 동물의 가죽이나 파피루스(고대에 갈대로 만든 종이)와 같은 썩기 쉬운 물질들에다 잉크로 쓴 것들이라서 사라져 버렸다. 더욱이 페니키아의 문헌들은 훗날 지중해를 지배하게 된 그리스와 로마 문화에 의해 복사되지 않은 채 보관되었다. 그러나 실상은 정반대의 상황이 일어났다. 로마 사람들이 카르타고를 정복했을 때 페니키아어로 쓰여진 모든 문헌들은 화염속으로 사라져 버렸다.

페니키아 글자는 알파벳의 원리에 충실하게 "d," "h," "m," "p" 등과 같은 작은 말소리들을 부호화하였다. 글자들은 모두 자음이었고 모음글자는 없었다. 페니키아어에도 모음소리들이 있었지만, 모음소리들을 표기할 필요는 없었다. 모음을 나타내는 글자들을 사용하지 않은 것은 셈족의 알파벳의 전통을 이어받은 것이었다. 단어들은 자음들만을 이용하여 축약된 형태로 적었다. (이 전통은 이어져 성경을 기록한 히브리어도 같은 방법을 사용하였다.) 모음글자를 표기하지 않는 체계는 현대 영어의 화자들에게는 아마도 괴상하게 들릴 것이다. (ths sstm wth n vwl lttrs prbbly snds crzy.) 글자로 쓰여진 영어 단어들을 식별하기 위해서 모음글자들은 무척이나 중요하다. 특히 모음으로 시작되는 단어들이거나 모음글자 자체가 단어일 경우에는 더더욱 중요하다. "I am an ass"(나는 당나귀이다)를 모음글자를 빼고 써보라. 보다 일반적으로 말하면, 영어를 비롯한 여타의 인도-유럽어들은 모음글자들에다, 예를 들어, "pack"(꾸러미), "peck"(쪼아 뚫다), "peek"(엿보다), "pick"(고르다), "pike"(창), "pock"(농포) 등에서와 같이 단어를 구분하게 해줄 수

## 무역의 달인들

이집트의 한 항구에 막 정박한 배 위에서 길고 헐거운 복장을 한 페니키아 상인들이 주름이 접힌 흰색의 짧은 치마를 입은 이집트 해로안내인들이 바닷가로 나오는 동안 이집트 관리들(그림에서는 보이지 않음)에게 정중하게 예를 보내고 있다. 페니키아 상인들이 가지고 온 짐꾸러미가 중앙에 있는데 아마도 이집트 사람들에게는 친숙하지 못한 술인 포도주가 담긴 단지가 들어 있다. 이 현대적 감각의 그림은 기원전 2000년대 후반부의 이집트 무덤의 벽화로 오늘날의 룩소르(Luxor) 근처의 지역에서 발견된 것이나 현재는 불행하게도 습기로 인해 훼손되어 볼 수 없다.

페니키아 사람들은 무역을 통해 지중해와 근동지역의 나라들과 접촉을 하게 되었다. 이집트, 아시리아(Assyria), 유태왕국, 다마스커스의 아람, 이탈리아 서부의 에트루리아, 스페인 남부의 타르테수스(Tartessus), 당시에는 변방이었지만 야심에 찬 지중해 북동연안의 그리스 등과 같은 나라들과 접촉을 하였다. 여러 나라들과의 무역은 페니키아 알파벳의 확산을 촉진하였다. 기원전 900년경에 이 유태 사람들, 아람 사람들, 그리고 근동지역의 다른 민족들은 자신들이 이용하기 위해 페니키아 글자들을 베껴 갔으며, 기원전 800년경에는 그리스 사람들도 페니키아 글자를 베껴 가기에 이르렀다. 특히 그리스 사람들이 페니키아 알파벳을 빌려서 사용하게 된 것이 오늘날 우리가 사용하고 있는 글자들

있는 그런 중차대한 의미를 부여한다.

페니키아어나 다른 고대 셈어들의 경우는 그렇지 않다. 페니키아어의 어휘는 무척 독특한 구조를 가지고 있었다. 복합어들은 별도로 하더라도, 페니키아어의 단어들은 둘 또는 세개의 자음으로 구성된 어근

의 형성을 향한 결정적 행보였다.

호머(Homer)의 서사시 『오디세이』(*Odyssey*) 나 왕들에 대한 성서들과 『에스겔』(*Ezekiel*)[구약 성서 중의 한 책: 역자주]과 같은 현존하는 그리스어와 히브리어의 문헌들에서 페니키아 사람들은 동경과 불신을 함께 받은 것으로 묘사되고 있다. 장인적 기능과 대담한 항해술과 같은 장점들이 탐욕, 부정직성, 타락, 노예로 삼기 위해 부녀자들을 빈번히 납치한 것 등으로 상쇄되었다. 이들 중 얼마간은 시기심에 의해 촉발된 중상모략일 수도 있다.

"페니키아 사람"(Phoenician)은 고대 그리스어에서 "적색민족"(red people)을 뜻하는 *Phoinikes*라는 단어에서 유래된 것으로, 아마도 페니키아 사람들의 피부가 구리 색깔이어서 그와 관련지어 페니키아 사람들을 지칭하던 말이었든 듯하다. 아니면 당시 페니키아의 주요 사치품 중의 하나는 붉은색에서 진한 자주색까지 낼수 있는 고품질의 직물염료였었는데, 그 염료를 지칭하던 말일 수도 있다. 바다속 깊은 곳에 사는 연체동물의 사체에서 비법을 동원해 추출해 낸 이 염료는 극히 아름답고 사치스러워 보이는 자주색을 만들어내어 이 염료를 이용해서 의류와 가구들을 만들어 수출하였는데, 국제적으로 고풍스러움의 상징이었으며, 대단한 부자들과 주로 왕실에서만 사용하였다. 20세기 초엽까지 유럽에서는 자주색은 왕들과 황제들과 관련되었다.

페니키아 사람들이 자신들을 어떻게 불렀는지는 모른다. 한가지 가능성은 카난니(Kananni) "가나안 사람들"[이스라엘 사람들이 와서 살기 전의 가나안 사람들: 역자주]이 아닌가 하는데, 이는 페니키아 사람들이 기원전 2000년경에 성서의 땅인 가나안에서 살던 사람들의 후손들이었기 때문이다(가나안은 현재는 이스라엘, 팔레스타인, 레바논, 서요르단이 차지하고 있고 연안은 시리아가 차지하고 있다). 고고학 연구에 의하면, 이들 가나안 사람들의 선조들 중 어떤 민족들은 기원전 1650년경에 페니키아 사람들이 사용하던 것과 유사한 형태의 셈족의 알파벳을 사용하였다고 한다.

[단어에서 모든 접사를 제외한 핵심적인 부분: 역자주]들을 갖는데, 자음 하나는 대체로 단어의 첫자리에 또 다른 하나는 종종 마지막 자리에 나타난다. 예를 들면, 페니키아 사람들은 "왕"을 *m-l-k*라는 글자들로 쓰는데, 이는 메리크(*melik*)처럼 발음되는 단어를 나타내는 것이다. 모음소

리들은 단어의 첫소리와 마지막 소리인 자음들 사이에 끼어지기 때문에 *m-l-k*라는 형태만으로도 매우 명확하다.

더욱이 몇몇 다른 단어들도 *m-l-k*로 표기될 수 있지만, 필시 그 단어들은 모두 왕권이나 왕족에 관련된 것들인데, 그 이유는 *m-l-k*라는 어근의 의미가 왕권 또는 왕족이기 때문이다. 글을 써 놓으면 문맥이 단어들의 의미를 명확하게 만들어줄 것이다.

페니키아 알파벳은 쉽게 배울 수 있도록 여러 가지의 내장된 기억장치를 가지고 있는데, 이들 기억장치는 셈계에 속하는 언어들의 전통을 물려받은 것이다. 글자들은 추상적이지만 엄격한 순서가 주어졌기 때문에 배우는 사람들은 어느 글자도 잊지 않았을 것이다. 이는 취학전 아동들에게 "알파벳 노래"를 가르칠 때 우리도 사용하는 방법이다. 우리의 알파벳 글자들이 이름을 가지고 있는 것처럼 페니키아 알파벳의 글자들도 이름을 가지고 있다. 그러나 페니키아 알파벳 글자들의 이름은 황소, 집, 투척용 지팡이, 손, 물 등과 같이 익숙한 물건들의 이름으로 되어 있어 보다 더 의미가 있다. 게다가 각 글자들은 그 이름의 물건들의 모습을 정형화하여 그려 놓은 것들이다. "황소"는 두개의 뿔 모양으로 그려졌고, "투척용 지팡이"는 부메랑처럼 그려졌고, "물"은

---

옆의 도표는 페니키아 알파벳의 각 글자들의 이름이 어떤 식으로 해당 글자가 나타내는 자음소리들로 시작되는지를 보여준다. 알레프(*aleph*)와 아인(*ayin*)이라는 이름은 영어의 말소리에는 없는 자음들로 영어철자로는 명확하게 보여줄 수 없다. 따라서 그 두 이름의 철자는 오해의 소지가 있다.

오늘날의 학자들이 22개의 고대 글자들에 관해서는 확신을 갖고 있기는 하지만 (30쪽의 상자 안의 글 "페니키아 글자들의 이름을 어떻게 아는가?"를 참조할 것), 테트(*tet*)와 차데(*tsade*)와 같은 경우에는 영어로 옮겨 놓은 이름이 확실하지는 않다. 세번째 글자인 김멜(*gimel*)은 "카멜"(*camel*)이라고 옮겨지기도 했었다—구부러진 모습이 동물(낙타)의 육봉으로 해석되었기 때문이다—그러나 오늘날에는 작은 짐승들을 사냥하는데 사용되었던 부메랑과 같은 "투척용 지팡이"(throwing stick)를 의미했었던 것으로 생각된다. 김멜의 첫소리는 "girl"(소녀)에서의 강한 "g"소리이고, 헤(*he*)라는 글자의 이름은 "hay"처럼 들린다. 라메드(*lamed*)의 이름은 *la-med*이다.

## 기원전 1000년경의 페니키아 알파벳

| 글자형태 | 소리 | 이름 | 이름의 의미 | 현대 알파벳의 글자형태 |
|---|---|---|---|---|
| 𐤀 | 후두폐쇄음 | 알레프(*aleph*) | 황소(ox) | A |
| 𐤁 | "b" | 바이트(*bayt*) | 집(house) | B |
| 𐤂 | "g" | 김멜(*gimel*) | 투척용 지팡이 (throwing stick) | C |
| 𐤃 | "d" | 달레트(*dalet*) | 문(door) | D |
| 𐤄 | "h" | 헤(*he*) | 놀라 외침 (shout of surprise) | E |
| 𐤅 | "w" | 와우(*waw*) | 말뚝(peg) | F, U, Y |
| 𐤆 | "z" | 자인(*zayin*) | 도끼(ax) | G, Z |
| 𐤇 | 후두음 "kh" | 크헤트(*khet*) | 울타리(fence) | H |
| 𐤈 | 강조된 "t" | 테트(*tet*) | 바퀴(wheel) | — |
| 𐤉 | "y" | 요드(*yod*) | 팔과 손(arm and hand) | I |
| 𐤊 | "k" | 카프(*kaph*) | 손바닥(palm of hand) | K |
| 𐤋 | "l" | 라메드(*lamed*) | 황소몰이 막대기 (ox goad) | L |
| 𐤌 | "m" | 멤(*mem*) | 물(water) | M |
| 𐤍 | "n" | 눈(*nun*) | 물고기(fish) | N |
| 𐤎 | "s" | 사메크(*samek*) | 기둥(pillar) | — |
| 𐤏 | 후두음 | 아인(*ayin*) | 눈(eye) | O |
| 𐤐 | "p" | 페(*pe*) | 입(mouth) | P |
| 𐤑 | "ts" | 차데(*tsade*) | 파피루스 나무들 (papyrus plants) | — |
| 𐤒 | "q" | 코프(*qoph*) | 원숭이(monkey) | Q |
| 𐤓 | "r" | 레쉬(*resh*) | 머리(head) | R |
| 𐤔 | "sh" | 쉰(*shin*) | 치아(tooth) | S |
| 𐤕 | "t" | 타우(*taw*) | 표식(mark) | T |

파도 모양의 선으로 그려졌다. 그리고 가장 훌륭한 특징은 글자들의 이름이 그 이름에 걸맞는 각각 다른 소리로 시작된다는 것이다. "집"이라는 의미의 글자인 바이트(*bayt*)는 "b" 소리를 나타낸다. (실제로 이 글자는 B의 조상이다.) "손"이라는 의미의 글자 카프(*kaph*)는 "k" 소리를 나타낸다. (마찬가지로 이 글자도 K의 조상이다.) 이와 같이 페니키아 알파벳은 현대적이고 음성적인 무선교신용 알파벳을 닮았다. 무선교신용 알파벳에서는 첫소리라는 동일한 원리에 따라 알파(Alpha), 브라보(Bravo), 찰리(Charlie), 델타(Delta) 등과 같이 단어들이 영어 글자의 이름을 대신한다.

그러한 체계를 갖고 있다는 것은 페니키아 어린 아이들은 일단 22자의 글자들의 이름을 외우고 나면 (이름들이 각 글자의 첫소리와 동일하기 때문에) 각 글자들의 소리와 더불어 (글자가 대상물의 형태를 개괄적으로 그려 놓은 것이기 때문에) 각 글자들의 형태를 알게 되었다는 것을 뜻하는 것이었다. 이는 우리가 유치원이나 초등학교 1학년 시기에 배우는, 아마 더 많은 노력이 필요하겠지만, 부호와 소리를 연결하는 방법과 같은 것이다.

언급한 바와 같이 페니키아 알파벳은 오늘날 우리가 사용하고 있는 로마글자들 중 19자의 씨앗을 포함하고 있었다. 또한 페니키아 글자들은 그림들이었고 (우리의 글자들은 왼쪽에서부터 오른쪽으로 적어 나가는 것에 반해) 오른쪽에서 왼쪽으로 적어 나가는 식의 글자들이었음을 염두에 둔다면, 우리가 사용하는 알파벳 글자들 중 어떤 것들은 페니키아 알파벳 목록으로부터 글자들의 형태를 물려받은 것임을 알 수 있다. "b," "g," "d,"… "k," "l," "m," "n"… "q," "r," "sh," "t"로 되어 있는 페니키아 글자들의 순서는 명백하게 오늘날 알파벳 글자들의 순서를 예견한다. 페니키아 알파벳의 L은 오늘날의 L과 같아 보이며, 정확하게 오늘날의 L의 자리인 12번째 자리를 차지한다. 다른 페니키아 글자들도 명백하게 형태와 소리에 있어서 오늘날의 Q와 T를, 형태에 있어서는 오늘날의 E, H, O를 예견한다. 비록 형태에서는 비슷하지 않지만, 오늘날의 B, D, K와 다른 글자들은 소리와 대체적인 순서에 있어서는 페니키아 알파벳에서와 같다.

독자 여러분도 예상하였을 법한데, 페니키아 알파벳 중 어떤 글자들은 오늘날의 글자들과는 다른 소리로 발음되던 것들도 있었다. 알레프는 후두폐쇄음(breathing stop)이었고, 아인은 거친 목소리(harsh throat sound)였는데, 대부분의 영어 화자들은 그 소리들을 발음하기 곤란할 것이다. 그리고 페니키아어는 분명히 치찰음을 많이 사용하였는데, 이는 페니키아 알파벳은 네가지 종류의 S 소리를 나타낼 필요가 있었기 때문이었다. 오늘날 우리의 알파벳에는 S와 Z 두가지만 남아 있다.

그러나 페니키아 알파벳은 어떻게 시작되었을까? 페니키아 알파벳 글자들이 당시에 1,000년이나 된 전통을 이어받은 것이라면, 어떤 글자들이 페니키아 글자들보다 앞서 있었을까? 그 알파벳들은 누가 만들었을까? 그에 대한 답을 찾기 위해서는 페니키아의 남쪽지역에 위치한 파라오들의 나라인 이집트로 가볼 필요가 있다.

BBC 방송의 '위층 사람들, 아래층 사람들'(*Upstairs, Downstairs*)은 1970년대에 세계적으로 인기를 누렸던 텔레비전 연속물로 에드워드(Edward) 왕 시대에 런던에 살던 작위를 받은 한 가문의 가족에 대한 이야기였다. 등장인물들은 부유한 가정과 그에 관련된 사람들과 사회적으로 비천한 하인들, 즉 "아래층 사람들" 두 그룹으로 나뉘어져 있다. 두 그룹 각각의 드라마가 진행되는데, 때로는 두 드라마가 서로 교차되기도 한다. 민주적 취향에 호소하는 이야기의 구성은 하인들에게 우호적인데, 하인들 사이에는 스타급 주연도 포함되어 있다.

알파벳은 에드워드 시대의 런던보다 훨씬 더 가혹하게 계급으로 묶여져 있던 사회, 즉 "아래층 사람들"의 발명품이었다. 오늘날 우리는—1999년에 분석된 바 있는 극적인 고고학적 증거들로 인해 알파벳이 기원전 200년경쯤에 이집트에서 만들어졌다고 믿는다 (38쪽의 "알파벳의 요람"을 참조하라). 알파벳을 만든 사람들은 이집트 사람들이 아니라 외국에서 온 노동자들이라는 것이 거의 확실하다. 아마도 그들은 이집트에 용병으로 온 군인들이었을 것이다. 그들은 셈어를 말했는데, 이 셈어는 페니키아어, 히브리어, 아람어의 청동기 시대 조상어로 언어학적으로는 이집트어와 관련이 있지만 이집트어와는 전혀 다른 언어였다.

(대충 말해 기원전 2000년에서 기원전 1600년 사이에 해당되는) 이집트의 중기 왕조시대에 대한 현존하는 기록들을 통해 이집트에서 일하던 외국인 노동자들에 대한 언급을 심심치 않게 발견할 수 있다. 외국인 노동자들은 아마도 용병, 광부, 석수 등의 일을 하였을 것이며, 그중 상당수는 전쟁에서 잡혀온 노예들이었다. 외국인 노동자들 중 많은 수의 사람들은 동쪽지역인 시나이, 가나안, 아라비아반도 등지에서 온 셈어를 말하는 사람들이었을 것이다. 이집트 사람들은 때로는 경멸스러운 이름인 아무(*Amu*)(아시아에서 온 사람들)라고 부름으로서 외국인 노동자들을 구별하였다. 이집트 사람들의 눈에는 외국인 노동자들은 사막에서 유목생활을 하는 전형적인 아랍계 유목민들(Bedouin)로 보였을 뿐이었다.

이집트에 있던 셈계 민족들은 사회적으로도 주변인들이었을 뿐만 아니라 대부분이 글자도 읽을 줄 모르는 사람들이었다. 광산의 십장이나 병사들의 우두머리 등과 같이 다소간의 힘을 갖게 된 사람들은 아마도 간단한 이집트 글자들 정도는 익혔을 것이고, 극소수의 사람들은 메소포타미아의 설형문자(cuneiform)[글자의 모습이 쐐기같이 생겨 쐐기(설형)문자라고 함: 역자주]를 조금은 알고 있었을 것이다. 그러나 민족으로서의 글자체계는 갖고 있지 못하였다. 하지만 그들은 자신들의 이집트 주인들이 하는 방법을 흉내내어 글자를 공부할 수 있었을 것이다.

이집트의 공식적인 글자체계는 상형문자(Hieroglyphic)[글자가 대상 사물의 그림으로 되어 있어 상형문자라고 함: 역자주]였다(35-36쪽의 "그림으로

## 현대 히브리 알파벳

| 글자형태 | 주요소리 | 이름 |
|---|---|---|
| א | [묵음] | 알레프(*alef*) |
| ב | "b" | 바이트(*bayt*) |
| ג | "g" | 김멜(*gimel*) |
| ד | "d" | 달레트(*dalet*) |
| ה | "h" | 헤(*he*) |
| ו | "v" | 바브(*vav*) |
| ז | "z" | 자인(*zayn*) |
| ח | 후두음 "kh" | 크헤트(*khet*) |
| ט | 강조된 "t" | 테트(*tet*) |
| י | "y" | 요드(*yod*) |
| כ | "k" | 카프(*kaf*) |
| ל | "l" | 라메드(*lamed*) |
| מ | "m" | 멤(*mem*) |
| נ | "n" | 눈(*nun*) |
| ס | "s" | 사메크(*samek*) |
| ע | [묵음] | 아인(*ayin*) |
| פ | "p" | 페(*pe*) |
| צ | "ts" | 차데(*tsade*) |
| ק | "q" | 코프(*qof*) |
| ר | "r" | 레쉬(*resh*) |
| ש | "sh" | 쉰(*shin*) |
| ת | "t" | 타우(*tau*) |

## 히브리 알파벳: 페니키아 알파벳의 장자

22자의 히브리 알파벳은 아마도 기원전 950년경쯤에 22자로 된 페니키아 알파벳을 베껴 사용하면서 탄생되었다. 현대 히브리 글자들이 형태에서는 그렇지 않지만, 소리들과 순서에 있어서는 페니키아 알파벳에 빚을 지고 있음은 명확하다. (히브리 알파벳 글자들의 이름에 대해서는 30쪽의 상자안의 글 "페니키아 알파벳 글자들의 이름을 어떻게 아는가"를 참조하라.)

페니키아 알파벳의 히브리어로의 차용은 역사상 페니키아 알파벳이 다른 민족들에 의해 차용되었던 것 중 첫번째였다. 고대 히브리어와 페니키아어는 서로 비슷하였기 때문에 히브리어 화자들은 페니키아 글자들이 자신들의 언어에 완벽하게 사용될 수 있음을 발견하였을 것이었다. 근자의 분석에 의하면, 페니키아어에는 없지만 히브리어에는 있는 소리들을 표기하기 위해 히브리 사람들은 글자 세개를 더 만들어 사용하는 꾀를 낼 수 있었을 것이나 그렇지 못했었다는 것이다. 그래서 히브리 알파벳 중 글자 3개는 아마도 각각 2개의 소리를 나타내는 이중적 역할을 했을 것이다.

히브리어에는 분명히 이전에 사용하던 문자가 없었다. 페니키아 알파벳을 차용함으로써 유태교의 교리와 기원전 2000년경에 이르기까지의 역사적인 무용담들의 영구기록이 시작되었다. 유태교의 전통이 오래된 것이기는 하지만, (히브리어로 쓰여진) 성경에서 찾아볼 수 있는 가장 오래된 단어들은 겨우 기원전 900년대로 거슬러 올라갈 뿐이다.

현대 히브리어에 사용되는 글자들 중 오직 크헤트(*khet*), 코프(*qof*), 레쉬(*resh*), 쉰(*shin*)과 같은 글자들만 형태적으로 페니키아 알파벳의 글자들을 닮았을 뿐이다. 하지만 그 두 알파벳은 원래는 동일하게 보였다. 즉, 히브리 알파벳은 페니키아 알파벳이었으니, 그러한 사실은 그 유명한 게제르 달력(Gezer Calendar)(29쪽 참조)과 같은 현존하는 명문들에 의해 알 수 있다. 히브리 알파벳 글자들의 형태는 훗날 기원전 200년대를 시점으로 하여 중요한 변화를 겪었다.

히브리어와 아랍어에서 글을 오른쪽에서 왼쪽으로 쓰는 관습은 페니키아어의 관습에서 유래된 것이다.

페니키아 글자들로 히브리어를 써 놓은 것일까? 게제르 달력은 기원전 900년대 중엽 또는 후엽에 석회암에 새겨 놓은 것으로 히브리어로 쓰여진 가장 오래된 유물로 간주된다. 이제는 남부 이스라엘이 된 지역의 게제르라는 도시에서 1908년에 발견되었으며, 달의 이름들과 달에 따라 해야 할 농사일들을 간략히 기록해 놓은 것이다. 공부하는 학생이 연습용으로 쓴 것으로 보인다. 왼쪽 모퉁이 아래쪽에 몇글자가 덧붙여져 있는데, 아마 글 쓴 사람이 자기 이름을 쓴 것으로 보이며, 아비자(Abijah)라는 글이 뚜렷하게 보인다.

명문의 글자들은 페니키아 글자들이다. 사용된 언어 또한 페니키아어일 수 있다. 그러나 전문가들은 히브리어라 믿고 있다(두 언어는 매우 유사하다). 전문가들이 그렇게 믿는 것은 부분적으로는 고고학 연구결과 때문이다. 위의 석판은 솔로몬 왕 시대의 유태왕국 지역에서 출토된 듯하다. 쓰여진 글이 히브리어라면, 명문은 이제 막 태어난 히브리 알파벳을 보존하고 있는 것으로, 페니키아 알파벳을 바로 그 직전에 베껴 온 것이기 때문에 여전히 페니키아 알파벳과 똑같아 보였을 것이다. 명문의 내용은 다음과 같다. "추수를 해야 하는 두 달. 파종을 해야 하는 두 달. 늦은 파종을 해야 하는 두 달. 아마를 베어 들여야 하는 달. 보리를 거두어 들여야 하는 달. 거두어 들인 곡물을 계량하고 보관시켜야 하는 달. 포도나무를 손보아야 하는 두 달. 여름과일을 농사짓는 달."

### 페니키아 알파벳의 글자들의 이름들을 어떻게 아는가?

이 책에 인용된 22개의 페니키아 글자들의 이름은, 철자에 있어서는 차이가 있지만, 학자들 사이에서 보편적으로 받아들여지고 있는 것들이다. 하지만 고대 페니키아 유물 중에는 이들 이름을 알려주는 것은 하나도 없다. 대신에 우리는 적절한 통계기법인 외삽법에 의존한다.

오늘날 우리가 사용하고 있는 22개의 페니키아 글자들의 이름은 실제로는 히브리어에 맞도록 살짝 조정된 히브리 알파벳에서의 이름들이다. 한 중요한 기록이 페니키아 알파벳에서가 아니라 고대 히브리 알파벳에서의 이름들임을 보여준다. 히브리 알파벳에서의 이름들은 히브리 알파벳이 페니키아에서 차용되었을 당시의 페니키아 알파벳에서의 이름들을 거의 그대로 반영하고 있다고 추측된다. 따라서 번역에 별 문제가 없을 것이다. 예를 들면, 알레프와 레쉬는 히브리어와 페니키아어 모두에서 "황소"와 "머리"를 뜻했을 것이기 때문이다.

히브리 알파벳의 이름들은 고대로부터 내려온 가장 중요한 문서들 중의 하나에 보존되어 있다. 그것은 다름 아닌 히브리어로 쓰여진 성경을 그리스어로 옮겨 놓은 것으로 기원전 200년대에 그리스 사람과 이집트 사람들이 살던 알렉산드리아에서 나왔다. 세프투와긴트(Septuagint)("70"에 해당하는 라틴어에서 온 말인데, 70명의 학자들이 쓴 것이라서 그렇게 불린다)라고 알려져 있는 그리스어로 쓰여진 이 성경은 그리스-로마 세상에서의 유태교의 생존과 크리스트교의 보급에 아주 중요한 역할을 하였다. 그 성경 중의 한 책인 『예레미아애가』(*Lamentations*)에서 시들의 구절을 맞추기 위해 히브리 알파벳 글자들의 이름을 사용하였다. 그리스 글자로 쓰여진 22개 글자의 이름들이 반복하여 나온다.

쓴 이집트 글"이라는 제목의 상자안의 글을 참조하라). 이집트 상형문자에 사용된 그림들은 (1) 단어 뒤에 숨겨진 개념을 표시하거나, (2) 단어를 이루고 있는 소리들 중 자음의 소리들을 표시하거나, (3) 또는 종종 여러개의 그림을 사용하여 개념과 자음소리들을 함께 표시하는 방법으로 이집트어 단어들의 의미를 전달하였다. 거의 어떤 그림이건

동시에 혼용될 수는 없었지만 두가지 방법으로 다 사용될 수 있었다. 예를 들면, 나뭇가지의 그림은 "숲"을 의미하거나 *k-h-t*라는 소리들의 연쇄를 의미할 수도 있었다(이집트어에서 *k-h-t*라는 자음들의 연쇄는 숲이라는 단어이다). 음성적 의미로는 *k-h-t*, 즉 나뭇가지 그림은 (동일한 자음들의 연쇄 *k-h-t*인) "~한 후"나 "힘이 센"과 같이 의미가 전혀 다른 이집트어 단어들을 표시하는데 도움이 되었을 것이다.

상형문자에 사용된 대부분의 그림글자들은 음성적으로는 각각 3개의 자음으로 구성된 연쇄를 나타냈다. 상형문자 중 또 다른 그룹에 속하는 2-30여개의 그림들은 2개의 자음으로 구성되는 연쇄를 나타냈다. 그리고—오늘날 상형문자 연구에 가장 중요한 것들로—하나의 자음만을 나타내는 그림들도 25개 정도가 있었다. 하나의 자음만을 나타내는 이 그림들이 바로 이집트어의 소리들 중 자음소리 25개를 구성하였다. 많은 수의 그림들속에 섞여져 있는 바로 이 25개의 그림들이 이집트 "알파벳"의 전부였다.

셈족계 사람들 중에 개인이든 집단이든 이집트 글자체계에 깔려 있는 이 알파벳 원리에서 어떤 영감을 얻게 된 사람들이 분명히 있어 셈족의 언어에 맞추어 사용할 순수한 알파벳 체계가 그려지게 되었다. 이집트어의 글자체계와 마찬가지로 셈어의 알파벳 역시 자음들만을 표기하려 했었을 것이다. 그 이유는 모음들까지 표기하기 위해서는 쉽게 배우기에는 너무나도 많은 글자들을 만들어야 했기 때문이었을 것이다.

셈어 알파벳을 만들어낸 사람들은 아마 1년 아니 한 세대에 걸쳐서 끝내는 셈어를 글자로 표기하기에 충분한 만큼의 자음글자들을 만들어내기에 이르렀으니, (훗날에 발견된 증거들에 의해 추정하건데) 그 숫자는 27개 정도였을 것이다. 이렇게 해서 만들어진 글자들의 목록은 25개의 이집트어 자음들을 나타내는 글자들의 목록과는 다소 달랐을 것이다. 셈어의 알파벳을 만든 사람들은 그림들이었던 27개의 글자들을 자신들의 언어의 27개 소리들에다 굳게 결합을 시켰다.

그림들을 채택한 것은 자연스러운 것이었다. 이집트 사람들이 글을 쓰던 방법이기도 했고, 오직 그림만이 이름을 가질 수 있었기 때문으로, 그림은 글자를 읽을 사람들에게 글자들의 소리를 쉽게 생각나게 만들어주는데 필요하다고 생각되었기 때문이었다. 독자 여러분께서도 얼룩말(zebra) 그림을 보지 않는 한 "z" 소리의 발음을 어떻게 기억할 수 있겠는가? 청동기 시대의 생각은 이런 식으로 이루어졌다.

글자들 하나하나는 그 형태가 간단하면서도 서로 구분이 될 수 있고 또한 그 이름들이 셈어에서의 해당 소리들을 지니고 있는 익히 잘 알려져 있는 대상물을 나타내야 한다는 영속적인 합의에 의한 형태였을 것이다. 글자를 만들려 했던 사람들은 이집트 도시들의 공공장소에 산재해 있는 아름다운 상형문자들과 시골들녘 이곳저곳의 돌에다 새겨 놓은 이집트 글자들을 모형으로 삼아 자신들의 글자로 사용할 그림들을 선택할 수 있었을 것이다. 그들은 이집트 글자들의 이름과 소리는 버리고 새로 만든 그림글자들에다 셈어로 된 이름을 붙였다.

예를 들자면, "r" 소리를 나타내는 글자를 만들기 위해 셈족 사람들은 이집트 상형문자들 중에서 사람 머리의 옆모습 그림을 빌렸다. 이집트 상형문자에서 그 글자는 "머리"라는 의미를 나타낼 수 있었다—또는 "우두머리"를 의미하거나 또는 다른 글자들과 함께 사용하면 "승진" 또는 "속박"을 나타낼 수 있었다. "머리"에 해당하는 두개의 이집트어 단어는 티프(*tip*)와 드제드제(*djedje*)로 발음된다. 그러나 알파벳을 만든 사람들은 그런 것에 전혀 게의치 않고 머리를 그려 놓은 상형문자를 셈어의 단어인 레쉬(*resh*)로 불렀다. 레쉬라는 이름이 "r" 소리로 시작했기 때문에 그리고 그려 놓은 그림이 명확하고 구분이 가능했기 때문에 그들은 "r" 소리를 나타내기 위한 글자로 머리 그림을 선택하였다. 이와 같이 사람 머리의 옆모습 윤곽을 그림으로써 R이라는 글자를 만들어 냈다. 미래 세대인 셈족의 어린 아이들은 레쉬 그림을 보면 "r" 소리를 생각할 수 있게 되었다. 오늘날 우리가 사용하는 알파벳 대문자 R의 다리를 하나 지우면, 정녕 P라는 글자가 아니라 실제로는 사람의 머리와 목을 측면에서 보고 그린 옛날 글자를 보게 될 것이다.

최초로 만들어진 알파벳 방식의 글자체계는 이와 같이 그림 투성이였다. 현존하는 셈족들의 명문들 중 가장 오래 된 것들인—기원전 1800년에서 기원전 1700년 사이에 쓰여진 것들에는—머리, 울타리의 일부, 사람이 서 있는 모습 등과 같은 그림들이-조잡하게 쓰여진 상형문자들처럼 종으로 횡으로 알아보기 어렵게 배열된 것을 볼 수 있는데, 한줄에 아마 5개의 단어들이 들어 있는 듯하다. 하지만 이 책에서 밝혀낼 바와 같이, 그 글자들이 오늘날 우리가 사용하고 있는 글자들의 직접적인 조상들이었다.

알파벳은 대중들을 위해 만들어진 훌륭하고 간단한 체계였다(그리고 현재도 그렇다). 알파벳은 뜻밖에도 "보잘 것 없는 사람들"이었던 이집트의 외국인 노동자들에게 글을 쓰고 읽을 수 있는 힘을 실어 주었다. 기회를 얻게 된다면 셈족의 사람들 누구라도 27개의 그림들과 그 그림들의 이름을 배울 수 있었을 것이며, 몇년간의 연습을 통해 글을 읽고 쓸 수 있게 되었을 것이다.

기원전 2000년대에 이 새로운 기술은 이집트로부터 대상들의 통로를 따라 북동쪽과 남동쪽의 보다 넓은 셈족의 세계로, 가나안과 아랍반도로 퍼져나갔다. 그 새로운 기술은 부자들에게는 물론 가난한 사람들에게도 접근이 가능했던 것으로 판명되었다.

원래의 알파벳은 가나안과 아랍에서 돌연히 두개의 알파벳으로 발달되었다. 각 지역의 언어에 맞도록 조정된 두개의 다른 형태의 알파벳이 만들어졌던 것이다. 각각의 알파벳에서 글자들의 형태는 그림의 형태에서 글을 쓰기에 더 쉽도록 정형화된 형상으로 변하였다. 가나안 알파벳은 그 숫자도 22개로 줄어들어 배우기에도 더 쉬워졌다. 가나안 알파벳은 (기원전 1200년경인) 철기시대의 시작과 더불어 출현한 페니키아 문명으로 전달되었다. 아랍 알파벳은 오늘날 에티

## 아, 내가 어떤 형태였는지 모르실 것입니다!

*상형문자로부터 전자메일까지: 세 글자의 변천모습*

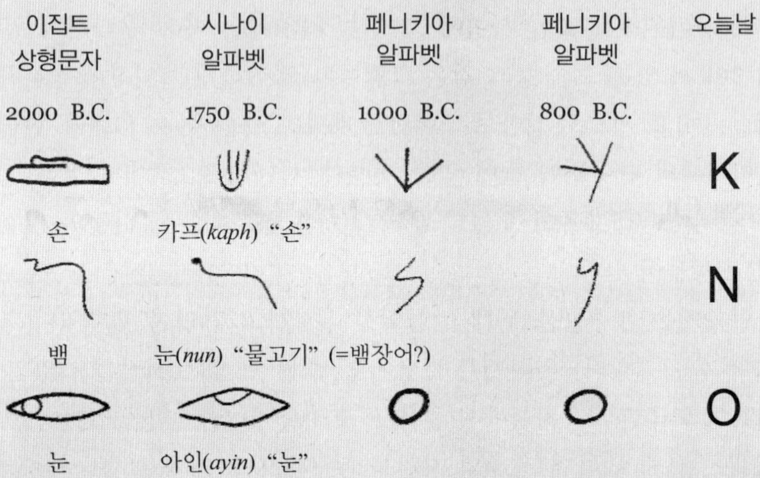


위 그림들은 우리가 사용하고 있는 알파벳 글자들의 형태가 고대로부터 어떻게 변천되어 왔는가를 예를 들어 보여준다. 첫째 난은 이집트의 그림글자로 대상물을 그림으로 옮겨 놓은 것을 보여준다. 두번째 난은 글자 자체의 초기 형태를 보여주고, 다음 난들은 그 이후에 변천되어 온 형태들을 보여준다. 셈족의 글자는 상형문자가 지녔던 의미를 버리는 대신 셈어에서의 해당 그림의 대상물의 이름을 이용하였다. 예컨대, "손" 카프는 "k" 소리를 나타내는 것이었다. 글자들은 주의를 기울여 그린 그림으로서 생을 시작했지만, 세월이 흐름에 따라 단순과 추상의 방향으로 형태를 끊임 없이 변화시켜 왔다. 우리가 사용하는 알파벳 대문자 중에는 고대시대의 형태를 지니고 있는 것들이 많으며, 그중에는 기원전 2000년에서 기원전 1000년 사이 때와 정확하게 똑같은 자음소리를 나타내는 것들도 있다.

## 그림으로 쓴 이집트 글

이집트 중앙지역에 위치한 테베(Thebes)[현재 지명은 룩소르(Luxor)]에 있는 무덤의 벽에 그려진 상형문자들로 기원전 1400년경에 쓰여진 것이다. 교통신호등처럼 보이는 것은 글을 쓴 사람의 조색판으로 두개의 물감통이 있고 작은 주머니와 붓들이 끈으로 연결되어 있다.

이집트에서의 글쓰기는 기원전 3000년경에 시작되었다. 공식적 글자체계는 글자의 신인 토트(Thoth)의 선물로 경배의 대상이었던 상형문자("신성스런 조각들")였다. 문장을 이루는 단어들의 의미를 전달하기 위해 (올빼미, 바구니, 손, 황소 등과 같은) 낯익은 대상물들의 그림들이 낱개로 또는 몇개씩 연결되어 사용되었다. 어떤 그림이든 (1) 그림글자 또는 단어문자로 사용될 수 있었거나, (2) 음성기호로 사용될 수 있었다. 범선 그림은 "배" 또는 "항해하다"를 의미하거나, 다른 단어의 발음을 표기하기 위해 어떤 자음들의 소리로 사용될 수 있었다. 상형문자체계에서 올빼미와 갈대를 함께 쓰면 "올빼미와 갈대"가 아니라 "그곳"이라는 단어를 의미할 수 있었다. 소리로 읽는다면, 그 두 그림은 "그곳"에 해당하는 이집트 단어의 소리에 해당하였다.

상형문자들은 형식적 표시를 위한 예술품들이었다. 항상 그림으로 그려졌고 때로는 돌에 새겨지거나 헝겊조각에 그려졌다. 보통 오른쪽에서 왼쪽방향으로 글자들을 써 내려 갔다. 건물들의 벽이나 기념비에는 공지사항이나 종교적 신념을 표현한 글들이 쓰여졌다.

기원전 2000년경에는 대략 700여개의 상형문자 부호들이 사용되었다. 부호들을 알아야 하는 것 이외에도 부호들을 정확하게 그려야 하는 꼼꼼한 작업이 필요했다. 글자체계를 익히고 일관되게 사용할 수 있게 되기에는 수년에 걸치는 시간이 필요했기 때문에 성직자들이나 문사들과 같이 글을 잘 쓸 수 있는 엘리트층 사람들에게로 사용이 국한되었다. 지주들과 같이 지체가 높은 계층의 사람들이라 하더라도 상형문자를 어떻게 사용하는지 몰랐을 것이다.

이집트의 두번째 글자체계인 승려용 문자(hieratic)[고대 이집트의 승려용 글자: 역자주]는 그 엄격성이 다소 떨어졌다. (글자의 이름이 "승려의"를 뜻하기 때문에 오해를 불러 일으킬 수 있으나, 실제로 승려나 성직자들이 아니라 다른 계층의 사람들이 사용한 문자이다.) 승려용 글자는 파피루스나 천에다 잉크나 붓으로 쓸 수 있도록 만든 간소화된 체계의 상형문자였다. 다시 말하면, 승려용 글자는 최대로 어휘수를 줄이고 그에 해당하는 그림들을 정형화된 선들이나 획들로 전환시켜 놓은 글자체계였다. 극히 간단하고 기본적인 형태로 되어 있었기 때문에 승려용 글자는 이집트의 상류층과 중류층 대부분의 사람들의 접근이 용이하였으니, 지주들, 어떤 부류의 상인들, 군대의 지휘관들이 이 문자를 사용하였다.

오피아(Ethiopia)의 전통적 문헌에만 남아 있다.

그러나 알파벳이 지니고 있는—알파벳을 만든 사람들은 알지 못했을 것이 틀림 없는—비밀스러운 힘은 알파벳이 작동되게 하기 위해 셈족의 언어가 필요하지 않았다는 것이었다. 그러한 사실은 그후 몇세기가 지나서 드러나게 되었다. 적절히 조금씩 조정을 함으로써 기적과도 같이 유럽의 다양한 언어들은 물론 인도어, 동남아시아의 언어들에도 사용할 수 있게 되었고, 그 결과 전세계에 걸쳐 사람들이 글을 읽고 쓸 수 있게 되었다는 것이다.

오늘날 어느 누가 상형문자로 쓴 글을 읽는가? 이집트 군대의 아시아 용병들의 건방진 생각이 개가를 올린 것이다. 그들이 만든 그림형태의 글자들은 수십억의 사람들에게 읽혀질 숙명을 지녔던 것이었다. 바퀴나 전화기와 마찬가지로 알파벳은 이 세상을 변화시킨 위대한 발명품이었던 것이다.

## 알파벳의 요람

*이 세상의 첫번째 알파벳을 어떻게 이집트에서 찾게 되었는가?*

알파벳은 기원전 2000년경 파라오가 통치하던 이집트에 외국인 노동자들로 거주하던 셈족 사람들에 의해 만들어졌으며 당시에 알파벳을 만든 사람들은 이집트의 글자체계에서 영감을 얻었다고 현대의 전문가들은 믿고 있다. 알파벳이 이집트와 연관이 있다는 사실은 20세기 초엽과 말엽에 있었던 두 건의 대단한 고고학적 발견에 의해 확인되었다.

1700년대 중반을 시발점으로 하여 유럽의 몇몇 학자들은 이집트의 상형문자가 고대 히브리 글자의 근원이거나 히브리 글자의 출현에 자극을 주었다는 학설을 내세웠다. 1823년에 있었던 상형문자의 해독은 그 학설을 명백하게 지지하지 못했다. 두개의 글자체계가 서로 다른 원리에 의해 운영된다는 사실이 밝혀졌기 때문이었다. 페니키아 알파벳이 사용된 지역에 대한 인식이 확실해짐에 따라 19세기 내내 고대 히브리 알파벳과 이집트 상형문자와의 관계에 대한 의문은 수그러들지 않았다. 논쟁의 핵심은 페니키아 글자와 고대 히브리 글자의 출현지역이 고대 이집트와 이웃하고 있는 지역이었다는 것은 결코 우연이 아니라는 것이었다. 그러나 보다 더 깊은 이해를 위해서는 현대의 고고학적 방법을 기다릴 수밖에 없었다.

1905년에 있었던 고고학적 발견과 현대인들은 결코 볼 수 없었던 독특한 글자로 새겨진 30여개의 명문들에 대한 그후의 평가와 더불어 해결의 첫번째 실마리가 잡혔다. 처음에는 어느 누구도 알지 못했지만, 그 명문들은 페니키아 이전의 알파벳으로 쓰여진 것들이었다. 그 명문들은 현재의 이집트에 위치하고 있는 세라비트 엘-카뎀(Serabit el-Khadem)이라 불리던 시나이 중서부지역에 위치한 사막에서 발견되었다. 명문들은 이 지역에서 나는 사암에 새겨진 것들로 그 지역이 멀리 동떨어진 곳이고 파괴적인 식생이 없는 지역인 탓에 훼손되지 않은 채 보관되었던 것이다. 그 명문들을 발견한 사람인 영국의 고고학자 윌리엄 플린더스 페트리(William Flinders Petrie)는 새롭고 중요한 유물들이지만 해독할 수 있는 방법을 전혀 찾을 수 없다는 것을 깨달았으며, 오랜 세월이 지난 훗날 그 명문들은 알파벳이 아니라고 잘못된 결론을 내리려 했었다.

글은 그림들로 이루어졌다. 윤곽을 새겨 넣은 것들로 대충 종과 행을 맞추어 배열되어 있었다. 그림들은 (체계적인 띄어쓰기 없이) 연속적으로 늘어 놓여져 있었으며, 글자들을 읽는 순서는—왼쪽으로인지 오른쪽으로인지, 위쪽으로인지, 아래쪽으로인지—명확하지 않았다. 물고기, 뱀, 팔을 내밀고 있는 사람, 파도, 황소나 암소의 머리 등등의 되풀이되는 27개의 형태들이 있었다. 그중 어떤 형태들은 이집트 상형문자의 그림들을 닮기는 했지만 체계는 상형문자의 것이 아니었다.

세라비트 엘-카뎀은 고대 이집트의 가장 중요한 지역으로 기원전 2200년에서 기원전 1200년 사이에 간헐적으로 터키옥석을 캐내던 광산지역이었다. 그곳에서 파라오의 신하들과 병사들이 사막에 매장된 옥석을 캤다. 광산에서 일하던 사람들 중에는 아마도 근동지역 출신처럼 이집트 사람들이 아닌 사람들이 있었을 것이고, 그들 중 대부분은 셈어의 방언들을 말했을 것이다. 추측할 수 있건데, 명문의 글들은 바로 그들의 것이었을 것이다.

그 지역에서 출토되는 사암에 새겨진 보다 더 정형화된 대량의 이집트 유물들 사이에 30여개의 명문들이 섞여 있었다. 유물들 중에는 입상들, 상형문자로 쓴 판들, 광부들의 보호신인 이집트 여신 하토르(Hathor)[고대 이집트에서 신앙되던 대지의 모신: 역자주]를 모시는 사원의 파편조각들이 있었다. 페트리를 유물의 현장으로 끌어 들인 것은 이집트의 귀중한 유물들이었지 알파벳은 아니었다.

명문의 글들은 주변에서 구할 수 있는 이집트의 유물들과 모종의 연관이 있었다. 명문들은 소형의 스핑크스를 비롯해서 돌로 조각된 이집트의 입상들에 새겨진 것들도 있었다. 당시에 학자들은 그 글들의 연대를 추적하기 위해 (논쟁의 여지가 있는) 예술에서의 분석방법을 통하여 스핑크스의 연대를 추정하는 방법에 의존하였다. 영국의 이집트학자인 알란 가디너(Alan Gardiner)는 그 글자들을 기원전 1800년경에 새겨진 것들이라 믿었다. 후에 전문가들은 연대가 기원전 1500년이라 밝혔으나, 오늘날에는 기원전 1750년이 시나이의 스핑크스와 명문들의 연대로서 알맞는 추정이라 믿는 학자들도 있다.

페트리의 보고서가 발간된 후에도 10여년이나 글자들을 해독하지 못하고 있었다. 그러던 중 1916년에 가디너가 "셈어 알파벳의 이집트 기원"이라는 훌륭한 논문을 발표함으로써 그 이후의 모든 연구의 사전준비를 하였다. 가디너는 시나이에서 발견된 문자들은 알파벳 방식으로 그림 하나하나가 글자들로 이집트의 상형문자를 (이집트어에서의 발음은 무시하고) 베낀 것임을 주장하였다. 아울러 가디너는 그림들을 정확하게 발음하면 고대 셈어의 단어들을

## 알파벳의 요람 – 계속

만들어 낼 수 있음을 주장하였다. 가디너는 자신이 한 단어를 해독한 것을 그 증거로 제시하였다.

명문들에는—"상자," "눈," "지팡이," "십자"라고 부를 수 있는 형태의—부호들이 4개씩 함께 쓰여진 예들이 10여개 있었는데, 그 예들은 분명히 중요한 단어나 개념으로 보였다. 그 4개의 그림들은 다른 그림들과 함께 스핑크스 입상에 새겨져 있었다. 억세게 운이 좋게도 그 스핑크스의 한쪽 어깨에 상형문자로 쓰여진 글도 함께 있었는데, "하토르 신의 사랑을 받는, 터키석 귀부인"이라고 쉽게 해독되었다. 상형문자로 쓰여진 글과 당시 알 수 없었던 글자들로 쓰여진 글의 내용이 같은 것이라면?

이러한 가정 아래 가디너는 "상자," "눈," "지팡이," "십자"가 셈어에서 귀부인이라는 단어인 바알라트(*baalat*)를 나타내는 4개의 글자임을 확인했다. 경의를 표하는 단어인 바알라트는 "귀족"을 뜻하는 바알(*baal*)의 여성형으로 셈족의 여러 문화들에서는 작위나 여신의 이름이 될 수 있었다. 문제의 스핑크스는 분명히 두가지 문자로 글을 써서 봉헌한 제물이었던 것이다. "하토르 신의

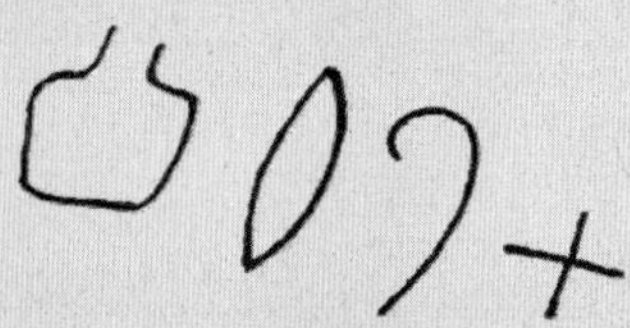

바알라트 "귀부인" 이라는 위의 단어는 세라비트 엘-카뎀에서 출토된 명문들 중의 하나에 나타나 있는 모습이다. 왼쪽에서부터 오른쪽으로 읽도록 되어 있으며, 각 글자의 이름은 바이트, 아인, 라메드, 타우로 그 소리들은 B, 후두음, L, T이다. 초기의 알파벳에서나 마찬가지로 글자들은 단어의 자음소리들만 보여준다. 목구멍에서 나는 소리(후두음)인 아인에 해당하는 영어철자는 없으며, 언어학자들은 '라는 부호를 이용하여 표시하고 위의 단어를 *ba'alat*로 표기하려고 함에도 불구하고 아인은 소리를 (로마자로) 옮겨 적을 때는 대체로 생략된다. 그 글자들의 이름은 "집," "눈," "황소몰이 막대," "표식"을 의미한다. 다른 세라비트 명문들에 나타난 동일한 4개의 글자들은 오른쪽에 있는 것에서와 같이 조금씩은 다른 모습으로 보일 수도 있다. 제일 밑바닥 오른쪽에 *B'LT*라는 단어가 아래쪽 방향으로 쓰여져 있다.

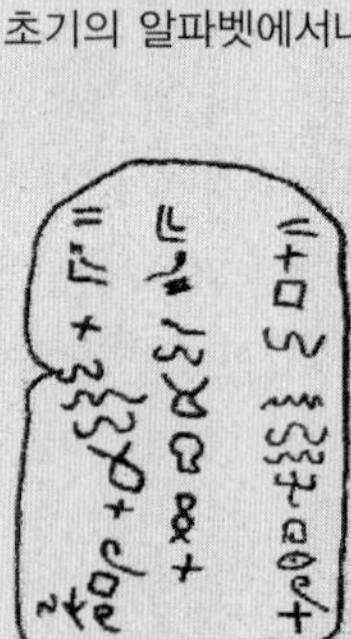

사랑을 받는"이라는 글귀는 하토르 신의 사원에 입상을 봉헌한 여인을 지칭하는 것이었을 것이다. 제물은 하토르 신의 은총에 감사하고 광산을 안전하게 보호해줄 것을 기원하기 위한 것이었다.

세라비트의 명문들을 쓴 셈족 사람들은 아마도 광산을 움직이던 사람들의 일부로 노동자들, 병사들 그리고 그들의 처들이나 그와 비슷한 부류의 사람들이었을 것이다. 그들은 십장들이거나 명령권을 갖고 있는 다른 부류의 사람들로 대체로 기술이 있거나 총명한 사람들이었을 것이다. 그럼에도 불구하고 그러한 부류의 사람들은 대량교육 이전의 시대에도 글을 읽고 쓸 수 있었기에 알파벳 글자체계에 접근이 가능하였을 것이다.

셈족의 알파벳이 시나이 지역의 광산을 근거지로 해서 만들어질 수 있었을까? 가능할 수 있었을 것이다. 하지만 대체로 전문가들은 30여개의 명문들 자체는 "2세들이 쓴 것"이라고 생각한다. 이는 글자들을 자신 있게 사용하게 되면서 27개의 글자들이 개발된 듯하기 때문이다. 시나이의 명문들은 (그 연대가 기원전 1750년이든 기원전 1500년이든) 아마도 당시에 이미 수백년 된 셈어 알파벳이 만들어낸 열매였다.

가디너의 제안 이래로 다른 학자들도 시나이 명문들에 대한 해독을 발표했지만 가디너의 바알라트만이 확실한 것으로 내려오고 있다. 거의 모든 그림글자들을 해석할 수 있음에도 불구하고, 단어들 사이에 휴지가 없고 글자들을 써 내려가는 방향이 고정되어 있지 않는 탓에 글의 내용을 제대로 파악하지 못하고 있다. 셈어에서의 오른쪽에서 왼쪽으로 써 내려가는 규범은 다음 세기까지 유지되지 않았을 것이다. 왜냐하면 알파벳을 이용하여 쓴 초기의 글들은 위쪽 또는 아래쪽 방향을 포함하여 아무 방향으로나 쓰여져 있기 때문이다.

20세기 중엽의 고고학은 알파벳의 기원을 찾는 작업을 이집트로부터 동부 지중해의 레반트섬과 연안의 제국들로 옮겨가려고 한 듯하였다. 레반트 지역은 기원전 2000년대의 1,000년간 성경에 나오는 땅인 가나안 땅이었다. 가나안 사람들은 셈어를 말하는 사람들로 기원전 1200년 직후 철기시대가 급속히 형성되던 시기에 히브리 종족들과 해상민족인 필리스틴족[블레셋 민족: 옛날 팔레스타인 서남부에 살며 이스라엘 민족을 괴롭힌 민족: 역자주]과 기타 다른 민족들의 침입으로 인해 그들의 문명은 위축될 처지에 놓여 있었다. 가나안 북부지역의 사람들만 살아 남아 번창하였는데, 그들이 바로 페니키아 사람들이었다.

고고학자들은 레반트 지역에서 페니키아 이전의 알파벳으로 쓴 두 무리의 유물들을 발견하였다. 오늘날의 시리아의 해안지역으로 가나안의 대도시였

## 알파벳의 요람 – 계속

던 우가리트(Ugarit)에서 1929년에 유물들을 발굴해냄으로 인해 30개의 설형 문자들로 이루어진 이상한 형태의 알파벳으로 쓰여진 명문들이 빛을 보게 되었다. 기원전 1350년에서 기원전 1200년 사이로 연대가 추정되는 유물들은 그보다 더 이전에 메소포타미아 사람들이 레반트 지역에 끼친 영향으로 인해 알파벳을 만드는 일이 촉발되었을 것임을 암시하였다.

두번째 무리는 오늘날의 이스라엘과 레바논 내부인 남쪽지역에서 발견된 유물들로 글자의 형태가 시나이와 페니키아 글자를 생각나게 하는 낯익은 글자들로 쓰여진 25개의 짧거나 한 부분이 잘려 나간 명문들이었다. 글자들은 단검, 화살촉, (조각으로 발견된) 도기와 같은 생활용품들에다 칼로 새겨 넣었거나 잉크로 쓴 것들이었다. 단검은 아마도 기원전 1650년 또는 그 이전의 것으로 추정되며, 다른 물건들은 기원전 1200년에서 기원전 1000년경 사이로 다양하게 추정된다. 칼로 글씨를 파 넣은 한 도기조각은 기원전 1750년에서 기원전 1450년 사이의 것으로 추정된다. 기원전 1200년경의 것으로 추정되는 또 다른 도기조각에는 22개의 글자목록이 담겨 있는데, 후에 페니키아 알파벳이 되었을 것들과 똑같은 22개의 글자들이다. 글자 형태들이 약간 다른 것만이 이들 글자를 나중에 나오게 될 페니키아 글자들과의 식별을 가능하게 할 뿐이다.

연대가 오래된 것들은 모두 남쪽인 남부 이스라엘 지역에서 발견되었다. 이는 알파벳을 이용한 글쓰기 방법이 그 해당 세기들 동안에 해안을 따라 북쪽으로 퍼져 나갔음을 암시해주는 것이다. 북쪽지역인 레바논에서 발견된 화살촉이 가장 나중의 것으로 추정되는 물건인데, 이는 시기적으로도 장소적으로도 페니키아 알파벳의 시작과 맞아 떨어진다.

발견된 유물들은 아마도 기원전 1700년경에 몇몇 곳에서 사용되었을 것으로 생각되는 가나안 알파벳의 존재를 확인해주었는데, 가나안 사람들이 사용하던 글자들은 페니키아 알파벳보다 시기적으로 앞선 것으로 후에 페니키아 알파벳이 되었다. 가나안 알파벳은 셈족 글자의 보다 더 큰 전통의 한 부분이었다.

1960년대까지는 이러한 사실들이 알파벳의 첫 탄생을 알려주는 듯했다. 가나안과 시나이에서 발견된 셈어 알파벳의 가장 초기의 유물들 두 무리 중 많은 학자들에게는 가나안 자료들이 보다 더 초기의 것들로 간주되는 듯하였다. 가나안 글자가 현존하는 가장 오래된 글자라 주장할 수 있고, 초기의 알파벳은 가나안 사람들의 후손인 페니키아 사람들에게서 절정을 이루었으니, 가나안을 알파벳 전통의 중심지로 그리고 알파벳이 발원된 지역으로 볼 수 있지 않겠는가?

그 이후 20세기 내내, 적어도 1999년이 끝나가도록, 초기 알파벳에 대한 책이나 논문들은 가나안에서 발견된 증거로부터 출발점을 찾아내었다. 도서관에 가보면 알파벳이 기원전 1700년경에 레반트 지역에서 만들어졌다는 이론을 담고 있는 책들이 서가 하나를 가득 채울 만큼 많다는 것을 알 수 있을 것이다. 맞다. (이론이 허용하는 바) 알파벳은 이집트의 상형문자에 의해 고무되었지만, 알파벳을 만든 사람들은 이집트에서 수입된 양피지 두루마리들과 공예품들을 드려다 보고 있었다. 알파벳을 만든 사람들은 해로로는 이집트와 연결되고 대상육로로는 동쪽 메소포타미아로 연결되는 교역의 교차로에 자리잡은 복잡다단한 가나안 사회에 속해 있었던 사람들이었다. 양쪽의 대단히 훌륭한 문명지역에서 사용되고 있는 글자체계들에 감명을 받아 자기들이 필요로 하는 것들을 발췌했던 것이다.

최근에 이집트에서 주목할 만한 유물들이 발견됨으로 인해 그러한 이야기는 이제 모두 쓸모가 없게 되었다.

시나이에서 페트리가 그랬던 것처럼 존 콜맨 다넬(John Coleman Darnell)은 알파벳이 아니라 이집트의 유물들을 찾고 있었다. 1990년대 초에 예일 대학교의 모험심이 강한 젊은 이집트학자였던 다넬은 (예일 대학교에서의 현재 다넬의 직책은 조교수이다) 고대 이집트의 도로체계에 대한 현장조사에 몰두하고 있었다. 고대 이집트의 도로체계는 육상으로는 나일강변의 도시들을 연결하고 동쪽으로는 사막과 홍해로 연결되었다. 이집트 군대들, 전언자들, 대상들과 기타 육로 여행자들이 그 길을 이용해 왕래했다. 옛날의 길들을 찾아내기 위해 다넬과 역시 이집트학자인 그의 아내 데보라(Deborah)는 이집트 중부와 남부지역들을 차나 도보로 여행하고는 하였다. 때로는 여행 도중 사막에서 야영을 하기도 하였는데, 야영은 (비록 밤에는 기온이 화씨 10도대로 곤두박질 칠 수도 있기는 하지만) 태양이 덜 맹렬한 겨울철에 주로 하였다. 그들이 한 일의 대부분은 수백여 곳의 유물출토지에서 수천여개에 달하는 이집트 명문들의 내용을 기록하는 것이었다.

1992년 후반부에 이르러 두 사람은 중요한 발견을 하였다. 중앙이집트, 구체적으로는 룩소르(고대 테베시)에서 북서쪽으로 30마일 정도 떨어진 사막지역에서 이름도 알 수 없는 사막의 한 가운데 모래산들 사이에서 다넬 부부는

## 알파벳의 요람 – 계속

완벽한 모습으로 보존되어 있는 고대의 도로를 발견하였다. 사막을 가로질러 왕도인 테베시를 아비도스(Abydos)와 북쪽으로 연결하는 지름길의 한 부분이었던 그 길은 크림색깔의 석회암 절벽들을 따라 계곡에 묻혀 있었다. 고대 이후로 사람의 손길이 거의 닿지 않았던 그 계곡에는 고대 유물들이 널려 있었다. 많은 유물들이 낙타의 배설물, 항아리 조각들, 밧줄 조각들과 함께 쓰레기로 버려져 있었다. 절벽들의 바닥에는 수세기에 걸쳐 그 길을 오가던 여행자들이 돌에다 새겨 놓은 수백여개의 이집트 명문들이 널려 있었다.

바로 그곳에 고고학적 보물들의 야외창고가 멀리 떨어져 격리되어 있던 탓에 이집트 고고학 연구의 골칫거리인 도굴범들로부터 안전하게 보호받는 상태로 있었던 것이다. [한편 다넬 부부는 자신들이 그 계곡을 처음으로 본 현대 학자들이 아니라는 것을 알게 되었다. 이미 1936년에 영국의 고고학자들이 거쳐 가면서 사진을 찍고 기록을 해 두었으며, 근처 지역의 지명에 근거하여 버려져 있던 그 지역에 이름을 붙여주었다. 그 이름은 와디 엘-홀(Wadi el-Hol)로 공포의 계곡이라는 의미였다.]

첫 방문에서는 물론 그 이후 계속된 방문을 통해 존 다넬은 절벽들을 따라 새겨진 글들을 연구하였다. (다넬의 표현에 의하면) 절벽들이 "칠판과 같은 바위들"로 이루어져 있어 그곳을 통과하던 여행자들을 절벽에 글들을 새겨 넣도록 끌어들였다. 새겨진 글씨들은 처음 보기에도 아주 익숙한 모습이었다. 다넬은 그 글들의 대부분이 고대 이집트 군대에서 돌 위에다 쓰던 글자들의 형태임을 알아챘다. 상형문자와 승려용 글자들이 섞여 있었는데, 이는 쉽게 새겨 넣기 위한 선택이었던 것으로 기원전 2000년에서 기원전 1600년경의 왕조시대에 성행했던 전형적인 방식이었다.

이 시기의 대부분에 걸쳐 이집트는 북쪽과 남쪽의 침략자들에게 괴롭힘을 당하던 나라였다. 남쪽의 수도였던 테베시의 주변에서 이집트는 특히 왕실 사자들의 안전한 통행을 위해 산적과 사막의 약탈자들로부터 도로를 지키려고 애를 썼다. 그 도로를 통해 짐을 진 낙타들과 경비대 등이 빈번히 왕래했다(이러한 사실은 고고학 연구에 의해 폭넓게 증명되었다). 도로를 따라 길게 늘어선 사막과 시골 들판을 지나다니면서 이집트 경비대의 선임장교들은 바위에다 기념이 될 글들을 새겨 넣는 전통을 만들어냈다.

바위에 글을 새겨 넣는 것은 침착하게 해야 하는 작업이었다. 장난기 어린 분위기를 풍기는 "graffiti"[고적의 기둥, 벽을 긁어서 그려 놓은 그림 또는 글자: 역자주]라는 우리의 단어로 바위에 글을 새겨 넣는 작업을 표현하는 것은 공정하지 못하다. 오히려 그 작업은 아직 살아 있는 어떤 사람을 위한 묘비명을 새겨 넣는 것과 같은 것이었다. 글을 쓴 사람들은 자신의 이름과 직위를 적어 넣었고 그리고 대개 사막을 무사히 건너게 해달라는 신에게 드리는 기도로 끝냈다. 명문은 영원하고 정신적으로 효용이 있다고 믿어졌다. 글을 쓴 사람의 이름은 후세대에 그곳을 통행할 사람들에게 읽혀지고 말하여질 것이며 내세에서 살 영혼에게 좋은 조건을 만들어줄 것이라 믿었다.

다넬은 와디 엘-홀에 새겨진 무수한 글들은 당연히 도로를 오갔던 전사들의 전통에 속하는 것으로만 생각한 듯하다. 새겨진 글들 중 특정의 내용들과 글자들의 형태로부터 그리고 계곡 주변에 남아 있던 유물들에 대한 분석을 바탕으로 하여 마침내 다넬과 다른 학자들은 그 도로 주변에 글을 남긴 행동이 가장 성행했던 시기를 대략 기원전 1800년경으로 잡으려고 했었다.

다넬이 두개의 이상한 명문에 주목을 하게 된 것은 그가 계곡을 세번째 찾아 갔던 1994년이었다. 20피트 가량 떨어져 있는 어깨 높이의 두개의 석회암 바위에 부호들이 비틀린 짧은 두줄로 새겨져 있었다. 주변은 전형적인 이집트 명문들로 에워싸여져 있었는데, 모두가 합쳐 하나의 무리를 이루는 듯 보였다. 다넬은 "나는 글자를 바위 위에 새겨 넣는 방법을 보았다. 그리고는 곧바로 중기 왕국과 이집트 병사들이 바위에 글을 새겨 넣은 것과 연결시켰다"고 말한다. 부호들 자체가 다넬에게 읽혀질 수 없었다는 것을 제외하고는 모든 것이 같았다. "몇몇 글자들은 이집트 글자들에서 나온 듯하였으나, 분명히 이집트 방식이 아닌 방식으로 쓰여진 것들이었다"고 다넬은 덧붙여 말한다.

두개의 명문에는 되풀이하여 쓰여진 것을 포함하여 각각 16개와 12개의 부호들이 담겨 있었다. 서로 다른 15개의 부호들이 사용된 듯하였다. 그중 어떤 것들은 명확한 그림이었다. 다넬은 황소머리, 팔을 치켜든 사람의 형태, 수직의 파도 형태의 선들과 대칭을 이루는 십자를 식별해낼 수 있었다. 그는 그 글들이 전하려는 내용을 추측할 수는 없었지만 어떤 종류의 글자들인지는 추측할 수 있었다. "처음 보기에도 그 글자들은 시나이 명문들의 글자들을 닮아 보였다. 그래서 나는 그 글자들도 알파벳 방식의 글자들이라 판명될 것을 확신하였다"고 다넬은 말한다.

입증은 더디지만 조직으로 이루어졌다. 그때쯤은 이집트의 관계자들에게도 와디 엘-홀에 대해 통보되었을 것이고 소문이 퍼지고 있었을 것이다. 허가

## 알파벳의 요람 – 계속

및 사무처리의 이유로 이집트 관계자들이 공식적으로 참여하게 됨과 더불어—그리고 수시로 약탈당해 몇몇 이집트 명문들이 바위에서 통째로 뜯겨나가기도 했지만—고대글자 전문가들을 계곡으로 초청하거나 명문들의 사진을 보여주게 되었다.

그 글자들은 정말로 알파벳 방식이라는 것이 증명되었다. 부호들은 시나이 알파벳과 가나안 알파벳의 글자들에 밀접하게 연결되어 있는 글자들이다. 단어 사이에 띄어쓰기가 안 되어 있고 몇몇 글자들에 대해서는 알 수 없는 탓에 명문의 내용을 만족스럽게 해독할 수는 없다. 글쓰기가 오른쪽으로부터 왼쪽으로인지 왼쪽으로부터 오른쪽으로인지 아무도 모른다. 하지만 글의 흐름이 훗날에 나타나게 될 셈어 알파벳의 글쓰기와 같이 오른쪽으로부터 왼쪽이라고 가정한다면, 한 명문은 "우두머리"라는 단어로 시작하고 다른 한 명문은 "신"이라는 단어로 끝나는 듯하다.

1998년에 이르러 다넬과 다른 학자들은 두서너가지 극적인 결론에 도달하게 되었다. 첫째로, 그 두개의 명문은 아마도 지금까지 발견된 것 중 가장 오래된 알파벳 방식의 글일 것이다. 연대가 확실하게 추정될 수 있는 가장 오래된 알파벳일 것으로, 한 세기 정도의 차이는 있을 수 있지만, 그 명문들은 기원전 1800년에 새겨진 것들이었다. 보다 중요한 것은 그 명문들이 알파벳의 발명을 직접적으로 알려주는 길잡이로 간주될 수 있다는 것이었다. 와디 엘-홀의 증거에 의하면, 알파벳의 발명은 이제 기원전 2000년경의 이집트에서였다는 것으로 추정된다—이는 그 이전에 추정되었던 것보다 3세기 정도 빠른 것이다(그리고 발명된 곳도 다른 곳이다). 1999년 11월에 발간된 <뉴욕 타임스>(*New York Times*)는 "이집트에서 발견된 유물 알파벳 발명연대를 앞당겨"(*Finds in Egypt Date Alphabet in Earlier Era*)라는 전면 표제로 그 작업에 대한 기사를 실었다.

증거는 글자들의 형태에 있었다고 다넬은 설명한다. 두 명문의 글자들은 모두가 다 이집트 사람들이 바위에 새겨 놓았던 부호들과/이나 상형문자로 써놓은 이전의 부호들을 베껴 놓은 것임이 연구에 의해 확인되었다. 알파벳을 만들어 처음으로 사용한 사람들이 자신들이 만들 글자들의 형태를 바로 이집트의 상형문자에서 찾아낸 것이다.

와디 엘-홀 글자 중 몇몇 글자들의 형태는 언제 베껴진 것인지를 암시해준다. 우리는 이제 이집트 사람들이 바위에 새겨 놓은 글자들에 대해 그 부호들의 변천모습을 추적할 수 있을 만큼 충분하게 알고 있다. 그런데 와디 엘-홀 글자들 중 몇개는 기원전 2000년경 중기왕국 초창기에 사용되었던 이집트 글자의 형태를 명확하게 보여준다. 그러나 와디 엘-홀의 글자들이 새겨진 연대는 기원전 1800년에 훨씬 더 가까운 것으로 보인다. 이것이 함축하는 바는 와디 엘-홀 글자는 기원전 2000년경에 만들어진 알파벳으로부터 그 글자들의 형태를 물려받아 보존하고 있다는 것이다.

그런 사실을 가장 확실하게 보여주는 글자가 M이다. 두개의 명문에 파도 형태의 수직선이 4개가 있다. 이것은 의심할 바 없이 파도모습의 선으로 된 멤(물)이라는 이름의 페니키아 알파벳 M의 선조이며, 따라서 우리가 사용하는 알파벳 M의 선조이다. 와디 엘-홀의 M이라는 글자는 이미 존재하고 있었던 수직의 파도 형태로 돌 위에 새겨진 이집트의 부호를 무척이나 닮았는데, 이는 이집트 사람들이 돌 위에 새겨 놓은 글자가 근원임을 명확히 말해주는 것이다. 그러나 이집트 글자들은 대체로 횡으로 쓰여졌다. 이집트 글자를 종으로 내려 쓰던 시기는 기원전 2000년경에 잠깐 있었다. 따라서 와디 엘-홀의 유물에 글자들이 종으로 새겨진 모습은 그 글자들의 대략적인 연대를 드러내는 것이다. 다른 글자들의 형태도 비슷한 추론을 가능하게 한다.

글자들을 만든 사람들은 누구였을까? 글자를 만든 사람들은 아마도 이집트 군대안에 있었던 사람들로 이집트 사람들이 아무라고 불렀을 셈족 출신의 용병들이나 그와 유사한 사람들이었을 것이라고 다넬은 믿는다. 원래 이들은 글자를 모르는 사람들이었다. 그러나 그들이 몸담고 있었던 군대에서는 글자를 이용한 글쓰기 활동이 활발하게 이루어지고 있었으니, 아마도 그러한 분위기로 인해 그들 스스로 글을 쓸 수 있는 방법에 대해 생각하게 만든 듯하다.

아마도 글자들을 만든 사람들은 아무들 중의 젊은 지휘관들로 당시에 성행했던 바위 위에 글쓰기를 할 수 있을 만큼 이집트 글자 쓰기를 이미 배워 글자를 만들어낼 수 있는 능력이 있는 그런 사람들이었을 것이다. 아마도 그들은 이집트 군대에서 글을 쓰는 직책에 있는 사람들의 도움을 받았을 것이라는 이론을 세운다. 왜냐하면, 글을 쓰는 직책에 있던 사람들은 용병들이 글자를 읽고 쓸 수 있게 만들어 용병들의 조직을 향상시킬 것을 꾀하려 했었을 것이기 때문이다.

와디 엘-홀의 두개의 명문에 누가 글자를 새겨 넣었을 것인가에 대한 대답은 위에서 설명한 바와 같다. 물론 글자를 만든 사람들 자신이 아니라 훗날

## 알파벳의 요람 - 계속

이집트 낙타부대에서 복무하던 그들의 후손들이었을 것이다. 사막의 길들을 따라 쓰여진 글들의 대부분은 군인들이 쓴 것이었다.

우리에게 정보를 제공해주는 마지막 단서는 석회암 절벽에 알파벳 방식의 글자들로 쓰여신 한 명문 아주 가까이에 베비(Bebi)라는 이름의 어떤 사람을 언급하는 이집트어로 쓰여진 글이 하나 있었다는 것이다. "아무 출신 병사들의 탐험대 지도자"라는 제목의 글이었는데, 그러한 글이 그곳에 있다는 것은 결코 우연일 수 없다는 것이 다넬의 주장이다. 다넬의 주장은 다음과 같다. 세개의 명문들, 즉 알파벳 방식의 글자로 쓰여진 명문들과 이집트 글자로 쓰여진 명문은 아마도 동시에 새겨졌을 것이다. 베비라는 사람이 도로순찰을 하는 셈족 출신 용병부대의 지휘자였다면, 알파벳 방식의 글자로 쓰여진 글에 나타난 "우두머리"는 셈족 용병들 중의 한 사람으로 베비의 지휘하에 있는 중간 지휘관이거나 종족의 우두머리였을 것이다. 비슷한 처지에 있는 어떤 사람이 알파벳 방식의 글자로 쓰여진 또 다른 하나의 명문의 글을 썼을 것이다. 두명의 셈족 출신의 용병들은 이집트 글자와는 다른 형태인 "자신들의" 글자들을 이용하고 있었다. "베비 장군이 자신의 이름을 썼고, 베비 휘하에 있던 두명의 셈족 용병들이 자기들의 글자로 명문을 썼던 것이 확실해 보인다"고 다넬은 주장한다.

명문 1

명문 1 (확대한 사진)

현재까지 발견된 것들 중 세계에서 가장 오래된 알파벳 방식의 글자로 쓰여진 와디 엘-홀의 두개의 명문은 20피트 가량 떨어져 위치한 석회암에 글자들이 거칠게 새겨진 것들로 알파벳 방식이 아닌 이집트 글자들로 새겨진 수백여개의 명문들과 함께 발견되었다. 명문 2의 사진에 보이는 커다란 "유령" 형태는 실제로 근처의 이집트 명문에 속하는 안사타[안사타(앙크)십자-고리가 달린 T자형 십자로 생명의 상징임: 역자주] 십자 부호이다.

명문에 새겨진 글자들이 마치 만화에 등장하는 사람들의 모습같아 보인다. 그러나 전문가들은 오늘날의 A, B, E, L, M, R과 그외 다른 글자들의 가장 초기의 형태를 이들 명문으로부터 찾는다. 비전문가의 눈에는 형태 자체가 오늘날의 글자 형태와 닮아 보이는 것은 T로 명문 2에서 두번 쓰였음을 볼 수 있을 뿐이다. 십자 또는 소문자 t의 형태로 위에서 3번째 줄과 훨씬 더 아래쪽에서 찾아볼 수 있다.

그림으로 된 각각의 글자는 자음의 소리를 나타낸다. 각 글자들을 정확히 발음하면 글자들

명문 2

은 고대 셈어에서의 단어들이 된다. 오직 두 단어만이 그것도 가설적으로 해독되었다. 오른쪽으로부터 왼쪽으로 글을 쓴 것이라고 가정한다면 (그리고 그것도 확실하지 않다), 명문 1에 나오는 첫두 글자는 R-B일 것이다. 이들 글자가 전체로서 단어를 뜻하려는 것이라면, 레브(reb), 즉 "우두머리"이다. 같은 조건하에 해독한다면, 멍문 2에서 (왼쪽 바닥에 보이는) 마지막 두 글자는 엘(el), 즉 "신"이다.

두 단어로 두 명문의 내용을 추측할 수 있을지도 모른다. 와디 엘-홀과 도로변의 다른 장소들에서 발견된 바위 위에 새겨진 해독이 가능한 이집트의 많은 글들에는 표준적인 방식이 있다. 이름과 직책을 씀으로써 글을 쓴 자신이 누구인지를 밝히고 신의 보호를 기원한다. 와디 엘-홀의 두 명문은 단지 "이름, 계급, 기도문"식의 군대규칙과도 같은 전언을 알파벳 방식으로 쓴 것일 수도 있다.

신의 이름. 오른쪽에서 왼쪽으로 읽는 다면, 최초의 글자들인 알레프(*aleph*)와 라메드(*lamed*)로 철자되는 엘(*el*)즉, "신"은 분명히 사막에서 자신을 안전하게 지켜 달라는 어느 병사의 기도문의 한 부분일 것이다. 국자처럼 생긴 라메드는 L이라는 글자이다. 황소머리인 알레프는 E가 아니라 작은 기침소리와 같은 후두폐쇄음으로 그 단어를 셈어로 발음할 때의 첫소리로 통상의 영어철자로는 나타낼 수 없다.

명문 2 (상세부분)

그 신이 어느 신인지를 확인할 수는 없다. 하지만 여러 신을 숭배하는 셈족 사람들이라면, 아마도 멜카르트(Melkart), 바알(Baal) 또는 때로는 간단히 엘(El)이라고 불리는 보호의 신을 찾았을 것이다. 또 한편 유태족이라는 셈족의 또 다른 지파의 사람이었다면, 유일신에 대한 믿음을 표출하였을 것이다. 히브리어에서 알레프와 라메드는 마찬가지로 신적인 이름을 형성한다. 예컨대, 성경에는 엘로힘(Elohim)("하나님")을 비롯해 엘리자베쓰(Elizabeth), 미카엘(Michael)과 같이 익숙한 이름들이 있다. 아랍어의 단어인 알라(Allah)("신")도 같은 언어적 전통에서 나온 것이다.

위의 그림은 영국의 풍자잡지인 『펀치』(*Punch*)[1841년에 창간된 익살스러운 만화가 많은 런던의 주간지: 역자주](1955년 3월 23일자)에 실린 디. 엘. 메이(D. L. May)의 만화 "A부터 Z까지"(*The A-to-Z Line*)에서 가상의 (여성의) 모습으로 형상화한 알파벳도안을 변형한 것이다. 현대인들의 취향이라면 단지 옷을 입힌 신체의 모습 그 이상의 심오한 기준을 희망하겠지만, 1950년대의 우아함과 계층적 의식과 더불어 이 만화는 여전히 매력을 지니고 있다. 『펀치』는 2002년에 출판이 중단되었다.

*그러면 이제 이 책의 주인공들인 26개의 글자들의 이야기로 .....*

*미국 농무성(the United States Department of Agriculture: USDA)의 표상(emblem)에 기사다운 모습으로 실려 있는 A는 "질적 만족"을 나타낸다. 미국 농무성의 여러 가지 임무 중 하나는 대중적 소비를 위한 식품을 검사하고 가금류, 계란, 낙농제품 등의 식품을 A, B, C로 등급을 매기는 것이다. 그러나 우수함을 나타내는 A는 미국 농무성의 상징이기도 하다.*

# A, 처음 그리고 가장 좋은 것

A

시작, 근본적인 것, 우수함 등으로 연상되어지는 A는 역사적으로 최고 일류로 인식되어져 왔다. 대부분의 현대 알파벳은 A 또는 거의 A와 동등한 글자로 시작된다. A는 고대 그리스 사람들에게는 1이라는 수를 나타내는 글자였으며(기원전 800년), 훨씬 더 이전의 형태로도 페니키아 사람들에게 마찬가지였다(기원전 1000년). 기원전 2000년경에 처음으로 만들어진 근동지역의 글자에서도 A가 첫글자였다는 것은 거의 확실하다. 글자를 읽고 쓸 수 있는 능력으로 통하는 출입구였던 탓에 A는 그 어떤 글자들보다 가장 풍성한 상징적 가치를 향유해왔다.

A는 그 자체로 다른 모든 글자들을 상징할 수 있다. 광고에서는 말할 것도 없고 여타의 경우들에 있어서도 칠판에 쓰여진 A나 "새서미 스트리트의 빅버드"(*Sesame Street's Big Bird*)의 장갑 낀 손에 들려진 A라는 글자는 "어린 아이들이 알파벳을 배운다"라는 분명한 의미를 전달해준다. 어떤 다른 글자 홀로 그런 것을 말할 수는

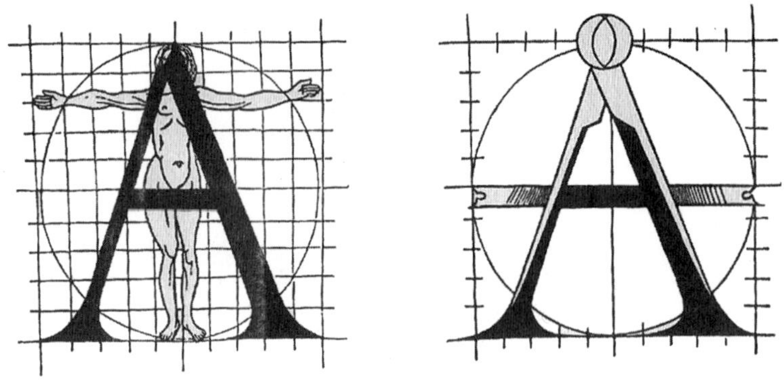

1529년 파리에서 출판된 시각 예술가 조프로와 토리(Geofroy Tory)의 책 『꽃밭이 있는 정원』(*Champ Fleury*)에 실려 있는 잉크로 그린 두 그림에서 사람의 형태와 도안용 콤파스와 자는 대문자 A의 이상적인 균형을 보여준다. 진정한 문예부흥기의 사람이었던 토리는 활자 디자이너, 화가, 조각가, 서예가, 작가, 프랑스어 교수, 라틴어 및 그리스어 학자, 서적업자의 일을 하였으며, 마지막에는 프랑수와 1세 왕(King François I)의 공식 화가로 일하였다. 그는 "글자들의 적정하고 진정한 균형"을 증명해내기 위해 그리고 독일의 예술가 알버트 뒤러(Albert Dürer)를 포함한 당대 예술가들의 서법들에서 불완전한 것으로 본 것을 바로 잡기 위해 책을 썼다. 토리는 각 글자의 구도를 격자틀을 이용하여 예시하였으며—이는 레오나르도 다빈치(Leonardo da Vinci)가 다른 대상물들을 대상으로 한 균형연구를 회상하게 만든다—각 글자들의 시각적, 음성적, 문학적 특성에 대해 정통하고 명쾌한 설명과 더불어 도형을 덧붙였다. 토리는 언어와 이성을 담아내는 글자들은 신으로부터 선물받은 기호라는 당시의 생각에 동참하였다. 따라서 토리에게 있어 글자들의 형태는 총체적인 조화와 균형을 반영하는 것이어야 했다.

없다. 칠판에 달랑 하나만 쓰여진 E나, K 또는 Z는 어떤 특정의 단어를 암시하는 것 같아 그러한 의도를 흐려지게 만들 것이다. 홀로 쓰여진 E를 보는 사람이라면, "'e-비지니스'가 미래를 위한 열쇠? 그건 오래된 광고문안인 것 같은데"와 같이 "E가 무엇을 의미하는 것인가"를 무척이나 고민하게 될 것이다. 하지만 A는 즉각적으로 26개의 글자들이라는 개념을 떠올리게 만든다.

A는 학업에서의 성공을 나타내기도 한다. 미국에서는 19세기 후엽 이래로 학생들의 학업결과를 평가하는데 A, B, C, D와 F를 사용하였

다는 기록이 있다. 이런 성적체계는 다른 대안적 시도들이 있었음에도 살아 남아 미국의 공립학교들에서 여전히 보편적으로 사용되고 있으며, 영연방국가들과 서유럽의 국가들에서 널리 사용되고 있다. "낙제"(failure)를 의미하는 F는 예외지만, 나머지는 머리글자가 아니라 일련으로 매겨지는 평가등급이다.

이와 같이 A는 "일등급"이라는 의미가 어린 아이때부터 우리의 뇌리에 젖어드는 탓에 어른이 되어서도 "일등급"이라는 생각이 되풀이되어 나타난다. 마치 부잣집의 총애받는 아들처럼 A는 최고의 질을 발산해낸다.

예를 들면, 스탠다드 앤드 푸어즈(Standard & Poor's)와 무디즈(Moody's) 두 회사 모두 투자자들의 편의를 위해 채권, 주식 및 기타 채무의 등급을 정할 때 위험부담이 거의 없는 종목들을 최상등급으로 매기면서 AAA를 사용한다. AAA 등급으로 분류된 투자처는 "우량종목"(gilt edged)으로 불릴 권리가 있다. 다음 등급으로 AA와 A가, 그 다음에 (스탠다드 앤드 푸어즈에서는) BBB, BB, B 등급이 나오거나 (무디즈에서는) Baa, Ba, B 등급이 나오고, 그 다음 C 등급 그리고 어떤 분야에 대해서는 D 등급이 나온다.

마찬가지로 대중적 소비를 위한 음식제품을 감시하는 미국 농무성도 많은 제품들의 등급을 매기는 데에 글자들을 이용한다. 도계의 품질등급은 A, B, C로 매겨지거나 등급이 매겨지지 않는다. 미국 농무성의 공표에 의하면, 등급을 A로 받기 위해서는 도계의 형태가 "정상"이어야 하고, "매우 신선"해야 하고, "깃털이나 잔털이 전혀 없어야"한다. C 등급을 받은 것이라면 "비정상적"이거나, "문제가 있는" 것이거나, "신선하게 보관되지 못한" 것이면서 "깃털이나 잔털이 남아 있는" 것임에 틀림 없는 것이다. (도살하는 것이 전혀 무례한 짓이 아니기라도 한 듯이) 등급을 매김에 있어서의 요체는 기준을 제공하는 것이다. 그래서 수퍼마켓에 물품을 공급해주는 대부분의 업자들은 오직 "A 등급"의 도계만을 취급한다.

A라는 글자는 상업과 상표를 알림에 있어 "최고의 서비스"를 상징할 수 있다. AAA Heating & Cooling과 같은 회사이름은 소비자들에게 쉽게 기억되고 "위험부담이 전혀 없음"을 암시할 수 있을 뿐만 아니라 상호전화번호부의 제일 처음에 실릴 수 있는 이점도 있다. Alcoholics Anonymous(AA: 익명의 알골중독자 모임)와 마찬가지로 American Automobile Association(AAA: 미국자동차협회)는 신뢰를 약속하는 것으로 사업을 한다.

"일등급"을 뜻하는 "A-원"(A-1)이라는 표현은 예전 1800년대에 영국의 항해용어에서 유래된 것이다. 해상보험사인 런던의 로이드(Lloyd)는 선박을 등록할 때 선체상태의 등급을 A 또는 B로 표시하고 선박의 장비들의 등급을 1 또는 2로 표시하였다. 가장 선박다운 모습의 선박만이 "로이드에서 A-1을 받았다"라고 광고를 할 수 있었다.

그 의미가 명백하고 자명한 "A-원"은 곧바로 퍼져 나가 대서양을 사이에 두고 양쪽에서 널리 사용되게 되었다. 19세기 중엽의 신문들이나 찰스 디킨스(Charles Dickens)의 『피크윅 페이퍼즈』(*The Pickwick Papers*)(1837)와 같은 소설들에서는 항해와는 아무런 관련도 없는 의미로 사용되었다. 미국 사람들의 말 중에 "A-오케이"(A-okay)는 유추에 의해 만들어진 것인 듯하나 실제로는 훨씬 더 나중인 1961년에 나타난다. 나사(NASA)의 첫번째 유인우주선이 궤도에 오르기 전에 승무원 알란 셰퍼드(Alan Shepard)가 무선교신을 하면서 단순히 "오케이"라고 한 것을 "A-오케이"로 잘못 들어 잘못 보도된 것이다. 그런데 그 말이 적소에 사용되었기에 인기를 얻게 되었다. "오케이"가 "(어떤 목적에) 적합한"이라는 의미로 사용되었을 법한 곳에서 A가 그 말을 "극히 양호함"이라는 의미로 끌어 올렸기 때문이다.

속물적 근성에 호소하는 언론과 광고에서 최근까지 선호되어 쓰이던 용어인 "목록 A"(A-list)는 어떤 집단이든 선택된 집단, 즉 크림 중의 크림(crème de la crème)을 지칭한다. 목록 A는 목록 B(B-list)를 때로는 목록 C(C-list)를 앞선다. 목록 A라는 용어는 1980년대에 "헐리우드 목록 A"(Hollywood A-list)라는 표현과 더불어 주요 매체에 진입하였다. 헐리우드 목록A는 그 당시 (새 영화를 제작하기 위해) "돈을 가장 잘 끌어들일 수 있는" 유명배우 75명에 대한 비공식적 순위표였다. 또 다른 100여명의 배우 이름이 목록 B로 만들어졌고, 더 많은 배우의 이름들이 C와 D라는 목록에 올려졌다. 최근에는 극장 매표소의 수입과 영화업계의 견해에 바탕을 둔 여러 형태의 목록들이 유포되고 있다. <헐리우드 보도자>(*The Hollywood Reporter*)라는 신문은 "배우들의 능력에 대한 조사"(*Star Power Survey*)라는 연보를 발행하는데, 이 연보는 A, B와 같은 글자의 사용을 피하고는 있지만 모두 합하면 1,000여명의 배우들의 이름으로 만들어진 5개의 목록으로 구성되어 있다. 영화업계의 사람들은 종종 그 목록들을 A+, A, B, C, D라는 목록으로 언급하기도 한다.

헐리우드와는 달리 과학에서는 가치판단을 불신한다. 과학에서 A는 "가장 좋은 것"이 아니라 "처음"을 상징할지도 모른다. 1913년과 1916년 사이에 주로 위스컨신(Wisconsin) 대학교에서 연구를 했던 화학자들은 인간의 건강에 꼭 필요하다고 생각되는 모종의 유기복합물을 축출해내는 일을 했다. 하나의 복합물이 발견되고 또 다른 두번째의 복합물이 발견되자 "지용성-A"와 "수용성-B"라고 불렀는데, 이들은 후에 비타민 A와 B라는 보다 멋진 이름이 붙여졌다. 그런 다음 B의 하위구분과 더불어 다른 비타민들의 이름이 뒤를 따랐다.

A는 물론 모음글자이다. 모음글자라 함은 성대에서 나오는 어떤 소리를 나타냄을 말하는 것이다—"모음"이라는 단어는 라틴어와 중세 프랑스어에서의 형용사 *vocalis*에서 온 것인데 "목소리를 이용하는"이라는 의미이다. 모음은 방해도 별로 크게 받지 않고 입의 모습에도 별 변화가 없이 발음되는 소리이다. 공기의 흐름이 차단되거나 마찰을 동

반하는 소리들은 자음(consonant)으로 분류된다.

글자로 쓰는 영어에는 A, E, I, O, U 5개의 순수 모음글자가 있다. (I를 Y로 대체할 수도 있다.) 그러나 말로 하는 영어는 약 20여개의 모음소리들을 가지고 있다. 따라서 모음글자들은 늘상 바쁘다. 책의 어디를 펼쳐보든 모음글자 하나하나마다 여러개의 소리를 나타낸다. 글자들은, 예컨대, "rate"(등급을 매기다)에서의 장모음 A와 "rat"(쥐)에서의 단모음 A를 명확히 구분해줄 수 있는 철자법의 도움을 받는다.

영어에서 A는 10여가지의 소리를 나타낸다. 다음의 예에는 A의 소리가 6개가 있다. "Was Allan's pa all pale?"(알란의 아빠가 사색이 되었지?)(아니면, 독자의 사투리에 따라서는 A의 소리를 5개만 찾아낼 수도 있다.) "Allan"에서 첫번째 소리는 보통의 단모음으로서의 A 소리이다. 그러나 "pa"에서는 약간 다른 단모음인 A의 소리인데—언어학자들은 이를 저후설모음(low back vowel)[모음을 발음할 때의 혀 전체의 위치와 혀 중에서 돌출되는 부분의 위치에 따라 고모음, 중모음, 저모음 그리고 전설모음, 중설모음, 후설모음식으로 명칭을 붙인다: 역자주]이라 부른다—대부분의 유럽어들에서의 정상적인 A의 소리이며, 그리스어, 에트루리아어, 라틴어 등과 같은 고대 유럽어들에서의 A의 소리였다고 생각된다.

이 "ah" 소리는 인간의 말소리에서 가장 기본적인 소리이다. 20세기 중엽의 언어학자이면서 알파벳을 연구한 학자인 데이빗 디링거(David Diringer)는 이 소리를 "목구멍을 최대로 활짝 연 상태에서 공기의 흐름을 터트려 만드는 소리이기 때문에 가장 순수하고 가장 단순한 모음소리로 가장 근원적인 모음소리라 간주되며 아이들이 가장 먼저 내는 소리"라고 하였다. (항상 최고 일류인) A가 가장 본질적인 소리가 되는 것은 당연할 것이다.

그러나 항상 그런 것은 아니다. 3-4천년전에는 첫글자가 "ah"를 나타내는 글자가 아니었다. 우리의 알파벳의 다른 모든 모음들과 마찬가지로 A는 다른 소리를 나타내는 자음으로서의 삶을 시작하였다. 이것은 복잡한 이야기는 아니다. 글자는 단순한 약정에 불과하여 필요에 따라 변할 수 있다. 오늘날 우리가 익숙하게 사용하고 있는 C가 터키어에서는 "j" 소리를 나타내는가 하면, J라는 글자는 독일어와 스웨덴어에서는 "y" 소리를 나타낸다. 모든 사람들이 동의를 한다면, A라는 부호는 "z", "th" 또는 그 어떤 소리라도 나타낼 수 있는 것이다. 아주 아주 먼 옛날에 그런 일이 일어났었다.

원래의 A는 다른 어떤 글자만큼이나 오래된 글자이다. A는 지금까지 발견된 것 중 가장 오래된 알파벳에 들어 있었다. 이 가장 오래된 알파벳은 중앙 이집트의 와디 엘-홀에서 발견된 석회암에 새겨진 두개의 명문에 있던 것인데, 그것은 아마도 용병들이었을 것으로 추정되는 셈족의 사람들이 기원전 1800년경에 쓴 것이었다. 우리가 사용하는 글자들 중 원래부터 있었던 글자들은 모두가 그림이었던 것처럼 A는 황소의 머리를 생생하게 그려 놓은 그림이었다. 그 그림글자는 "황소", 즉 고대 셈어들로는 알레프(*aleph*)라고 불리는 글자였다.

최초의 글자들은 자음들뿐이었는데, 이는 단어들을 자음들로만 축약하여 표기하였기 때문이었다. 셈어에도 모음들이 있기는 했지만, 모음들을 표기할 필요는 없었다. 셈어들에는 알레프가 보편적으로 존재하지만, 현대 영어에서는 거의 나타나지 않는 언어학자들이 성문음(glottal)이라 부르는 희미한 소리를 나타내었다. 영어에서의 고전적 예는 런던 사투리(Cokney)에서 찾아볼 수 있는데, "bottle"(병)이라는 단어를 "bah-owe"로 발음할 때 목너머로 삼키는 듯 발음하는 "t"의 소리이다. 성문음은 이처럼 목에 걸려 나는 소리로 그 다음에 나올 모음소리가 밀어내 발음된다.

셈어 알파벳의 글자들의 이름이 각 글자들이 상징하는 바로 그 소리들로 시작하는 한에 있어서, 알레프라는 이름은 실제로 "a" 앞에 있는 목에서 나는 소리인 성문음으로 시작한다. 이러한 사실을 우리의

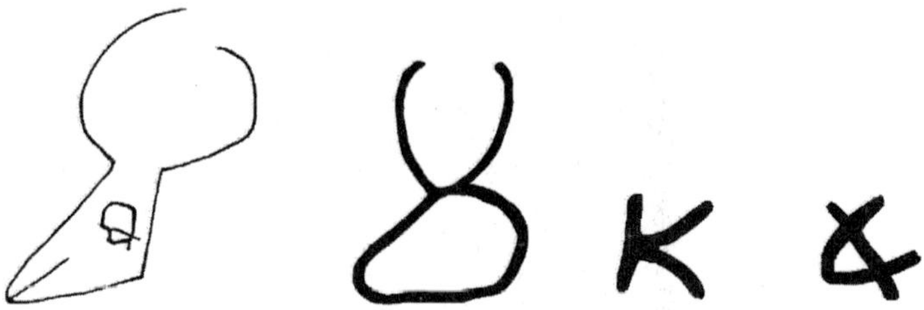

1 2 3 4

황소의 진화. (1) 기원전 1800년경 와디 엘-홀의 한 명문에 보이는 "황소", 즉 알레프라는 글자의 형태. (두번째로 새겨진 알레프를 포함한 두 명문들의 사진들은 49쪽과 50쪽에 실려 있다.) 믿기지는 않겠지만, 이 형상이 우리가 사용하는 A라는 글자의 가장 초기의 형태였다. 오늘날의 A에서는 황소의 뿔들이 곧추선 다리들의 형태로 눈에 띄지 않게 남아 있다. (2) 아마도 기원전 1750년경에 시나이의 세라비트 엘-카뎀에서 초기의 셈어 알파벳으로 새겨진 또 다른 명문에서는 알레프의 형태가 보다 간단해 보인다. (3) 기원전 1000년경의 페니키아 알파벳의 알레프는 여전히 두 뿔의 형태를 명확하게 지니고 있으나, 잉크를 붓이나 펜에 묻혀 파피루스에 쓰거나 철필로 도자기에 세개의 획으로 쉽게 쓸 수 있게끔 상당히 추상적인 형태로 변해있다. (4) 기원전 800년경에 이를 즈음에는 페니키아 알파벳의 알레프는 아마도 두개의 획으로 쓸 수 있게끔 마치 황소의 머리와 같은 새로운 형태로 변하였다. (황소의 다음 형태는 어떠할 지 추측할 수 있겠는가?)

철자법으로 표기하기는 어렵다. 그러나 몇몇 학자들은 그 글자의 이름을 '*aleph*(또는 '*alef*나 '*alep*)로 쓴다. ' 표시는 성문음을 나타내는 국제음성기호이다.

우리는 가장 오래된 가나안 글자목록들이 현대 고고학에 의해 발굴된 대략적인 연대인 적어도 기원전 1300년대 시절에는 알FP프가 알파벳의 첫글자였었음을 알고 있다. 한두세기 지난 후의 페니키아 알파벳의 목록들에서도 마찬가지로 알레프가 처음에 나온다. 아주 특별한 이유가 없는 한 글자들은 오랜 세월이 지나도 대체로 같은 순서로 남아 있는 탓에 현대 학자들은 알레프가 첫글자로 나타난다는 사실이 기원전 2000년경 원래의 알파벳에서 첫글자였다는 확실한 증거라 생각한다.

알레프가 어떻게 왜 첫글자로 선택되었는지는 결코 알 수 없다. 현대 학자들의 어떤 설명도 만족스럽지 못하다. 특히 고대 지중해 지역과 근동지역의 문화에서 황소를 신성시하였다는 어떤 근거도 찾을 수 없다. 어떤 글자는 배우는 사람들이 기억하기 쉬울 순서로 이름을 배열해야 했었을 것이며 "황소"는 명백한 개념이고 형상이었을 것이다. 알레프가 청동기 시대의 셈족 사람들에게 첫글자로 나온 탓에 A라는 글자가 우리들에게도 첫글자로 나온다.

오늘날 *aleph* 또는 *alef*라 불리는 글자는 히브리 알파벳의 첫글자로 남아 있다. (고대 히브리 글자들은 원래 페니키아 글자들을 베낀 것이었다.) 히브리 알파벳에서의 A의 이름은 여전히 "황소"를 뜻하는 것으로 이해된다. 하지만 성문음은 글자의 이름과 소리에서 사라졌다. 현대 히브리 알파벳에서 알레프 자체는 어떤 소리도 지니지 않는다. 단지 글자들 아래에 쓰인 특별한 표시에 따라 다양한 모음의 소리들을 나타낼 뿐이다. 히브리 알파벳에서의 알레프는 페니키아 알파벳의 알레프()와 그리 비슷해 보이지는 않는다. 그 이유는 히브리 글자들이 세월이 흐름에 따라 커다란 변화들을 겪었기 때문이다. 그러나 원래 기원전 950년경 히브리 알파벳과 페니키아 알파벳에서의 알레프는 똑같은 모습이었다. 현대 히브리 알파벳에서 알레프의 굽어진 형태()에서 그 기원이 같다는 사실을 발견할 수 있는데, 그 형태가 기원전 1000년경의 페니키아 알파벳에서의 알레프의 형태를 상기시켜준다.

유태민족의 학문적 전통에서 히브리 알파벳의 알레프는 오늘날의 A보다 훨씬 더 대단한 철학적 영예를 누렸다. 카발라(Kabbalah)[히브리 신비철학: 역자주]("전통"이라는 히브리 단어임)라는 중세 유럽의 편찬물과 같은 신비의 저술들에 따르면, 알레프는 천지창조보다 앞서는 그리고 천지창조를 시작하게 한 신의 힘을 상징한다. 그 어떤 다른 형태도 형상화되기 전에 이 근원적인 힘이 존재하였으니, 그것이 바로 왜 히브리 성경이 히브리 알파벳의 첫번째 글자가 아니라 두번째 글자로 시작되는 —*bereshith*("태초에")—단어로 시작하는가의 이유이다. 따라서 두번째 글자인 베쓰(*beth*) 또는 바이트(*bayt*)가 어떤 일의 행위자로 상징되는데 반해 알레프는 행위자가 행동을 취할 준비가 되어 있음을 나타내는 것일 것이다. 또한 히브리의 알레프는 숫자 1을 상징하는데도 사용될 수 있었으며, 우주적 단일성의 상징이었다.

페니키아 알파벳의 알레프가 히브리 알파벳의 알레프의 어머니였던 것과 마찬가지로 히브리 알파벳의 알레프는, 후손의 계열이 다소 다르기는 하지만, 우리가 사용하는 A의 증조 할머니였다. 우리의 A는 고대 유럽의 3개 민족이었던 그리스 사람들, 에트루리아 사람들, 로마 사람들을 이어주는 계보상 서쪽 지파들의 글자에 속한다.

그리스 글자에 대해 먼저 살펴보자. 기원전 800년쯤 아니면 그 이전에 글자체계를 갖고 있지 못했던 그리스 사람들은 그리스어를 표기하기 위해 페니키아 글자들을 베껴서 사용하기 시작했다. 그리스어와 페니키아어가 얼마나 다른 언어였는가에 비추어볼 때 그 과정은 가히 기적적인 것이었다. 그리스 사람들은 한가지 중요한 조정을 하였으니, 페니키아 글자들 중 그리스어에는 필요 없는 5개를 골라 그 음가를 변화시켜 5개의 모음을 만들어냈다는 것이다. 그중 하나가 그리스 사람들은 알 수 없는 셈어에서의 미미한 소리인 성문음을 나타내는 알레프였다. 페니키아 글자들을 개작하여 사용한 그리스 사람들은 알레프를 첫번째 글자로 유지시켰으나 가장 기본적인 모음소리인 "ah"를 재부여했다.

"ah" 소리를 택한 것은 아마도 페니키아 알파벳에서의 이름이 알레프로 그 첫음절의 소리가 "ah"였기 때문이었을 것이다. 그리스 사람들은 어쩌면 앞에 나오는 페니키아의 성문음을 듣지 조차 못했기 때문에 알레프라는 페니키아 글자의 이름이 "ah"라는 소리로 시작된다고 생각했을지도 모른다.

그리스 사람들의 귀에는 모든 페니키아 글자들의 이름이야 말로 익숙한 물체들의 이름이 아니라 단지 낯선 소음에 불과했을 것이다. 그리스 사람들은 글자들의 이름을 자신들이 말하기 쉽도록 고쳤다. 알레프가 알파(*alpha*)가 되었는데, 그 이름 또한 그리스어로는 (글자를 지칭하는 것 이외에는) 의미가 없었으나 적어도 발음은 그리스어식이었다.

오늘날 알파라는 단어는 과학과 기술분야의 어휘 그리고 상품의 이름에서 대체로 가장 먼저인 것, 가장 강한 것 또는 가장 좋은 것임을 상징하면서 품격 있는 삶을 누리고 있다. 예를 들어, "알파 수컷"(alpha male)은 개코 원숭이나 늑대의 무리들에서 가장 강한 놈이다. 알파는 우주의 첫번째 원리를 나타낼 수도 있다. 예를 들면, (100년경에 그리스어로 쓰여진) 성경 『요한계시록』(*Revelation*)에 주 하나님이 가라사대 "나는 알파와 오메가(*omega*)라 이제도 있었고 전에도 있었고"[『개역한글판 성경전서』에서 옮김: 역자주]라는 잘 알려진 구절이 있다. 효과를 극대화하기 위해 그 구절에서는 그리스 알파벳의 첫번째 글자와 마지막 글자의 이름을 함께 놓고 있다. 여하간 알파벳이라는 단어는 그리스 알파벳의 첫 두 글자들의 이름인 알파와 베타(*beta*)를 합친 것이다.

그러는 한편 고대 그리스 사람들은 알파의 형태를 변화시키고 있었다. 그들이 빌려온 페니키아의 글자는 의 형태였다. 그러나 그리스 사람들에게 알파는 "황소"를 뜻하는 것이 아니었기 때문에 그 글자는 그림으로서의 목적을 상실하였으며, 그 글자를 사용하기 시작한지 3대도 지나가기 전에 이미 그리스 사람들은 그 글자를  처럼 자신의 다리로 보다 더 잘 서 있게 보이도록 만들었다.

이렇게 변화된 알파는 우리가 사용하는 A와 근본적으로 같은 것이었다. 기원전 700년경에 이탈리아의 에트루리아 사람들이 그리스 알파벳을 베껴 갔을 때도, 기원전 600년경에 라틴어를 말하는 로마 사람들이 에트루리아 알파벳을 베껴 갔을 때에도 알파는 그 형태와 소리를 유지함은 물론 첫번째 글자의 자리를 지켰다.

우리가 사용하는 A의 이름은 에트루리아 알파벳에서 유래한다. 그리스 알파벳에서 알파를 넘겨받은 에트루리아 사람들은 그 글자의 소리로 이름을 간소화하여 "ah"라 불렀다. 로마 사람들도 마찬가지로

1 2 3 4 5

(1) 그리스 사람들이 페니키아 글자들을 베껴서 사용하던 시기인 기원전 800년경의 페니키아 알파벳의 알레프이다. 페니키아 글자는 오른쪽에서 왼쪽으로 썼으므로 알레프는 뾰족한 쪽이 끝부분이다. (2) 현존하는 가장 오래된 그리스 명문에 나타난 그리스 알파벳의 알파로 기원전 740년경의 것이다. 기초가 된 페니키아 알파벳의 알레프와는 달리 이 알파는 반대쪽으로 누워있다. 그렇지만 이 글자는 알레프의 역형상인데 그리스 사람들이 이미 시험적으로 사용하고 있었던 듯하다. 오른쪽에서 왼쪽으로 써 내려가는 그리스식의 서법에서 알파는 다리가 다음 글자를 향해 있는데 반해 알레프의 다리는 반대 방향을 향하고 있다. (초기단계의 그리스식 서법은 오른쪽에서 왼쪽으로 또는 왼쪽에서 오른쪽으로 써 내려가거나, 다소 지문이 긴 경우에는 체계적으로 방향을 바꾸어 쓰는 방법을 이용하여 양방향으로 써 내려가는 것이 가능하였다. 이러한 방법을 좌우교대서법(boustrophedon)이라 부르는데, "황소가 쟁기로 밭을 갈 듯이"라는 의미이다. 그리스의 서법은 기원전 500년경에 이르러서야 왼쪽에서 오른쪽으로 정착되었다.) (3) 기원전 720년경의 명문에서는 알파가 똑바로 서 있으며, 그 이후로 똑바로 선 형태가 표준이 되었다. (4) 기원전 500년경의 에트루리아 알파벳 A의 형태. 에트루리아 글자들은 그리스 글자들을 베낀 것들이었으며, 초기 로마 사람들은 에트루리아 글자들을 베꼈다. (5) 로마에 있는 트라얀 원주(Trajan's Column)의 기부에 새겨진 유명한 명문에 나타난 113년 당시의 로마 알파벳 A. 우리가 사용하는 대부분의 대문자들이나 마찬가지로 A는 기원전 1세기에서 기원후 2세기 사이에 대리석에 새겨진 로마의 명문들에서 오늘날의 형태와 같은 완벽한 형태에 도달했다. 로마 사람들은 A의 오른쪽 다리를 넓히면서 다리 밑에 [가는 선(sherif)이라 불리는] 획을 덧붙여 글자의 형태를 세련되게 만들었다. 거의 14세기나 되는 세월이 흐른 뒤에야 베네치아(Venice)의 초기 인쇄자들이 새로운 "로마체" 대문자들을 만들기 위해 이 글자와 다른 로마글자들을 베껴 사용했다.

"ah"라 불렀으며, "ah"는 프랑스어, 스페인어, 독일어에서도 그리고 크로아티아어와 같은 라틴어 계통이 아닌 언어들에서도 발음되는 대로 그 글자의 이름으로 남아 있다.

영어는 1066년에 있었던 노르만(Norman)[10세기에 프랑스 북부지역인 노르만디(Normandy) 지역을 정복한 고대 스칸디나비아 사람(Northman)들로, 1066년에 영국을 정복하였음: 역자주]들의 침공으로 인해 강압적으로 영국에 수입된 고대 프랑스어에서 글자들의 이름 대부분을 얻었다. 헤이스팅 전투[Hasting: 노르만들이 침공하여 전투를 한 영국 동남부지역의 지명: 역자주]가 있은 지 몇세기가 지난 후에 영국에서 A의 이름은 아마도 "ah"로 발음되었을 것이다. 하지만 1400년대에서 1500년대 사이에 영어의 모음소리들이 근본적으로 변화를 겪게 되면서 그 이름이 변하게 되었고, 결과적으로 "pay"와 같은 운을 이루게 되었다. (음성적으로 A는 카나다(Canada)가 가장 좋아하는 글자임에 틀림 없다—그렇다고요?)

로마제국 시대를 거쳐 초기 중세시대에는 잉크를 이용하여 손으로 쓰기 위한 A의 다른 형태가 출현하였는데, 이는 보다 빠르고 쉽게 쓸려는 자연스런 경향 때문이었다. 로마 사람들이 펜으로 쓴 형태인 λ은 후기 로마제국 시대에 ⲁ로 변하였고 끝내는 a처럼 변하게 되었다. a는 "카롤링거 왕조(Carolingian) 시대에 사용되던 소문자 형태"로 800년경에 프랑스의 샤를마뉴(Charlemagne) 대제 시대의 성직자들이 초서체 형태들을 다시 손보는 과정에서 만들어진 것이다. 특별한 형태의 이 글자는 장미빛 미래를 얻었다. 1470년대에 이르러 서유럽 지역에서 인쇄술이 발달하게 되면서 글자형태를 도안하는 한 파에서 카롤링거 왕조 시대의 옛 형태를 영존하게 만든 필사전통으로부터 소문자들을 복사해 사용하게 되면서 결과적으로 a로 인쇄되게 되었다. 그러나 다른 인쇄형태로는 다른 필사전통의 소문자를 사용하였으니 그 모습은 ɑ이다.

두 형태 모두 오늘날에도 사용되고 있다. ɑ는 현재 초등학교에서 손으로 쓰는 글자로 가르치는 표준적 글자형태이다. 활자로는 산-세리프체(Sans-serif) 또는 이탤릭체(*italic*)라는 글자체로 나타난다. 하지만 a가 흔히 사용되는 로마체들과 다른 글자체들에서 지배적으로 사용된다. 소문자로 인쇄할 때 이상하게도 A와 G라는 글자만 두가지 형태의 글자를 구분한다. 다른 글자들은 모두 한가지 형태만 가지고 있고, 그 형태들은 근본적으로 모든 활자체들에 있어 동일한 글자체이다.

왕자다움에도 불구하고 A는 적어도 한 범주에서는 첫자리를 차지하지 못한다. 영어를 인쇄할 때 A의 사용빈도의 순위는 세번째이다. 확실한 선두주자는 E이고, 그 다음 선두주자는 T이다. (E와 T가 선두주자의 자리를 차지하는 것은 "the"(그)라는 단어의 덕분이다.) 또한 A는 역사적으로 실제적인 불명예를 한가지 얻은 바도 있다. 중세 유럽과 청교도적인 영국에서 A는 대체로 형사범죄로 다루어지는 간통(adultery)(라틴어로는 *adulterium*임)과 관련지어졌다. 채찍질과 같은 처벌을 받는 것에 덧붙여 간통판결을 받은 배우자는 A 또는 AD라는 글자가 새겨진 창피한 증표를 달고 다니도록 강요되었다. 그런 모습들은 1600년대 중반에 보스톤에 살던 청교도들의 생활에도 뿌리를 내렸으며, 나다니엘 호오돈(Nathaniel Hawthorne)의 소설 『주홍글씨』(*The Scarlet Letter*)(1850)의 배경을 이룬다. 주인공 헤스터 프린(Hester Prynne)은 간통죄를 판결받아 붉은색의 천으로 만든 A자를 가슴에 공개적으로 달고 다녀야 했다.

1957년에 브로드웨이(Broadway)에서 공연된 메레디쓰 윌슨(Meredith Wilson)의 뮤지컬 '음악가'(*The Music Man*)에서 사기꾼 "교수" 해롤드 힐(Harold Hill)의 이야기 못지 않게 헤스터의 이야기는 많은 사람들의 심금을 울렸다. 아이오와(Iowa)의 시골에 갇힌 힐은 세속적 경험이 많은 여인인 "더 슬프지만 보다 현명한 여자"를 찾고자 하는 자신의 갈망을 노래한다:

*우아한 분위기의 아가씨가 스쳐 지나가면, 나는 움츠려들고 두려워진다.*
*죄악의 손길이 닿은 여자가 걸어 들어오면, 나는 미소짓고 좋아서 히죽거린다.*
*헤스터가 A를 꼭 하나만 더 얻게 되기를 나는 바라고 기도한다.*
*… 더 슬프지만 나에게는 보다 더 현명한 여자여!*

*I flinch, I shy when the lass with the delicate air goes by.*
*I smile, I grin when the gal with a touch of sin walks in.*
*I hope, I pray for Hester to win just one more A.*
*…The sadder but wiser girl for me!*

## 페니키아 글자와 그리스 글자

*기원전 800년경의 동부 지중해 지역*

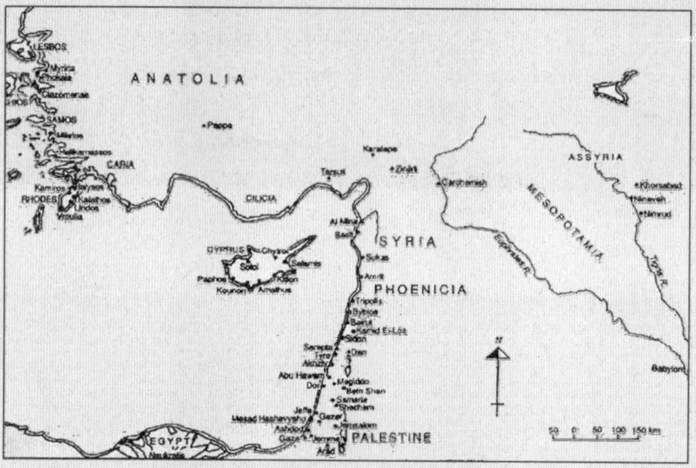


그리스 알파벳은 사이프러스(Cyprus) 지역이나 아니면 시리아 연안에 위치한 알 미나(Al Mina) 지역에서 태어났을 것이다. 그리스 사람들과 페니키아 사람들은 두 지역에서 함께 생활하였다.

초기의 알파벳 글자들은 페니키아로부터 서쪽에 위치한 고대 그리스로 전파되었다. 그리스 사람들이 페니키아 알파벳을 베껴 사용한 것은 기원전 800년경으로 역사에서 가장 중대한 사건 중의 하나가 될 운명적 사건이었다.

당시의 그리스 사람들은 야심적이었지만 비교적 보잘 것 없어 글을 읽을 줄 몰랐고, 통일을 이루지 못했고, 이집트나 페니키아 지역의 도시들과 같은 근동지역의 나라들에 견주어 별로 부유하지도 못하고 힘도 없는 그런 나라의 사람들이었다. 당시의 그리스 영토는 대충 현재 그리스를 형성하고 있는—그리스 본토와 에게해의 섬들을 포함한—그리스 지역과 사이프러스 지역의 몇몇 도시들과 소아시아 서부 해안지역에 해당한다.

이집트 사람들이나 페니키아 사람들과는 달리 그리스 사람들은 고대 라틴어도 속해 있는 인도-유럽어족에 속하는 언어를 사용하였다. 인도-유럽어족에 속하는 주요 언어는 전세계적으로 현재 60여개가 있다. (라틴어의 자손인) 프랑스어와 스페인어를 비롯하여 영어, 독일어, 힌디어, 파르시어, 러시아어, 아일랜드어 그리고 유럽, 중앙아시아와 인도 지역의 다른 언어들이 인도-유럽어에 속하는 언어들이다. 언어학자들은 현대 인도-유럽어들을 8개의 하위 어군으로 구분하는데, 영어는 게르만 어군에 속한다.

인도-유럽어들은, 예컨대, 시제의 다양한 그리고 가능한 차이를 동사의 형태를 변화시킴으로서 보여주는 것처럼 아주 훌륭한 정확성을 꾀할 수 있는 언어들이다. "hall"(넓은 방), "hail"(갈채하다), "heel"(뒷꿈치), "Hell"(지옥), "hill"(언덕), "hole"(구멍), "hull"(겉껍질) 등의 단어들에서와 같이 인도-유럽어들은 대체로 단어들 사이의 의미구분을 모음에 크게 의존한다.

그리스 사람들의 숙명은 서방세계의 장래를 결정하여 주는 것이었다. 그리스의 전성기였던 기원전 400년대와 기원전 300년대에 걸쳐 그리스 사람들의 정신세계는 오늘날 우리를 우리답게 만들어 줄 많은 계몽적 예술들을 개척해 내고자 하였다. 그리스 사람들은 민주주의를, 비극과 희극 무대를 창안해냈으며, 서방의 철학을, 사료에 근거한 역사기록을, 생물학 연구를, 정치학 이론을 개척했다. 또한 그리스 사람들은 기하학을, (청동과 대리석을 이용한) 인간상의 조각술을, 법원, 박물관, 기타 장엄한 공공건물들을 축조할 때 많은 나라들에서 모방하는 그런 기념비적인 건축술을 완성시켰다.

분명 그들의 알파벳과 식자율이 그러한 성취의 근본이었으며, 그들의 알파벳은 그들이 남긴 유산의 부분이다. 그리스 사람들은 서쪽으로 알파벳을 넘겨주어 인도-유럽어인 그리스어에 사용되도록 하여 결과적으로 다른 여러 인도-유럽어들에 사용될 수 있게 하였다. 특히 그리스 사람들은 그 이전에 셈족 사람들이 사용하던 알파벳에는 없었던—오늘날 우리들이 사용하는 A, E, I, O, U에 해당하는—모음글자들을 도입하였다. 모음글자들의 도입은 알파벳을 거의 모든 언어들에 사용될 수 있는 단계로 발전될 수 있게 만들었다. 그리스 글자들이 훗날 우리들 자신의 글자들이 될 고대 로마글자들을 만들어내는데 필요한 바탕이 되었다.

기원전 800년에 이미 그 모든 것들이 미래를 준비하고 있었다. 동시에 종교적 경외심으로 풍성한 신화와 전설 등과 같은 다른 곳들에 나타난 그리스 사람들의 천재성은 시를 구술하는 전통을 통해 계승되었으며, 무역과 항해술에의 열정으로 이어졌으며, 다른 민족들의 기술들을 모방하는 (때로는 종종 개량하는) 재능으로 이어졌다. 그리스 사람들의 이런 모습에 대해 훗날 그리스 철학자 플라톤(Plato)은 "그리스 사람들은 외국인들로부터 어떤 것이든 받아들이기만 하면, 종국에는 그것들보다 대단히 더 완벽한 것으로 만들어 놓는

## 페니키아 글자와 그리스 글자-계속

다"고 주장하였다.

초창기 그리스 사람들에게 페니키아 사람들에 대해 공부할 기회가 주어졌다. 두 민족은 주로 그리스 지역쪽에서 교역을 하던 당사자들이었다. 페니키아 상선들은 은과 철과 같은 그리스의 원자재들과 노예들(노예들은 주로 그리스 사람들이었는데, 이들은 그리스 사회를 망쳐 놓은 내전들을 치루는 동안 다른 그리스 사람들에게 노예로 붙잡힌 사람들이었다)과 교환하기 위해 근동지역의 사치품들을 가져왔다. 페니키아 사람들은 그리스 본토의 항구들은 물론 크레타(Crete), 로도스(Rhodes)섬 등의 항구들을 들락거렸다. 보다 의미가 있었던 것은 사이프러스의 남쪽 해안가와 지금은 알 미나라고 불리는 레반트 북부지역에 있던 중요한 교역지역에 그리스 사람들과 페니키아 사람들의 집단 생활지역이 함께 있었다는 것이다.

오늘날의 연구에 의하면, 그리스 사람들이 페니키아 사람들에게서 빌려와 발전시킨 것들은 (1) 상선과 전함과 같은 배들의 건조기술; (2) 장거리 항해술; (3) 근동지역의 생명의 나무 디자인과 상상의 짐승인 그리핀(griffin)[그리스 신화에 나오는 독수리 머리와 날개에 사자의 몸통을 가진 짐승: 역자주]을 포함한 예술작품의 시각적 주제; (4) 페니키아 사람들이 아스타르테(Astarte)[고대 셈족의 풍요와 생식의 여신: 역자주]라 불렀으며, 그리스 사람들이 아프로디테(Aphrodite)[그리스 신화에서 사랑·미의 여신으로 로마 신화의 비너스(Venus)에 해당함: 역자주]라 이름을 다시 붙인 보호와 사랑의 여신과 더불어 그리스어로 아도니스(Adonis)[그리스 신화에서 아프로디테가 사랑한 미소년: 역자주]로 알려진 아프로디테의 배우자에 대한 종교적 의식; (5) 페니키아 알파벳이었다.

그리스 알파벳으로 새긴 명문들로 남아 있는 것 중 가장 오래된 것은 기원전 740년에서 기원전 700년 사이에 도자기나 돌에 새겨 넣은 것들이다. 이들 중 가장 초기의 것들은 그리스 알파벳을 사용하기 시작한 이후 3세대나 4세대 이후쯤의 사람들의 것인 듯하다. 그 명문들은 그리스 글자들의 기원을 보여준다. 그리스 글자들은 형태적으로 페니키아 문자들을 흡사하게 닮았다. 그리스 글자들은 현재 그리스어의 소리들을 표기하기 위해 사용된다는 사실을 제외한다면, 그리스 글자들 중 (모두는 아니지만) 많은 글자들의 소리는 페니키아 글자들의 소리와 같았다.

아랍어와 영어가 다른 것처럼 페니키아어와 그리스어가 서로 다른 언어들이었다는 사실에도 불구하고, 그리스 사람들은 분명히 페니키아 글자들 중 22개를 택하여 약간의 수정을 가하여 글쓰기를 시작했다는 것이다. 한편으로는 그리스 사람들의 천재적인 땜장이 기술과 또 한편으로는 글자들 자체가 지니고 있는 마술적인 유연성과 적응성 때문에 그러한 개작이 가능했던 것이다.

언급한 바와 같이 그리스 사람들이 가한 유일한 그러나 중요한 변경은 자음들로만 구성된 페니키아 알파벳 글자들로부터 오늘날 우리가 사용하고 있는 A, E, I, O, U에 해당하는 5개의 모음글자들을 만들어냈다는 것이다. 얼마 지나지 않아 성숙단계로 접어든 그리스 알파벳은 단모음 E와 단모음 O와 구별되는 장모음 E와 장모음 O를 포함하게 된다. 그러나 그 기간 동안에 이탈리아를 풍요롭게 만들고 로마글자와 같은 이탈리아 알파벳으로 베껴져 넘겨지게 될 모음의 숫자는 다섯개였으니, 바로 오늘날 우리가 사용하는 알파벳에 왜 모음이 5개만 존재하는가의 이유이다.

페니키아 사람들로부터 그리스 사람들에게로 전달된 과정에 대해 상세한 것을 우리는 알지 못한다. 누가, 어디에서 그리고 언제 전달하였는가에 대해 정확하게 아는 바가 없다. 아마도 페니키아 사람들은 그리스 사람들과 좋은 조건으로 교역을 하던 상인들이었을 것이다. 훗날의 그리스 전설문학에 의하면, 비록 왜곡되어 있기는 하지만, 그리스 사람들이 페니키아 사람들에게 빚을 지었음을 인정하고 있다. 한 이야기에 의하면, 옛날 옛적에 카드무스(Cadmus)라는 페니키아의 한 왕자가 글자를 모르는 그리스로 이주해 와서 그 지역 사람들에게 "페니키아 글자들을 사용하는 방법"(Phoinikeia grammata)을 가르쳤다고 한다.

어느 곳에서든 간에 새로 만들어진 글자들은 해상로를 통해 좁은 그리스 세계 곳곳으로 신속히 전파되었다. 아마도 기원전 600년경에 이르러서는 모든 그리스의 도시들에는 글을 읽고 쓸 줄 아는 상류층과 중류층의 계층이 생겨나게 되었다. 신화들을 구술하는 전통이 여전히 남아 있던 그리스 사람들이 글을 읽고 쓸 줄 알게 급변하였다는 것은 입에서 입으로 전해져오던 신화들을 글자로 옮겨 생생하게 기억할 수 있게 되었다는 것을 뜻하는 것이다. 그 결과 기원전 750년경에 맹인 시인인 호머(Homer)에 의해 서양문학 중 가장 걸작인 대서사시 『일리아드』(*Iliad*)와 『오디세이』(*Odyssey*) 두 작품이 쓰여지게 되었다. 뿐만 아니라 다른 많은 이야기들도 글자로 옮겨져 오늘날 그리스 신화의 기록을 풍성하게 가질 수 있게 되었다. 그 신화 이야기들은 다음의 도표에서 볼 수 있는 것과 같은 알파벳 글자들을 읽고 쓸 줄 알게 됨으로 인해 보전될 수 있었던 것이다.

| 기원전 800년경의 페니키아 알파벳 | | | 기원전 800년 이후의 그리스 알파벳 | | |
|---|---|---|---|---|---|
| 글자형태 | 소리 | 이름 | 글자형태 | 소리 | 이름 |
| 𐤀 | 후두폐쇄음 | 알레프*(aleph)* | Α | "a" | 알파*(alpha)* |
| 𐤁 | "b" | 바이트*(bayt)* | Β | "b" | 베타*(beta)* |
| 𐤂 | "g" | 김멜*(gimel)* | Γ 또는 | "g" | 감마*(gamma)* |
| 𐤃 | "d" | 달레트*(dalet)* | Δ 또는 | "d" | 델타*(delta)* |
| 𐤄 | "h" | 헤*(he)* | Ε | "e" | 엡실론*(e psiplin)* *("naked E")* |
| 𐤅 | "w" | 와우*(waw)* | Ϝ | "w" | 와우*(wau)* |
| 𐤆 | "z" | 자인*(zayn)* | Ζ | "dz" | 제타*(zeta)* |
| 𐤇 | 후두음 "kh" | 크헤트*(khet)* | Η | "h" | 에타*(eta)* |
| 𐤈 | 강조의 "t" | 테트*(tet)* | Θ | "th" | 쎄타*(theta)* |
| 𐤉 | "y" | 요드*(yod)* | Ι | "i" | 이오타*(iota)* |
| 𐤊 | "k" | 카프*(kaph)* | Κ | "k"(1) | 카파*(kappa)* |
| 𐤋 | "l" | 라메드*(lamed)* | Λ | "l" | 람브다*(lambda)* |
| 𐤌 | "m" | 멤*(mem)* | Μ | "m" | 무*(mu)* |
| 𐤍 | "n" | 눈*(nun)* | Ν | "n" | 누*(nu)* |
| 𐤎 | "s" | 사메크*(samek)* | Ξ | "ks" | 크시*(ktsi)* |
| 𐤏 | 후두음 | 아인*(ayin)* | Ο | "o" | 오 미카론 *(o mikron)("little O")* |
| 𐤐 | "p" | 페*(pe)* | Π | "p" | 피*(pi)* |
| 𐤑 | "ts" | 차데*(tsade)* | Ϻ | 수정된 "s" | 산*(san)* |
| 𐤒 | "q" | 코프*(qoph)* | Ϙ | "k"(2) | 코파*(qoppa)* |
| 𐤓 | "r" | 레쉬*(resh)* | Ρ | "r" | 로*(rho)* |
| 𐤔 | "sh" | 쉰*(shin)* | Σ 또는 Σ | "s" | 시그마*(sigma)* |
| 𐤕 | "t" | 타우*(taw)* | Τ | "t" | 타우 *(tau)* |

*기원전 750년경에 보충된 4개의 그리스 글자들*

| | | | | | | |
|---|---|---|---|---|---|---|
| Υ | "u" | *읍 실론(u psilon)("naked U")* | | | | |
| Φ | "ph" | 피*(phi)* | 또는 | X | "ks" | 크시*(ksi)* |
| X | "kh" | 키*(khi)* | 또는 | Φ | "ph" | 피*(phi)* |
| Ψ | "ps" | 프시*(psi)* | 또는 | Ψ | "kh" | 크히*(khi)* |

*기원전 660년경에 보충된 마지막 글자*

| | | |
|---|---|---|
| Ω | 장모음 "O" | *오 메가(o mega)("big O")* |

초기의 그리스 알파벳은 글자들의 형태, 순서, 이름과 (대부분의 경우) 소리에 있어서 페니키아 알파벳을 답습했다. 최초의 그리스 알파벳은 아마도 22자로 이루어져 있었고 페니키아 알파벳과 마찬가지로 T로 끝났다. 22개의 글자내에서 그리스 사람들은 자신들에게 필요하지 않은 소리들은 버리고 몇몇 글자들에는 새로운 소리들을 부여했다. 그리스 사람들은 이러한 방식으로 A, E, I, O에 해당하는 4개의 모음글자들을 만들었다. 그 모음들 중 첫번째 글자는 그리스 알파벳의 첫글자인 알파였다.

22개의 글자들로는 적합하지 못함이 드러나자 그리스 사람들은 모음 U를 포함하여 4개의 글자들을 새로 만들어 글자들의 열의 끝에다 덧붙였다. 그리고 마지막으로 그리스 사람들은 긴 O 소리를 표기하기 위해 27번째의 글자인 오 메가(*o mega*) 또는 오메가(*omega*)("큰 글자 O")를 덧붙였다. 그로 인해 짧은 O 소리의 표기로 한정된 초기의 O 글자는 우리가 오늘날 철자하는 것처럼 오 미크론(*o mikron*)("작은 O") 또는 오미크론(*omikron*)이라 이름이 바뀌었다. 그리고 별로 사용되지 않던 와우(*wau*), 산(*san*), 코파(*qoppa*)는 끝내는 사라져버려 24개의 글자들만 남게 되었다.

초기의 그리스 알파벳에는 약간 다른 3가지 형태가 있어 지역에 따라 다른 형태가 사용되었다. 기원전 400년경에 지대한 영향력을 발휘하던 도시인 아테네 사람들이 사용하였던 동그리스 알파벳은 현대 그리스 알파벳이 되었고, 그리스 서쪽지역에서 사용되었던 서그리스 알파벳은 이탈리아로 전파되어 로마 알파벳의 "할머니"가 되었다.

그 세가지 형태의 알파벳의 차이는 오메가 바로 앞의 글자들의 순서에 차이가 있었다. 앞의 도표(72쪽)에서 왼쪽에 제시된 것은 우리에게 보다 더 익숙한 그리스 동쪽지역의 알파벳이고, 오른쪽에 제시된 것은 그리스 서쪽지역에서 사용되던 알파벳으로 "ks"라는 소리를 나타내는 훗날 X가 될 글자를 포함하고 있다.

그리스 알파벳의 첫 22개의 글자들의 이름은 대체로 페니키아 알파벳에서의 이름들을 그리스어식으로 따라 붙인 것이다. 하지만 페니키아 글자들의 이름은 ("황소," "지팡이" 등과 같은) 셈어에서의 보통명사들이었던데 반해 그리스 알파벳에서의 이름들에는 그와 같은 의미들이 없이 단지 글자들을 지칭할 뿐이었다. 그리스 글자들의 이름들은 오늘날 과학과 기술용어에, 교회안에서의 모임의 이름들에, 상호나 상표이름 등에 남아 있다. 그중 가장 애용되는 것은 알파, 베타, 감마, 델타와 오메가이다.

그리스 알파벳에서의 한가지 재치가 학자들을 매료시킨 바 있다. 페니키아 알파벳을 그리스에 처음으로 들여온 사람들은 페니키아어에서 S-와 같은 부류의 소리들을 포함한 글자들인 치찰음[s, z, ʃ, ʒ 등과 같이 쉬쉬 소리를 내는 음: 역자주]을 옮겨 적는데 있어서 분명히 사소한 실수를 저질렀다. 그리스 알파벳의 제타를 위해 그리스 사람들은 페니키아 알파벳에서 차데(*tsade*)의 소리와 이름을 빌려왔으나 글자의 형태와 순서는 페니키아 알파벳에서의 자인(*zayin*)의 것들을 빌려왔던 것이다. 그리스 알파벳의 시그마(*sigma*)의 경우도 마찬가지로, 그리스 사람들은 페니키아 알파벳에서의 사메크(*samek*)의 소리와 이름을 빌려왔으나 형태와 순서는 페니키아 알파벳의 쉰(*shin*)의 것들을 빌려왔다. 다른 대체들은 아직 미결상태다. 치찰음들은 그 소리들이 때로는 구별하기 힘든 속성이 있어 대체로 언어들 사이에 헷갈리기 쉬운 소리들로 악명이 높다. 그리스 사람들의 귀에는 페니키아어의 차데와 자인이 아마도 같은 소리로 들렸을 것이다. 그러나 이는 여전히 왜 그리스 사람들이 제타를 위해 두개 글자들의 요소들을 혼합했는가에 대한 설명은 되지 못한다. 그러한 실수는 오히려 그리스 사람들이 분명 인간적이었음을 보여주는 듯할 뿐이다.

사람들에게 힘을 실어 준 알파벳은 대중을 글을 읽고 쓸 수 있도록 만들어줌으로써 오랜 세월에 걸쳐 민주주의의 초석이 되어왔다 —위의 그림들에 보이는 질그릇 조각에 그리스 글자들로 새겨진 글자들에서 구현된 관계가 바로 고대 아테네로부터 시작된 세계 최초의 민주주의였다. 기원전 485년에서 기원전 440년경 사이로 추정되는 위의 질그릇 조각들에는 당시 악명이 높았던 아테네의 정치가의 이름들이 새겨져 있다. 위 왼쪽으로부터 시계방향으로 리시마초스(Lysimachos)의 아들인 아리스테이데스(Aristeides), 프레아로스시(Phrearros)의 네오클레스(Neokles)의 아들인 테미스토클래스(Themistokles), 크산팁포스(Xanthippos)의 아들인 페리클레스(Perikles), 밀티아데스(Miltiades)의 아들인 키몬(Kimon)의 이름을 볼 수 있다. 위의 글자들 중 반 정도는 우리들이 사용하고 있는 글자들과 똑같은 형태이다.

위의 질그릇 조각들은 사람들을 추방하기 위한 투표용지이다. 질그릇 조각들이 [그리스어로 오스트라카(ostraka)인데] 고대의 생활에서는 파지에 해당되며, 위의 4개의 조각들은 추방투표[ostrakismos (ostracism)]라 불리는 일종의 재판에서 무기명 투표방법으로 사용된 것들이다. 이런 추방투표는 아테네식 민주주의의 독특한 방식으로 아테네 사람들은 추방투표를 이용하여 어떤 시민이든 추방을 시키기 위한 투표기회를 매년 가졌다. 추방투표는 범죄에 대한 처벌이 아니었다. 오히려 부자들로부터 국민들을 보호하기 위한 장치였다—특히 절대 권력을 획책하여 민주주의를 말살시키려는 정치가들에 대항하기 위한 안전장치였다. 추방투표에는 공표된 어떤 후보자도 없었다. 단순히 시민들이 비밀리에 이름을 써서 투표를 하는 것이었다(당시 아테네 시민 대부분은 글을 읽고 쓸 줄 알았다). 통제된 절차에 따라 투표된 질그릇 조각들이 수거되었다. 투표한 시민의 수가 6,000명에 달하게 되면, 최다득표자는 10년간 아테네를 떠나야 했다. 권력을 쥐었던 위의 4명 중에서 페리클레스만 최다득표자가 되는 것을 면할 수 있었을 뿐 다른 3명은 추방당했다.

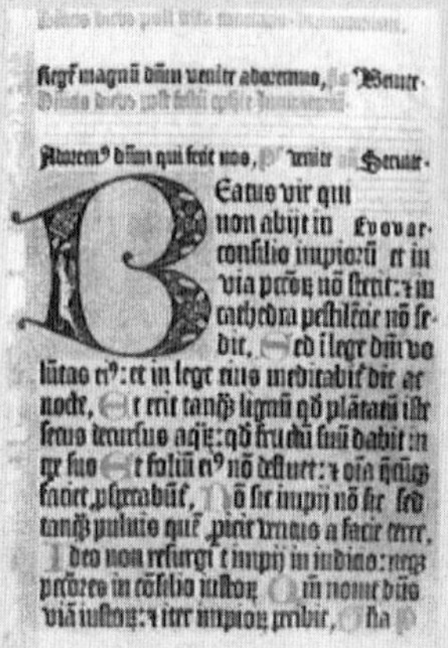

Regē magnū dñm venite adoremus, Venite.

Adorem⁹ dñm qui fecit nos, Venite Servite.

Beatus vir qui non abijt in consilio impiorū et in via peccatoꝝ nō stetit: ⁊ in cathedra pestilētie nō sedit. Sed i lege dñi voluntas ei⁹: et in lege eius meditabit͛ die ac nocte. Et erit tanq̄ lignū qđ plātatū ē secus decursus aq̄ꝝ: qđ fructū suū dabit in tp̄e suo. Et foliū ei⁹ nō defluet: ⁊ oīa q̄cūq; faciet, p̄sperabūt. Nō sic impij nō sic: sed tanq̄ pulvis quē piicit ventus a facie terre. Ideo non resurgūt impij in iudicio: neq; pctōres in cōsilio iustoꝝ. Qm̄ novit dñs viā iustoꝝ: ⁊ iter impioꝝ peribit.

중세시대 필사본의 채식을 본 딴 B가 1457년 라틴어로 발간된 유명한 『시편집』(Psalter)의 첫면을 크게 장식하고 있다. 이 책은 성시들을 교회용으로 모아 놓은 책으로 독일의 도시 마인츠(Mainz)에서 요한 푸스트(Johnann Fust)와 페테르 쇄페르(Peter Scöffer)가 인쇄한 것이다. 본문은 『시편』(Psalm) 1편의 첫부분인 "복 있는 사람(Beautus Vir)은 악인의 꾀를 좇지 아니하며…"[대한성서공회 발행『성경전서』개역 한글판에서 옮긴 것임: 역자 주]를 보여준다. 글자들의 형태는 전통적인 독일의 필사체에 바탕을 두고 있다. 이 책은 요한 구텐베르크(Johann Gutenberg)가 1455년에 성경을 인쇄한 이후 금속활자로 인쇄된 첫번째 책들 중의 하나였다. 푸스트는 구텐베르크에게 투자를 했으나 구텐베르크를 고소하여 파산하게 만든 사람으로 구텐베르크의 활판과 인쇄도구들을—그리고 아마도 『시편』의 인쇄를 위한 구텐베르크의 이 훌륭한 도안도—압류하여 사용했을 것이 분명하다.

## [ 2등급의 B ]

최상의 바로 및 또는 순서상 두 번째라는 것이 B에서 얻는 의미이다. 계획 B(Plan B), 목록 B(B-list), B-등급 채권(B-rated bonds), B-등급 계란(grade-B eggs)을 생각해보라. 어떤 다른 글자들보다도 B는 모범적인 형제인 A의 그늘에 가려진 체 여러 세기를 살아왔다. B를 사용할 때의 전제는 많은 경우에 보다 나은 "A"에 해당하는 것이 존재한다는 것이다.

"B급 영화"(B-movie)는 구성이 천박하거나 성격묘사가 부족하고 아마도 제작비를 별로 많이 들이지 않은 것으로 보이는 헐리우드 형식의 영화를 가리키는 용어로 B의 의미를 웅변적으로 보여준다. B급 영화들은 왕왕 B급 대본들(B-scripts)에서 나온다. B가 단어를 대신하는 것은 아니다[이 영화들은 필경 폭탄은 아니다]. 단지 부족함이 있음을 말하는 것이다. "A급 영화"(A-movie)와 같은 표현 조차 없다. B는 전체적인 비교를 필요로 한다.

술집 아가씨(B-girl)는 주류 양조 판매금지[미국의 금주법 실시 기간은 1920년부터 1933년까지임: 역자주]가 철폐되고 얼마 지나지 않은 1930년대 초엽에 매체에 등장하여 적어도 1960년대까지는 낯익은 표현으로 존재했다. 이 경우 B는 "술집"(bar)이라는 단어를 대신하였다. 그들은 나이트 클럽들에 고용되어 손님인 것처럼 목로에 앉아 분위기를 자아내면서 남자손님들이 자기들에게 술이나 따뜻한 차로 위장한 술을 사도록 유혹하는 일을 하던 젊은 여인들이었다. 이 경우에도 B는 또 다시 다소 초라한 모습으로 나타난다.

그러한 불완전한 인상에도 불구하고 B는 4,000년에 걸쳐 알파벳에서 충실하게 봉사를 해왔다. B는 인간언어의 소리들에서 기본이 되는 소리, 즉 언어학자들이 유성양순폐쇄음(voiced bilabial stop)—다른 말로 하면, 성대의 울림이 있고, 두 입술을 이용하며, 비강으로 공기가 흘러 나가지 못하도록 하면서 발음하는 소리들—이라 분류하는 소리를 상징한다. 혀나 치아를 사용할 필요가 없는 소리인 탓에 "b"는 비교적 발음하기 쉽다. 아주 어린 아기들도 "b" 소리를 내며 [16개월 된 아기도 목이 마르면 "바바"(bah-bah)를 찾는다], 과거에 존재했던 언어이든 현존하고 있는 언어이든 이 지상의 언어들 중 대부분의 언어들에는 "b" 소리가 있다. 오늘날 우리가 사용하고 있는 B는 아마도 30세기 또는 40세기 전의 근동지역의 알파벳의 유사한 글자가 지녔던 소리와 같은 소리를 나타낸다.

"B"는 자음이다. 따라서 자음글자이며, 자음으로는 21개의 글자 중에 첫번째 글자이다. 아마 만찬회 등에서 "자음"이라는 단어를 정의하라는 요청을 받는다면, "그러니까~, 모음이 아니라는 것은 알겠고..." 라는 말을 누군가 과감하게 할 것이다. 맞다, 모음이 아니라는 말이 실제로 가장 좋은 출발점이다. 모음들은 흘러 나오는 공기의 형태를 성대에서 거의 변화시키지 않는 상태로 발음하는 반면에 자음들은 입술, 치아, 혀, 인후, 비강 등이 다양하게 연합하여 공기의 흐름을 방해하거나 통로를 좁혀 발음한다. B와 같은 몇몇 자음들의 발음에는 성대가 이용되지만, 어떤 자음들의 발음에는 성대가 이용되지 않는다. R이나 W와 같은 소리들은 자음들에 비해 비교적 모음의 발음과 같은 식으로 공기의 흐름을 이용하여 발음된다.

"자음"이라는 용어는 원래는 "~와 함께 소리나는"이라는 의미의 고대 라틴어 *consonans*로 중세 프랑스어를 거쳐 들어온 것이다. 이는 모음은 홀로 발음될 수 있지만 ("Eee!, I owe!"), 자음은 정상적으로는 모음의 앞이나 뒤에서만 발음될 수 있다는 사실을 나타낸 것이다. "b" 소리만 따로 발음하려고 애를 쓴다 해도, 아마도 "bih"와 같이 모음소리를 덧붙여야 하는 속임수로 끝나고야 말 것이다.

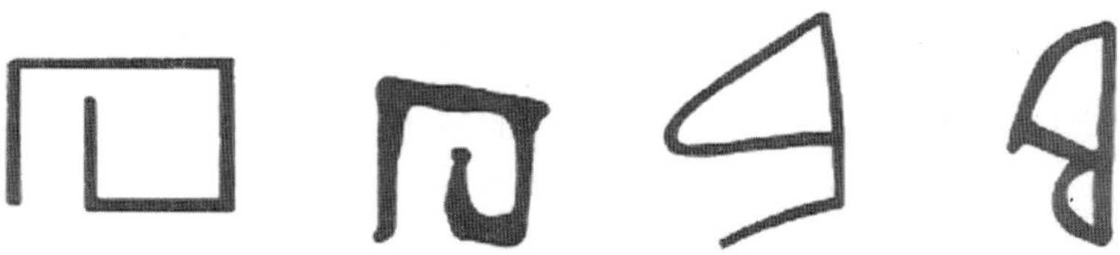

1 2 3 4

(1) 기원전 2000년경의 이집트 그림글자에서 "갈대로 만든 오두막" 모습을 본뜬 상형문자는 "h" 소리를 나타냈다. 이 부호가 이집트에 거주하고 있던 이집트 사람들이 아닌 어떤 셈족의 사람들로 하여금 "b" 소리를 나타내는 "집"(*byat*)이라 부른 글자를 만들어낼 수 있는 영감을 주었을 것이라고 믿어진다. (2) 오두막 모습을 본뜬 이 상형문자는 기원전 1200년경에 (질그릇에 잉크로 새겨 넣은) 가나안 명문에서부터 본격적으로 바이트(*byat*)라 불렸다. 가나안 사람들은 레반트에 살던 셈족 사람들로 페니키아 사람들의 조상들이었다. 가나안 알파벳에서 바이트는 두번째 글자였으며, 우리들이 사용하는 알파벳에서 B가 왜 두번째 글자인가의 이유이다. (3) 기원전 1000년경의 페니키아 알파벳의 바이트의 형태는 가나안 알파벳에서의 형태에서 유래하지만 잉크를 이용하여 붓이나 펜으로 쓰기 쉽게끔 획이 보다 단순해졌다. 왼쪽을 향한 형태였는데, 이는 페니키아의 글쓰기 방향이 오른쪽에서 왼쪽으로였기 때문이다. (4) 기원전 680년경의 초기 그리스 알파벳에서의 베타는 오른쪽에서 왼쪽으로의 글쓰기 방식으로 왼쪽을 향해 있었다. 당시의 그리스 베타(*beta*)는 여전히 약간은 페니키아 바이트의 형태를 닮았는데, 이는 아마도 그보다 120여년전에 페니키아 바이트를 베껴 옮겼기 때문이었다.

모든 자음의 경우가 다 그런 것은 아니다. 몇몇 자음은 홀로 발음될 수도 있다. 특히 F 나 Z와 같이 지속적 속성을 지닌 자음들은 홀로 발음될 수 있다. 하지만 방심하여 끝부분에 가서 "fih"나 "zuh"가 되지 않도록 노력이 필요할 것이다.

가장 오래된 B의 형태는 기원전 1800년경의 것으로 추정되는 이집트 중앙지역의 와디 엘-홀에서 발견된 알파벳으로 쓴 가장 오래된 것이라 알려진 명문에 나타난다. 기원전 1750년에서 기원전 1200년 사이의 근동지역의 다른 명문들에서는 B라는 글자가 두드러지게 보인다. 그러나 기원전 1000년경 이후의 고대 페니키아 글에서 체계적으로 사용된 형태가 가장 익숙하게 알려진 B의 초기 형태이다.

페니키아 알파벳에서 B라는 글자에는 쉽게 알아 볼 수 있는 두가지 특징이 있다. "b" 소리를 나타냈으며, 알파벳 순서에서 두번째라는 것이다. 페니키아 알파벳 글자들이 다 그렇듯이, B의 이름 또한 익숙한 사물의 이름을 딴 것으로 그 사물의 이름이 (기억하기 쉽도록) "b"라는 소리로 시작되었다. 그 글자의 이름은 바이트(*bayt*) 또는 베쓰(*beth*)로 페니키아어와 셈족의 다른 언어들에서 "집"을 의미했다. 그리고 그 형태는 우리가 현재 사용하는 숫자 9를 닮았다.

기원전 1000년경에서 기원전 800년경 사이에 페니키아 글자들은 유태 사람들(유태어는 페니키아어와 매우 비슷했다)과 그리스 사람들(그리스어는 페니키아어와 다른 형태의 언어였다)을 포함한 지중해의 다른 민족들에 의해 베껴 옮겨졌다. 오늘날 히브리 알파벳에서도 여전히 두번째 글자는 바이트 또는 베트(*bet*) 또는 보다 전통적으로 베쓰(*beth*)라 불려진다. 히브리 알파벳에서의 바이트는 더 이상 고대 페니키아 알파벳의 바이트의 형태를 닮지는 않았지만, 그 이름은 히브리어로 "집"을 의미하며 그 글자는 "b" 소리를 나타낸다.

글자의 이름은 별개의 문제로 하더라도 히브리어에서 보통명사인 베쓰는 자신만의 생생한 역사를 갖고 있다. 베쓰는 베들레헴(Bethlehem)(빵의 집), 베델(Bethel)(신의 집), 베데스다(Bethesda)(행운과 자비가 넘치는 집), 베쓰페이지(Bethpage)(*bet faj*, "익지 않은 무화과의 집") 등과 같은 우리에게 익숙한 지명을 만들어내는데 기여를 했다.

고대 그리스 사람들은 페니키아 알파벳을 받아들이면서 페니키아 알파벳에서 바이트가 가지고 있었던 많은 것을 그대로 유지하였다. 베쓰는 쓰임이 많은 소리인 "b"를 나타내면서 그리스 알파벳에서도 순서상 두번째 자리를 차지했다. 하지만 그리스 사람들은 베쓰라는 외국어 이름에 그리스어식으로 어미를 덧붙여 베타(*beta*)라는 이름으로 바꾸어 "bay-ta"라고 발음했다. 페니키아 알파벳과 히브리 알파벳에서의 의미였던 "집"과는 달리 베타라는 이름은 글자를 지칭할 뿐 그리스어로는 어떠한 의미도 갖지 않았다.

그리스 베타의 형태는 결과적으로는 우리가 쓰고 있는 B와 같아 보이게 된 페니키아 바이트에서 출발한 것이었으니, 진정 오늘날의 B의 근원이다. 베타의 형태가 여러 가지 있는데, ᗺ 나 B 와 같은 형태가 기원전 600년대의 그리스 명문들에 나타난다. (역상의 형태가 나타나는 것은 기원전 500년경에 글자의 형태가 확고히 결정되기 이전의 그리스어는 오른쪽에서 왼쪽으로도 왼쪽에서 오른쪽으로도 쓸 수 있었기 때문이었다.) 그리스 사람들은 베타의 아래쪽에도 고리모양을 덧붙였는데, 이는 아마도 페니키아 알파벳과 초기 그리스 알파벳에서 ᑫ 처럼 써져 매우 비슷하게 보였던 R이라는 글자와 구분을 하기 위한 것이었을 것이다. 오늘날 우리의 알파벳에서도 대문자 B와 대문자 R은 여전히 서로 닮아 보인다.

베타라는 단어는 고대 그리스 문학작품에 보통명사로 나오는데, 순서에 있어서 또는 가치에 있어서 두번째인 것을 의미한다. 예를 들어보자. 기원전 200년대 후반에 이집트에 건설된 그리스 도시인 알렉산드리아(Alexandria)에 있는 유명한 도서관의 책임자였던 키레네(Cyrene)[북아프리카 키레나이카 지방의 고대 그리스의 식민 도시: 역자주]의 에라토스테네스

위: 기원전 680년경에 사금파리에 새겨진 초기 그리스 명문으로 베타를 쉽게 찾아볼 수 있다. (이런 형태의 베타는 79쪽에 있는 도표에서도 보인다). 불로 구운 진흙에 오른쪽에서 왼쪽 방향으로 거칠게 새겨져 있는 글자들은 그리스 알파벳을 시작하는 첫부분의 글자들인 알파, 베타, 감마, 델타, 엡실론(epsilon)이다. 당시에는 글에 영적인 힘이 있다고 생각되던 터라 항아리를 아름답고 신비스럽게 만들기 위해 아마도 알파벳 전체를 항아리 외벽에 시계방향으로 둘러 새겨 넣은 듯하다.

아래: 소아시아의 중부 서해안 지역에 위치한 그리스 도시인 프리에네(Priene)에서 기원전 334년에 대리석에 글자들을 새겨 넣은 명문으로 보다 세련되고 우아한 형태의 글자들이 보인다. 아주 잘 생긴 베타로 시작되는 글은 프리에네를 페르시아의 통치로부터 구해내고 수호여신을 위한 사원을 재건한 마케도니아(Macedonia)[알렉산더(Alexander) 대왕의 출생지: 역자주]의 정복자 알렉산더 대왕을 기리는 내용을 담고 있다. 그 내용은 "알렉산더 왕이 이 사원을 이 도시의 수호신 아테나(Athena of the City)에 봉헌하였다"이다. "알렉산더 왕"이라는 글자들은 BASILEUS ALEXANDROS로 제일 윗 줄을 채우고 있다.

(Eratosthenes)는 과학자, 수학자, 지리학자, 역사학자, 철학자, 시인, 문학 비평가였으며 그림자의 각도를 이용한 체계적 방법으로 지구의 둘레를 정확하게 계산해낸 것으로 오늘날 가장 잘 회자되는 사람이었다. 그런데 그는 동료들에게 "베타"라는 다정스러운 별명으로 불렸다. 이는 그가 많은 학문분야에서 뛰어나기는 했지만 어느 한 학문에도 전적으로 정진하지 않았던 탓에 각 분야를 전문적으로 파고들어 연구하는 사람들에게 뒤져 지식에 있어 항상 두번째 자리를 차지했기 때문이었다.

때론 "bee-ta"로 발음되기도 하는 "베타"는 오늘날 과학 및 기술용어에 사용되는데, 대체로 형제인 알파와 함께 사용되는 문맥에서 베타는 여전히 "두번째 자리"를 의미한다. 베타라는 수식어가 붙으면 더 약하거나, 후에 만들어졌거나, 아니면 보다 정제된 것을 의미한다.

천문학자들에게는 어떤 별자리에서건 베타별은 알파별(alpha star) 다음으로 밝은 별이다. 동물학자들은 늑대, 개코 원숭이를 비롯하여 무리를 지어 생활하는 포유류 동물들에는 지도자와 추종자 두가지 형태의 수컷들이 있다고 말한다. 지도자형의 수컷들은 알파 수컷(alpha males)으로 불린다. 그렇다면 추종자형의 수컷들은 어떻게 불릴 것인지는 독자 여러분도 짐작했을 것이다. 민주당 부총재이면서 대통령 후보자였던 엘 고어(Al Gore)의 선거운동자문자가 고어가 빌 클린턴 대통령에게 비굴하게 아첨을 했다는 것이 감지되었다는 것을 언급하기 위해 "베타 수컷"(beta male)이라는 말을 사용했던 1999년 가을 미국에서는 "베타 수컷"이라는 말이 악명을 떨친 적이 있었다. 나오미 울프(Naomi Wolf)라는 꼭 들어맞는 이름이 붙여진 한 저자인 선거운동자문자는 고어에게 쟁점들과 관련하여 대통령에게 도전함으로써 보다 알파 수컷처럼 보일 것을 촉구하였다. 고어는 조지 더블유. 부시(George W. Bush)에게 2,000표 차로 패배했다(부시에 대해서는 386쪽 W장을 보라).

소프트웨어 프로그램에서 베타판은 시험용으로 두번째 배포된 단계의 것으로 보다 미완성 제품이었던 "알파판"에서 가장 문제가 되었던 것들을 해결한 시험용 제품을 말한다. 제조사에서 베타판을 협력업체들에다 배포를 하면, 협력업체들은 실제로 판매할 수 있는 제품을 만드는데 도움이 될 지적들을 때맞추어 할 수 있게 "베타 시험"(beta test)을 할 수도 있다.

1931년으로 거슬러 올라가 유럽에서는 어떤 식품으로부터 비타민 A가 체내에서 생산될 수 있는가에 대한 화학적 연구가 있었는데, 그 실험은 당근 등의 채소에 들어 있는 탄화수소 색소인 카로틴에 초점이 맞추어졌다. 카로틴에는 적어도 두가지의 성분이 함유되어 있는 것이 발견되었는데, 과학자들은 그것들을 알파-카로틴과 베타-카로틴이라 이름을 붙였다. 오늘날 알약 비타민 형태로 복용이 가능하게 된 베타-카로틴은 높이 평가되며 심지어는 건강증진제로 과대평가되고 있다.

그러면 이제 베타 이후의 이야기들을 살펴보자. 고대 그리스 상인들이 자신들이 사용하던 알파벳을 이탈리아로 가져왔던 기원전 700년대

(1) 기원전 200년대의 로마 알파벳 B로 선조격인 그리스 알파벳과 에트루리아 알파벳의 B와 꼭같은 형태이었다. (2) 후기 로마 알파벳의 B는 보다 균형이 잡히고 우아한 형태로 변했는데, 위 글자는 113년에 건축된 트라얀의 원주기둥에 새겨진 B의 형태이다. 이 B의 특징은 글자 본체에다 가는 선(serif)을 이용하여 끝마감 획을 덧붙인 것과 더불어 윗부분의 고리모양을 "지탱"하기 위해 아래 부분의 고리모양을 넓게 확대시킨 것이다. 이러한 형태는 오늘날 "로마체"(roman typeface)와 더불어 다른 세리프체 글자들에 남아 있다. (3) 우리가 사용하는 소문자 b로 500년경에 반언셜체(semi-uncial)[4-8세기의 둥근 대문자 필사체: 역자주]로 알려진 라틴어를 잉크를 이용하여 손으로 쓴 형태의 글자들로 처음 출현했다. 필경자들이 빨리 쓰기 위해 B의 윗부분의 고리모양을 생략하기 시작했다. 그후 꼭 1,000년이 지난 후 초기 유럽의 글자체 도안자들은 펜으로 썼던 이 전통적 형태의 글자를 인쇄용 소문자 b로 채택했다.

당시에 에트루리아 사람들이 자신들을 위해 그리스 알파벳을 베꼈다. 베타는 에트루리아 알파벳에 베껴 옮겨졌고, 에트루리아 알파벳으로부터 초기 로마 알파벳으로 베껴 옮겨졌는데, 그 글자들이 결국 우리가 쓰고 있는 알파벳의 글자가 되었다. 로마 사람들과 에트루리아 사람들은 그리스식 이름인 베타를 단축하여 "bah" 또는 "bay"라는 이름으로 불렀다.

우리들이 사용하는 알파벳 글자들의 이름 대부분이 그러하듯 B의 이름도 1066년에 있었던 노르만들의 영국침공 이후에 고대 프랑스어를 통해 영어에 들어왔다. 분명히 프랑스 사람들은 B를 "베"(*bay*)로 불렀으며 (오늘날에도 여전히 그렇게 부르고 있다), 그 이름은 프랑스어의 모어인 고대 로마에서 사용되던 라틴어에서 나온 것이다.

중세시대의 파리 사람에게 "bay"라고 발음되는 B의 이름을 물을 수 있다면, 아마도 B 글자 자체에 장모음 E를 덧붙인 "베-에"(B-E)라 답할 것이다. 마찬가지로 제프리 초서(Geoffrey Chaucer)[중세 영어 시대의 영국 시인 (1340–1400): 역자주] 시대(1380)의 런던 사람이라면, "bay"라고 말하고 "B-E"로 적었을 것이다. 현대 프랑스 사람이든, 현대 스페인 사람이든, 현대 이탈리아 사람이든, 현대 독일 사람이든, 현대 폴란드 사람이든 마찬가지일 것이다. 그들 모두의 귀에는 "ay"소리는 장모음 E로 들렸을 것이다. 현대 영어를 말하는 사람들도 "B에다 장모음 E를 덧붙인" 이름을 받아들이지만, 물론 "bee"로 발음한다.

이런 면에서 현대 영어는 별난 언어인데, 이렇게 괴짜 언어가 된 것은 1400년대로부터 1500년대에 걸쳐 영어의 모음들이 엄청나게 변했기 때문이다. 그 당시에 셀 수 없을 만큼 많은 영어 단어들의 발음이 변했는데, B의 이름도 "*bay*"에서 "*bee*"로 변화를 겪은 것이다. 고대 영어에서의 발음을 기대한다면 아일랜드 사람에게 "B"를 말해보라고 해보라. "bay"와 비슷한 그런 소리를 들을 수 있을 것이다. 그 소리가 바로 청동기 시대에 근동지역에서 사용했던 바이트라는 글자에 근접해가는 이름이다.

## B의 은밀한 찬양자들

음성학적으로 B는 여러 다른 글자들과 연관이 있다. 성대를 사용하지 않고 "b" 소리를 발음하려고 한다면, 필경 "p" 소리를 내게 된다. 따라서 P는 무성화된 B에 해당된다. 이런 관계는 "spin"(방적하다)과 같은 단어에서 찾아볼 수 있으며, "pin"(핀)의 "p"는 다소 다른 소리이다.

B와 P가 발음은 물론 그 형태까지 비슷한 것은 우연이 아닐 것이다. 우리가 사용하는 알파벳에는, 비공식적이기는 하지만, 소리와 형태가 비슷한 짝들이 여러개 있다. C와 G, M과 N, S와 Z, B와 P가 그 예들이다. 이 짝들의 구체적인 뒷이야기는 서로 다르지만, 전형적으로 서로 관련이 있는 두 글자들에서 시작되어 두 글자들 중 적어도 한 글자의 형태가 점진적으로 변화되어 점차 서로 닮아져 가고 있다. 대체로 이러한 현상은 크리스트가 출현하기 전 수세기 동안의 초기 단계의 그리스나 로마에서 쓰여진 글들에서 나타난다.

그러한 수렴현상은 아마도 필경자들 사이에서 의도적으로 이루어졌을 것이다. 고대 그리스 사람들과 로마 사람들은 글자들을 적절히 짝을 지우면 글자들을 보다 배우기 쉽게 만들 수 있음을 알게 되었기 때문이었을 것이다. B와 P의 경우에 P의 형태는 기원전 800년에서 기원전 500년 사이에 완전히 변하여 B와 닮은 현재의 형태가 되었다.

B는 M과도 관련이 있다. 예로부터 "배변"(bowel movement)을 우아하게 표현하기 위해 사용한 두음자에서와 같은 그런 관련이 아니다. 소리는 다르지만 두 소리를 발음하기 위해서는 매우 비슷한 방법으로 발음기관을 이용하여야 한다. 즉, 두 소리 모두 유성양순음인 것이다. 코를 막은 상태에서 "My mommy meets me"(나의 엄마가 나를 만난다)를 발음해보면 두 소리의 관련성을 찾아볼 수 있다. 아마도 "By bobby beets be"와 같이 발음될 것이다. (우리는 생각 없이 발음하고 있지만, 이것은 "b" 소리는 비강으로 공기가 흘러 나가지 못하도록 차단하는 방법으로 발음하는 반면에 "m" 소리는 비강으로 공기가 흘러 나가게 함으로써 발음되는 소리라는 것도 보여주는 것이다.) 마찬가지로 이제 코로 공기가 흘러 나오게 하면 아무 문제 없이 "mmba"를

발음할 수 있을 것이다. M 소리에서 B 소리는 자연스럽게 시작되는 것이다.

"mb" 소리의 연쇄는 영어에서는 "combination"(결합)과 "dumbbell"(아령)과 같은 단어들에 나타난다. 아프리카 중앙지역과 남부지역의 반투어(Bantu)들에서는 "mb" 연쇄가 짐바브웨(Zimbabwe), 몸바사(Mombassa), 음반다카(Mbandaka)와 같은 지명들에 흔히 나타난다.

끝으로, V와의 관계에 대해 말해보자. 인도-유럽어족의 언어들에서는 "b" 소리가 수세기에 걸쳐 모호해져 "v"나 다른 여러 소리들 중 어느 한 소리로 변하려는 경향이 있었다. 이 현상은 그리스어에서 두드러지게 나타났다. 400년경 이후로 "b" 소리를 포함했던 그리스어 단어들과 이름들에서 "b"는 "v"로 대체되었다. 그 결과 현대 그리스어에서 베타는 순수하게 "v" 소리를 나타내게 되었다. Bolos로 표기되는 그리스 북부지역의 한 마을의 이름은 이제 "Volos"로 발음되는데, 소크라테스(Socrates)[(470-399 B. C.) 고대 아테네의 철학자: 역자주]가 읽는다면 아마도 "Bolos"라고 읽을 것이다. "왕"(king)을 의미하는 고대 그리스어 단어는 *basileus*로 (82쪽에 실린 프리에네 명문에 새겨진 단어임), 현대 그리스어에도 남아있지만, 오직 "vassil-effs"로만 발음된다. 중세시대 비잔틴 사람들이 사용했을 이 발음에서 러시아 사람의 이름인 Vassily와 그와 유사한 동유럽 사람들의 이름이 나왔다.

중세시대 초기에 라틴어로부터 고대 프랑어스가 갈라져 나왔을 당시에도 라틴어에서는 "b" 소리였던 것이 변해 버린 단어가 이미 많이 있었다. 결과적으로 영어에도 그런 단어들이 많이 들어왔는데, 그 시기는 1066년에 노르만들이 영국을 침공한 이후이다. 그러한 변화는 철자를 통해 추적될 수 있다. 고대 로마어의 *taberna*(주막)라는 단어는 프랑스어에서는 *taverne*로 영어에서는 "tavern"으로 변하였다. 로마 군인들의 속어적 표현으로 "말"(horse)은 카발루스(*caballus*)였는데, 중세 프랑스어에서는 *caval*과 *ceval*로 변하였고, 영어에서는 "cavarly"(기병), "cavalier"(기사), "cavalcade"(기마대) 등의 단어를 만들어냈으며, 현대 프랑스어의 *cheval*(horse)과 *chevalier*(knight, gentleman) 등의 단어를 만들어냈다. 그런가하면 프랑스어의 경우와는 달리 스페인어의 단어들은 라틴어 시절의 형태로부터 대체로 덜 변하였던 탓에 *caballo*와 *caballero*에서처럼 라틴어에서와 같이 "b" 소리가 유지되고 있다.

## 그리스어, 에트루리아어 그리고 로마어

*알파벳은 고대 그리스로부터 신속히 서쪽으로 이동하여 이탈리아로 전파되었다*

무척이나 낯익어 보이는 에트루리아 알파벳 글자들이 수탉 모습의 항아리를 장식하고 있다. 아마도 어린 아이의 것으로 보이는 이 항아리는 로마에서 북쪽으로 30마일 떨어진 비테르보(Viterbo) 지역의 에트루리아 무덤에서 출토된 것으로 기원전 550년의 것이다. 항아리 둘레에 연이어 새겨져 있는 글자들은 모두 다해 26개로 진흙을 불로 구운 후에 긁어 새겨 넣은 것들이다. 에트루리아 알파벳은 그리스 서부지역의 알파벳을 그대로 베껴 놓은 것으로 로마 알파벳의 발판과 본을 제공하였다.

페니키아 글자들이 페니키아와 페니키아어에만 머무를 수 없었던 것과 꼭 마찬가지로 새로 만들어진 그리스 글자들 또한 외국으로 전파되어 이탈리아에 뿌리를 내렸다. 페니키아 사람들이 글자를 갖고 싶어했던 것과 꼭같은 열망을 가지고 그리스 사람들이 페니키아 알파벳을 베껴 가던 같은 시기에 그리스의 몇몇 해양도시들은 이탈리아 사람들과 장거리 무역을 위한 접촉을 시도하고 있었다. 당시에 그리스 사람들이 접촉한 사람들은 이탈리아 사람들로 에트루리아 사람들이 대종을 이루고 있었다. 그리스 사람들의 목적은 이탈리아와 멀리 서유럽에 풍부한 은과 철 그리고 청동의 재료인 구리와 주석과 같은 광물자원이었다. 에트루리아 사람들은 주인으로써 또는 중계인으로서 이들 물자의 공급을 도와줄 수 있었다.

*기원전 600년경의 이탈리아*

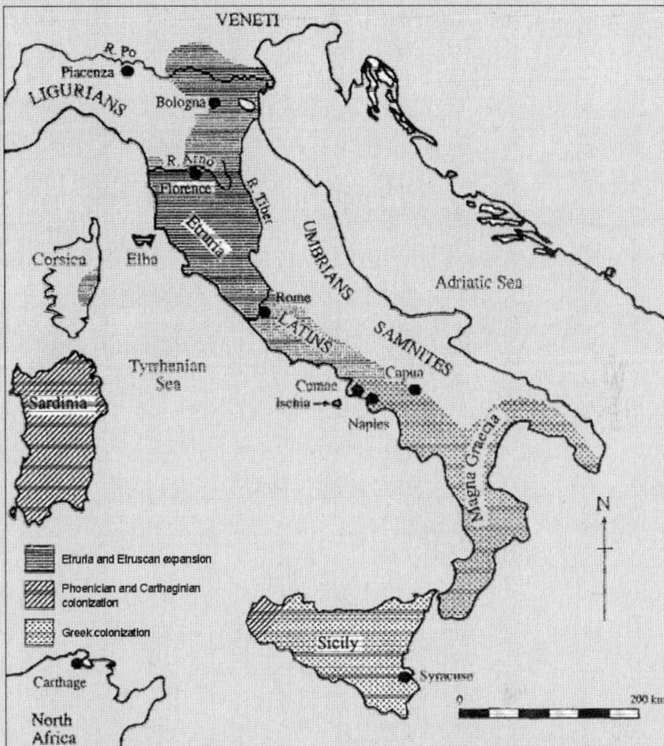


에트루리아 사람들은 에트루리아의 도시들에 근거지를 두고 있었지만 권력을 쥐고 있던 사람들은 남쪽지역인 카푸아(Capua)에 살면서 기원전 775년에서 기원전 475년경까지 카푸아에서 나폴리만(Naples)의 쿠메(Cumae) 주변에 정착해 살던 그리스 사람들과 교역을 하였다. 같은 시기에 특별한 운명을 지닌 도시 로마를 포함하여 이탈리아의 에트루리아 도시들이 아닌 여러 도시들은 에트루리아 권력자들의 지배를 받았다. 위의 지도는 기원전 700년에서 기원전 600년 사이에 알파벳 글자들이 어떻게 그리스 사람들로부터 에트루리아 사람들을 거쳐 로마 사람들에게 전달되었는가에 대한 설명에 도움이 된다.

에트루리아 사람들은 이탈리아 서해안 지역을 따라 여러 지역에 근거지를 두고 살았기 때문에 시칠리아(Sicily)와 이탈리아반도의 아래쪽을 돌아 항해를 해야 하는 그리스 사람들이 첫번째 도착하게 되는 지역이었다. (기원전 750년경에 쓰여진) 『오디세이』(*Odyssey*) 9권에서 12권까지에서 나오는 것처럼 괴물들과 마녀들이 들끓었다는 이탈리아 서쪽 바다를 항해하면서 기원전 800년경에 항로를 탐사했다는 그리스의 영웅 오디세우스(Odysseus)의 전설적인 항해 이야기는 아마도 왜곡되어 전해져오는 이야기일 것이다.

현대 고고학 연구의 결과 그리스 사람들은 기원전 775년경에 이탈리아에 도착하여 나폴리만에 무역소를 세웠는데, 이곳은 이탈리아 앞바다에 있는 오늘날 이스키아(Ischia)라 불리는 섬이다. 의심할 여지 없이 그리스 사람들은 이 무역소를 에트루리아 사람들의 허가를 얻어 건설하였다. 후에 이 무역소는 해안으로 옮겨져 이탈리아 사람들과 그리스 사람들이 함께 거주하는 쿠메라는 도시가 되었는데, 그 흔적들이 아직도 남아 있다. 그후 세월이 더 지나 쿠메의 그리스 사람들은 쿠메 근처에 "신도시"[그리스어로는 네오폴리스(Neopolis)임]를 건설하려 했으니, 이 신도시가 바로 오늘날 나폴리라는 이탈리아의 항구도시이다. 그리스 사람들은 아마도 원자재 금속과 교환하기 위해 포도주, 향수, 식기와 같은 금속공예품, 보석, 무기 등과 같은 사치품들을 제공하였을 것이다. 그리스 사람들의 정착과 그리스 물건의 수입은 토박이 이탈리아 사람들에게 좋은 영향이든 나쁜 영향이든 심대한 영향을 미쳤을 것이다. 당시 이탈리아 사람들에게는 알파벳이든 다른 방법이든 글을 쓸 어떤 방법도 없었다.

의미심장하게도 어느 곳에서 발견된 것이든 최초의 그리스어 명문으로 알려진 것들 중의 하나는 이스키아에서 쓰여진 것이다. 고고학자들은 기원전 725년에 만들어진 것으로 추정되는 그리스 도자기 잔을 하나 발굴했는데, 그 잔의 외부에는 즐거운 내용의 글이 새겨져 있었다. 아마도 여자노예들이 시중을 들어주던 사업가들 사이의 술잔치에 관한 이야기로 글의 내용은 다음과 같다. "나는 네스토르(Nestor)[Homer의 작품 『일리아드』(*Iliad*) 중의 슬기로운 노장군: 역자주]의 잔이다. 이 잔으로 술을 마시니 기쁘다. 누구든 이 잔으로 술을 마시면, 곧바로 아름다운 꽃으로 장식한 아프로디테(Aphrodite)의 사랑의 욕망에 사로잡힐 것이다." "네스토르의 잔"이라는 표현에는 복잡하지만 세련된 재담이 담겨져 있다. 전설적 인물인 네스토르는 그리스 왕으로 트로이 전쟁의 영웅 중의 한 사람이었는데, 호머의 『일리아드』에서는 금으로 아름답게 만든 받침이 달린 커다란 잔을 가지고 있는 사람으로 묘사되고 있다. 진흙으로 만든 이스키아의 잔과는 거의 비교될 수가 없었던 것이다.

그러나 무엇보다도 그 잔은 이탈리아에 거주하던 그리스 사람들이 기원전 700년 이전 수십년전부터 그리스 알파벳을 사용하고 있었다는 사실을 증명해준다는 점에서 우리에게 매우 가치가 있다. 당시에 글을 읽고 쓸 줄 몰랐던 교역상대자들이 그리스 사람들이 알파벳을 사용하는 것을 지켜보았을 것임은 의심할 바가 없다.

에트루리아 사람들은 그리스 물건과 그리스 문화에 대한 대단한 열정을 지니고 있었음이 명백했다. 그러한 이유로 세월이 흐르면서 에트루리아 사람들의 종교적 믿음, 사회관습, 군사훈련, 미술과 건축양식 중 많은 부분이 그리스식으로 변하게 되었을 것이다. 오늘날의 학자들은 기원전 600년대에 형성되기 시작하여 기원전 500년 바로 직전에 절정에 달했던 그리스의 영향을 받아 이루어졌던 문화를 일컫기 위해 "에트루리아의"(Etruscan)이라는 용어의 사용을 주저하지 않는다. 에트루리아 민족의 형성기인 그 이전의 단계는 빌라노반 문화(Villanovan Culture)로 (이는 볼로냐(Bologna) 근처의 유물 발굴터의 지명을 딴 것이다) 구분된다. 두 문화를 개략적으로 구분할 수 있는 연대는 기원전 700년이다.

에트루리아는 언어와 문화로 묶여진 도시국가들로 구성된 연방국가로 각 도시는 전형적으로 왕에 의해 통치되었다. 각 도시국가들은 티베르강(Tiber)과 아르노강(Arno) 사이에 위치했었으니, 현대의 지도에 의하면 로마의 북쪽으로부터 피렌체(Florence)와 아레초(Arezzo)에 이르는 지역으로, 그 국가들의 이름들은 토스카나(Tuscany)와 투스키아(Tuscia) 등과 같은 오늘날의 지명으로 남아 있다. 하지만 에트루리아 사람들의 힘은 더 멀리까지 미쳤다. 기원전 800년경에 이르러서는 남쪽 멀리에 있는 카푸아를 손에 넣었다(에트루리아 사람들이 카푸아를 창건했을지도 모른다). 카푸아는 나폴리만에 있는 그리스 무역소를 연결하는 통로가 되었다. 기원전 550년에 이르러서는 북쪽으로도 힘을 뻗어 포 벨리(Po Valley)와 알프스산 밑자락까지 영토를 넓혔다.

에트루리아의 영역안에 있던 많은 수의 비에트루리아 도시들 중에 티베르강가에 정착한 사람들의 로마라는 보잘 것 없는 도시가 있었다. 로마 사람들은 인도-유럽어족에 속하는 라틴어를 말했다. 라틴어는 그리스어와 (여러 언어들 중에서 특히) 현대 영어와는 관련이 있으나 에트루리아어와는 관련이 없는 언어였다. 로마 사람들은 비록 에트루리아 문화에 깊은 영향을 받기는 했지만, 에트루리아 힘에 대항할 수 있는 상대는 아니었다. 훗날 전해져 내려오는 로마의 전설에 의하면, 에트루리아 왕들이 기원전 616년부터 로마 사람들에 의해 축출되기 직전인 기원전 509년까지 로마를 지배했다. 로마 사람들은 장엄한 운명을 품고 있었다. 기원전 300년대가 진행되는 동안 로마 사람들은 결국

에트루리아 사람들의 힘에 도전하여 에트루리아를 무너트리고 에트루리아 문화를 자신들의 것으로 포함시켜 버렸다. 기원전 250년에 로마 사람들은 이탈리아 전역을 지배하게 됨으로써 위대한 정복야망의 서곡을 울렸다.

그러면 이제 에트루리아 사람들과 그리스 사람들의 이야기로 되돌아가자. 기원전 700년경에 에트루리아 사람들은 자신들의 언어를 그리스 알파벳을 이용하여 쓰기 시작하였다. 그러한 사실은 고고학 연구에 의해 밝혀진다. 어느 시점부터 부유한 에트루리아 사람들의 무덤에서 그리스 글자들로 쓴 글들이 발견되기 시작하는데, 그 내용은 그리스어가 아닌 언어라는 것이다. 글들은 전형적으로 도자기나 (보다 종종)—은으로 만든 잔이나 철로 만든 칼과 같은—금속물의 표면에 새긴 모습으로 나타나는데, 이 물건들은 모두 주인들의 무덤에 부장된 것들이다.

글자들의 형태는 그리스 알파벳들 중 그리스 서부지역의 것들에 해당하는 것들로 나폴리만에 살던 그리스 사람들 사이에서 사용되던 그 형태이다. 그렇다면 그곳에 살던 그리스 사람들이 출처라는 것은 의심할 여지가 없다. 아마도 나폴리의 그리스 사람들은 자신들의 글자들을 에트루리아 사람들에게 전달해 주는 것에 기꺼이 협력을 하였을 것이다. 기원전 800년경에 그리스 사람들이 그리스어를 적기 위해 페니키아 글자들을 베껴 사용하였던 것과 꼭 마찬가지로 에트루리아 사람들도 그리스 글자들을 빌려서 자신들의 언어를 적기 시작했던 것이다.

피렌체 근처에 있던 에트루리아 사람의 무덤에서 발견된 기원전 660년경으로 추정되는 한 유물이 그러한 사실의 전모를 밝혀준다. 그 유물은 상아를 조각하여 만든 작은 서판인데, 아마도 목에 두를 수 있도록 만들어진 것으로, 오른쪽에서 왼쪽 방향으로 알파벳의 26 글자들이 새겨진 것이다. 그 글자들은 그리스 서부지역의 글자들이지만, 필경 에트루리아 알파벳을 나타내기 위한 것으로 보여진다. 역사상 당시의 두 알파벳은 동일한 모습이었다.

그 26개의 글자들은 그리스 알파벳의 27번째 글자인 오메가가 빠진 것이었다. 이는 그리스 사람들이 오메가라는 글자를 만들어내기 전에 에트루리아 사람들이 그리스 알파벳을 베꼈다는 것을 말해주는 것이다. (그리스로 되돌아가면 오메가는 기원전 660년경의 명문들에 나타나기 시작하는데, 이는 에트루리아의 서판의 연대를 고고학적으로 추정한 것과 일치한다). 오메가는 결코 에트루리아 알파벳에 합류되지 않았을 것이다. 실제로 원래 그리스 글자였던 26개의 글자 중 5개의 글자는 후에 탈락되어 없어지는데, 이는 그 글자들이 나타내는 소리가 에트루리아어에서는 사용되지 않는 소리들이었기 때문이었다. (기원전 400년경의) 에트루리아의 최종 알파벳은 새로 만들어 마지막 글자로 보태어진 것까지 포함하여 22개의 글자로 되어 있다.

오늘날 우리들이 가지고 있는 에트루리아어로 쓰여진 명문들의 수는 13,000여개에 달하는데, 이들 명문들의 연대는 에트루리아 문명이 끝내 사멸되어 버린 기원전 1세기말까지로 추정된다. 에트루리아 알파벳은 주로 (돌, 도자기, 금속 등과 같은) 오래 보존될 수 있는 물질들에 새겨진 명문들로 보존되어 있으며, 그 내용들은 비명, 법률문서, 기도문과 봉헌문, 소유권 등이다.

에트루리아 사람들의 활동이 왕성하고 부유하게 살았던 덕분에 자료가 풍부함에도 불구하고 겨우 의례적인 내용의 짧은 문구들만을 해독할 수 있을 뿐이다. 왜 그럴까? 글자들 뒤에 숨겨진 언어의 많은 부분이 수수께끼로 남아 있기 때문이다. 에트루리아어는 아마도 당시는 물론 그 이후에도 이 지구상에 존재하는 어떤 언어와도 관련이 없는 듯 보인다. 라틴어는 물론 당시에 이탈리아에서 사용되던 다른 어떤 언어들과도 달리 에트루리아어는 인도-유럽어족에 속하는 언어가 아님은 물론 우리에게 알려져 있는 다른 어떤 어족에도 속하지 않는 언어였다. 비교를 할 수 있는 그 어떤 후손적 현대 언어도 남기지 않았던 것이다. 명문들에 새겨진 모든 단어들의 소리는 읽어낼 수는 있지만, 그 단어의 의미를 알 수 없는 것들이 왕왕 있다. 겨우 500여개의 단어들의 의미를 유추해 찾았을 뿐인데, 그나마 대부분이 친족관계를 나타내는 단어들이고, 그외는 "나는 레마우스나(*Lemausna*)의 주전자(*qutun*)이다"에서 볼 수 있는 것처럼 직책, 인명, 물건의 이름 따위들이다.

오늘날의 분석에 의하면, 에트루리아어는 그리스어와는 전혀 다르게 들리는 언어로 그리스어에서 알파벳을 빌려왔을 뿐이었다. 여러 가지 다른 점들이 있었지만 에트루리아어에는 "b," "d," "g"와 같은 유성폐쇄음이 없었다. 에트루리아어에는 오직 무성폐쇄음짝들인 "p," "t," "k"만 있었다. 오늘날 우리의 견해에 비추어 보다 이상하게 보이는 것은 에트루리아어에는 모음 "o" 소리가 없었기 때문에 그리스 글자 중에서 O는 필요치 않았음에도 수세기 동안 에트루리아 알파벳에 O라는 글자가 존재했었다는 것이다. 뿐만 아니라 에트루리아어에는 3가지의 "k" 소리와 4가지의 "s" 소리 그리고 특별한 "f"소리가 있었는데, 그 소리들은 그리스 알파벳으로 표기하기에 적당하지 못했었다는 것이다. 그럼에도 불구하고 에트루리아 사람들은 몇개의 글자들의 소리를 조정하는 방법을 통하여 그리스 글자들로 자신들의 언어를 표기할 수 있었다.

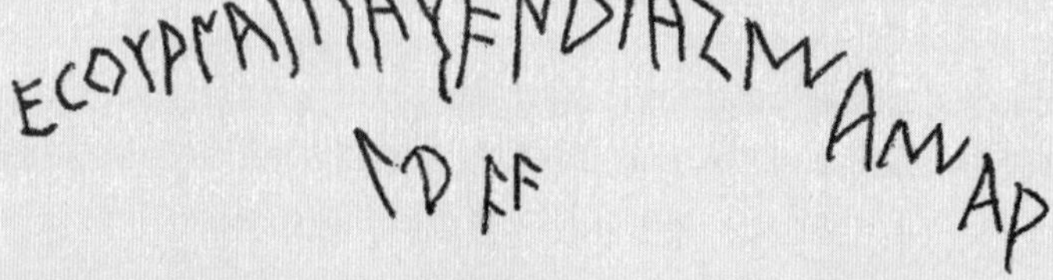

기원전 620년경에 로마의 근교에서 포도주를 담는 항아리에 조잡한 필체로 새겨진 글에서 로마 알파벳의 시작을 찾아볼 수 있다. 비록 끝부분이 소멸되기는 했지만, "나는 티타 벤디아의 항아리이다. 마마르코스가 나를 만들었다"라는 내용이 명확하게 보인다. 단어들 사이의 경계가 없이 상단에 왼쪽으로부터 오른쪽으로 eco urna tita uendias mamar—라고 새겨진 라틴어 단어들을 명확하게 읽을 수 있다. (Y를 닮은 두 글자들은 실제로는 U이고 P를 닮은 두 글자는 R이다.) eco라는 단어는 고전 라틴어에서는 ego로 철자되었고 urna는 항아리 자신을 말한다.

에트루리아 문화는 두세기에 걸쳐 융성하였는데, 문화가 찬란하게 꽃을 피울 수 있었던 것은 문화전성기의 시점이었던 기원전 700년에 이르러 알파벳이 정보교환, 모임의 결성, 예술적 표현 등을 활발하게 촉진하게 되어 에트루리아 사람들의 위업을 더욱 빛나게 만들었을 것이기 때문임이 분명하다. 그리스 사람들이 그랬던 것처럼 에트루리아 사람들도 신속하게 글을 읽고 쓸 줄 아는 사람들로 변했고, (여러 계층의 사람들 중에서도 특히) 상인들도 글을 읽고 쓸 줄 알게 되었다. 특히 이곳저곳으로 돌아다니고 친구들을 필요로 하는 상인들은 외국 사람들에게도 글을 읽고 쓰는 방법을 가르치려 했었을 것이다. 그 결과 이탈리아에 거주하는 에트루리아 민족이 아닌 다른 민족들 중 적어도 7개의 민족들도 에트루리아 글자들로 글쓰기를 시작하게 되었다.

로마 및 로마 근교에 대한 고고학 연구로 발굴된 가장 오래된 명문들은 순전히 에트루리아 것들로 모두가 다 에트루리아어를 그리스 글자를 빌려 만든 에트루리아 글자들을 이용하여 쓴 것들이다. 그러나 고고학적 관점에서 본다면, 기원전 620년경에 주목할 만한 사건이 일어난다. 서로 다른 지역에서 발굴된 2개의 명문들에서 에트루리아 글자들로 로마의 언어인 라틴어 단어들이 쓰여진 것이다. (위의 그림의 글 내용을 보라.) 로마 사람들이 자신들을 위해 에트루리아 글자들을 베꼈거나 베끼기 시작했던 것이다.

기원전 250년경에 이르기까지 그후 350여년간에 걸쳐 로마 사람들이 쓴 글들이 650여개의 명문들로 남아 있다. 우리에게는 불행한 일이지만, 로마 사람들이 새겨 놓은 명문들 중에 알파벳 전체를 보여줄 수 있는 글자목록은 없다. 그렇지만 학자들은 이 기간 동안에 21개의 글자로 이루어진 진정한 로마 알파벳이 출현하였음을 추적해낼 수 있다.

(에트루리아어와는 무척이나 다른) 라틴어의 소리들을 표기하기 위해 로마 사람들은 에트루리아 글자들에다 점진적으로 변화를 주었다. 로마어에 필요치 않은 3개의 글자는 버렸고, "o," "b," "d" 소리들을 표기하기 위해 옛날 그리스 알파벳에서 사용되던 글자들을 부활시켰다. 뿐만 아니라 몇개의 글자들에다가는 새로운 소리들을 부여하여 오늘날 우리가 사용하는 F와 G를 새로 만들어냈다. 또한 기원전 600년에서 기원전 250년 사이에 로마글자들의 1/3에 해당하는 글자들의 형태가 바뀌었으니, 그들이 채택한 원래의 그리스 서부지역의 알파벳의 형태가 오늘날 우리에게 보다 익숙한 형태의 다른 글자들로 만들어지게 되었다.

21개의 글자로 이루어진 기원전 250년경의 로마 알파벳에는 (오늘날 우리가 사용하는 26자와 비교하여) J, V, W, Y, Z의 5개 글자가 없었다. 그 글자들의 소리는 고대 라틴어에는 없었던 소리였거나 아니면 당시의 로마글자들로 표기될 수 있었던 소리였을 것이다.

알파벳과 더불어 다른 수단들로 무장을 한 로마 공화국은 기원전 250년경에 세계의 새로운 힘으로 우뚝 섰다. 당시는 이미 로마 사람들이 에트루리아, 그리스와 이탈리아의 다른 민족들을 정복하여 이탈리아반도를 로마의 통치 아래로 통일하였던 때이다. 이탈리아를 통일한 로마 사람들은 해외로 눈을 돌렸다. 다음 몇세기에 걸쳐—카르타고[아프리카 북부의 고대 도시국가: 역자주], 마케도니아(Macedon)[고대 그리스 북부에 있던 왕국: 역자주]등과 같은—지중해 부근의 나라들과 서유럽의 문명이 그리 발전되지 못한 부족들을 정복하여 로마에 복속시켰으니, 로마군대가 지나간 이들 지역에도 로마 알파벳이 함께 갔을 것이다.

로마 알파벳 글자들은 다p음의 도표에서 볼 수 있는 세가지 형태의 글자들에서 온 것이다. 초기의 에트루리아 알파벳은 에트루리아어에서는 전혀 사용된 적이 없었던 4개의 글자를 포함하여 그리스 알파벳의 26개 글자들을 모두 갖고 있었다. 그리스 글자 중 하나는 그 소리가 바뀌었다. 그리스어의 "g" 소리를 나타내던 3번째 글자가 "k" 소리를 나타내게 되었다—그렇게 해서 에트루리아 알파벳의 3번째 자리를 차지하는 "k"라는 글자가 되었다. (에트루리아어에는 "g" 소리가 없었으며, 서로 다른 3개의 "k" 소리를 구분하여 사용하였던 듯하다.) 에트루리아어에서의 "k"의 이런 변덕스러움은 오늘날 C-K-Q의 잉여적인 혼용에 남아 있다. 에트루리아 사람들은 "z"와 "ks"를 포함한 4가지 다른 "s" 소리를 인정하여 4개의 다른 글자들로 표기하였다. 에트루리아어는 왼쪽에서 오른쪽으로도 오른쪽에서 왼쪽으로도 쓸 수 있었으나, 후자의 방향이 선호되었으며 도표에서도 그런 방향이 반영되었다. (글자들의 형태가 왼쪽에서 오른쪽 방향에서의 형태와는 반대쪽으로 향해 있다.)

초기의 로마 알파벳은 라틴어에는 필요치 않은 에트루리아 알파벳의 글자 5개를 버렸지만 글자들의 형태는 그리스와 에트루리아 글자들의 형태를 베꼈다. 세월이 흐름에 따라 로마 사람들의 글쓰기는 왼쪽에서 오른쪽 방향으로 정착되었고 (초기에는 글을 양쪽 방향으로 다 쓸 수 있었다), 많은 글자들이 오늘날에 익숙한 형태로 바뀌었다. 기원전 250년경에 로마 사람들은 에트루리아 사람들이 없애 버렸지만 라틴어를 표기하기 위해 필요하다고 느끼게 된 "g" 소리의 글자를 다시 만들었다. 로마 사람들은 자신들이 다시 만든 글자를 글자들의 마지막 끝에다 넣지 않고 라틴어에는 불필요한 것으로 판명된 "s" 글자를 대체하여 7번째 자리에 끼어 넣었다.

| 에트루리아 알파벳 기원전 650년 | | 로마 알파벳 기원전 550년 | | 로마 알파벳 기원전 250년 | |
|---|---|---|---|---|---|
| 글자형태 | 소리 | 글자형태 | 소리 | 글자형태 | 소리 |
| A | "a" | A | "a" | A | |
| 8 | [미사용] | 8 | "b" | B | |
| > | 특별한 "k" | > | "k"(1) | C | |
| ◁ | [미사용] | ◁ | "d" | D | |
| Ǝ | "e" | Ǝ | "e" | E | |
| ꟻ | "w" | ꟻ | "f" | F | |
| I | "z" | I | "s"(1) | G | "g" |
| 日 | "h" | 日 | "h" | H | |
| ⊕ | "th" | — | — | — | -- |
| I | "i" | I | "i" | I | |
| ꓘ | 특별한 "k"(2) | ꓘ | "k"(2) | K | |
| ⅃ | "l" | ⅃ | "l" | L | |
| M | "m" | M | "m" | M | |
| И | "n" | И | "n" | N | |
| ⊞ | [미사용] | — | — | — | --- |
| O | [미사용] | O | "o" | O | |
| ꟼ | "p" | ꟼ | "p" | P | |
| M | "s" | — | — | — | -- |
| ϙ | 특별한 "K"(3) | ϙ | "k"(3) | Q | |
| ᴙ | "r" | ᴙ | "r" | R | |
| Ƨ or > | 변화된 "s" | Ƨ | "s"(2) | S | |
| T | "t" | T | "t" | T | |
| Y or V | "u" | V | "u" | V | |
| X | "ks" | X | "ks" | X | |
| Φ | "ph" | --- | --- | — | --- |
| Ψ | "kh" | --- | --- | — | --- |

*흥미로운 형태의—사람을 끄는 매력이나 전진을 암시하는 미완의 동그라미—글자인 C는 수십년간 광고와 상품판매 촉진에 사용되어 왔다. (오늘날의 도안과는 다소 다른 위의 도안은) 1886년에 등록된 코카콜라 회사의 상표는 사람들이 즐겨 사용하는 우아하고 세련된 모습의 서명을 흉내낸 것으로 품질과 신뢰를 담고 있다. 물결치는 듯한 모습을 하고 있는 두 개의 대문자 C는 (비록 창업자의 의도였다는 증거는 없지만) 어떤 사람들에게는 두 팔을 쭉 뻗고 미소를 짓는 그런 모습을 암시해 주기도 한다.*

# 골치 덩어리 C

C 혹평가들은 C의 변덕스러움에 안달해왔다. 영어에서 쓰이고 있는 바대로 C라는 글자는 너무나도 다양한 소리들을 지니고 있다. 항상 "k"로만 발음되는 것이 아닐뿐더러 영어의 엄격한 철자규칙에 따라 E, I, Y 앞에서는 "s" 소리가 된다. 우리는 이와 같이 엄격하게 K로만 발음되는 C와 유연성을 지닌 C를 가지고 있다. 이러한 불일치는 인쇄된 책의 어떤 면에서나 찾아볼 수 있으며, "discrepancy"(불일치)와 같은 개개 단어들에서도 나타난다.

그외의 경우에 C는 H와 합쳐져 "cheese"(치즈)에서와 같이 새로운 소리를 나타내는가 하면 H와 합쳐져 "chorus"(합창)에서와 같이 새로운 소리를 나타내지 못하기도 한다. C는 또한 "sh" 소리에 애착심을 갖고 있기도 하여 때로는 ["ocean"(대양), "glacier"(빙하)에서와 같이] E나 I와 어울려 "sh" 소리를 나타내기도 하고, "champagne"(샴페인), "chic"(고상함), "machine"(기계) 등과 같이 중세 이후에 프랑스어에서 차용된 (고대 그리스어 단어로 라틴어를 통해 프랑스어로 계승되었지만, 1500년대까지는 영어에 나타나지 않은) 단어들에서는 H와 어울려 "sh" 소리를 나타내기도 한다. 다섯번째의 가능성은 "muscle"(근육), "indict"(기소하다) 등에서와 같이 C는 소리가 없을 수도 있다.

영어에서는 하나의 글자가 하나 이상의 소리를 갖는다고 해서 글자 자체에 죄가 있는 것은 아니다. 음조의 차이는 제쳐 놓더라도, 영어에서 모음글자들은 길게도 짧게도 발음되는 차이를 보인다. 의미해석에서 보다 제약적인 자음글자들 중 몇몇은 두가지 이상의 소리를 지닌다. [*green*(녹색의), *giant*(거인)의] G나 [*Xerox*(복사기 상품명)의] X가 그 예들이다. 그러나 S라는 글자는 [*hiss*(쉿하는 소리를 내다), *his*(그의), *sure*(확신하는)에서와 같이] 자주 사용되는 세가지 소리를 나타내는데, 이 세 소리를 모두 아우르는 명칭은 치찰음으로 세 소리는 음성적으로 비슷한 특성을 지닌다.

C가 지니고 있는 문제는 C가 나타내는 주요 세가지 소리들이 서로 유사한 소리들이 아니라는 것으로—하나는 폐쇄음인 "k"이고, 하나는 치찰음인 "s"이고, 또 다른 하나는 H와 더불어 형성되는 파찰음(affricate)인 "ch"로—글자와 소리의 관계가 매우 임의적이라는 것이다. 도대체 이 글자의 정체는 무엇인가? 한술 더 떠 C는 진정으로 C의 소리인 듯한 소리에 대한 소유권을 주장하는 K, Q와 전쟁을 벌이고 있다. "disk"(음반)와 "disc"(음반) 영국영어에서의 "kerb"(억제)와 미국영어에서의 "curb"(억제)에서와 같은 사전적 철자법에서는 물론 "Kool-Aid"(냉방이 완비된)의 경우와 같이 의도적으로 잘못된 철자를 사용하는 상표명 등에서도 K는 C와 싸운다. "traffic"(오가다)이 "trafficking"(오가는)으로 변하는 것처럼 때로는 K가 C를 지켜주기 조차 한다. "trafficking"에서처럼 K가 없다면 C의 발음은 "-ing" 앞에서 부드러운 발음으로 변할 것이다. Q는 C와 마찬가지로 다양한 소리를 나타낼 수 있음을 스스로 입증하였다. 동음이의어인 "queue"(줄)와 "cue"(암시)의 경우나 이슬람교 성서의 영어식 이름의 경우가 그 예에 해당된다. 현재 애용되고 있는 이슬람교 성서의 이름은

"Qu'ran"인데, 이것은 "Coran"이 1700년대 이후에 "Koran"을 거쳐 변해온 것이다. C와 K, Q를 이와 같이 낭비적으로 겹쳐 쓰게 된 것은 아래에서 설명하게 될 것이지만, 고대 그리스-로마 세계로 거슬러 올라간다.

원래 글자가 부족하여 몇 글자가 더 필요했던 알파벳에서 C는 난처한 위치에 처해 있었던 듯 보인다. C는 질투심에 다른 동료 글자들을 경계하면서 다른 글자들이 처리하고 남은 소리들을 끼어 맞추어 처리하는 대단한 직책의 일을 떠맡는 꽤나 이해하기 힘든 특성을 지닌 듯한 인상을 풍긴다. 그렇다. C는 여전히 대단해 보인다. 특히 가는 선(serif)들을 달고 있는 형태[세리프체의 C 모습을 말함: 역자주]와 "capitol"(수도), "fiscal"(이탈리아의 검찰관), "concord"(일치협정) 등과 같이 고대 로마의 영광들을 일별할 수 있게 하는 C가 들어 있는 단어들에서 C는 매우 대단해 보인다. 하지만 그러한 것이 C가 받는 대접을 정당화하는가? C는 영어로 인쇄된 자료들에서 사용빈도의 순위는 13번째 정도로 K와 Q를 포함하여 알파벳 글자들의 반 정도에 해당하는 다른 글자들보다는 자주 사용된다. 그렇지만 부드러운 소리인 "ch" 소리에 있어서만은 C가 구어 영어에서만 독특한 무엇인가에 공헌한다. 그외 C가 나타내는 다른 모든 소리들에 있어서는 다른 글자들과 더불어 C는 잉여적이다.

순수주의자들이 C를 겨냥해왔다는 것은 전혀 이상하지 않다. 오랜 세월에 걸쳐 철자법의 개혁을 주창했던 사람들은 영어에서 C의 역할을 축소시키거나 심지어는 알파벳에서 C를 빼어 버리기를 바랐다. 독일어, 스웨덴어와 북유럽의 다른 언어들에서의 C의 역할과 비교되었다. 이들 언어들에서는 C에 비해 K에 대한 선호가 훨씬 더 크다. 독일어에서는 다른 글자와 함께 사용되는 경우—*Nacht*(night)에서와 같이 목구멍에서 발음되거나 *Wachs*(wax)에서와 같이 "k"로 발음되는 CH와 *schwartz*(black)에서처럼 "sh"로 발음되는 SCH—와 "CD-ROM"이나 "Enrico Carus"[이탈리아의 성악가 : 역자주]와 같은 독일어 이외의 언어로 된 용어들로만 C의 사용이 국한되어 있다. 대부분의 "k" 소리들에 대해 *Kontakt*(접촉), *Korn*(낟알),

*Reaktion*(반작용) 그리고 물론 *Kapital*(자본)의 경우에서와 같이 K를 사용하는데, 이들 단어는 모두 영어에서도 단어가 될 수 있는 것들이다.

일찍이 1551년에 영국에서는 존 하트(John Hart)라는 학자가 『우리 영어에서의 상식을 벗어난 서법의 시작』(*The Opening of the Unreasonable Writing of Our Inglish Toung*)이라는 자신의 논문을 통해 진지하게 독일어에서와 같은 철자법의 변화를 촉구한 바 있다. 영어의 모음들의 발음이 실제로 대거 변하였으나 [현대 영어 초기에 있었던 모음의 대변이(Great Vowel Shift)를 말함: 역자주] 철자는 엄격하게 통일되지 못했던 시기에 살던 하트는 음성학적으로 보다 신뢰할 수 있는 철자법을 추구하였다. 그가 제안한 특정의 내용들은 대부분 역사라는 휴지통속으로 버려졌지만, 당시의 철자법은 소리들을 표기하기 위해 너무 많은 글자들을 사용한다는 것과 같은 그의 비평들은 후세대의 사전편찬자들에게 영향을 미쳤다.

C와 K, Q가 혼란스럽게 사용되는 것을 해소하기 위해 그는 K를 격상시키자고 하였다. 되풀이하면, C라는 부호로는 오직 “ch” 소리만을 표기하도록 하는 대신 [따라서 “latch”(빗장)는 “latc”로 적는다] 그외의 경우들에서는 C를 K나 S로 대체하고 Q는 K로 대체하자면서, “그렇게 한다면 k 소리를 나타내기 위해 q나 c를 사용할 필요가 없게 될 것이다”고 주장했다.

다른 사색가는 단순히 불평만 하기도 했다. 존 바렛[John Baret (또는 Barett)]은 영어사전 편찬에 있어 선구자적 인물이었다. 그가 1580년에 편찬한 걸작의 사전은 예전의 것을 개작한 것인데 『벌집, 또는 잡다한 언어 4개가 수록된 4중의 사전: 즉, 영어, 라틴어, 그리스어와 프랑스어의 다양한 단어, 구, 격언들과 학자들의 빛나는 문법연구로 풍성해진 새로운 사전』(*An Alvearie, or Quadruple Dictionarie Containing Foure Sundrie Tungues: Namelie, English, Latine, Greeke, and French, Newlie Enriched with Varietie of Words, Phrases, Proverbs, and Divers Lightsome Observations of Grammar*)라는 주목할 만한 제목을 지니고 있다. (*Alvearie*는 벌집이나 내

부에 구획이 지어진 용기를 말한다.) 어휘를 역동적으로 구사했지만 바렛은 C를 위해 거의 어떤 것도 할 수는 없어 그저 말했을 뿐이다: "이 글자는 나를 최악으로 괴롭히고 있으며, 어떻게 세번째 자리를 차지하는 영예를 얻었는지 의아해 하게 만든다… 만약 C가 타당한 글자라면, C가 지녀야 할 술책과 이성으로 마땅히 그에 걸맞는 소리를 지녔어야 할 것이고, 프로테우스[Proteus: 그리스 신화에서 자유자재로 변신하고 예언의 힘을 가졌던 바다의 신: 역자주]나 카멜레온(chamaelion)과 같이 흔들리지 않고 항상 같은 소리를 지녀야 할 것이다. C는 오직 K 소리와 S 소리의 영역을 기웃거리는 기능만을 가지고 있으니, 'C는 결코 글자가 아니다'(라고 바렛은 결론을 짓는다)."

벤 존슨(Ben Jonson)에서도 같은 내용의 이야기를 찾아볼 수 있다. 무대희극 『볼포네』(*Volpone*)(1606)로 가장 잘 기억되는 영국의 극작가이며, 시인이며, 학자인 벤 존슨은 그의 사후인 1640년에 출판된 『영어문법』(*The English Grammar*)라는 제목의 책을 썼다. C에 대해서 비난을 하지 않았다면 악의가 없었을 어느 한 부분에서 개개의 "글자들과 그 글자들의 힘"을 소개하면서, 존슨은 다음과 같이 서술했다: "C는 우리의 조상들이 우리의 언어에서 없이 지냈어야 마땅한 글자였다. 그러나 우리의 글쓰기와 언어에서 자리를 얻었기 때문에 이제 와서 우리가 철자법과 관습에 대해 논쟁을 해서는 안 되겠지만 그 힘에 대해서는 주목을 해야 한다." 야-옹!

같은 내용의 또 다른 글을 벤자민 프랭클린(Benjamin Franklin)[(1706–90) 미국의 정치가·저술가·발명가: 역자주]에서도 찾아볼 수 있다. 벤자민 프랭클린은 무한한 상상력으로 과학, 기계발명, 언론과 국가건립 등의 분야에서 두각을 나타낸 사람이다. 62세가 되던 1768년에 프랭클린은 철자법 개혁을 위한 제안을 하였다. 그의 제안의 요체는 C, J, W 그리고 Y라는 글자들을 버리고 그 글자들이 나타내던 소리들을 다른 글자들과 ("ch"와 "j" 소리들이 서로 관련이 있는 소리들인 한 "ch"와

"j"와 각각 비슷하게 보이는 부호들을 포함하여) 새로이 만들 부호들에다 다시 부여하고 모음들 또한 보다 음성적으로 보일 수 있도록 만들자는 것이었다. 당시에 런던에 살던 프랭클린은 자신의 제안을 폴리 스티븐슨(Polly Stevenson)이라는 젊은 여자친구에게 보냈다. 프랭클린의 여자친구는 실험적 프랭클린어(Franklinese)로 쓴 답장을 통해 시안에서 "불편한 점들을 많이 찾아볼 수"(si meni inkanviiniensis) 있다고 내친김에 목청을 돋우어 말을 했다.

정체성과 책무를 찾기 위한 C의 투쟁은 불안정했던 어린 시절에서 유래한다. C의 형성기를 통찰해보기 위해 C의 단짝 형제인 G에 대해 이야기를 해보자. C와 G는 형태와 소리에 있어 쌍둥이 형제처럼 보일 정도이니 알파벳 글자들 중 어느 두 글자도 이들보다 더 가까운 사이는 없다. 혀를 입천장의 뒷부분(연구개)에 갖다 댄 상태에서 공기를 불어내어 "k" 소리를 발음해보라. 그런 다음 혀를 같은 장소에 위치시킨 채로 성대에서부터 공기를 불어내면 "g" 소리가 된다. 따라서 C(또는 K)는 무성연구개음인 반면에 G는 유성연구개음이다. 이 두 소리가 형제 사이라는 것은 "scorn"(깔보다)이라는 단어를 발음해보면 알 수 있는데, "scorn"을 "sgorn"으로 철자한다고 해도 아주 똑같은 소리로 들릴 것이다. [또 다른 예로는 사장에게 메모를 보낼 기회가 생긴다면 메모지 상단에 가로질러 "As we disgust"(우리가 논의한 대로)라고 써보라.]

G는 C의 심리상태를 제대로 이해하기 위한 실마리이다. 두 글자는 떠들썩한 집안에서 각각 따로 성장하였다. 오늘날 G는 E, I, Y 앞에서 부드러워지는 등 C가 지니는 특성 몇가지를 공유하고 있다.

기원전 1000년으로 거슬러 올라가면 페니키아 알파벳에서 세번째 글자는 G였다. G는 B 다음에 그리고 D 앞에 나왔다. 그 이름은 ["girl"(소녀)에서와 같은 강한 "g" 소리를 지니는] 김멜(*gimel*)이었다. 페니키아 알파벳에서는 항상 그러했던 것처럼 글자이름의 첫소리는 해당 글자의 소리이기도 했다. 김멜은 기원전 2000년으로 거슬러 올라가는 근동지역의 알파벳으로부터 물려받은 것이다. 하지만 C와 같은 글자는 전혀 존재하지 않았다. "k" 소리를 표기하기 위해 페니키아 사람들은 발음이 약간 다른 두개의 글자들을 이용하였는데, 그 두 글자들이 오늘날 우리가 사용하고 있는 K와 Q의 조상들이다. "s" 소리들을 위해서는 여러 형태의 S를 갖고 있었다.

기원전 800년경에 그리스 사람들이 페니키아 글자들을 베껴 자신들의 글자로 사용하면서, 그리스 사람들은 김멜을 세번째 글자로 소리는 "g"로 유지하였으나, 이름은 보다 그리스어처럼 들리게끔 감마(*gamma*)로 변경하였던 것이다. 오늘날 감마는 현대 그리스 알파벳의 세번째 글자로 살아 있다. 마찬가지로 현대 히브리 알파벳에서도 세번째 글자는 G이며 그 이름은 김멜이다.

고대 그리스 알파벳은 A, B, G, D, E에 해당하는 글자들로 시작된다. 이 글자들 한참 뒤에 K, Q, 그리고 S에 해당하는 글자들이 나오지만 여전히 C라는 글자는 없었다.

기원전 700년경에 그리스 상인들이 자신들의 글자들을 중앙 이탈리아의 서해안 지역으로 가져오면서 복잡한 상황이 벌어졌다. 그 지역에서 그리스 사람들과 교역을 했던 사람들은 에트루리아의 권력자들이었는데, 그들은 결국 그리스 알파벳을 베껴서 자신들의 글자로 사용하였다.

에트루리아 사람들은 그리스어와는 전혀 다른 언어를 사용하였다—뿐만 아니라 당시는 물론 지금까지의 대부분의 유럽어들과도 정말로 다른 언어를 사용하였다. 여러 가지 다른 특징들이 있었지만 에트루리아어에는 특히 "g" 소리가 없었다. 에트루리아어에서 "g"에 가장 가까운 소리는 "g"의 무성음짝인 "k"였다. 그러한 이유로 그리스 알파벳에서 세번째 글자였던 감마는 에트루리아 사람들에게는 특별한 필요가 없는 글자였을 것이다.

현존하는 기원전 600년경의 에트루리아 글자의 목록은 에트루리아 사람들이 감마를 세번째 글자로 의무적으로 베껴 넣었음을 보여준다. 다른 명문들은 감마가 "k" 소리를 나타내기 위해 사용되던 글자였음을 분명하게 보여준다. 에트루리아 사람들이 한 일은 "g" 소리에서 "k" 소리로 소리에 맞게 글자의 소리를 바꾼 것이었다. 이 정도의 설명이면 충분할 듯하다. 하지만 문제는 에트루리아 명문들에서는 K와 Q라는 글자들도 "k" 소리로 규칙적으로 나타난다는 것이다.

에트루리아 사람들은 "k" 소리를 표기하기 위해 왜 세개의 다른 글자들을 필요로 했을까? 분명히 발음상에 작은 차이들이 있었을 것이다. 에트루리아어로 쓰여진 글에서는 감마라는 글자가 자주 사용되었는데, 항상 "k" 소리로 발음되었지 "s" 소리로는 결코 발음되지 않았었다.

세월이 흘러감에 따라 감마라는 글자는 표준화된 형태를 얻게 되었다. 에트루리아어로 쓰여진 초기의 글들에서는 서너가지 형태의 감마가 나타나는데, 그것은 초기 그리스 알파벳에서 다양했던 감마의 형태가 반영된 것이었다. 곧바로 두드러지게 사용된 형태는 짧고 굵은 초승달 형태로 이탈리아의 몇몇 그리스 도시들과 시칠리아 등에서 사용되던 초승달 형태의 감마를 베낀 것이었다. 초승달 형태의 이 에트루리아 감마는 "k" 소리를 나타냈는데, 그것이 바로 오늘날의 C의 시작이었다.

에트루리아 사람들은 자신들에게는 적절치 않은 이름인 감마를 버리는 대신 그 글자를 "kay"로 불렀다. (에트루리아 사람들은 자신들의 K를 "ka"로 불렀다.) 그 글자의 이름을 소리나는 대로 (즉, "kay"로) 표기해보라고 부탁한다면, 고대 에트루리아 사람들은 필경 "C-E", 다시 말하면, 그 글자 자체에다 장모음 E를 덧붙인 소리라고 대답할 것이다. 25세기가 지난 오늘날, 발음은 아니지만, 그때의 철자가 바로 우리들이 부르는 이름인 "ce" 또는 "cee"인 것이다.

기원전 600년경에 에트루리아 글자들은 로마라는 마을이 있는 지역에서 라틴어를 말하는 사람들에 의해 사용되기 시작하였다. 라틴어는 에트루리아어와 전혀 다른 언어였던 탓에 로마 사람들은 에트루리아 사람들이 연구개음에 대해 한 글자 할당에 호의적이지 못했을 것이다. 에트루리아 사람들은 "k" 소리에는 세개의 글자를 할당하였지만 "g" 소리에는 어떤 글자도 할당하지 않았다. 그러한 이유로 로마 사람들은 결국 자신들만의 G라는 글자를 만들고 (이 글자가 오늘날의 G이다), 자신들의 철자법에서 C를 주로 사용함으로써 에트루리아의 "k"를 단순화시켰다. Q는 특정의 소리 한가지로만 그 사용이 국한되었고, K는 로

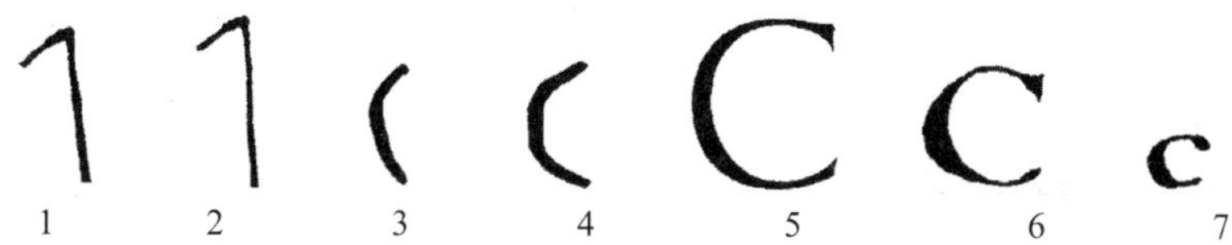

(1) 기원전 800년대의 명문에 나타난 페니키아 알파벳의 김멜. 이전에는 학자들이 "카멜"(camel)이라 불렀던 글자의 이름은 사냥꾼이 사용하던 "투척용 지팡이"를 뜻했던 것으로 생각되는데, 그 형태가 정말로 부메랑[곡선을 그리고 던진 사람에게 되돌아 오는 오스트레일리아 원주민의 무기: 역자주]과 닮아 보인다. 이 글자는 그 이름이 상징하듯 강한 "g" 소리를 나타냈다. (2) 기원전 685년경의 명문에 나타난 초기 그리스 알파벳의 감마. 형태, 소리, 알파벳의 세번째 글자라는 점에서 페니키아 알파벳의 김멜을 닮았다. 이 글자는 오른쪽에서 왼쪽으로 쓰는 방식에서 왼쪽을 향해 있는 형태이다. 초기 그리스의 글쓰기는 양쪽 방향이 다 가능하였다. (3) 왼쪽에서 오른쪽으로 글을 쓴 기원전 675년경 코린트(Corinth)라는 그리스 도시의 명문에 나타난 다른 형태의 감마. 초승달 형태의 감마는 에트루리아 사람들과 교역을 하면서 에트루리아 알파벳을 만들도록 고취시켜준 이탈리아의 나폴리만에 정착해 살던 그리스 사람들에 의해서도 사용되었다. 이 그리스 감마는 여전히 강한 "g" 소리를 나타냈다. (4) 기원전 500년경의 에트루리아 알파벳의 C. 형태에 있어서는 그리스 알파벳에서의 초승달 형태의 감마를 베낀 것이지만, 에트루리아 알파벳에서는 "k" 소리를 나타냈다. (5) 기원전 1세기말경에 대리석에 새겨 넣은 고전적 로마 알파벳의 C. 세리프(가는 선의 획)들을 지닌 매력적인 이 형태가 오늘날 우리에게 익숙한 "로마체"에서의 C의 표본이 되었다. (6) 언셜체(uncial)[4-8세기의 둥근 대문자 필기체: 역자주]라 알려져 있는 C로, 로마 말기와 중세 초기에 펜을 이용하여 쓴 필기체인데, 명문에 나타나는 형태를 명확하게 본받았다. 이 글자는 400년대에 라틴어로 쓰여진 크리스트교 기도문에 나타난 형태이다. (7) 500년경에 이탈리아와 프랑스에서 나타나기 시작한 펜으로 쓴 반언설체로 많은 글자들에게 새로운 형태를 주었으며, 많은 세월이 흐른 뒤에 최종적으로 인쇄체 소문자로 굳어졌다. 이 글자는 아마도 500년대에 프랑스에서 라틴어로 쓰여진 글에 나타난 형태이다.

마 알파벳에서도 유지는 되었지만 실제적으로는 그 사용이 무시되었다.

로마제국에서는 기원전 1세기 중엽 이후로 C의 전성기가 이루어졌다. 이때는 고전 라틴어로 쓰여진 글 여기저기에 C가 흔하게 나타나고, 키케로(Cicero)[(106–43 B. C.) 로마의 정치가철학자: 역자주], 케사르(Caesar)[(100–44 B. C.) 로마의 장군·정치가: 역자주], 세네카(Seneca)[(?4 B.C.–65 A.D.) 로마의 스토아파 철학자정치가: 역자주], 콜로세움(Colosseum), 큐피드(Cupid)[Venus의 아들로 사랑을 맺어주는 신: 역자주]와 같은 이름들에 C가 등장하던 시기였다. 에트루리아어에서와 마찬가지로 라틴어에서도 강한 소리의 C만 사용되었다. "s" 소리들은 S를 사용하여 나타냈다. 따라서 *cella*(지하 저장실)라는 라틴어 단어는 "kella"로 발음되었다. Cicero라는 이름은 진정 "Kick-ero"였다. Caesar라는 이름은 "Kye-sar"였다—우연히 이 이름이 독일제국의 황제의 칭호인 카이저(kaiser)[신성 로마·독일·오스트리아 제국 황제의 칭호: 역자주]의 기원이 되었다.

부드러운 발음의 C가 출현하게 된 것은 로마제국 후기에 발생한 언어 바다의 변화(linguistic sea change)(말장난을 용서하기 바란다) 때문이었다. 오늘날 학자들은 어떻게 하여 라틴어에서 C가 로마제국의 일반 시민들의 발음에 따라 어떤 특정의 사용에 있어서 점진적으로 소리가 변하게 되었는가를 추적하였다. E, I 또는 Y—이들은 모두 전설모음(front vowel)들로 혀를 앞으로 내민 상태로 발음된다—앞에 올 경우 C가 "ch"로 발음되기 시작하였다. "processio"(전진, 행렬)이라는 라틴어 단어는 기원전 100년에는 "pro-*kess*-io"로 발음되었지만 400년경에 이르러서는 "pro-*chess*-io"로 발음되었다. 500년경에 로마가 붕괴된 후 발음이 흐릿해진 C가 사어가 되어가고 있던 라틴어에서 생겨난 [주요 언어들을 예로 들면, 이탈리아어, 프랑스어, 스페인어, 포르투갈어, 루마니아어(Romanian)와 같은] 로망스어(Romance language)들의 일부가 되어 버렸다. 그 시기에는 전통에 묶여 있던 고대 라틴어에서의 철자법에 비해 발음은 무척 빠르게 변하고 있었다. 따라서 C라는 글자는 "k"와 "ch"라는 두가지 정상적인 발음을 지닌 채로 중세기로 넘어왔던 것이다. 현대 이탈리아어에서 연한 발음의 C는 여전히 "ch"이다. 그외 다른 로망스어들에서는 "ch" 소리가 점차적으로 "s" 소리로 변해갔다.

부드러운 발음의 C는 프랑스어를 통해 중세 영어로 들어왔다. 1066년에 있었던 노르만들의 영국침공으로 노르만들이 사용하던 프랑스어의 어휘들과 철자법들이 영국에 강제적으로 도입되었고, 이들 어휘와 철자법은 고대 영어와 뒤섞여 복합어들을 풍성하게 만들어냈는데, 이때의 영어는 1150년경부터 시작되는 중세 영어(Middle English)라 알려져 있다. 다른 영향들도 많았지만, 그중에서도 특히 중세 영어에서는 부드러운 발음의 C가 문제꺼리가 되었다. "pro-*sess*-i-un"으로 발음되던 *procession*과 같은 중세 프랑스어의 단어들이 프랑스어에서는 물론 영어에서도 오늘날 사용되는 단어의 근원이 되었던 것이다.

당시의 양상이 아직도 뚜렷하게 남아 있다. 오늘날—"cellar"(지하 저장실), "citizen"(시민), "reconcile"(화해시키다), "grace"(우아) 등과 같이 부드러운 발음의 C를 포함하는 단어들의 대부분은 원래는 라틴어에서 온 것으로 노르만들의 프랑스어를 통해 영어에 들어온 것들이다. "bicycle"(자전거), "cybernetics"(인공두뇌학) 등과 같이 최근에 만들어진 단어들도 대개는 앞에서 이야기한 바 있는 그 옛날의 규칙을 따른다.

이와 같이 변화무쌍한 우리의 C는 철자에 있어서 복잡한 기교를 요구한다. "picnicking"(피크닉을 가는)과 같은 단어의 형성에 대해 언급한 바와 같이 두번째 C를 강한 발음으로 유지시키기 위해서는 K가 첨가된다. 반대로 부드러운 발음의 C는 "trace"(추적하다)와 "traceable"(추적할 수 있는) 사이의 변화와 같이 E에 붙어야만 하는데, 오늘날의 철자법에서는 E는 없어져야 할 것이다. 이것이 바로 우리가 왜 이동축제일이지만 태평무사한 왕국을 가지고 있는가에 대한 이유이다. [크리스마스는 고정축제일이지만 부활절은 이동축제일임: 역자주][이것이 바로 C가 나타내는 발음이 왜 복잡하지만 우리가 별 문제 없이 C를 사용하고 있는가의 이유이다: 역자의 의역]

*1844년에 파리에서 출판된 한 아동도서에 실린 삽화에 D라는 글자가 지니는 견고하고 확고한 성격이 포착되어 있다. 책의 제목은 『경이로운 이야기들』(Wonderful Stories)이라 번역되는데, 페. 크리스티앙(P. Christian)이 모든 나라들의 이야기들을 수집하여 정리한 것이다.*

# 신뢰할 수 있는 D

한 40세기쯤 거슬러 올라가면, 이 글자는 여러 언어들에서 "d" 소리를 나타내면서 충성스럽게 알파벳의 네번째 자리를 지키고 있었다. 지조와 검소함이 이 글자의 덕목이다. 영어가 태어나기 훨씬 더 이전에 D는 이미 "문"(door)을 상징하고 있었다.

B와 G와 마찬가지로 D는 유성폐쇄음을 나타낸다. "d"를 발음하기 위해서는 혀의 끝부분을 입천정, 정확하게는 윗니의 바로 뒷부분에 갖다 대고 성대를 울리면서 바람을 훅 불어내야 한다. 성대를 진동시키지 않으면서 똑같이 하면 "t" 소리를 발음하게 될 것이다. 따라서 T는 D의 "무성음"짝이다.

유성폐쇄음이든 무성폐쇄음이든 폐쇄음이라 함은 비강에서의 공기의 흐름에 대해서 말하는 것이다. "d" (또는 "t," "b," "p," "g" 또는 "k")를 발음할 적마다 공기가 흘러나오지 못하도록 비강통로를 차단한다. 하지만 그러한 사실에 대해 읽거나 알게 되지 않는 한, 아마도 10,000명 중에 한명 조차도 인식을 할 수 없을 것이다.

발음의 역학에 대한 아무런 인식도 없이 그러한 소리들을 자동적으로 발음할 수 있다는 것은 아기 시절에 우리들의 뇌가 언어를 어떻게 배우는가라는 기적과도 같은 문제의 한 부분에 속한다. 말소리들을 체계적으로 쏟아내는–아기들에게 말을 할 때는 때로는 과장되게 발음을 하기도 하는–식구들과 자신을 돌봐주는 사람들에 둘러싸여 아기는 한 5개월 정도에 이르게 되면 이 소리들을 어떻게 인식하는지 배우고 또 흉내를 낼 준비를 시작한다. 이는 뇌와 입의 무의식적인 공동작용에 의한 과정인 탓에 어린 아이는 소리를 낼 때마다 소리에 대해 생각해볼 필요가 전혀 없다. 어린 아이는 단지 자신이 듣는 소리들을 완벽하게 흉내내기만을 배울 뿐이나 (“shoe”와 “soo” 등과 같은 어떤 발음들은 4살이나 5살 정도가 되어서야 배울 수 있다), 배울 수 있는 소리들은 자신의 주위에서 말하여지는 언어의 소리들로만 확실하게 한정된다. 예를 들면, 중복되는 소리들이 있기는 하지만 일본어의 소리들이 힌디어의 소리들은 아닌 것이다.

성장한 후에 두개의 언어를 구사할 수 있도록 만들기 위해서는 뇌를 단련시켜야 하지만, 생후 1-2년간은 저절로 두개의 언어를 구사할 수 있게 될 수 있는 황금과도 같은 기간이다. 환경만 주어진다면 힌디어와 일본어를 함께 배우면서 성장하는데 전혀 문제가 없다. 하물며 스페인어와 영어에 대해서는 말할 필요 조차 없다. 스페인어와 영어는 비교적 비슷한 언어들인 탓에 북미주에서 가장 흔한 이중언어구사의 대상이다. 두살 정도가 지난 후에 새로운 언어를 배운다면, 아마도 익숙하지 못한 새 언어의 소리들을 완벽하게 흉내낼 수 없을 것이다. 두살이 지나면 뇌가 그 부문에 대해서는 닫혀져 있기 때문이다. 두살이 지나서 새로 배운 언어는, 비록 약하다 할지라도, 아마도 외국어식 말투로 말하게 될 것이다. 독일어 화자나 화란어 화자들은 고등학교 시절에 영어를 완벽하게 배울 수 있는 경우도 있는 것이 사실이다. 이는 그들이 어린 아기일때 들은 소리들이 그 간격을 좁힐 수 있을 만큼 영어의 소리들과 너무 흡사하기 때문이다. (그러나 독일어 화자 중에는 영어의 "w"와 "th"의 발음을 포함한 영어의 소리들을 강한 독일어식 발음으로 하는 사람들도 여전히 많다.)

영어에서는 D, B 그리고 G가 어린 아이들이 일찍이 배우는 소리들이다. 영어로 말하는 환경에 놓여 있는 7개월 정도 된 아기들이 가장 많이 내는 소리들은 "ba," "da," "ga," "ka," "ma" 그리고 "pa"인데, 첫 세 소리는 유성폐쇄음으로 시작한다. 따라서 유성폐쇄음이 없는 언어를 상상하기 어렵다. 그렇지만 그런 언어들이 존재한다. 예컨대, 중국의 관화방언(Mandarin Chinese)[북경어로 중국의 표준어: 역자주]이 그러한 언어이다. 관화방언에서 "b," "d," "g"에 가장 가까운 소리들은 무성폐쇄음들인 "p," "t," "k"이다. 중국 수도의 이름은, 요즘은 약정상 베이징(Beijing)이라 발음하고 표기하지만, 실제로는 "페이진크"(Peijink)로 발음된다. 영어를 배우는 관화방언 화자라면 "dog"(개)을 "toc"처럼 발음할 것이다. (하지만 영어와 중국어를 함께 구사할 수 있도록 키워진 중국계 미국인에게는 아무 문제도 없을 것이다: 그들의 뇌는 아기시절에 두 언어의 소리들을 숙달하였기 때문이다.)

오늘날의 학자들은 기원전 700년경 이후에 알파벳을 갖게 된 이탈리아의 고대 에트루리아어에는 유성폐쇄음이 없었기 때문에 에트루리아의 어린 아이들은 "ba," "da," "ga"를 발음할 수 없었다고, 아니면 발음할 수 있었다 하더라도 주변에 있는 어른들 아무도 그런 소리들을 발음하지 않기 때문에 곧바로 잊어버렸을 것이라고 믿고 있다. 대신에 어린 아기들은 "pa," "ta," "ka"를 발음했다. 특히 에트루리아어에서 "g" 발음이 "k"로 대체된 것이 오늘날의 C의 탄생과 관련이 있다.

그러면 이제 D의 이야기로 되돌아가보자. 기원전 1000년경의 페니키아 알파벳에서 두번째, 세번째 그리고 네번째 글자들은 유성폐쇄음인 "b," "g," "d" 소리들로 이 순서로 분별 있게도 하나의 무리를 형성

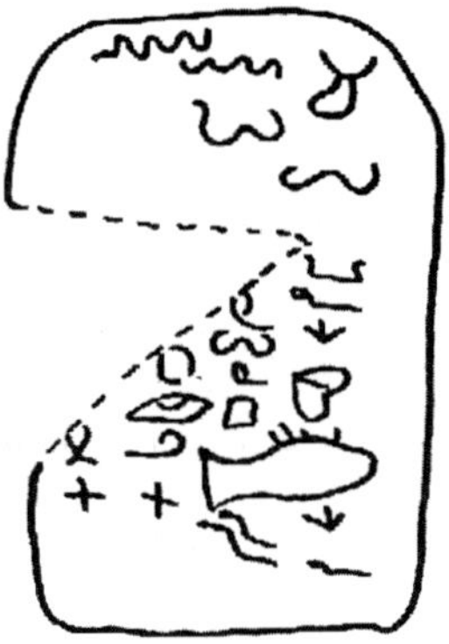

시나이 세라비트 엘-카뎀의 암벽에 새겨진 그림글자들 가운데 아마도 D의 최초의 형태일 듯한 물고기 모습이 두드러져 보인다. 이 글자들은 아마도 기원전 1750년의 것으로 추정된다. 초기의 알파벳으로 쓴 이 글의 내용은 알 수가 없다. 하지만 물고기의 꼬리 다음 부분에 (40쪽의 끝 부분에서 설명된 바와 같이) 바알라트(baalat), 즉 "부인"이라는 단어의 철자들인 4개의 글자들이 아래쪽 방향으로 쓰여진 것을 보라.

하였다. 4번째 자리에 위치한 D라는 글자의 이름은 달레트(*dalet*) 또는 달레쓰(*daleth*)였는데, 페니키아 알파벳 체계에서는 통상적으로 그러했듯이 글자의 소리는 이 글자의 이름을 시작하는 소리였다. 오늘날의 히브리 알파벳에서도 4번째 글자는 D이며, 여전히 달레트라고 불리며, 그 의미는 "문"으로 이해된다.

페니키아 알파벳 D는 한쪽으로 눕혀져 있는 둔한 삼각형  형태로 딱 찍어서 문을 암시하는 그런 형태는 아니었다. 페니키아 글자 전체 중에서 달레트는 실제로 그림으로서는 가장 실망스러운 모습이다. 그토록 뛰어난 능력을 지녔던 사람들이 정말로 훨씬 더 멋있어 보이는 문을 그릴 수는 없었던 것일까?

불충분하지만 그에 대한 설명이 될만한 것이 있다. (아마도 기원전 1750년경에) 시나이의 세라비트 엘-카뎀에서 가장 초창기의 알파벳을 이용하여 새겨진 몇몇의 명문들에는 물고기 형태의 그림으로 된 아주

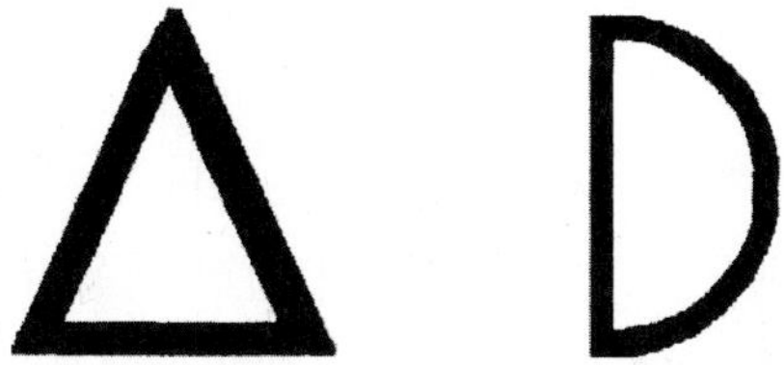

고대 그리스 델타의 두가지 형태

인상적으로 보이는 글자가 하나 있다. 전문가들 중에는 물고기 형태를 D의 가장 처음 형태로 해석하는 사람들이 있다. 그 이유는 물고기의 형태는 ("물고기"를 의미하는 셈어의 단어인) 다그(*dag*)라 이름 붙여질 수 있었을 것이며, 그러한 식의 명명은 글자이름의 첫소리가 그 글자의 소리와 같아야 한다는 당시의 요건을 충족시킬 수 있기 때문이라는 것이다. 아울러 700년 정도가 지나면서 물고기 형태의 그림은 당연히 단순한 형태로 변형되어 페니키아 사람들 사이에 삼각형 형태로 정형화되었을 것이라는 가정은 타당할 뿐만 아니라 있음직한 일이기조차도 하다. 따라서 페니키아 알파벳에서의 달레트의 형태는 이론적으로 그 이전의 물고기 형태로 된 글자의 잔존물이라 할 수 있을 것이다. 그러나 채증된 자료에 의하면, 페니키아 알파벳에서 D의 이름은 "물고기"가 아니라 "문"이였다. 기원전 1600년경에 근동지역에서 글자의 이름이 어떻게 바뀌었는가라는 질문에 대해서는 278-280쪽에서 N에 대해 설명하면서 가설적이지만 답을 찾아보겠다.

그리스 사람들은 기원전 800년 그 이전 언제쯤에 페니키아 글자들을 받아들이면서 달레트를 자신들의 알파벳에서 네번째 글자이면서 "d" 소리를 나타내는 글자로 삼았다. 그리스 사람들은 사소한 것 두가지만 바꾸었다. 외국식 이름을 보다 그리스식 형태인 델타(*delta*)로 바꾸었다(당시에 델타라는 이름은 새로운 글자 자체를 지칭하는 것 이외에는 그리스어로는 아무 의미도 없었다). 아울러 그리스 사람들은 글자의 형태를 다소 똑바로 일으켜 세웠다. 현존하는 그리스 명문들에는 초기의 델타의 두가지 형태가 보인다. 하나는 오늘날의 D의 원천이 된 반달의 윤곽 형태이다. 다른 하나는 이등변 삼각형 형태로 후에 영향력이 큰 아테네라는 고대 도시에서 널리 사용되었던 그리스 알파벳 델타의 형태가 되었다. 현대 그리스 알파벳에서 대문자 델타는 이등변 삼각형이다.

세월이 흐름에 따라 고대 그리스어 단어 델타는 다른 의미를 갖게 되었다. 도형, 목수일, 토지측량을 비롯한 다양한 분야의 일들에서 삼각형 또는 삼각형 형태의 모든 것을 뜻하는 의미를 갖게 되었다. 기원전 400년대 중반쯤에 이르렀을 때 그리스 사람들은 이 단어를 지중해와 나일강 하구 사이에 쌓인 북부 이집트 지역의 비옥한 충적토 지역[삼각주: 역자주]을 가리키는 말로 사용하였다. 오늘날의 지도상에는 나일강 유역의 삼각주는 한쪽 끝이 남쪽을 향한 반듯한 삼각형 형태로 나타나 있다. 고대 그리스 사람들은 항공사진술이 없었으니 당연히 지상에서의 모습을 보고 이름을 붙였을 것이다. 오늘날 카이로(Cairo)라 불리는 곳을 지나 나일강에 이르면서 그리스 용병들과 다른 방문객들은 (피라미드의 꼭대기인?) 한 지점에서 뒤돌아보면 녹색의 농지로 뒤덥힌 부채꼴 형태의 광활한 삼각형의 땅이 북쪽 수평선 끝을 향해 사막과 나란히 이어 달리고 있는 모습의 끝부분을 볼 수 있었을 것이다. 그리스 사람들은 그 땅을 델타라 불렀다. 오늘날에도 델타(삼각주)라는 단어는 미시시피 델타(Mississippi Delta)와 그와 유사한 용법으로 쓰이고 있다.

그리스 알파벳의 다른 글자들의 이름이나 마찬가지로 델타도 현대의 기술용어들로 사용되어 왔다. 수학에서 "델타"는 연속적인 변화의 증분을 표시한다. 과학에서는 보다 그리스 어원에 충실하게 사용되는데, "델타"는 (삼각근과 같이) 삼각형 형태를 하고 있는 것들이나 순서

## D는 의무를 위한 것이다

쓸모도 있고 악의도 없지만 적어도 D는 한가지 불행한 연상을 지닌다. 미국이 남북전쟁을 치르던 (1861년부터 1865년 사이) 동안 연방정부군은 관습적으로 탈영미수자들을 빰이나 엉덩이에 D라는 글자를 낙인찍는 방법으로 처벌하였다. 처벌규정은 글자의 크기를 1인치 반으로 명시하였다. 이런 잔인한 처벌 방법은 『교수와 미치광이』(*The professor and the Madman*)(1977)라는 제목의 사이몬 윈체스터(Simon Winchester)의 전기에서 윌리엄 마이너(William Minor)라는 사전편찬자에 대한 중요한 일화를 남겼다.

상 4번째의 것을 의미한다.

천문학자들에게 있어서 델타는 어떤 성좌에서건 빛의 밝기에 따라 4번째에 해당하는 별을 말한다. 알파별, 베타별, 감마별 그 다음에 델타별 순이다. 따라서 오리온 자리(Orion)의 델타별, 케페우스 자리(Cepheus)의 델타별 등이 있다. 프랑스계 미국인 작가 아나이스 넹(Anaïs Nin)이 수집한 1950년대의 도색소설 모음집인 『금성의 델타별』(*Delta of Venus*)은 그 제목안에 천문학적 어구와 삼각형이라는 델타의 의미가 교묘하게 결합되어 있다.

델타는 놀랍게도 다양한 제품들에 애용되는 상표이름이다. 델타 수도꼭지(Delta Faucets), 델타 기계(Delta Machinery), 델타 치과기구(Delta Dental Plans) 등이 그 예들이다. 델타 항공사(Delta Airlines)의 델타는 멕시코만 지역을 나타내는 것이다. 그러나 메인(Maine)주나 네바다(Nevada)주에서도 델타 관광(Delta Landscaping), 델타 택시(Delta TaxiService) 등과 같이 델타가 지역적인 관련 없이도 사용되는 것을 볼 수 있다. 그리스 글자의 이름은 ("마을에서 네번째로 좋은"이라는 잠재적 의미를 대충 눈감아 준다면) 질을 나타내는 것처럼 들리며, 사업주들을 시각적으로 볼 수 있는 기회를 제공해 준다. 즉, 삼각형의 표

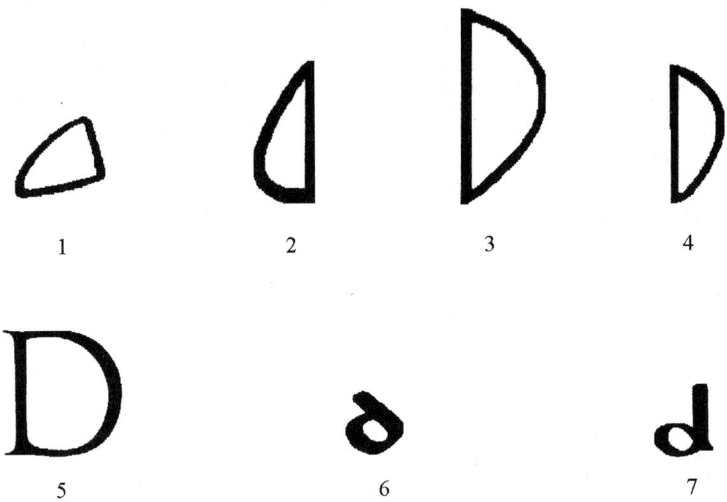

(1) 기원전 800년경 "문"이라는 의미의 페니키아 달레트. 페니키아 알파벳에서 4번째 글자였으며. 오늘날의 D와 마찬가지로 "d" 소리를 나타냈다. (2) 초기 그리스 알파벳에서의 델타로 기원전 725년경에 이탈리아의 나폴리만에 있던 그리스 사람들의 무역소에서 발견된 오른쪽에서 왼쪽으로 글을 쓴 명문에 나타난 형태이다. 그후 곧바로 이탈리아 사람들이 그리스 글자들을 자신들의 글자로 사용하기 위해 베꼈다. (3) 기원전 525년경의 그리스 알파벳의 델타로 이탈리아 남부지역의 그리스 도시들에서 왼쪽에서 오른쪽 방향으로 글을 쓰던 형태의 델타이다. 이 반달 형태의 델타가 에트루리아 알파벳으로 옮겨졌고, 에트루리아를 통해 로마 알파벳으로 옮겨졌다. (4) 초기 로마 알파벳에서의 D의 형태로 아마도 기원전 500년경으로 추정되는 한 명문에 나타난 것이다. (5) (123쪽에서 보게 될) 트로얀 명문에 나타난 로마 알파벳 D. 반달 형태의 글자가 우아한 형태으로 바뀌었다. 이 형태가 오늘날 우리들이 사용하는 인쇄체 대문자 D가 되었다. (6) 오늘날 우리가 사용하고 있는 인쇄체 소문자 d의 형태는 언셜체로 잉크로 쓴 필기체 형태의 대문자 D로 나타나기 시작하였는데, 이 글자는 400년대 중반경에 이탈리아에서 라틴어로 쓴 글에 나타난 모습이다. 언셜체의 글자들은 예전의 로마 알파벳 대문자들을 펜으로 쓰기 위해 축소시킨 형태로 생각되었다. (7) 500년대에 잉크를 이용하여 라틴어로 쓴 글에 나타난 반언셜체의 d로 역시 이탈리아에서 쓴 것인데, 한 단계 더 정형화되었음을 보여준다. 거의 1,000년 정도 지나 그러한 필사방식은 유럽의 초기 인쇄자들이 인쇄용 소문자의 형태를 고안해내게 만들었다.

시를 내걸음으로서 숙련된 작업정신과 공명정대하게 사업을 한다는 의지를 전달할 수 있도록 만든다. 인간의 건강을 위해 애완동물이나 질병치료용 동물의 사용을 촉진시키려는 델타사회(Delta Society)에 기초한 워싱톤주는 애완동물, 애완동물 주인, 치료인력간의 연계를 상징하기 위해 만든 삼각형 형태의 표식의 이름을 델타로 택했다.

델타가 현재 누리고 있는 인기는 얼마간은 델타부대(Delta Force)의 덕분이다. 델타부대는 미 육군의 테러 타격특공부대로 1977년에 창설되었고 컴퓨터 게임과 영화를 통해서 미화되었다. 델타부대의 공식명칭은 제1 특수작전파견대, 델타(First Special Forces Operational Detachment, Delta)이다. 그 이름 중 델타는 원래 상위부대인 특수작전부대의 조직상 네번째 단위부대로 창설되었음을 의미할 뿐이다. 그러나 오늘날 "델타"라는 이름은 델타에 대한 연상 때문에 "가장 강인한 부대" 또는 "정예부대"라는 그럴듯한 의미를 지닌다.

기원전 700년경 에트루리아 사람들은 자신들이 사용하기 위해 그리스 알파벳을 베끼면서, (처음에는) 베타와 델타처럼 에트루리아어에는 필요치 않은 글자 조차도 모두 그리스 알파벳에서의 순서대로 보존을 했다. 이탈리아에서 살고 있던 그리스 사람들은 반달 형태의 델타를 사용하고 있었는데, 그것이 에트루리아 알파벳의 4번째 글자가 되었다. 그후 얼마 지나지 않아 에트루리아 알파벳은 (기원전 600년경에) 이웃에 살던 이탈리아 사람들에 의해 베껴졌다. 그들이 바로 로마 사람들이었다. 로마 사람들은 라틴어를 말했는데, 라틴어에는 유성폐쇄음들이 있었기 때문에 그 소리들을 나타낼 글자들이 필요했다. 에트루리아 알파벳에서 4번째 글자였던 반달 형태의 D는 로마글자가 되었고, 훗날 (500년에) 로마제국이 멸망한 후 서유럽의 알파벳으로 넘겨졌다.

## 소리글자

우리가 부르는 D라는 이름은 영어에서 사용되는 글자들의 이름 중 글자 자체에다 대체로 -ee로 철자되는 E 소리를 덧붙이는 방식의 가장 보편적인 이름이다. 미국 영어에서 "ee"식의 이름을 갖고 있는 글자는 B, C, D, G, P, T, V, Z와 (첫소리가 없는) E 이렇게 9개가 있다. 영국과 영연방국가들의 영어에서는 Z가 "제드"라고 불리기 때문에 8개이다.

전화기나 무전기를 통한 교신에서는 그러한 글자들의 이름과 다른 글자들의 이름을 구분하기가 무척이나 어렵다. 허공에 대고 "dee"라고 말하면 마치 "tee"나 "vee"처럼 들릴 수 있고, "eff"는 "ess"처럼 들릴 수 있기 때문에 지도의 좌표와 같은 정보를 뒤죽박죽으로 만들어 놓을 수가 있다. 그런 문제들을 해결하기 위해서 유럽과 미국의 군대와 교통당국에서는 1940년대에 무전기와 전화기를 이용하는 대화에 사용할 소리글자(phonetic alphabet)들을 개발하였다. 그 방식은 글자들의 이름을 해당 글자로 시작되는 단어들로 대체하는 것이었다. 예를 들면, "Charlie"는 C를, "Dog"은 D를 의미하는 식이다. 의미심장하게도 이러한 현대적 방식은 가장 오래된 알파벳인 청동기 시대의 알파벳이 채택한 방식을, 즉 글자들을 지칭하기 위해 해당 소리로 시작되는 익숙한 단어들을 사용했던 방식을 다시 살려낸 것이다. (24쪽과 32-33쪽을 참조하라.)

미국 군대와 민간 항공에서 무선교신에 사용하는 두개의 공식 소리글자들이 있다. 외국 사람들에게 더 쉽기 때문에 첫번째 것이 두번째 것으로 대체되었다. 우리의 오랜 옛 친구들인 알파와 베타를 포함하고 있는 현재 사용되고 있는 것은 월남전(1964년-1975년)에서 사용되기 시작한 것으로 TV 뉴스, 회고록,

우리가 사용하는 글자이름 "dee"는 고대 로마로부터 유래한다. 그리스 사람들과는 달리 로마 사람들은 단지 소리들만 나타내는 1음절로 된 이름을 주로 사용하였다. D는 *da* 또는 *de*로 불렸는데, 그 발음은 "day"였다. D는 라틴어로부터 로망스 언어들로 전해졌으며, 중세 프랑스어에서의 이름은 "day"였으며—현대 프랑스어에서도 이름이 그대로 남아 있다—1066년에 있었던 노르만 정복과 더불어 "day" 그대로 영

| 2차 세계대전과 전쟁 직후 | | 1956년부터 현재까지 | |
|---|---|---|---|
| Abel | November | Alpha | November |
| Baker | Oscar | Bravo | Oscar |
| Charlie | Papa | Charlie | Papa |
| Dog | Queen | Delta | Quebec |
| Easy | Roger | Echo | Romeo |
| Fox | Sugar | Foxtrot | Sierra |
| George | Tare | Golf | Tango |
| Howe | Uncle | Hotel | Uniform |
| Item | Victor | India | Victor |
| Jig | William | Juliet | Whiskey |
| King | X-ray | Kilo | X-ray |
| Love | Yoke | Lima | Yankee |
| Mike | Zebra | Mike | Zulu |

헐리우드 영화 등을 통해 무척이나 엄청난 비극을 연상시켜 왔다. 미군들의주적인 공산 게릴라 베트콩은 두문자들인 VC로 구분되었고, 그들을 가리키는 단어는 "Victor Charlie"였으니, 미국 사람들의 사랑을 못 받는 별명인 "찰리"(Charlie)를 촉발시켰다. 그리고 전투 사상자와 관련된 무선교신에서 부상을 당한 미국 병사들(WIA)은 걸맞지 않게 아름다우면서도 술이 생각나게 만드는 "위스키 인디아 알파"(Whiskey India Alpha)라는 단어들을 이용하여 보고 되었다.

어로 들어오게 되었다. 많은 단어들의 발음에 영향을 미친 1400년대와 1500년대의 영어모음대변이는 "day"를 "dee"로 바꾸어 놓았다. 여하간 4,000여년간에 6-7개의 언어들을 거치면서도 형태는 조금밖에 변하지 않은 채 달레트로부터 "dee"로 변한 것이 그간의 겪은 변화의 전부이다. 변함 없는 꾸준함. 그것이 바로 우리의 충직한 D이다.

## 로마제국, 로마글자들

### *113년 당시의 로마제국*

로마제국은 트라얀 황제 때 가장 넓은 영토를 차지했다. 남부 스코틀랜드(Scotland)에서부터 지중해를 포함하여 나일강의 첫분류에 이르는 250만 평방마일의 땅이 당시의 로마제국의 영토였다. 로마 알파벳은 제국 전역에 걸쳐 로마관리들과 이탈리아는 물론 (오늘날의 프랑스인) 골(Gaul) 그리고 끝내는 (남부 루마니아인) 다키아(Dacia)처럼 로마화한 지역의 주민들이 사용하던 라틴어를 적는데 주로 이용되었다. 오늘날 이 지역들의 사람들은 라틴어에서 파생되어 나온 로망스어들을 말한다.

로마 알파벳은 로마제국이 전성기를 구가할 때 성숙의 꽃을 피웠다. (98년부터 117년까지 통치를 한) 트라얀과 (117년부터 138년까지 통치를 한) 하드리안(Hardrian)과 같은 유능하고 자비로운 황제들의 통치하에 로마는 방대한 영토를 안전하게 확보하고 있었고, 복속 민족들로부터 거두어 들이는 세금으로 번창해져갔다. 그러는 사이에 알파벳은 오늘날 우리의 알파벳이라 쉽게 인정할 수 있을 정도의 단계로 발전했다. 제국과 알파벳은 113년에 완공된 트라얀의 원주라는 괄목할만한 기념비로 구현되어 오늘날까지 로마시의 한 가운데에 우뚝 서 있다. 대리석으로 된 원주에는 로마군의 정복장면이 조각되어 있으며,

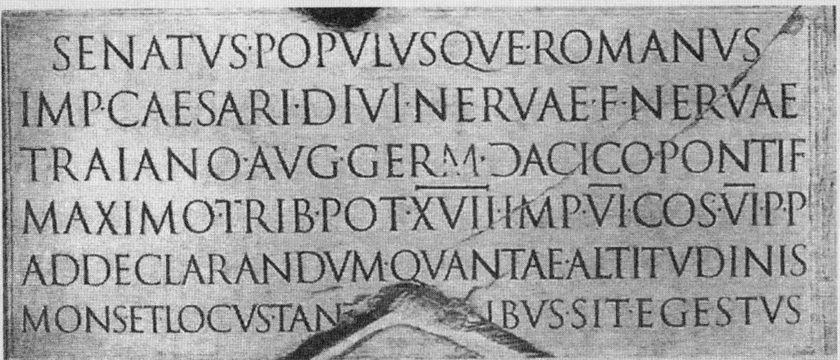


비록 손상되기는 했지만 로마에 있는 트라얀 원주의 커다란 대리석 받침대에 113년에 새겨져 현존하고 있는 이 명문은 종종 이 세상에서 가장 아름답게 쓰여진 글자들이라 칭송된다. 대리석판을 입힌 115피트 높이의 원주 또한 아직 남아 있다. 고대시절에 이 원주는 황제가 상업 중심지에 추가로 건설한 트라얀 광장(Trajan's Forum)(시장)의 중심부를 형성하였다. 원주의 높이는 특히 트라얀 광장을 새로 건설하기 위해 인부들이 파내야 했던 그 이전에 그 자리에 있었던 퀴리날리스 언덕(Quirinal Hill)[로마의 일곱 언덕의 하나: 역자주]의 귀퉁이의 높이를 여실히 증명해 보였다. 완성된 원주를 황제에게 헌정하는 것임이 명문에 기록되어 있다. 원주의 상단부를 가로질러 로마상원의 공식기록이 새겨져 있다: "상원과 로마시민이 (Senatus Populusque Romanus)(어미 -que는 단지 "그리고"를 의미할 뿐이라는 것만 안다면 쉽게 번역될 수 있다)(이 원주를) 트로얀 황제에게 헌정하였다"—황제의 다양한 직책들이 따라 나오고—"시민들의 이 위대한 역사(즉, 광장건물들)를 위해 철거해야 했던 언덕이 얼마나 높았는가를 알리기 위해"라는 내용이 나온다. 황제의 이름 TRAIANO(3번째 줄)에서 U를 V자 형태로, J는 I로 쓴 것을 주목하라. 고대 로마 사람들은 J라는 글자를 갖고 있지 않았다. 오늘날 고대 로마어의 단어들에 J를 쓰는 것은 나중에 생긴 관행이다.

원주기부의 명판에는 완벽한 형태의 로마 알파벳 대문자들이 새겨져 있다. (여기에 실린 두장의 사진을 참조하라.)

라틴어를 적기 위해 로마 알파벳이 만들어진 것이니 라틴어는 물론이고 서쪽 변방의 켈트어(Celtic)와 여러 게르만어들의 표기에도 사용되곤 하였다. 하지만 로마 알파벳을 사용하게 될 숙명에 처할 유럽의 대부분의 언어들은 아직 태어나지도 않았다. 프랑스어와 포르투갈어와 같은 로망스어들은 구어 라틴어의 지역적 방언들에 불과하였다. 고대 영어는 그후에도 몇세기나 지나서야 태어난 언어로 당시에는 독일 북부지역에 거주하고 있던 게르만족 중의 어떤 야만 부족의 방언 형태로 존재하였을 뿐이었다.

트로얀 원주의 대리석에 새겨진 모습으로 로마군단의 기수들이 부교에서 병사들이 다뉴브강(Danube River)[독일 남서부에서 시작하여 동으로 흘러 흑해로 들어감: 역자주]을 북쪽으로 건너 호전적인 다키아(Dacia) 영토로 진격하도록 유도하고 있다. 113년에 완성되어 유명한 명문과 함께 헌정된 이 원주에는 101년부터 106년에 걸쳐 다키아[남부 루마니아 지역의 트란슬리바니아(Translyvania)] 고원을 정복한 황제의 이야기를 설명해주는 약 155개의 장면들이 나선형으로 배열되어 있다. 로마 사람들이 정착한 후 다키아는 오늘날의 이름인 루마니아(Romania)와 로마글자들로 표기된 그들의 언어를 로망스어라고 하는 것에서 볼 수 있듯이 동유럽의 로마영토로 남게 되었다. 이에 반해 루마니아의 이웃 나라들인 세르비아, 불가리아(Bulgaria), 우크라이나(Ukraine)는 키릴글자(Cyrillic)[9세기경에 그리스의 전도자 키릴(Cyril)이 슬라브어의 표기를 위해 만든 글자: 역자주]를 사용한다.

21개의 글자로 시작한 로마 알파벳은 100년경에 이르러서는 23개의 글자로 늘어났다. 200여년간에 걸쳐 비공식적으로 사용되던 글자 두개가 공식적으로 받아들여졌던 것이다. 다른 알파벳들에서 가장 나중에 만들어진 글자들이나 마찬가지로 새로 만들어진 두 글자는 제일 뒤의 두 자리를 차지하였으니, 오늘날의 Y와 Z이다.

이 두 글자는 당시에 아테네에서 사용되던 그리스 알파벳에서 빌려온 것들인데, 그리스 알파벳에서는 각각 20번째와 6번째 글자들이었던 모음 읍실론(*upsilon*)과 자음 제타(*zeta*)였다. 그리스어에서는 Y로 쓰던 읍실론은 "ew"나 "ih"와 같이 입술을 좁혀 발음하는 "u" 소리를 나타냈다. Z로 쓰던 제타는 (철기시대 그리스어의 "dz"의 발음에서 약간 흐릿해진) "z" 소리를 나타냈다. 로마 사람들은 특히 그리스어 단어들을 로마글자로 옮겨 적는데 도움을 받기 위해 이 글자들을 원했다.

로마 사람들은 왜 그 두 글자를 원했을까? 수세기에 걸쳐서 그리스가 로마군에게 정복을 당한 동안에 조차도 그리스 문화와 기술은 로마 사람들의 생활에 커다란 영향을 미치고 있었던 탓에 그리스 단어들이 지식 전분야—그리스 사람들은 대가였지만 로마 사람들은 그렇지 못했던 분야인 의학, 건축, 연극, 천문학 등등—에 걸쳐 필요한 어휘들로 라틴어에 차용되어 사용되고 있었다. *symphonia*(교향곡)나 *zoidiakos*(12궁도)와 같은 그리스어의 용어들은 라틴어에는 없어 표기할 글자가 없었던 소리들을 포함하고 있었다. 골칫거리 단어들을 그리스어를 이용하여 표기하는 그런 불편을 피하기 위해서는 라틴어에 적어도 두개의 그리스 글자들이 필요했다. 라틴어는 라틴어를 표기하기 위한 글자인 U를 가지고 있었지만, 그리스 알파벳의 읍실론의 소리는 라틴어의 U와 I 사이에 해당하는 소리였기 때문에 라틴어를 표기하기 위한 U는 그리스어의 소리를 표기하기에는 분명히 적절치 못했다.

로마 알파벳에 새로 들어온 Y와 Z는 토박이 라틴어 단어의 표기에는 결코 사용되지 않았고 오직 그리고 확실하게 그리스어나 다른 외국어의 소리들의 표기에만 사용되었다. 로마 알파벳에서 Y는 항상 모음이었다. 오늘날의 영어에서 Y를 [*fly*(날다)에서처럼] 모음으로는 물론 [yes(그래)에서처럼] 자음으로도 사용하는 것은 별난 경우이다. 비록 프랑스어와 스페인어에서도 Y가 경우에 따라 자음으로도 사용되기는 하지만, 대부분의 현대 언어들에서 Y는 우선적으로 모음으로 취급된다.

로마 알파벳의 글자들이 지녔던 소리들은 동일하지는 않지만, 대체로 오늘날의 글자들과 비슷한 소리들을 지녔다. 상세한 내용은 해당 글자들을 설명하는 각각의 장을 참조하라. 글자들의 형태는 2,000년이 지난 오늘날의 글자들과 같은 모습들이었다.

ABCDEFGHIKLMNOPQRSTVXYZ

암석에 새겨진 로마제국 시대의 로마 알파벳의 23개 글자들이다. 잉크를 이용하여 다양한 형태로 쓰게 되면서 글자들의 형태가 변화를 겪게 되었으나, 그 형태는 위의 모습들에 기초를 두고 있다. 로마시대의 글에는 어떠한 형태의 작은 글자나 소문자의 형태도 없었다. 모든 글자들이 대문자였을 뿐이었다.

그 이유는 로마글자들이 암석에 새겨진 상태로 보존되었기 때문이다. 로마제국이 몰락하고 1,000년이 지난 후 유럽의 초창기 인쇄자들은 처음으로 "로마체" (문예부흥기의 로마에서 처음으로 고안된 "로마체"와 구텐베르크의 글자체와 중세시대 독일에서의 필사체를 모방한 여타의 글자체들과 맞서는 "로마체") 대문자들을 고안함에 있어 아름답고 숭배받는 형태의 글자들을 복사하고자 했다. 초기의 로마체와 관련을 맺은 사람들은 1470년경에 니콜라 젠손(Nicolas Jenson)과 1495년경에 알두스 마누티우스(Aldus Manutius)로 두 사람 모두 이탈리아에 근거를 두고 있었다. 그들이 고안한 글자체는 가라몽드(Garamond), 보도니(Bodoni), 타임스 뉴 로만(Times New Roman)과 같이 신문과 책의 인쇄에 사용될 글자체들의 모형이 되었다.

고대 로마글자들의 고풍스런 형태는 기원전 1세기 말경의 명문들에서 나타나기 시작했으며, 트라얀 명문의 시기에 가장 정교한 형태에 이르렀다. 로마글자들의 형태는 로마 석공들의 영원히 변치 않는 두가지 기교로 인해 만들어졌다. 첫번째 기교는 각 글자들의 어떤 부분들을 다른 부분들과 대조적으로—A의 한쪽 다리와 O의 양쪽 부분을—살짝 넓힌 것이다. 이러한 기교는 글자들에다가 입체감과 더불어 우아하면서도 견고한 느낌을 주었다. 두번째 기교는 글자들의 끝부분에다가 작고 가는 획(세리프라고 부른다)을 덧붙인 것이다. 그러한 모습을 확실하게 보여주는 예들은 E, G, H, S 그리고 T이다. 세리프는 그리스 글자들로 새긴 명문에서 처음 나타난다. 가장 오래된 것은 82쪽에서 본 바 있는 기원전 334년의 "알렉산더 대왕"의 명문이다. 로마 사람들은 그 아이디어를 받아들여 효과를 높이기 위해 작고 가는 선을 더 크게 확대시켰다.

물론 100년경의 대부분의 로마글자들은 암석에다 쓴 것이 아니라 잉크로 쓴 것일 것이다. 그러나 고대세계에 대한 어떤 연구에서나 마찬가지로 잉크로 쓴 로마글자들이 거의 다 사라져 버렸다는 사실에 좌절감을 맛보게 된다. 대체로 파피루스나 동물의 가죽(동물가죽 중 가장 세련된 것은 송아지 가죽이나 양가죽이었다)과 같은 썩기 쉬운 물질에 펜을 이용하여 잉크로 썼기 때문이다. 이집트의 모래와 보존을 가능하게 한 몇몇가지 다른 환경들 덕분에 파피루스, 양피지, 나무 등에 쓰여진—또는 79년 8월에 있었던 화산폭발로 인해 폼페이(Pompeii)라는 로마 도시에서 화산재에 묻힌—로마시대의 잉크로 쓴 글자들이 남아 있을 뿐이다. 건물의 벽들에 그려진 글들에 대해서는 367-68쪽을 참조하라.

로마제국 시대의 필사체들 중 특색이 있는 서체 두가지는 오늘날 로마 초서체와 불규칙체로 알려져 있다. 첫번째 것은 그리 중요하지 않은 서류들과 일상생활용의 글에 쓰던 글자체로 펜으로 신속하게 쓴 것임이 명백하다["흘림"(cursive)은 "흐르는"(running)을 뜻한다]. 그래서 트라얀의 명문과 비교해 본다면 때때로 거의 읽을 수 없을 정도의 것들도 있다. 보다 형식적이고 정성을

아마도 500년대에 (또는 그 이후에) "불규칙체" 형태의 필사체로 쓰여진 라틴어 원고에 있는 잉크로 쓴 글자들이다. 끝부분이 넓은 깃털 펜을 여러번 굴려 쓴 글자들로 정성을 들여 조심스럽게 쓴 형태가 세리프와 폭이 넓어진 부분들과 함께 암석 등에 새겨진 글자들의 형태를 닮았다.

들여 쓴 두번째 글자체는 불규칙체라고 그 이름이 잘못 붙여졌는데, 중요한 서류들과 문학작품의 원고에 사용되었다.

300년경쯤에는 오늘날 언셜체라고 불리는 독특한 특색을 지닌 새로운 라틴 필체가 나타났다. (언셜이라는 이름에 대해서는 168쪽부터 169쪽까지 중세시대의 글쓰기에 대해 이야기하면서 설명한다.) 로마제국 말기에 등장한 언셜체는 로마제국의 몰락과 붕괴(500년)에도 불구하고 중세시대에 펜으로 쓴 중요한 첫번째 글자체로 살아 남아 있다. 암석 등에 새겨 넣은 글자들의 흉내를 덜 내고 보다 신속하게 그렇지만 알아보기 용이한 형태로 펜으로 쓸 수 있도록 만들어진 언셜체는 중세시대에 잉크로 쓰는 글자들의 후속 형태의 방향을 제시하였다. 다시 말하자면, 유럽의 새로운 언어들을 포함하여 새로운 질서에 적합한 형태의 글자들을 만들어낼 방향을 제시하였다.

*굴곡이 있는 E. 곤경에 처한 엔론사(Enron Corporation)가 파산 신청을 하고 2001년 12월에 근로자 4,500명을 해고하기 몇일전 휴스톤(Houston)에 있는 엔론사의 본사건물에서 자신의 물건들을 옮기고 있는 한 남자의 모습이 스테인리스로 된 5피트 크기의 엔론사 표식 뒤로 보인다. 상표로 등록이 된 E는 상승과 힘(특히 엔론사의 주 생산품인 전기)을 상징하기 위한 것이었다. 하지만 엄청난 사기사건의 송사에 휘말려 미국 역사상 최대의 파산을 겪게 되자 이 불운의 표식은 회사의 탐욕과 부정직에 대한 매개상징물이 되어 "굴곡진 E"(the crooked E)라는 별호를 얻게 되었다. 본사건물에 설치되었던 이 조각물은 철거되어 경매에 넘겨졌다. 엔론사의 또 다른 건물에서 철거한 비슷한 E는 2002년 9월 경매에 넘겨져 44,000달러에 팔렸다*

---

*후기 언설체로 알려진 중세시대에 잉크로 쓴 형태의 아주 잘 생긴 (옆면에 있는) e는 현대의 활자체 중에서도 매우 편안해 보이는 글자이다.*

# E가 없으면 영어도 쓸 수 없다

E는 영어로 인쇄를 할 때 가장 빈번히 쉽게 사용되는 글자다. 어떤 한 분석에 의하면, 그 사용에 있어 E는 경쟁관계에 있는 글자들인 T, A, I를 각각 10대 7.7대 7.04의 비율로 앞선다. 이는 상당한 차이이다. 분명 E는 인쇄에 있어서 양념이며—*here*(여기)와 *there*(저기)라는 단어만 보아도 분명하다—그 이유는 E가 모두 다해서 15개 정도에 달하는 다양한 모음소리들을 나타낼 수 있기 때문이다. 예를 들면, E는 *be*(~이다), *mere*(단순한), *red*(붉은), *alert*(방심하지 않는), *sadden*(슬프게 하다), *new*(새로운), *sew*(꿰매다), *latte*(우유), (다른 모음과 함께 사용되고 있는) *great*(대단한), *heart*(마음), *height*(높이) 등에서 보듯이 각각 다른 소리들을 나타낸다. 모음의 숫자가 부족한 알파벳에서 E는 적어도 두몫의 일을 한다. 가장 뚜렷한 일군으로서의 E는 모종의 상징적 가치를 향유한다. 구체적으로 말하자면, A가 알파벳 전체를 나타내는데 반해 E는 영어의 모음들 또는 영어 자체를 나

타낸다고 말할 수 있다.

근자에 이르러 E 아니 e는 이러한 우월함에 디지털 통신 혁명의 상징으로서 대성공을 더했다. 1982년에 "electronic"(전자의)라는 단어를 상징하는 소문자 e는 "e-mail"(전자편지)라는 새로운 단어를 만들어냈고, 오늘날 우리들은 전자편지 없이는 생활을 할 수 없다. 이베이(eBay)(온라인 경매사), 이토이즈(eToys)(장난감 판매사), 이데코(eDecor)(가정용 가구 판매사), 이트레블(eTravel)(여행정보제공 회사), 이 카페(E Café) 등과 같은 회사나 상품명들을 뛰어넘어 이-커머스(e-commerce), 이-솔루션(e-solution), 이스터프(eStuff), 이-테일링(e-tailing) 그리고 [닷-컴 부스트(dot-com bust)에 이어] 이-뱅크랍시(e-bankruptcy) 등과 같은 신조어들도 아무렇지 않게 보고 있다. 영어는 결코 똑같은 모습으로 남아 있지 않을 것이다.

E가 격정의 비행청소년들이 도취감과 환각에 젖기 위해 복용하는 약인 메틸렌디옥시메탐페타민(methylenedioxymethamphetamine)으로 얻는 "황홀경"(ecstasy)을 의미한다는 것도 잘 알려진 사실이다.

E는 도처에 존재한다. 그러나 E는 불행하게도 영예를 누리고는 있지만 살짝 속임수를 쓰고 있다고 말할 수 있다. 다른 글자들과 달리 E는 규칙적으로 나타나지만 아무 소리도 나타내지 않는다는 것이다. 즉, E는 묵음이라는 중요한 역할을 지니고 있어 단어에 나타나는 횟수를 엄청나게 늘린다는 것이다. (중등학교 시절에 정성들여 배운) 영어에만 있는 독특한 철자규칙에 의하면, E가 모음이 선행되는 자음 다음에 나오면서 단어끝에 위치하면 항상 소리가 없다. E가 맡은 일은 "fate"(운명)와 "fat"(비계), "wine"(포도주)과 "win"(이기다)의 차이에서와 같이 단지 그 앞의 모음이 장음임을 알려주는 것이다. [café(카페)와 같이] 외국어에서 차용된 단어에서만 그 규칙이 무시된다.

영어는 어떻게 하여 소리가 없는 e를 얻게 되었을까? "name"(이름)과 같은 고대 영어 시대부터 내려온 단어들에서는 E가 원래부터 있었던 것이고 옛날에는 소리도 있었던 것이었다. 그러나 지나간 300년 사이에 소리가 나지 않는 E가 많은 단어들의 끝자리에 첨가되었다. 이는 1600년대 말경에 사전 편찬자들과 선생님들 사이에 합의된 약속이며 방법으로 당시에 혼돈스러웠던 영어 철자법을 해결하기 위한 수단이었다. 사람들은 이 새로운 규칙에 따라 글을 쓰고 가르치기 시작했다. 그러한 이유로 원래 장모음 I 소리로 발음되었던 영어 단어 *wif*(아내)에 발음의 변화는 없이 E가 첨가되어 "wife"가 되었다. 이와 같이 "name"(이름)이나 그와 유사한 형태의 단어들로 인해 아마도 다른 글자가 아닌 묵음 E의 선택이 촉발된 듯하다.

단어끝에 E를 첨가하는 규칙은 모음글자가 부족한 로마 알파벳의 결함을 보충해줄 수 있는 슬기로운 방법이다. (영어는 물론이고) 로마 알파벳을 사용하는 많은 언어들은 장모음과 단모음을 구분하는데 도움이 되도록 몇개의 글자를 더 가지고 있음을 감사해야 할 것이다. 예를 들면, 그리스 알파벳에는 장모음 O와 단모음 O를 나타내는 글자가 따로 있으며, 장모음 E와 단모음 E를 나타내는 글자가 따로 있다. 영어에서는 단어끝에 소리가 없는 E를 첨가하는 방법을 개발해냄으로써 장모음과 단모음의 구분을 할 수 있게 되었다.

단어끝에 E를 첨가하는 규칙을 일찍이 예언한 사람은 엘리자베스(Elizabeth) 시대의 문법학자이며 선생님이었던 리차드 멀카스터(Richard Mulcaster)였다. 비록 셰익스피어(Shakespeare)의 희극『사랑의 헛수고』(*Love's Labour's Lost*)(1590년경)에 등장하는 익살맞고 현학적인 체하는 광대 홀로펀스(Holofernes)의 전형이라는 평판을 받기는 했지만, 멀카스터 자신은 보다 더 열렬한 표정을 짓는 듯하다. 교양교육의 주창자이며 진정한 영어 옹호자인 그는 런던의 머천트 테일러 학교(Merchant Taylor School)의 교장이었는데, 그 학교의 학생들 중에는 장차 시인과 극작가가 될 에드먼드 스펜서(Edmund Spencer)와 토마스 키드(Thomas Kyd)가 있었다. 당시의 사상가들은 영어에 대한 철저한 분석과 조사를 통해 영어철자의 불일치 문제들을 해결하기를 원했지만, 멀카스터는 전통적인 철자법을 유지하면서 땜질식으로 해결할 것을 주장하였다. 그러한 이유로 그는 1582년에 『우리 영어의 올바른 표기를 진지하게 간청하는 기본문법 첫번째』(*The First Part of the Elementarie which entreateth chefelie of the right writing of our English tung*)라는 책을 출판했다. 이 책은 8,000개 단어들의 철자를 수록한 사전으로 절충식 문법책이며 교사지침서였다. ['기초'(elementary)는 입문서였다.] 이 책에서 글자들을 개별적으로 논의하면서, 멀카스터는 E가 여러 소리를 지니고 있어 개선된 영어 철자법에서 다중적 임무를 떠맡을 자격이 있다면서, E는 "우리의 언어를 표기함에 있어 경이롭게 사용되는 글자이므로 그 어떤 다른 글자들보다 특별하게 추천될 수 있는 글자"라고 찬양했다. 멀카스터가 이러한 주장을 한지 100년이 지난 후 단어끝에 E를 사용하는 것을 비롯하여 그의 제안들 중 많은 것들이 채택되었다.

언어학자들은 모음들을 발음할 때 관여하는 혀의 위치에 따라 모음들을 분류한다. 영어에서 E가 나타내는 주요 소리들은 "beet"(사탕무)의 장모음 E와 "bet"(내기를 걸다)의 단모음 E인데, 이들 소리는 "전설모음"의 범주에 속한다. 전설모음이란 이름은 이들 모음을 발음할 때 혀가 앞쪽으로 밀려 나가기 때문에 붙여진 것이다. "day"(날)에서와 같이 장모음 A 소리도 전설모음에 속하며 종종 E로 표기되는 것을 발견할 수 있는데, (프랑스어에서 차용된) "café"(카페), "ballet"(발레)나 (이탈리아어에서 차용된) "latte"(우유) 등과 같이 전형적으로 유럽대륙의 언어들에서 차용된 단어들에서 발견할 수 있다.

café의 이 E는 유럽대륙의 언어들에서의 정상적인 장모음 E이다. 스페인 사람이나, 네델란드 사람이나, 그외 유럽대륙의 다른 언어를 사용하는 사람들이 장모음 E라 생각할 때는 (café에서와 같이) "ay" 소리를 듣는 것이다. 영어의 장모음 E—"ee"—는 유럽대륙에 사는 사람들의 귀에는 장모음 I의 소리가 될 것이다. 로마 알파벳 글자들의 이름에 관한 한 모음들은 일반적으로 장모음 글자들의 소리 그 자체이므로 "ee"라는 이름은 유럽대륙의 기준에 의하면 I라는 글자에 해당된다. 오늘날의 프랑스어, 독일어를 비롯한 다른 언어들에서 E의 이름은 "ay"이다. (반면에 단모음 E는 그러한 정체성의 문제를 갖고 있지는 않지만, 영어나 대륙의 언어들에서나 거의 같은 소리로 발음된다.)

유럽대륙에서의 관행은 그리스어, 에트루리아어, 라틴어와 같은 고대 유럽어들로 거슬러 올라가는 독특한 그리고 전통적인 것이다. 영어는 모음대변이로 인해 별나게 변한 언어이다. 모음대변이는 영어의 장모음 A, E, I, O, U와 이중모음 OW의 발음이 이유를 알 수 없지만 대거 변한 현상으로 1500년대에 그 정점에 달했다. 모음이 대거 변하기 전인 중세영어 시절에 장모음 E는 "ay"로 발음되었다.

우리의 모음글자 모두나 마찬가지로 E는 기원전 2000년 당시의 근동

이집트 중앙지역의 와디 엘-홀에 위치한 석회암 벽면에 새겨진 헤(*he*)라는 글자로 기원전 1800년경에 셈어를 사용하는 사람들이 남겨 놓은 (아직 해독이 되지 않은) 글의 한 부분이다. 서 있는 사람의 자태는 아마도 깜짝 놀라는 모습일 것이다. "h" 소리를 나타내는 헤는 초기 글자 형태들 중에 있는 두개의 서 있는 사람의 형태 중 하나이다.

지역의 알파벳에서는 자음소리를 나타내는 글자로서의 일생을 시작했다. 최초의 아니면 조상격인 이 E는 헤 (*he*)라 불리었으며 ("hey"라 발음되었다), 그 이름의 시작에 나타나는 "h" 소리를 지니고 있었다.

앞의 장들에서 언급한 바 있는 것처럼 초기 알파벳의 모든 글자들의 이름은 셈어를 사용하는 사람들에게 있어서는 집, 손, 물 등등과 같은 보통명사들이었다. 모든 글자들의 형태는 지정된 대상물을 대충 그린 그림들이었다. 헤가 의미하는 것은—그리고 절대로 농담이 아닌데—"헤이"(Hey)였다. 글자의 이름은 놀라서 외치는 소리를 나타낸 것이고, 글자의 형태는 놀라는 모습을 두드러지게 보여준 것이다.

현존하는 것 중 가장 오래된 헤는 이집트 중부지역에서 기원전 1800년경에 석회암에 새겨진 가장 오래된 알파벳이라 알려진 글자들 중에 있다. 글자형태는 사람이 웅크린 채 팔뚝을 위로 치켜 들고 아마도 위쪽으로 뛰어 오르려고 하는 모습이다. 그림속의 사람 모습은 아마도 깜짝 놀라 소리를 외치고 있는 것을 나타내려는 것이었을 것이다. 고대 셈어에서의 깜짝 놀라 외치는 표현은 우연히도 오늘날의 "Hey"를 닮았다.

서 있는 사람의 선명한 모습인 헤는 기원전 1750년경에서부터 시나이의 중서부지역에서 바위들에 알파벳 글자들로 새겨진 두번째로 오래된 일단의 글에서도 나타난다. 40쪽에 그려 놓은 판에서 제일 오른쪽 줄의 밑에서부터 다섯번째 자리에 다른 글자들과 함께 놓여 있는 헤를 찾아볼 수 있다.

그러나 서 있는 사람의 모습은 글자로서 편리하게 쓰기에는 아무래도 너무나 상세하다는 것이 드러나게 되었고, 그래서 다음 세대의 알파벳 그러니까 기원전 1000년경의 페니키아 알파벳 시대에 이르러서는 추상적인 형태로 간소화되었다. 페니키아 알파벳에서 헤는 순서상 훗날 오늘날 E의 자리가 될 5번째 글자로 나타난다. 더 이상 사람의 모습이 아닌 페니키아 헤의 형태는 그러니까 E를 거꾸로 돌려 놓은 형태이면서 짧은 꼬리가 있는 ㅋ형태로 보인다. 그 글자는 여전히 자음 "h" 소리를 나타냈다.

가장 커다란 변화는 기원전 800년경에 그리스 사람들이 페니키아 글자들을 베껴 그리스어를 표기할 수 있도록 수정을 가하면서 일어났다. 그리스 사람들은 그리스어에는 필요가 없는 자음소리들을 나타내는 몇 개의 글자들을 선택하여 모음소리들을 부여했던 것이다. 그 대상 중에 하나가 헤로 오늘날의 그리스 알파벳의 모음 E가 되었다. E 소리를 표기하기 위해 헤를 선택한 것은 의심할 것 없이 "hey" 또는 "hay"로 발음되는 페니키아 글자의 이름 때문이었을 것이다. "hey"에 있는 모음소리는 그리스 사람들이 자신의 언어의 장모음 E를 표기하기 위해 원하는 소리였다.

처음에 그리스 글자 E는 장모음 E와 단모음 E 모두를 나타냈으나, 후에 단모음 E만을 나타내는 글자로 분화되었고, 장모음 E를 표기하기 위한 에타(*eta*)라고 하는 또 다른 그리스 글자가 만들어졌다. 그 과정 중에서 예전에 헤로 쓰이던 글자는 엡실론(*e psilon* 또는 *epsilon*), 즉 "벌거숭이 E"(naked E)라는 그리스어식의 이름을 얻었다.

한가지 E만 있었던 시절에 그리스 알파벳은 서부 이탈리아 해안으로 전파되었으며, (기원전 700년경에) 그곳에 살던 에트루리아 사람들에 의해 베껴졌다. 그리스 알파벳의 E는 그렇게 해서 에트루리아 글자가 되었다. 에트루리아 사람들은 그 글자를 5번째 글자로 유지하면서 *ay*라는 이름을 붙이고 (장모음) "ay"와 (단모음) "eh"를 나타내는 소리로 인정하였다. E가 지니는 이러한 내용들은 오늘날 유럽대륙의 언어들에 사용되는 알파벳들에 고스란히 남아 있다.

E는 에트루리아 글자들이 라틴어를 표기하기 위해 베껴진 기원전 800년 즈음에 로마로 전달되었다. 로마로 넘어온 E는 그 형태가 서서히 변하기 시작하여 오늘날 우리가 사용하고 있는 대문자 E와 정확하게 똑같은 형태가 되었다. *ay*라는 이름으로 불렸던 이 E는 (500년에)

로마가 몰락한 후 유럽의 새로운 언어들로 전달되었다. 한편 고대 말기에서 중세 초기 사이에 잉크를 이용하여 글을 쓰면서 E의 또 다른 형태가 등장하게 되었다. 또 다른 형태는 ϴ로 펜으로 쉽게 쓸 수 있게끔 간결해진 형태이다. 이 새로운 형태는 훗날 1470년경에 이르러 초기 유럽의 인쇄자들에게 인쇄용으로 사용할 소문자 e를 고안해낼 수 있는 영감을 주었다.

X와 몇몇 다른 글자들과 마찬가지로 E는 수학과 과학에서 부호로서의 중요한 역할을 하고 있다. 알버트 아인슈타인(Albert Einstein)의 유명한 방정식 $E = mc^2$에서 E는 “에너지”(energy)의 약자이며, *m*은 대상물체의 “질량”(mass)이고, (“속도”를 의미하는 라틴어 *celeritas*의 약자인) *c*는 진공상태에서의 빛의 속도를 뜻한다. 수학에서 소문자 e는 약 2.71828에 해당하는 정수를 나타내는데, 이 정수는 대수학 연구에서 무척 중요하다. e는 1748년에 이 정수를 계산해낸 스위스의 위대한 수학자 레오날드 오일러(Leonhard Euler)를 기념하기 위한 것이다.

영어의 장모음 E가 나타내는 소리인 “ee”는 학자들에 의해 전형적으로 세계 전체에 걸쳐 유아들이 가장 최초로 내는 세가지 모음소리로 밝혀진 것 중 하나이다. 나머지 두 소리는 “ah”와 “oo”이다. 세 소리 모두 인간언어에 보편적으로 존재하는 소리들인 탓에 어떤 아기들이든 요람에서부터 그 소리들을 들을 것이고 또한 그 소리들의 발음이 쉽기 때문에—모음의 발음은 일반적으로 혀나 인후의 미묘한 사용을 필요로 하지 않는다—아기들은 자신들이 어른들의 말소리를 가장 빨리 흉내내는데 성공하는 것을 발견할 것이다. 근본적으로 아기들은 자신들의 개방된 인후를 통해 간단한 소리를 발음할 뿐인데, 아마도 그 시기는 생후 두달 정도로 빠른 시기이다. 그 시기로부터 아기들은 전형적으로 모음 앞에다 자음 하나씩을 붙여, 예를 들면, “coo”나 “yee” 또는 이와 비슷한 것들을 발음하는 식으로 말을 배워 나가게 될 것이다.

언어의 소리들을 발음하는데 있어 이와 같은 현상은 과학이 발달되기 이전의 시대에 살던 사람들에게 있어서도 꼭 마찬가지였다. 엘리자베쓰 여왕 시절의 영국에서는 특히 여자 아기들은—여성들의 첫번째 선조인 이브(Eve)를 존중하여—"ee"라는 소리로부터 말을 시작하는 경향이 있다는 그런 믿음이 있었다.

다음은 세개의 다른 조사들의 결과에 의한 영어로 된 인쇄물에서 알파벳 26글자들 사이의 사용빈도의 순서이다.

| 에벤에젤 씨. 브루어(Ebenezer C. Brewer)의 『구와 우화 사전』, 1870 | 프랭크 히겐보탐(Frank Higenbottam)의 『암호와 해독』, 1973 | 『세계책 백과사전』, 2002 |
|---|---|---|
| E | E | E |
| T | T | T |
| A | A | A |
| I | O | O |
| S | N | N |
| O | I | R |
| N | S | I |
| H | R | S |
| R | H | H |
| D | L | D |
| L | D | L |
| U | C | U |
| C | U | C |
| M | P | M |
| F | F | F |
| W | M | G |
| Y | W | Y |
| P | Y | P |
| G | B | W |
| B | G | B |
| V | V | V |
| K | K | K |
| J | Q | X |
| Q | X | J |
| X | J | Q |
| Z | Z | Z |

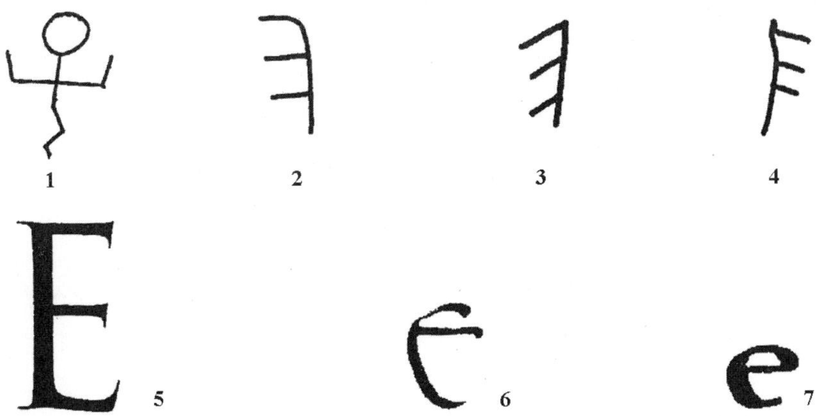

(1) 기원전 800년경의 와디 엘-홀의 명문에 나타난 셈어의 헤. 아마도 알파벳이 만들어진 지 200년쯤 지난 후인 당시에도 글자들은 자신들이 베껴져 온 이집트의 상형문자에서 그랬던 것처럼 여전히 그림으로 취급되었을 것이다. 헤는 그 이름의 첫소리인 "h" 소리를 나타냈다. (2) 기원전 1000년경 페니키아 알파벳에서는 글자들의 형태가 추상적인 형태로 정착되었으며, 오른쪽에서 왼쪽으로 글을 써 내려가는 방식이었던 탓에 왼쪽을 향해 있었다. 이 글자는 여전히 "h" 소리를 나타냈다. (3) 기원전 725년경의 초기 그리스어로 쓰여진 명문에 나타난 E의 형태이다. 그리스 사람들은 페니키아 알파벳의 헤를 형태와 알파벳에서 5번째라는 순서까지 베꼈지만, 모음으로 음가를 다시 부여하여 E라는 글자로 삼았다. (4) 기원전 600년경에 초기 로마 알파벳을 이용하여 왼쪽에서 오른쪽으로 쓴 명문에 나타난 E이다. 로마의 글쓰기가 점차적으로 왼쪽에서 오른쪽으로 쓰는 방식으로 정착되어갔던 탓에 E도 오른쪽 방향을 향하고 있는 형태로 고착되었을 것이다. (5) 113년에 로마의 트라얀 명문에 새겨진 고전적 형태의 로마 알파벳 E이다. 로마 사람들이 덧붙여 넣은 가는 선이 가장 만족할 만한 효과를 보여준다. (6) 언셜 필사체의 형태로 잉크를 이용하여 쓴 E로, 450년경에 라틴어로 쓴 글에서 나온 것이며, 고대 로마시대 알파벳에서의 E와 오늘날의 소문자 e의 형태의 시작과의 중간 형태인 듯하다. (7) 반언셜체로 펜으로 쓴 형태의 e로 500년대에 라틴어로 쓴 원고에서 나온 것이며, 오늘날의 인쇄체 소문자의 형태임이 확연하다.

*창립자이며 소유주인 존 알. 폴커(John R. Falker)를 기억하기 위해 명명된 미네아폴리스(Minneapolis) 소재 도안회사인 F 도안상사(F Company Design)의 등록상표에 대해서는 어떠한 설명도 이루어진 바 없다. 꾸미지 않은 간결한 푸투라체(Futura Typeface)로 도안된 F는 사업을 의미하는 듯하고 배경으로 사용된 커다란 둥근 점은 도안기술 전체를 표현한 것일 수 있다.*

# F는 잊어버리기 위한 것이다

F는 영원히 외설로 얼룩진 글자로 글자 자체만으로도 통속적일 수도 희극적일 수도 있다. F를 이상한 분위기를 풍기게 만드는 것은 F가 "낙제"(failure)를 뜻하는 또 다른 단어로 사용되기 때문이다. 학생들을 낙제시키는 점수인 D 이하의 점수로 E가 아니라 F를 사용할 것이 제안된 것은 19세기 말이었다. 알파벳의 다른 글자들 중에 오직 P만이 F의 오명에 접근할 수 있다.

한때 F는 숨은 저의가 있는 기호, 즉 (급소를 찔러 사람을) 깜짝 놀라게 하는 살아 돌아다니는 기호로 매체에서 조심스럽게 다루어진 적도 있었다. 코미디-웨스턴 티브이(comedy-western TV)에서 1965년도에 방영되었던 연속물의 제목인 에프-군단(F-Troop)은 다분히 모험적이었다. 1965년은 닐 사이몬(Neil Simon)의 무대희극 '이상한 짝'(*The Odd Couple*)이 브로드웨이에서 초연된 해였다. 이 작품은 깔끔하고 까다로운 펠릭스 운가(Felix Ungar)와 거칠고 게으른 오스카 메디슨(Oscar Madison)을 맨해탄의 한 아파트에서 서로 달갑지 않지만 함께 사는 동료로 등장시키고 있다. 극작가가 펠릭스라는 이름을 선택한 것은 펠릭스가 오스카에게 남겨 놓은 아무 죄도 없는 살림살이 메모에 대해 분개하며 불평을 토로하는 장면에서 가치를 발휘한다. "나는 너에게 수백번이나 말했단 말이야! 내 베개에다 하찮은 메모지를 남기는 것을 참을 수가 없노라고," "우리는 둘 다 콘플레이크가 떨어졌어, 에프. 유.(F. U.)'… 에프. 유.가 펠릭스 운가라는 것을 알아채는데 세시간이나 걸렸다고"라며 오스카는 으르렁거리며 말한다.

Fuct와 f.c.u.k(French Connection, U.K.)라고 이름 지어진 의류회사들이 많은 이들이 보기에 비도덕적으로 보이는 그런 방법들을 동원하여 젊은이들의 시장을 선점하기 위해 각축을 벌이는 오늘날에는 그런 식으로 남이 알아볼 수 없는 방법을 이용하는 것은 예스러워 흥취가 있어 보이는 듯하다.

에프-단어(F-word)가 추하고 충격을 주는 이유는 해당 단어의 첫소리가 지글지글거리는 소리로 시작되기 때문이다. F가 나타내는 소리는 마찰음이라 불리는 자음들의 범주에 속하는데, 마찰음들은 구강내에 형성된 좁은 틈으로 숨이 밀려 나오면서 만들어지는 소리들이다. 영어에서의 마찰음에는 V라는 글자를 비롯하여 "th" 소리와—S, Z, "sh"와 같이 쉿쉿거리는 소리들과 같이—학자들 사이에서 치찰음이라는 하위범주로 분류되는 소리들이 포함된다.

["마찰"(friction)이라는 단어와 관련된 라틴어 *fricare*(마찰하다)에서 온] "마찰음"(fricative)이라는 이름 자체에 예시된 바와 같이, F소리는 앞니와 아랫입술 사이에 만들어지는 좁은 틈을 통해 공기가 밀려 나오면서 만들어지는 소리다. F 소리를 계속해서 내면서 입술과 성대를 진동시키면 V 소리를 내게 될 것이다. 따라서 성대의 떨림을 수반하지 않는 F는 무성순치마찰음인 반면에 ["순치"(labio-dental)는 입술과 치아를 말한다] V는 그 유성음짝이다.

영위했으니, 그리스어의 표기에 꼭 필요치 않은 소리였던 탓에 끝내는 그리스 알파벳에서 탈락되어 버렸다. 에트루리아 사람들이나 영국 사람들과는 달리 고대 그리스 사람들에게는 "w"라는 글자가 필요하지 않다는 것이 서서히 사실로 드러났다. 페니키아 알파벳에서 베껴 온 또 다른 불필요한 두개의 그리스 글자인 산(*san*)과 코파(*qoppa*)와 더불어 디감마는 기원전 400년 당시의 고전적 아테네 알파벳에 포함되지 못했을 뿐더러 아테네 알파벳의 후손인 현대 그리스 알파벳에도 포함되지 못했다.

지금까지 우리는 역사적으로 F-형태의 글자가 "w" 소리를 나타냈음을 보았다. "w" 소리에서 "f" 소리로 바뀌게 된 것은 기원전 600년에 이르기 바로 직전에 에트루리아 알파벳을 베껴 사용했던 로마 사람들에 의해서였다. 로마 사람들은 6번째 글자에 수정을 가했다. U라는 글자에다 "w" 소리를 이차적 임무로 부여한 탓에 F-형태의 글자에다 새로운 소리를 부여하는 것이 가능하게 되었다—그 새로운 소리는 에트루리아 글자들로는 적절하게 표현할 수 없었던 라틴어의 강한 마찰음인 "f" 소리였던 것이다.

그래서 결과적으로 F가 "f" 소리를 나타내게 되었다. 로마 알파벳의 F는 (키케로와 퀸틸리안같은 지식인들은 경멸감을 나타내기는 했지만) 라틴어에서 자주 사용되면서도 아주 근본적인 소리를 나타내는 새로운 임무를 수행하는데 성공하였다. F는 라틴어 단어들의 첫소리들로도 자주 나타났다. 그러한 이유로 현대 영어 사전에 등재된 F-단어들 중 대부분의 점잖은 단어들은 라틴어에서 유래된 것들로 그 예는 *family*(가족), *faun*(파우니)[반인반양의 숲 · 들 · 목축의 신: 역자주], *feast*(향연), *fracture*(분열), *future*(미래) 등등이다.

소리가 거친 탓에 로마 알파벳의 F는 심지어는 시인들에게 도움을 주기도 했다. (기원전 200년경의) 로마의 시인 엔니우스(Ennius)가 쓴 시 중에 도끼로 나무를 찍는 나무꾼을 묘사하는 한 구절이 "f "소리의

오른쪽으로부터 왼쪽으로 쉽게 읽을 수 있는 이들 에트루리아 글자들은—로마에서 서쪽으로 20마일 떨어진 프래네스테(Praeneste) 지역의 무덤에서 출토된 은잔에 새겨진 것들로 기원전 650년경의 것이다—Wetusia라는 단어로 아마도 "Weh-tuhs-ia"로 발음되었을 것이다. 단어의 첫부분에 나온 F 형태의 글자는 "f"가 아니라 "w" 소리를 나타내며, Y 형태의 글자는 U이다. 오늘날 학자들은 어근에 해당하는 단어는 에트루리아 남성의 이름으로, "-ia"는 소유격 어미로 인식하고 있다. 따라서 위의 단어의 의미는 "나는 웨투스에게 속한다"이다. 흥미롭게도 웨투스라는 이름은, 후에 알려진 바에 의하면, 베투스(Vetus)로 철자되는 "늙은"을 뜻하는 로마 사람의 이름에 해당하는 듯하다.

강한 풍미를 풍기는 의성어의 예로 기억에 떠오른다. *fraxinus frangitur* (이 의미는 '물푸레나무가 쓰러지고 쪼개졌다'이다.) 그리고 버질(Vergil)은 (기원전 20년경에 쓴) 자신의 서사시 '아이네이드'(*Aeneid*)에서 폭력이나 악의 신화적 구현을 상상하면서 그것을 *Furor impius*(불경한 광포)라고 부른다—이 경우 F 소리가 위협감을 준다.

로마가 몰락한 후(500년경)에도 로마 알파벳은 살아 남았으며, 글자들은 (600년경에) 고대 영어를 비롯한 유럽의 다른 언어들의 표기에 사용되었다. 그러나 유럽언어들에 사용되던 로마 알파벳에는 여전히 V라는 글자가 없었던 탓에 고대 영어에서 F는 "fallow"(경작하지 않은)의 "f"와 "love"(사랑)의 "v"를—"love"란 단어는 원래 *lufu*로 쓰여 졌으며, 아마도 "luv-uh"로 발음되었을 것이다—나타내는 두가지 임무를 수행하였다.

그런가 하면 로망스 언어들에서는 "v" 소리를 U라는 글자로 표시했는데, 이런 관행은 결국 U의 변종인 V라는 글자를 태어나게 만들었다. 중세 말엽부터 V는 영어 단어들에서 F가 "v"로 소리나는 많은 경우에

F를 축출해내기 시작했다. 그러나 고대 영어에서 "v" 소리를 F로 표기하였던 관행은 오늘날 우리들이 사용하는 몇몇 단어들 특히 "of"와 같은 경우에 아직도 살아 남아 있다.

라틴어와 마찬가지로 고대 영어도 "f"를 단어의 시작 소리로 쓰기를 좋아하였다[예: *fond* (좋아하여)]. 이러한 영어의 특성은 고대시대에 인도-유럽어족의 한 지파인 게르만어족에서의 변화를 반영하는 것이다. 선사시대의 인도-유럽어에서의 어두의 "p"가 게르만어에서 "f"로 변하였던 것이다. 이러한 변화가 있었음은 몇몇 토박이 영어 단어들을 영어와 먼 친척관계에 있는 유럽의 다른 고대 언어들에서 그에 해당하는 단어들과 비교를 해보면 알 수 있다. 예를 들면, 영어의 "father"(아버지)는 그리스어의 *pater*, 라틴어의 *pater* (그리고 라틴어의 후손 언어들인 스페인어의 *padre*와 프랑스어의 *père*), 산스크리트어의 어근인 *pitar-*와 같은 고대시절의 단어들과 관련지어진다. 영어의 "fire"는 그리스어의 *pur*와 체코어의 *pýř*에 해당된다. 그리고 영어의 "foot"는 인도-유럽어에서의 어근 *pod-* 또는 *ped*에 상당하는데, 이 어근은 그리스어(어근 *pod-*), 라틴어(어근 *ped-*), 산스크리트어(*padas*, "*foot*"), 리투아니아어(Lithuanian)(*pėdà*, "footstep")와 기타 다른 인도-유럽어들의 단어에서 나온 것이다.

F와 더불어 우리는 알파벳의 순서상 소수그룹에 해당하는 글자이름 중에 첫번째 예에 도달하였다. D를 설명하는 장에서 언급한 바와 같이, 해당 글자의 소리에다가 장모음 E를 덧붙여 글자의 이름을 만드는 것이 자음에 영어식 이름을 붙이는 가장 보편적인 공식이다. 8개의 자음[또는 Z를 "제드"(*zed*)라고 부른다면, 7개의 자음]이 이런 식의 "-ee" 이름을 갖고 있다. Z 이외에 B, C, D, G, P, T 그리고 V가 그에 해당하는 글자들이다. F가 알파벳에서 가장 먼저 반대당이 된 글자이니, 모음의 소리를—대개는 단모음 E를—자음들에다가 접두사식으로 붙여 이름을 만드는 것이 반대당의 명명방식이다. F와 더불어 L, M, N, R,

S 그리고 X가 그에 해당하는 자음들이다.

그러면 그 글자들은 왜 반대당이 되었는가? 바꾸어 질문하면, F, L, M 그리고 나머지 글자들은 왜 기존의 명명방식을 따라서 *fee, lee, mee* 등과 같은 이름을 붙이지 않았는가? 무엇보다도 가장 먼저 언급해야 할 것은 이들 글자들 모두가 1066년에 노르만들이 영국을 정복한 이후에 고대 프랑스어로부터 중세시대의 영어로 들어왔다는 것이다. 그런가 하면 고대 프랑스어는 그 글자들의 이름을 주로 라틴어로부터 받아들인 것이다. 따라서 300년경의 로마제국으로 이야기의 초점이 모아진다. 그렇다면 도대체 F, L, M, N, R, S, 그리고 X라는 글자의 이름에 무슨 일이 있었는가?

X를 별개로 친다면, 의미심장하게도 이들 글자들은 모두 지속성이 있는 소리들을 나타낸다. 여러분은 F, L, M, N, R 또는 S가 내는 시끄러운 소리를 숨이 찰 때까지 길게 낼 수 있다. 고대 로마시대의 자음들 중 지속음에 해당하는 다른 두 글자들은 H와 Z이며, H는 위에 언급한 바 있는 글자들에 포함을 시킬 수 있다. 하지만 Z는 경우가 다르다. 그 이유는 로마 알파벳에서의 Z는 그리스 알파벳에서 수입된 제타(*zeta*)라는 특별한 이름을 갖고 있었기 때문이다. (우리가 사용하는 현대 알파벳에서 지속음에 해당하는 다른 자음들, 그러니까 J, V, W, Y에 대해서 말하자면, 첫 세 글자들의 이름은 고대 로마 사람들에게 알려지지 않았었으며, 고대 로마 알파벳에서의 Y는 자음이 아니라 순수한 모음이었다.)

극소수에 불과하기는 하지만, 고대의 문법학자들의 연구를 참고한다면 F, H, L, M, N, R, S는 모두 로마제국 시절 동안에 걸쳐 적어도 공동의 이름으로 명칭이 변경된 것으로 보인다. 각 글자들은 자신의 이름의 어두에 이전에는 없었던 모음소리를 얻었다. 그 목적은 분명히 이름으로 글자의 소리를 보다 명확하게 보여줄 수 있는 완충장치를 만들기 위함이었을 것이다. 예를 들면, 로마 알파벳의 F는 아마도 기원전 600년경부터 *fe*("fay") 또는 그와 비슷하게 불리기 시작했을 것이다. 하지만 기원후 첫 몇세기경에 이르러서는 모음을 이름 앞에 덧붙여 *effe*("ef-fay")로 부르거나 그와 비슷한 식으로 이름에 변화가 생겼다—이런 식의 이름은 현대 스페인어에서 F의 이름으로 오늘날에도 존속하고 있다. 이와 같은 새로운 방식의 라틴어 이름은 글자이름들 중에 "f" 소리를 명쾌하게 보다 잘 보여줄 수 있었다.

그 그룹에 속하는 다른 글자들의 경우도 마찬가지이다. L이 "lay"에서 "ellay"로, R이 "ray"에서 "erray"로 변한 것과 더불어 "emmay"와 "ennay" 사이의 보다 명백한 대조에서 그러한 이점을 찾을 수 있다. 후기 라틴어에서 초기 프랑스어로 전래된 그러한 방식의 이름들이 몇세기에 걸쳐 약간의 변화는 있었지만 중세시대의 영어로 전달되었다.

이런 점에 있어서 이단자인 X는 필경 그 이름에 아무런 변화도 겪지 않았으니, 기원전 600년경에 로마 사람들이 에트루리아 사람들에게서 물려받았던 그 처음부터 *eks*로 불렸다. 아마도 X라는 이름이 결과적으로 F와 그 추종자들의 이름을 다시 붙이도록 만든 표본의 역할을 했던 것같다.

명백한 이유들로 인해 F는 영어라는 언어시장에서 결코 인기를 누리지 못해 왔다. 오늘날 F의 사용은 에프-그룹(F-Group)과 F 클럽(F Club)(플로리다 대학교 스포츠팬들의 모임)의 경우와 같이 주로 젊음의 기상이나 규율을 파괴하는 그런 것에 해당한다. F가 꾸준하게 선전하고 있는 곳은 과학과 기술 분야에서이다. F는 화씨(*Fahrenheit*), 불소(*fluorine*), 패럿(*farad*)[정전 용량의 단위: 역자주] 또는 (19세기의 영국의 물리학자 마이클 패러데이(Michael Faraday)의 이름을 따서 붙인 전기의 측정 단위인) 패러데이(*faraday*)[전기 분해에 쓰이는 전기량의 단위: 역자주]가 될 수도 있고, FM "frequency modulation"[주파(수) 변조, 무선방송의 한 방법에서와 같이] 주파수가 될 수도 있다.

사진술에서 무시무시한 소리로 들리는 "f-넘버"(f-number)[초점 거리를

구경으로 나눈 것: 역자주]는 단지 카메라에서 렌즈의 초점과 렌즈의 직경 간의 비율을 말하는 것이다[F는 "초점"(focus)을 나타낸다]. 따라서 카메라에서 "f-stop"[F-넘버 표시 조리개: 역자주]은 조리개의 조정을 말하는 것이다. 그러한 이유로 인해 1959년에 시판되기 시작한 니콘(Nikon)사의 인기가 있었던 제품들인 F 카메라 또한 사람들을 안심시키는 이름이다.

그러나 아마도 F의 가장 익숙한 임무는—폭격기를 나타내는 "B"나 화물기를 나타내는 "C"와 대비하여—영어권 국가들에서 "전투기"(fighter aircraft)를 나타내는 것이었다. F의 이러한 사용은 1차 세계대전과 영국의 브리스톨 F.2(Bristol F.2) 전투기와 기관총을 탑재한 복엽비행기인 솝위드 F.1 카멜(Sopwith F.1 Camel)로 거슬러 올라간다. 오늘날에 와서 F는 F-16 파이팅 팰콘(Fighting Falcon), F-18 호넷(Hornet), F-22 랩터(F-22 Raptor), F-117 "스텔스" 나이트호크(F-117 "Stealth" Nighthawk) 등과 같은 미국의 위압적인 초음속 전투기들의 이름들로 그 사용이 확산되고 있다. "F"를 타고 이곳저곳을 비행하는 것이 황당하나요? 아마도 대부분의 전투기 조종사들은 전혀 그렇지 않다고 말할 것이다.

---

(1) 기원전 1000년경 "말뚝"이라는 의미의 고대 페니키아 알파벳의 와우. 페니키아 알파벳에서 6번째 자리를 차지하는 이 글자는 그 이름의 첫소리로 예시된 것처럼 "w" 소리를 나타낸다. (2) 후에 디감마로 알려지기도 한 그리스 알파벳의 와우로 기원전 700년경에 오른쪽에서 왼쪽 방향으로 새겨진 명문에서 나온 것이다. 그리스 사람들은 글자의 형태에 수정을 가했지만, 알파벳에서 6번째의 자리와 "w" 소리는 그대로 유지했다. (3) 에트루리아 알파벳에서의 글자로—이 글자는 146쪽에서 본 기원전 650년경의 웨투스(Wetus) 명문에서 나온 것으로 형태와 순서에서는 그리스 알파벳에서의 형태를 흉내냈고 나타내는 소리는 "w"이다. 그리스 알파벳에서와 마찬가지로 에트루리아 글자도 글

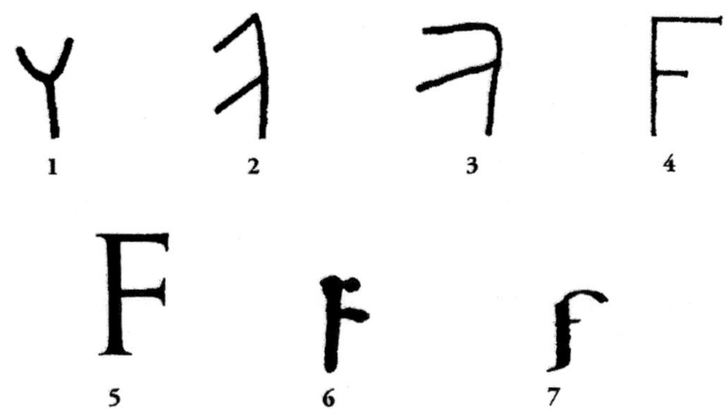


의 방향에 따라 왼쪽으로도 오른쪽으로도 향할 수 있었다. (4) 기원전 200년대에 새겨진 명문에서 나온 이 로마 알파벳의 F는 몇가지 변화가 있었음을 보여준다. 지금은 보다 더 정연해졌지만, 왼쪽에서 오른쪽으로 표준화된 라틴어의 글쓰기 방식으로 인해 글자의 형태가 오른쪽을 향하고 있으며, 수평으로 그어진 획은 조그만 가는 선(끝내기 획)을 가지고 있는데, 이는 성숙단계에 접어든 로마글자들의 특징이다. 그러나 가장 중요한 변화는 로마 알파벳의 F는 "w"가 아니라 "f" 소리를 나타냈다는 것이다. (5) 113년에 대리석에 새겨진 트라얀의 명문에서 나온 로마 알파벳의 F이다. 말쑥한 이 형태가 우리가 사용하는 대문자, 특히 "로마체"의 F이다. 가는 선을 지니고 중간의 수평획이 중간지점을 살짝 넘어서는 것과 같은 이 글자의 도안적 특성이 오늘날의 인쇄체 F에 중요한 특성으로 고스란히 남아 있다. (6) 잉크와 펜을 이용하여 쓴 후기 로마 언셜체로 쓴 F로 400년대 중반에 이탈리아에서 라틴어로 쓴 원고에서 나온 것이다. 하지만 제일 위의 획이 축소된 글자 형태는 고대시절에 돌 등에 새겨 넣은 형태를 연상시킬 뿐만 아니라 오늘날 사용되고 있는 인쇄체 소문자 f의 형태를 예견시키기 시작한다. (7) 우리가 사용하는 소문자 f의 형태가 펜을 이용하여 쓰는 반언셜체로 나타나는데, 글자 형태는 500년대에 남부 이탈리아에서 라틴어로 쓴 글에서 나온 것이다. 글자를 펜으로 신속하게 쓸 수 있게끔 두획으로 줄인 이 반언셜체의 형태가 후에 (1470년경) 유럽의 초창기 인쇄자들이 소문자를 고안해내도록 만든 중세시대의 필사체의 전통이 되었다.

*짙은 글자(black letter) 또는 고딕체(Gothic)로 알려진 중세시대에 잉크로 쓴 형태의 대문자 G이다. 1200년대로부터 1400년대까지 북유럽에서 활발하게 사용된 필사체의 이 형태는 당시의 교회 건축물들—고딕양식이라 알려진 건축물들—의 첨탑들, 뾰족한 아치형 지붕들과 지주들의 모습을 반영하는 것이다. 고딕이라는 형용사는 원래 "게르만족의"(German)라는 의미였으나, 오늘날에는 세계적으로 어두운 분위기의 10대들의 음악, 컴퓨터 판타지 게임, 개인적 몸차림 등을 아울러 일컫게 되었다.*

# 게걸-스러운 G

영광(Glory). 장엄(Grandeur). 매력(Glamour). 잔인한 사람(Ghoul)[(동방 회교국에서) 무덤을 파헤치고 시체의 살을 먹는다고 하는 귀신: 역자주]. 화산암재(Slag). G의 직감적인 소리는 양극단에 달하는 듯하다. g는 왜 "gargantuan"(거대한)에서는 두번 발음되는데 "gnat"(각다귀)에서는 소리 조차 없을까? 좋은 것(the good)과 추한 것(the ugly)에서 공히 편안함을 느끼는 G는 큰것(big)은 예술적 풍미(gusto)를 가지고 있다고 생각한다.

G에 대해 이야기하기 위해 솔직담백한 범주인 유성폐쇄음들에 대해 다시 이야기를 해보자. B와 D는 영어에서 유성폐쇄음에 해당하는 다른 두 소리이며, 이들 3개의 유성폐쇄음이 갖는 음성적 특성에 대해서는 B와 D를 설명하면서 언급한 바 있다. G의 강한 "g" 소리는 유성연구개폐쇄음이다—"유성"이란 성대의 울림을 말하는 것이며, "연구개"란 입천장을 말하는 것이다. 강한 "g" 소리 역시 "후두음" 또는 목소리라고 불리는 폭넓은 범

주에 속한다.

"guttural"이란 영어 형용사는 고대 라틴어에서 "목"을 뜻하는 명사 *guttur*에서 유래된 것으로 중세 프랑스어를 거쳐 영어에 들어온 단어이다. 라틴어와 그리스어에서 서로 관련이 있는 두개의 어근인 *gurg*-와 *garg*-는 "gorge"(목구멍), "regurgitate"(토하다), "gargle"(양치질하다), "gargoyle"[(고딕 건축에서) 괴물꼴 홈통 주둥이. 전형적으로 주둥이를 통해 배수를 하는 돌출된 형태의 배수구와 같은 조각물을 말한다] 등과 같은 단어들로 우리에게 전해졌다. 그러한 어근들이—또 다른 목구멍 소리인 R과 더불어—당연히 목구멍에서 나는 "g" 소리를 확연히 보여주어야 한다는 것은 우연한 일이 아니다. 알파벳이 출현하기 수천 년전인 선사시대의 인도-유럽어들에서는 그렇게 적절한 소리는 아니지만 "g" 소리를 이용하여 "목구멍 소리"가 들어 있는 단어들을 만들어내고 있었다.

또는 이 원시시대의 단어들을 오늘날 켈로그 씨리얼(Kellog's-Cereal)에 나오는 주인공 호랑이 토니(Tony the Tiger)가 급속냉동한 플레이크(Frosted Flakes)를 "G-r-r-eat!"와 같이 목구멍에 꽉찬 목소리로 설명하는 것과 비교해 보라. 설탕과 콘플레이크가 잘 어울리는 것처럼 G와 R 소리는 아주 자연스럽게 잘 어울린다.

G는 솔직담백한 동료들인 B와 D보다는 훨씬 더 복잡한 글자이다. "g"는 그 소리가 원기왕성하여 무르고 변덕스러운 속성을 은폐시킬 수 있을 것이다. G는 발음되지 않는 경우를 포함하여 실제로 가능한 발음이 5가지나 되는데, 금주법에 등장할 법한 "mighty rough garage gin"(창고에서 숙성시킨 강하고 떫은 맛의 진)과 같은 표현에 그 가능한 발음들이 모두 포함되어 있다.

우리의 J와 같은 소리인 "gin"과 같은 경우의 부드러운 G 소리는 G가 지니고 있는 또 다른 특성이다. 영어의 철자법에 따라 G는 (모든 경우는 아니지만) 모음 E나 I, 또는 Y 앞에 위치하는 대부분의 경우에 이 소리로 발음된다. 강한 소리와 부드러운 소리 사이에 올 경우 G는 물론 영어의 다른 글자인 C를 닮는다. C는 E나 I 또는 Y 앞에서 "s"로 발음된다.

G와 C에만 있는 이런 독특하고 이상한 버릇은 G와 C가 중세 프랑스어에서 청년기를 함께 보낸 탓에 기인한다. 부드러운 G와 부드러운 C는 고대 프랑스어에서 영어로 들어왔는데, 1066년에 있었던 노르만 정복 이후에 프랑스어의 단어들과 철자법들과 함께 들어왔던 것이다.

이러한 역사적 배경에 걸맞게 현대 영어에서 부드러운 G는 주로 중세 프랑스어에서 파생된 단어들에 나타난다. 수백개의 예들 중 몇몇 예를 들면 *gentry*(귀족), *pageant*(야외극), *giant*(거인), *engine*(기관)등이다. 부드러운 G는 라틴어나 그리스어에서 들어와 전통적으로 영어화한 단어들에서도 발견된다. *genius*(천재), *gymnasium*(체육관) 등이 그 예들이다. 하지만 G는 "get"(얻다), "give"(주다), "girl"(소녀), "gelding"(거세한 말) 등과 같이 고대 영어나 다른 언어에서 온 단어들에서는 강한 G로 남아 있을 수 있다. 강한 G로 발음되는 다른 언어들은 성경을 기록한 히브리어 [*Gideon*(기드온), *Gethsemane*(겟세마네)], 일본어 [*ginkgo tree*(은행나무)], 말레이어 [*gecko lizard*(도마뱀)] 등이다.

부드러운 G는 중세시대 이래로 영어에 차용된 몇몇 프랑스어 단어들에 명확한 프랑스어 소리로 남아 있다. 따라서 *corsage*(여성복의 가슴·어깨에 다는 작은 꽃다발), *garage*(창고), *rouge*(루즈), *luge*(1인용 경기 썰매) 등에서는 "j"가 아니라 "shj"로 발음된다.

G와 C는 단순히 부드러운 소리로 발음되는 경향 이상의 것을 공유한다. 어떤 글자들이—B와 P, M과 N, S와 Z 등의 짝을 포함하여—비공식적으로 짝을 이루는 알파벳이 있다면, 그 글자들 중 가장 밀접한 관계에 있는 것은 G와 C이다. 이 두 글자는 형태도 비슷할뿐더러 소리도 비슷하다[두 글자의 유사성은, 예를 들어, "scold"(꾸짖다)라는 단어가 "cold"(추운)보다는 "gold"(금)에 더 가깝게 들린다는 사실에서 찾아볼 수 있을 것이다]. 뿐만 아니라 두 글자의 역사도, 비록 아주 건전

한 방법으로는 아니지만, 서로 깊숙이 얽혀져 있다.

다소 지나치게 간소화시킨다면, C가 G의 정체를 훔쳤다고 말할 수 있다. C가 생겨나기 전 수세기 동안에 G는 원래부터 알파벳의 세번째 글자였다. 그런데 변화가 일어났으니, G는 사라지고 C가 세번째 글자가 된 것이다—C는 G와 비슷하게 생겼지만 소리는 갖지 못하였다. 그러면 진짜 G는 어디로 사라져 버렸던 것인가? 죽어 없어진 것이 아니라 변해가는 알파벳에서 내쫓긴 G는 사람들의 기억에서 지워져버렸었다. 그러나 4세기 반이라는 긴 세월이 흐른 후 G의 역할이 필요함을 다시 인정받게 되어 (또 다른 글자를 쫓아내고) 7번째의 글자로 다시 자리를 차지하게 되었던 것이다. 오늘날 G는 그간의 일들을 누가 알랴하는 기분으로 C보다 4자리 뒤에서 주연행세를 하면서 버팅기고 있다.

기원전 1000년경의 페니키아 알파벳에 대해 설명하면서 예증하였던 바와 같이, G는 가장 초기의 셈어의 알파벳들로 거슬러 올라간다. 페니키아 알파벳에서 두번째, 세번째, 네번째 글자들은 오늘날의 B, G, D에 해당하는 세개의 유성자음들이었다. G라는 글자는 김멜(*gimel* )이라 불렸는데, 이는 "투척용 막대기"라는 의미였으며, 김멜에서와 같이 강한 "g" 소리가 그 글자의 소리였다. 김멜은 오늘날의 히브리 알파벳에서 세번째 글자로 남아 있다. 오늘날 감마는 현대 그리스 알파벳의 세번째 글자로 남아 있다.

기원전 800년경에 페니키아 알파벳을 베껴 만든 그리스 알파벳에서 김멜은 감마가 되었으나, 여전히 강한 "g" 소리로 세번째 자리를 차지하고 있었다. 오늘날의 감마는 현대 그리스 알파벳의 세번째 글자로 남아 있다.

이러한 초기의 G의 불행은 이탈리아에 거주하던 에트루리아 사람들이 그리스 글자들을 빌려간 기원전 700년경부터 시작되었다. C를 설명하면서 상세히 언급했던 것처럼, 자신들의 언어에 유성 폐쇄음이 없었던 (그래서 G라는 글자가 필요 없었던) 에트루리아 사람들은 세번째 글자에다 "g"가 아니라 "k" 소리를 다시 부여하면서 감마를 없애고 그 자리에 C를 새로 만들어 넣었다.

기원전 600년경에 로마 사람들이 라틴어를 표기하기 위해 물려받은 것이 바로 G가 없는 에트루리아 알파벳이었던 것이다. 라틴어는 에트루리아어와는 달리 인도-유럽어족에 속하는 언어였다. 그리스어와 친척관계에 있고 현대영어와는 먼 친척관계에 있는 라틴어는 인도-유럽어족의 언어들에 친숙한 "g" 소리를 포함하고 있었다. 그러나 로마 사람들이 받아들인 알파벳에는 라틴어의 "g" 소리를 표기할 글자가 없었던 것이다.

초기 로마시대의 로마 사람들이 이탈리아에 있는 그리스 상인들과 그리스 글자들을 접했을 것이고, 그 결과 그리스 알파벳에는 G라는 글자가 있고 세번째 자리를 차지하고 있었다는 것을 알고 있었을 것이라는 것을 의심할 여지가 없다. 여러 정황을 미루어 보건데, 로마 사람들은 "k" 소리나 "g" 소리를 나타내기 위해 여러 세기 동안 C라는 글자를 사용했던 것이다. 이러한 편법은 후기 라틴어의 기록의 한 구석에도 남아 있다. 가이우스(Gaius)라는 로마 남자 이름의 약칭으로 ("Caius"가 아님에도) C를 사용하였으며, 그네우스(Gnaeus)라는 이름의 약칭으로 Cn을 사용했다. 그러나 분명 C를 이중적으로 사용하는 것이 적절치 못함을 느끼게 되었을 것이고, 그 결과 변화가 일어나게 되었을 것이다.

그리스 사람들로부터 에트루리아 사람들을 거쳐 로마 사람들에게로 전해진 글자들 중 7번째 자리를 차지하고 있던 글자는 라틴어의 표기에는 불필요한 글자로 판명이 되었다. I 형태의 이 글자는 "z" 소리를 나타냈는데, 이 소리는 그리스어와 에트루리아어에는 있지만 라틴어에는 없는 소리였다. 그리스 알파벳에서는 제타(*zeta*)("zayta"라 발음되었다)라 불렸으며, 에트루리아 알파벳에서는 아마도 제(*ze*)("zay")라 불렸다. 여러 세기에 걸친 극적인 변화를 겪어 제타는 결과적으로—분명히 우리의 알파벳에서 7번째 글자는 아니지만—Z라는 글자가 되었다.

기원전 600년에 로마 알파벳에 합류한 에트루리아 알파벳의 제는 로마 사람들이 발음 조차 할 수 없는 소리를 나타내던 글자였다. 로마 사람들이 그 글자를 사용했다면, “s” 소리를 나타내는 또 다른 글자였을 것이다(로마 사람들이 “s” 소리를 나타내기 위해 주로 사용하였던 글자는 S였다). 그러한 이유로 S의 단순한 복제인 로마 알파벳의 7번째 글자는 무용지물이 되었다.

기원전 250년경쯤에 접어들면서 로마 사람들은 이 쓸모 없는 글자를 로마 알파벳에는 없어서 표기할 수 없었던 “g” 소리의 표기에 사용할 수 있을 것이란 생각을 하게 되었다. 로마의 구전에 의하면, 이러한 돌파구는 노예에서 해방되어 로마의 첫번째 문법학교를 개설했다는 스푸리우스 카르빌리우스 루가(Spurius Carvilius Ruga)라는 사람에 의해 만들어졌다. 7번째 글자는 “g” 소리를 재부여 받았으며, 그 이름도 게(*ge*)(“gay”)로 다시 붙여졌다. 게라는 이름이 G의 영어식 이름의 직접적인 조상이 되었다.

로마 사람들은 게라는 글자에 신속하게 새로운 형태를 부여했다. (I라는 글자의 **I** 과 너무 비슷하여) 불편하기 짝이 없었던 **I** 형태의 글

(1) 그리스 글자 제타에서 유래된 에트루리아 알파벳의 7번째 글자로 “z” 소리를 나타냈다. 기원전 600년경에 라틴어의 표기에는 실제로 필요치 않은 글자로 로마 알파벳에 다시 태어났다. (2) 기원전 250년경에 로마 사람들은 이 글자에다 표기가 필요했던 “g” 소리를 부여하고 보다 구분이 뚜렷한 형태를 부여하기 시작했다. (3) 기원전 200년경에 이르러 로마 알파벳의 G는 작은 횡선을 지닌 오늘날과 같은 성숙한 형태의 글자가 되었다. G와 C가 닮은 것은 아마도 새로운 글자를 쉽게 기억할 수 있게 하기 위한 의도 때문이었을 것이다.

자는 여러 단계의 변화를 거쳐 C와 같은 형태인 C 로 변하게 되었고, 이렇게 하여 G가 탄생되었다.

새로운 글자의 형태를 C와 닮도록 만든 것은, 로마 사람들의 입장에서 본다면, 아마도 의도적이었을 것이다. 그렇게 할 어떤 요인이 있었을 것이다. C가 소리에 있어서는 G와 가까웠고, 그 이전에는 G 대신 C를 이중으로 사용하였었던 탓에 로마 사람들은 새로 만들어 낼 G를 형태적으로 C와 닮게 만든다면 배우고 기억하기에 훨씬 수월할 것임을 분명하게 느꼈을 것이다.

로마 알파벳 G는 여러 세기 동안 단순한 글자였다. 키케로나 세네카(Seneca)[(? 4 B. C. – 65 A. D.) 로마의 스토아파 철학자·정치가: 역자주] 당시의 고전 라틴어에는 다음에 어떤 글자가 나오는가에 관계 없이 강한 발음의 G만 있었다. 라틴어 단어 "gemma"(보석)에서 G는 오늘날 영어의 "gum"(고무질)에서의 G와 같은 소리로 발음되었다. 베르길리우스(Vergilius)(Wer-gill-ius)라는 성을 가진 시인의 이름에서도 마찬가지였으나, 우리는 베르질(Vergil) 또는 버어질(Virgil)(Vur-jil)로 부른다. *religio*(종교), *generosus*(관대한), *generalis*(일반적인), *vestigium*(흔적) 등과 같은 잘 알려진 라틴어 단어들에서도 마찬가지로 강한 G 발음이었다. 고전 라틴어에는 "j"라는 소리가 없었고 그러한 소리를 나타내는 글자도 없었다. 우리가 사용하고 있는 J라는 글자는 중세기 이후에 만들어진 것이다. 오늘날—*religion*(종교), *generous*(관대한), *general*(일반적인), *vestige*(흔적) 등에서와 같이—무수히 많은 영어 단어들에 부드러운 G가 존재하는데, 이 영어 단어들은 라틴어에서 유래된 것들로 부드러운 G의 발음으로 변한 것은 주로 중세 프랑스어의 영향에 의한 것이다.

부드러운 G는 로마제국 말엽에 구어 라틴어에서 나타나기 시작했다. 150년경을 전후해서 (발음적 특성들을 공유하는 전설모음들인) E, I 또는 Y 앞에 G가 나타날 경우 G의 발음이 분명치 않게 되기 시작했다. 현대 학자들은 이러한 G 발음의 변화를 부분적으로는 어떤 글들에서 사용된 변종의 철자들의 분석을 통해 밝히려고 한다. *gemma*와 같은 라틴어 단어는 분명히 "dyemma"로 발음되던 단계를 거쳐 로마 제국이 붕괴되던 (500년경) 즈음에 이르러 "jemma"에 이르렀다.

그 이후 부드러운 G는 라틴어의 지역방언으로 태어나 중세기 로망스어들의 초기 소리로 발달하게 되었다. 오늘날 부드러운 G는 로망스어들의 두드러진 특징이다. 현대 이탈리아어에서는 여전히 "j"로 발음되지만, 프랑스어와 포르투갈어에서는 "shj"와 비슷한 소리가 되었고, 스페인어에서는 후두음 "h"로 되었다.

오늘날 영어에서의 부드러운 G는 중세 프랑스어에서 들어온 것으로, 앞에서 언급한 바와 같이, 1066년에 있었던 노르만들의 영국정복의 유산이다. 그러한 이유로 이탈리아어의 "j" 소리와 비슷한 영어의 "j" 소리는 ("rouge"에서와 같이) 현대 프랑스어보다 중세 프랑스어의 부드러운 G 발음을 훨씬 더 충실하게 보존하게 된 것이다. 중세 프랑스어의 "j"는 1300년 전후에 중세 영어에 정착된 반면에 프랑스어에서는 "shj"라는 소리로 변하였던 것이다.

불행하게도 부드러운 G로의 변천이 글자의 이름에 영향을 끼쳤다. G의 오늘날의 이름은 "gay"라고 발음되고 *ge*라 철자되었던, 즉 글자의 소리 그 자체에다 장모음 E를 덧붙였던 식의 라틴어에서의 이름으로 거슬러 올라간다. 이 "gay"라는 이름은 초기 프랑스어 시기에 이를 즈음에는 "jay"로 변하였을 것이고, 노르만 정복과 더불어 영국에 도달하게 된 그 "jay"가 프랑스어에서는 물론이고 중세 영어에서도 G의 이름이 되었다.

"jay"라는 이름이 J라는 글자와 더불어 어떤 혼동도 만들어내지 않았을 것이다. 그에는 두가지 이유가 있다: (1) J라는 글자는 1600년대에 이르기까지 영어의 글에 체계적으로 나타나기 시작도 하지 못했으며, (2) 영어에서 J의 초기 이름은 "jye"였다.

중세기에 사용되던 "jay"라는 이름으로부터 현대 영어와 프랑스어에서의 G의 이름이 갈라져 나왔다. 프랑스어에서 “j” 소리는 “shj” 소리로 부드러워져 그 결과 “shjay”라는 현대 프랑스어에서의 이름이 만들어지고 여전히 “shj”로 철자된다. 반대로 영국에서는 “j” 소리가 그대로 유지되었지만 덧붙여진 모음소리가 변하였다. 1400년대에서 1500년대 사이에 일어났던 영어모음 대변이의 결과로 장모음 E의 발음이 “ay”에서 “ee”로 변했는데, 그로 인해 G의 현대 영어에서의 이름은 ‘jee“가 되었던 것이다. 그러나 한가지 면에서는 계속성이 유지되었으니 (명확함을 위해 “gee”로 쓰는 것을 선호하기는 하지만) G에다가 장모음 E를 덧붙이는 것이다. 허나 그 발음은 달리하면서 고대 라틴어, 중세 프랑스어, 현대 영어를 거쳤다.

현대 프랑스어에서의 G의 이름은 “shjay”인 반면 J의 이름은 “shjee”로 발음된다. 따라서 프랑스어에서는 G의 이름은 “J”이고 J의 이름은 “G”인데, 이러한 사실로 인해 영어를 배우는 프랑스 학생들도 프랑스어를 배우는 영국 학생들도 진저리를 쳐왔다.

“sigh”(한숨짓다), “night”(밤), “tight”(단단한), “enough”(충분한), “slough”(진흙) 등등에 사용된 변칙적 철자인 GH는 어떤 영어 단어들의 중세기 시절의 발음을 보여준다. 예를 들어 말하자면, “night”는 중세기에는  아마도 “neehkt”처럼 발음되었을 것인데, 이 발음은 현대 독일어의 *nicht*나—스코틀랜드 저지대 방언의 글귀인 “Tis a bra’ [brave], bricht, moon-licht nicht, ta-nicht”에서와 같이—스코틀랜드 방언의 *nicht*와 닮은 것이다. GH로 철자한 것은 무기음인 후두음을 나타내기에 아주 적절하였으나, 그러한 영어 소리들은 중세기 말엽에 이르러 변화하여 GH라는 철자만 그대로 남은 것이다. 오늘날의 “tough”(튼튼한)와 “light”(밝은)와 같은 단어들에서의 GH는 정확하지 않을 뿐더러 일관적이지 못한 철자법이다.

이 GH 철자는 아일랜드의 극작가이며, 철학자이며, 1925년도 노벨상 수상자인 조지 버나드 쇼(George Bernard Shaw)를 비롯한 순수주의자들을 괴롭혔다. 쇼는 자신의 많은 연구들을 통해—아마도 쇼는 1913년에 훌륭한 음성학 전문가인 헨리 히긴스(Henry Higgins)를 주인공으로 내세워 쓴 『피그말리온』(*Pygmalion*)[1956년의 뮤지컬 '마이 페어 레디'(*My Fair Lady*)의 기본이 되었음]으로 오늘날 가장 잘 기억될 것이다—일생 동안 영어의 철자법을 개혁할 것을 주창한 사람이었다. 쇼는 1950년에 세상을 떠나면서 영어의 철자법을 위한 개선된 알파벳 창안 대회를 위한 기금을 유증하였다. 대회는 1958년에 열렸고, 그 대회를 통해 각 글자마다 정확하게 하나의 소리를 나타내는 48개의 새로운 글자들로 구성된 알파벳이 만들어졌다. "fish"(물고기)라는 단어가 논리적으로 *ghoti*로 철자될 수 있음을 발견한 쇼는 일생 동안 영어의 철자법이 일관적이지 못함을 증명해보이기를 즐겨했다. 구체적으로 말하자면, "rough"(거친)의 "gh," "women"(여자들)의 "o," "nation"(국가)의 "ti"가 "fish"를 "ghoti"로 철자할 수 있게 만든다는 것이다.

21세기에 들어와 G는 종종 "global"(세계적인) 또는 "group"(무리)이라는 단어의 약자로 상표명이나 국제관계를 나타냄에 있어서 탁월한 지위를 향유하고 있다. "7개국 정상회의"(group of seven)의 약자로서 "G-7"은 산업과 경제규모가 가장 큰 국가들을 지칭하는 것으로 카나다, 프랑스, 독일, 이탈리아, 일본, 영국 그리고 미국을 말한다. (2001년 제노아 G-8 회의는 대규모 항의시위로 인해 무산되었다라는 표현에서와 같이) "G-8"이라고 하면 러시아가 포함된다.

소문자로 표시하면 g는 우주선이나 초음속 비행기가 내는 초고속에서 중요한 계수인 중력을 나타낸다. 조종사나 우주비행사들은 다중중력을 극복하기 위해 가속도복(G-suit)을 입는다.

1930년대의 갱단영화를 연상케 하는 용어인 "G-맨"(G-man)에서 G는 "정부"(government)를 상징하며, FBI(미연방 수사국)와 그와 유사한 미연방 사법기관들을 지칭한다. 이 표현은 실제 존재했던 공공의 적 제1호인 "기관총" 켈리(Public Enemy Number 1 "Machine Gun" Kelly)가 1933

년에 체포당할 때 "G-men(미연방 수사국 요원), 쏘지 마!"라고 소리친 데서 만들어진 것이라고 한다. 어떤 범인들에게는 G-men이 체포하면 100G, 그러니까 100grand(100,000달러)의 포상금이 걸려 있는 경우도 있다.

G-스팟(G-spot)은—여성의 성기의 일부로 성적 흥분을 민감하게 느끼는 조그만 부위인데, 음핵과는 다른 것으로 질안 앞벽 어딘가에 위치해 있다—1950년에 그 존재를 발표한 독일의 산부인과 의사인 에른스트 그라펜베르크(Ernst Grafenberg)의 이름을 따 명명되었다. 그러나 그 이래로 남편들과 남자친구들은 세대를 이어가며 그것을 찾아내려 애를 썼지만 실패를 거듭해왔다.

춤무대에서의 G-스트링(G-string)은 야시시하게 가늘고 때로는 금속으로 반짝반짝하게 장식을 한 대개는 여성 스트립 댄서나 무용수들이 허리에 걸치는 천을 말한다. G-스트링 자체는 무용공연과 사진 촬영술에 살아 있지만 그 이름의 기원은 잊혀졌다. G는 아마도 "생식기"를 상징하는 듯하나, 그러한 생각보다 더 애태우는 것은 이미 아주 오래 전에 언론에서 언급되었던 "gee-string" 또는 "G-string"이다. 이들은 모두 1870년대를 시점으로 하여 미국의 서부지역에서 온 것들로 다양한 북미 인디언족들의 복장에 관한 것들이었다. "(어떤 이유로 인해 대평원 지역에서는 통속적으로 기저귀라 불리는 것처럼) 어떤 소년들은 오직 'G-스트링'만 걸치고 있었다"라는 표현이 『하퍼즈 매거진』(*Harper's Magazine*) 1891년 12월호에 실려 있다. 이로 미루어 본다면, "jee"로 발음되는 G는 대평원 지역의 인디언 언어에서 기저귀에 해당하는 어떤 단어를 지칭하는 것일 것이다.

요한 세바스찬 바하(Johann Sebastian Bach)[(1685-1750) 독일의 작곡가: 역자주]는 1723년경에 "G선상의 가락"(*Air on a G string*)(후에 편곡자에 의해 실제로 이렇게 이름 붙여졌었다)을 작곡했을 때, 그의 머리에는 아마도 다른 생각이 있었을 것이다. 현악 4중주의 한 부분으로서 "가락"(Air)은 바이올린의 4개 선 중에서 가장 저음을 내는 G선(G string)으로만 연주하는 독주를 포함한다.

19세기 이래로 몇몇 사상가들은 G라는 글자의 형태는 집단적 인간의 마음을 무의식적으로 표현하는 것이라고 생각해왔다. (설득적이지는 못하지만) 이러한 생각에 따른다면, G의 형태는 글자를 쉽게 쓰기 위한 편의가 아니라 인간생활의 지침적 원리에 따라 여러 세기에 걸쳐 변화해왔다. 세월이 한참 지나 1961년에 영국의 신비주의 학자 알프레드 칼리어(Alfred Kallir)는 『기호와 도안: 알파벳의 정신발생학적 근원』(*Sign and Design: The Psychogenetic Source of the Alphabet*)이라는 책을 통해 알파벳을 "인간의 종족보존을 보장하기 위한 목적으로 만들어진 상징들이 매력적으로 연결된" 성적인 그림부호라고 설명하였다. 예컨대, 공중으로 뻗혀져 있으며 역사적으로 황소의 뿔과 관련지어진 A의 모습은 발기된 남자의 성기를 상징화한 것이 확실하다. D의 곡선은 임신한 여성의 자궁 전체이다. 그리고 여성을 나타내는 둥근 원과 남성을 나타내는 횡선으로 이루어진 G는 성행위 그 자체를 가장 명확하게 나타내주는 글자임이 드러난다. "새서미 스트리트"(*Sesame Street*)[영어 알파벳을 어린 아이들에게 가르쳐주는 TV 프로그램: 역자주]에서 G의 모습을 유심히 살펴보라!

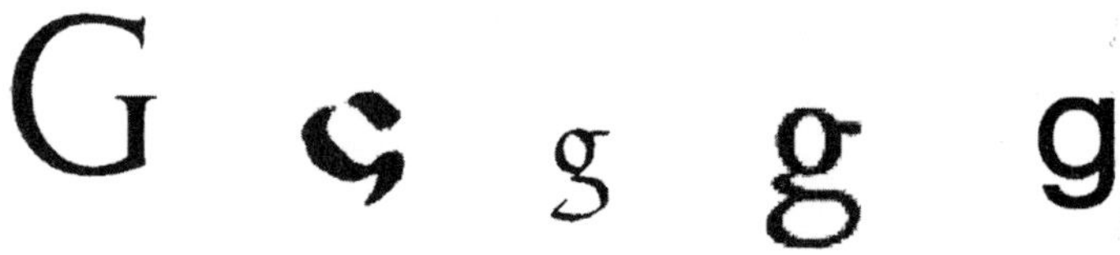

1 2 3 4 5

(1) 113년에 새겨진 트라얀 명문의 로마 알파벳 대문자 G. 완벽한 이 로마자의 형태가 모든 인쇄체 대문자 G의 모형이 되었다. (2) 잉크를 이용하여 손으로 쓴 언설체 G의 형태으로 기원전 400년대 중반의 라틴어 문서에서 나온 것이다. 언설체 글자들은 근본적으로 펜으로 쓰도록 개조하여 만든 대문자의 형태이다. 대문자들과 마찬가지로 언설체 글자는 기준선 위로 쓰여진다. (3) 아름다운 형태의 카롤링거 왕조풍의 초서체 소문자를 잉크로 쓴 형태로 1018년 영국에서 라틴어로 작성된 문서에서 나온 것이다. 카롤링거 왕조풍의 글자는 형태적인 면과 과감하게 기준선 밑으로도 내려 썼다는 면에서 명확하게 오늘날의 알파벳의 인쇄체 소문자의 전신이라 할 수 있다. (4) 가라몽드(Garamond)체로 쓴 소문자 g로 1500년대부터 시작된 전통적인 프랑스식 형태이다. 모든 "로마"체들이나 마찬가지로 가라몽드체의 형태 또한 몇세기 앞선 카롤링거 왕조풍의 소문자들의 형태에 기초하고 있다. (5) 푸투라(Futura)체로 쓴 소문자 g—1928년부터 독일에서 새로운 유행으로 정착된 산스-세리프체의 형태—가라몽드체나 마찬가지로 로마체의 g 형태와 다르게 보인다. g 형태는 (전부 다는 아니지만) 많은 경우 산스-세리프체들과 이탤릭체들에 나타난다. G와 A만 변덕스럽게도 중세기에 손으로 쓰던 별개의 전통들로부터 넘겨져온 두가지 형태의 인쇄체 소문자를 갖고 있다.

## 중세시대의 알파벳

*로마제국이 붕괴된 후에도 로마글자들은 살아 남아 발전하여 영어를 비롯한 유럽의 새로운 언어들에 채택되었다*

펜과 잉크. 590년부터 604년까지 교황에 재위하였고 중세기의 교회를 형성한 그레고리(Gregory the Great)가 800년대 말엽부터 상아를 조각하여 만든 이 아름다운 모습의 명판속에서 비둘기로 강림한 성령의 말씀을 받아 쓰고 있다. 그레고리는 로마 천주교의 미사를 개혁한 것으로 알려져 있으며—그로 인해 그레고리 성가[그레고리 1세가 집대성한 것임: 역자주]라는 말이 나왔다—옆의 그림은 그가 라틴어로 된 새 미사곡을 쓰는 장면이다(그중의 한 부분이 그레고리가 쓰고 있는 상아로 된 책에 나타나는데 확대경을 이용하면 읽을 수 있다). 아래 부분에 있는 세명의 필경자들은 하나님의 말씀을 옮겨 적어 서유럽 전역에 전파하려는 교회조직을 상징한다. 글을 쓰는데 사용하고 있는 재료들을 주의 깊게 살펴보면 사본 필경자들이 사용하고 있는 잉크를 담은 뿔, 깃털이 아니라 조각으로 장식된 속이 빈 뼈나 뿔로 만든 펜들, 한쪽 면을 꿰맨 양피지로 만든 책과 그 이전 초창기 시대에 사용했던 파피루스나 가죽 두루마리를 볼 수 있다. (양피지는 가공을 하여 부드럽게 만든 주로 양이나 염소와 같은 동물들의 가죽으로 보통의 가죽보다 훨씬 더 정교한 재료이다.) 때로는 잔인하고 광포했던 중세기 동안에도 교회는—교회 신부들은 물론 버질과 키케로와 같은 이교도 저자들의 글들을 복사하고 보존함으로써—로마 시대의 고전적 학문적 유산이 살아 남을 수 있게 만들었으며, 로마글자들이 독일어와 영어와 같은 북쪽의 새로운 유럽언어들과도 인연을 맺을 수 있게끔 도와주었다.

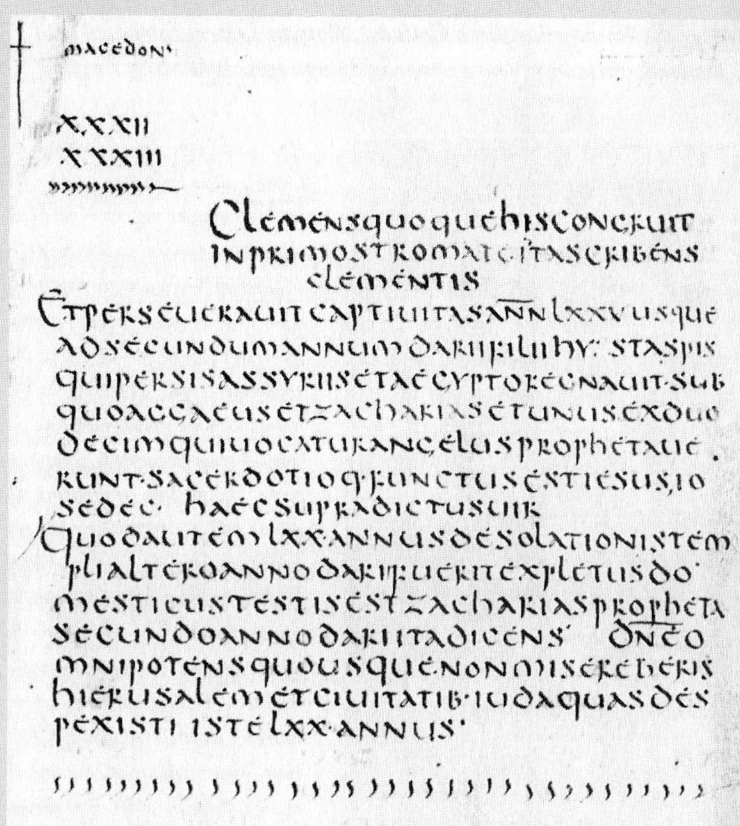


새로운 형태의 글자들이 나타난다. 450년에 언셜 필사체를 이용하여 라틴어로 쓴 이 한쪽의 글은 1,000년 후가 될 1400년대 말엽에 유럽의 인쇄자들로 하여금 소문자 형태의 글자들을 고안해내게 만들 모종의 글자들의 초기 형태를 보여준다. 위의 글에서 처음으로 새로운 형태로 나타나는 글자들은 a, d, h, m, p, q, u이다. 이탈리아에서 펜으로 쓰여진 이 글은 325년경에 그리스 사람들이 쓴 글의 번역이며 그 글의 후속작업으로 주교이며 학자였던 케사레아의 유세비우스(Eusebius of Caesarea)가 쓴 세계사이다. 위의 글은 잘 알려져 있는 고대 페르시아의 왕 다리우스(Darius)의 치적에 관한 것이다(둘째줄 전체에 걸쳐 그리고 다른 줄에 "*DARII*"가 보인다).

로마 알파벳의 오랜 역사속에서 언셜 필사체는 로마제국 시절에 새겨 쓰던

## 중세시대의 알파벳 - 계속

대문자들 이후의 중요한 다음 단계를 상징한다. 그리스의 필사체 형태에서 나온 라틴 언셜체는 로마제국 후기인 300년경에 생겨났다. 언셜체는 부드러운 양피지에 특히 다발로 묶은 새로운 형태의 책에 손쉽게 그러나 읽을 수 있게끔 쓰기 위한 형태의 글자체였다. (그 시절의 책들은 166쪽의 "성 그레고리와 필경자들"에서 본 것처럼 종종 글을 쓰기 전에 제본되었다.) 언셜체는 전체적으로 다른 형태로 보였으며, 예전에 사용되던 로마의 공식적 필사체인 "모난 형태"(square)의 대문자와 "모나지 않은"(rustic) 불규칙체의 대문자들과는 펜을 다른 각도로 쓸 것을 필요로 하였다. 전통적으로 종이나 파피루스 또는 가죽 두루마리 등과 같이 딱딱한 표면에 글자를 납작한 모습으로 쓰기 위해 펜을 주의 깊게 천천히 움직여야 했다. 언셜체는 보다 현대적인 제책재료들과 보다 생산적인 작업과정에 순응하려는 결과였다.

언셜체는 로마 후기에 라틴어로 쓴 책에 사용되는 제 1의 서체가 되었다("책"은 일상의 "업무"에 사용된 서체와 구별되는 서체로 썼다). 언셜체는 로마의 다른 문화들과 함께 로마 카톨릭 교단에 의해 보호되었던 탓에 500년경에 로마제국이 붕괴되었음에도 살아 남았다. 그리하여 중세시대에 접어들어서는 성경과 기독교 서적의 출판에 언셜체가 독점적으로 사용됨으로 인해 중세시대 초기에 라틴어 서적에 가장 두드러지게 사용되는 서체로 존재하였다. 오늘날에 조차도 제품의 상표에 "중세시대의 전통"을 지닌 상품임을 보이기 위해 언셜체 형태의 글자들이 사용되고 있음을 발견할 수 있다. 미국에서 언셜체는 아일랜드식 주막의 간판에 단골로 사용된다.

"언셜"은 1700년대에 학술적으로 만들어 붙인 이름으로 성 제롬(St. Jerome)[(347?-?420) 고대 로마의 4대 교부의 한 사람: 역자주]이 (400년경에) "1인치 높이의 글자들"을 라틴어로 *litterae unciales*라고 한 것을 외삽하여 만들어낸 것이다. 123쪽에서 본 113년에 쓰여진 트라얀 명문의 대문자들과 비교해 보면, 언셜체 글자 중 N, O, S 또는 T와 같은 글자들은 변화가 거의 없지만 다른 글자들, 예컨대, A, D, E 또는 H와 같은 글자들은 아주 많이 발전된 모습을 보인다. 그럼에도 불구하고 언셜체 글자들은 모두 펜으로 수월하게 쓸 수 있도록 개조된 대문자들로 간주되었다. ꝺ와 같은 글자형태는 작게 쓴 글자나 소문자 d가 아니라 D라 생각되어졌다. 그 당시의 글자들은 어떤 곳에 쓰여지든 대체로 하나의 형태로만 쓰여졌다. 800년대에 이르기까지는 특정 글자의 다양한 형태를 포함시키기 위해 글자의 형태들을 혼합하여 쓰지 않았다.

(모나지 않은) 불규칙체 대문자들과 같은 더 이전의 로마글자들을 쓰는 방법은 글자들의 높이를 동일하게 맞추는 것이었다. 언셜체는 글자들의 획일성을 규칙적으로 어긴 첫번째 저술용 서체로 9개의 글자들이 다른 글자들보다 아래로 또는 위로 확장된 형태로 사용되었다. D, H, K, L은 "위쪽으로 확장된 글자들"이고 F, G, P, Q, Y는 "아래쪽으로 확장된 글자들"이었다. 오늘날에는 이 9개의 글자들과 그외 몇몇 글자들이 보통의 소문자들에 비추어 위쪽으로 또는 아래쪽으로 확장된 형태의 소문자짝들을 갖는다. 마찬가지로 (책 따위에서) 장이나 절을 시작할 때 크게 확대된 언셜체 글자를 사용하는 것은 (167쪽에 실린 옛날 책의 글에서 큰 글자로 된 E와 Q를 보라) 오늘날 문장을 시작하기 위해 대문자를 사용하는 두단계 체계인 현대적 방식을 향한 첫걸음이었다.

언셜체는 800년대 말엽까지 거의 600년간이나 군림하였다. 언셜체는 적어도 두가지 서로 다른 형태의 라틴 필기체를 파생시켰다. 한가지는 업무용으로 널리 사용되던 필체로 오늘날에는 반언셜체로 알려져 있으며, 800년대에 이르기까지 중요하지 않은 서류들이나 일상적인 기록들에 사용되던 글자체였다. 또 다른 한가지는 장식적인 "모조 언셜체"(artificial uncial)(오늘날 그렇게 불리고 있음)로 쓰기에 너무 힘들어 실용적이지 못하였음이 밝혀졌으나 글의 제목이나 글머리의 장식으로 간혹 사용되기도 한 것이 발견되었다. 언셜체와 반언셜체는 모두 프랑스의 샤를마뉴(Charlemagne) 대제의 후원을 얻은 매우 읽기 쉽고 또 펜으로도 쓰기 용이한 카롤링거 왕조풍의 서체로 대체되었다.

500년에서 1500년까지 천년 동안—고대 로마 말기와 현대 유럽의 탄생을 이어주는 "중세"시대—에 로마 알파벳의 결정적 발전이 이루어졌다. 중세기 초엽 당시의 알파벳은 라틴어를 표기하기 위한 23개의 글자들로 이루어져 있었다. 1500년경에 이르러서는 똑같은 알파벳이 서유럽과 중앙유럽의 30여개의 다른 언어들의 표기에 사용되었으며, 현재 알파벳 글자수는 표기 대상언어에 따라 24자 내외이다. 그리고 유럽의 표기법 전체가 1452년에 독일에서 요한 구텐베르크에 의해 발명된 실용적인 인쇄술로 인해 혁명적인 발전을 이루었다.

중세시대 초기에 로마글자들을 이용하여 펜으로 쓰여지기 시작한 한 언어가 바로 고대 영어였다. 1500년경에 이를 즈음에는 영어는 중세 프랑스어와의 혼합으로 인해 풍성해짐은 물론 발전을 이루어 세련된 표현들이 사용되고 있었으며, 윌리엄 셰익스피어(1600년경)의 극본과 제임스 왕(King James)의 성경번역(1611)이 있었던 그런 단계였다.

그러한 방대한 발전들을 여기에서 다 설명할 수는 없다. 중세시대에 있었던 알파벳과 관련된 획기적인 사건들은 다음과 같다:

• *로마제국의 붕괴.* 400년대에 이르자 게르만족들의 침입으로 인해 어느 한 지방에서가 아니라 이탈리아 전역에 걸쳐 로마의 황제와 정부의 권위가 무너져 내리기 시작했다. 로마제국이 끝난 것은 로마의 마지막 황제가 한 폭도에 의해 폐위당한 해인 476년이라 전해진다. 하지만 여러 면에서 로마제국은 잔존해 있었다. "황제"라는 칭호도 동쪽 수도인 콘스탄티노플(Constantinople)의 통치자들에 의해 사용되었으며, 로마사회의 여러 면들이 특히 시골지역에서의 마을조직에 살아 남아 있었다. 라틴어는 다양한 방언들의 형태로 라인강 서쪽의 유럽 국가들의 주요 언어로 남아 있었으며, 로마 카톨릭 교회의 종교적, 행정적 언어로 라틴어가 사용되었다. 23자로 된 로마 알파벳으로 쓰여진 라틴어는 교회가 세운 교육기관들에 의해 보존되었다. 교육기관들은 주로 [베네딕토회(Benedictine)의 명령으로 만들어진] 수도원 학교들과 주교와 교회가 주로 도시지역에 세운 학교들(episcopal schools)이었다. [episcpus는 주교(bishop)를 가리키는 라틴어이다.] 주교가 세운 이 학교는 성직자가 되려는 사람들은 물론 부유한 가정의 평민들을 학생으로 받아들였다.

• *유럽의 새로운 지도.* 로마제국의 서쪽은 대체로 이주 게르만족들에 의해 통치되는 여러개의 왕국으로 갈라졌다. 450년 이후에 로마가 지배하던 브리테인섬(Roman Britain)[로마가 통치하던 고대 영국: 역자주]은 독일 북부지역으로부터 해상으로 침략한 앵글족(Angles), 색슨족(Saxons), 쥬트족(Jutes)들에게 함락되었으며, 이 침략자들은 브리테인섬에 "앙글란드"(Angle-land)라는 새로운 국가를 세웠다. 500년대에는 이탈리아의 대부분이 롬바르드족(Lombard)[이탈리아 북부에 침입한 고대 게르만족: 역자주]이라 불리던 게르만족의 수중에 들어가 있었다. [그러한 이유로 롬바르디(Lombardry)라는 오늘날의 지명은 밀라노(Milan) 지역을 말하는 것이다]. 그리고 엘베강에서부터 피레네산맥까지의 긴 띠 모양의 영토는 공격적이며 재치 있는 프랑크족(Franks)이 차지하였다—프랑크라는 이름은 프랑스라는 오늘날의 이

름에, 프랑크푸르트(Frankfurt)["프랑크족"이 사는 마인강변의 여울지역(the Franks' ford)]라는 독일 서부지역의 도시이름에, "franchise"라는 명사에 (원래는 프랑크제국의 시민권을 가리키는 것이었음), "frank"라는 형용사에(시민들은 자유롭게 말할 수 있다는 의미였음), "to frank"라는 동사에 (고무도장을 찍다로 주로 우표의 가치를 갖게 하다라는 의미임), 그리고 우표에 소인을 찍다라는 말에 해당하는 이탈리아어 단어인 *francobollo*에 살아 있다. 우표와 관련된 표현들은 프랑크에서 귀족들이 편지가 담긴 봉투가 개봉되지 않은 채 제대로 전달될 수 있도록 봉투를 촛물로 봉하거나 외부에 서명을 하던 시절을 기념하기 위한 것들이다. 프랑크 제국의 가장 위대한 왕은 768년부터 814년까지 재위한 샤를마뉴, 즉 샤를대제(Charles the Great)였을 것이다.

• *로망스어들의 탄생.* 오늘날의 유럽에는 라틴어에서 직접 분화되어 나온 5개의 주요 언어들이 있다. 서쪽에서 동쪽순으로 포르투갈어, 스페인어, 프랑스어, 이탈리아어, 루마니아어이다. ("Romance"라는 형용사는 고대 프랑스어로부터 영어에 들어온 것인데, 이 경우에는 물론 고대 로마를 말하는 것이다.) 로마제국의 중엽쯤인 150년경에 이르자 평민들이 사용하던 라틴어에 어떤 변화가 일어나기 시작했다. 제국의 붕괴 이후 지역적 선을 따라 변화의 속도가 더욱 빨라졌다. 서유럽은 5개 이상의 라틴어 방언들을 그러모아 놓은 지역이 되었다. 이들 방언 중 파리나 카스티야(Castile)[스페인의 옛 왕국: 역자주]와 같은 중요한 도시들에서 사용되던 몇개의 방언들은 여러 세기에 걸쳐 새로운 나라를 세우면서 다른 방언들의 희생을 발판으로 널리 전파되었다. 5개의 주요 언어들 이외에도 바르셀로나(Barcelona) 지역의 카탈로니아어(Catalan)나 스위스 알프스 동남쪽 지역의 레토-로만스어(Rhaeto-Romance)와 같이 소수의 사람들이 사용하는 몇몇 언어들이 아직 남아 있다.

라틴어에서 로망스어들로 분화되는 과정에서 변화는 언어구조, 발음, 어휘 전반에 걸쳐 일어났으며, 그 변화의 내용들은 각각의 로망스어들에 따라 달랐다고 말하는 것으로 충분하다. 라틴에서의 명사, 형용사, 동사의 어미들과 같은 표현력이 강하지만 복잡한 체계는 (문장에서 단어들의 쓰임에 따라 어미들이 변하였다) 대폭적으로 간소화되었다. 새로운 언어들은 단어의 어미변화를 주로 동사들로만 국한시켰고 대신 어순과 새로 만들어진 전치사들에 더 많이 의존하였다. 따라서 "신의 어머니"(mother of God)를 뜻하는 라틴어 표현인 "*mater Dei*"에서 전치사 "of"는 *Dei*라는 특별한 형태로 나타내어진다(*Deus*,

## 중세시대의 알파벳 - 계속

*Deo* 등과 비교해보라). 반면에 현대 이탈리아어나 스페인어에서는 전치사가 단어로 나타나 *madre di Dio*와 *madre de Dios*가 된다.

현대 로망스어들의 어휘의 대부분은 발음에 있어서는 라틴어와 다르게 변했지만 아직 그 근저는 확연한 라틴어로 남아 있다. 따라서 라틴어 단어 *rota*(wheel)는 영어에서는 "rotate"(회전하다)와 같은 차용어를, 루마니아어에서는 *roata*를, 이탈리아어에서는 *ruota*를, 포르투갈어에서는 *roda*를, 스페인어에서는 *rueda*를, 프랑스어에서는 *roue*(고대 프랑스어 *ruede*에서 온 것임)를 만들어냈다. "잠을 자다"라는 의미의 라틴어 단어 *dormire*는 이탈리아어에서는 *dormire*가, 루마니아어에서는 *dormi*가, 포르투갈어, 스페인어, 프랑스어에서는 *dormir*가 되었다.

문법상 고전 라틴어에 가장 가까운 현대 로망스어는 아마도 루마니아어인 반면에 이탈리아어는 어휘적인 면에서 가장 가까운 언어인 듯하다. 라틴어로부터 가장 멀리 변화해간 언어는 프랑스어로 그 변화는 한편으로는 프랑크족의 침략으로 인해 게르만어의 발음에 일찍이 접하게 된 것이었고, 또 한편으로는 중세시대에 프랑스가 상업과 학문의 중심지로서 역동적인 역할을 한 탓에 외부의 영향들에 개방되어 있었기 때문이었을 것이다. 프랑스어는 단일 언어로서는 영어의 역사에 가장 많은 관련이 있어 특별히 흥미를 끈다.

1300년경까지의 가장 초기 단계의 프랑스어는 고대 프랑스어로 알려져 있다. 라틴어와 상이한 언어로서의 고대 프랑스어가 출현한 때는 842년이라 전해져온다. 오해를 불러 일으킬 정도로 늦은 그러나 정확한 이 연대는 라틴어가 아니라 프랑스어라 불릴 수 있는 언어로 쓰여진 우리가 가지고 있는 기록을 반영하는 것이다—실제로 그 기록은 어떤 로망스어이든 로망스어로 쓰여진 가장 오래된 것이다. 초기 아탈리아어와 스페인어는 900년대까지 기록된 것이 없다. 프랑스어로 쓰여진 것은 분리되어 있었던 프랑크 영토의 두 왕 사이의 동맹조약을 기록한 것이다[그 두 왕은 형제들로 발드 지역의 샤를(Charles the Bald)과 게르만 지역의 루이(Louis the German)였다]. 스트라스부르크 서약(Oath of Strasbourg)으로 알려진 조약은—스트라스부르크는 훗날 프랑스 동부지역의 도시가 되었고 그곳에서 조약이 비준되었다—현대 프랑크 역사가에 의해 라틴어로 기록되어 보존되고 있다. 조약은 두 통치자의 군대에 알릴 공식 선언문이었기에 프랑스어와 독일어로 작성되었다(그러한 이유로 독일학 연구에도 대단한 가치가 있다). 조약문 중 프랑스어로 작성된 부분은 고대 라틴어에서 현대 프랑스어로의 변화단계에 있었던 언어에 대한 훌륭한 이해를 제공한다. 다음은 조약의 서두이다. *Pro Deo amur et pro christian poblo et nostro commun salvament, d'ist di in avant*(금일 이후의 하나님의 사랑을 위해서, 교인들과 우리 공동체의 안전을 위해서).

비록 전통적인 로마글자 23자로 쓰여졌지만, 이 언어는 더 이상 라틴어는 아니고 일견 스페인어처럼 보이는 다소 새로운 어떤 언어이다. 대부분의 단어들이 라틴어에서의 모습과는 다르게 변화되었을 뿐더러 어떤 글자들은 발음 자체도 변하였다. 이 발음의 변화는 프랑스어와 영어의 현대적 발음으로의 변화과정을 알려준다. 예를 들면, 고대 로마 사람들이 라틴어를 말하면서 결코 알지 못했던 유성마찰음인 "v" 소리는 아마도 *salvament*과 *avant* 같은 단어들에서 중요한 소리일 것이다. 스트라스부르크 서약 이후 몇세기가 채 지나기도 전에 고대 프랑스어 단어들과 발음들은 강압적으로 영국에 수입되었을 것이고 (아래를 참조하라), 그렇게 수입된 단어와 발음들이 현대 영어의 기본요소가 되었을 것이다.

• *새로운 그리고 수입된 글자 형태들.* 교육과 행정에 걸친 보다 폭넓은 개혁의 일환으로 프랑크의 왕 샤를마뉴는 789년경에 당시에 사용되고 있던 다양한 그러나 읽기가 쉽지 않은 업무용 서체를 대체할 새로운 형태의 라틴어 필기체를 만들기 시작하였다. 새로운 서체는 쓰고 읽기에 쉬어 샤를마뉴의 방대한 왕국 전역에 걸쳐 표준적 서체가 되었을 것이다. 새로운 글자체를 만들어내는 일은 영국의 성직자 알큐인(Alcuin)이 수행하였으며, 알큐인(Alcuin)은 프랑크 왕국의 수도인 (지금은 서부독일에 위치한) 아헨(Aachen)에 있는 샤를마뉴 궁정학교의 선생님이었다. 아마도 알큐인은 당시에 존재하던 것들 중 보다 나은 반언설체로 쓴 글들 중에서 하나를 선택해서 세련되게 만드는 방법으로 새로운 공식적 글자체를 만들었을 것이다. 그가 새로 만든 글자체는 현대 학자들에게 카롤링거 왕조풍 소문자(Carolingan minuscule)로 알려졌다—"Carolingian"은 샤를마뉴와 관련지어진다는 형용사이고, "minuscule"은 대체로 "더 작은" 또는 "더 적은"이라는 의미이다. 새로운 서체는 다른 업무용 서체들에 비해 더 작았지만 읽기가 훨씬 더 쉬었으며, 언설체 또는 "모난 형태"와 같은 책에 사용되던 서체보다 작았다. 서체의 계층상 업무용 서체가 언설체와 다른 서적용 서체들보다 아래인 만큼 새로 만들어진 서체는 다른 서체들보다 작았다.

## 중세시대의 알파벳 - 계속

샤를마뉴가 달성한 모든 문명적 업적 중에서 카롤링거 왕조풍의 소문자는 논쟁의 여지야 있겠지만 거의 틀림 없이 가장 영속적인 것이라 여겨져 왔다. 왜냐하면, 그로 인해 오늘날 우리들이 사용하는 소문자들의 형태가 마련되었기 때문이다. 언셜체는 7개의 수정된 글자형태를 도입했고, 반언셜체는 7개 이상의 수정된 글자형태를 도입했는데, 카롤링거 왕조풍의 글자체는 이러한 전통을 이어받아 완성시켰다. 다시 말해 거의 모든 글자들이 소문자 형태로 사용될 수 있으면서 확실하게 구별되고 쉽게 읽혀질 수 있도록 만들어졌다.

샤를마뉴의 새로운 서체는 800년대를 지나면서 서체가 지니는 장점들로 인해 극히 성공적이었다. 지면과 글을 쓸 재료들이 적게 들었기 때문에 글을 쓰는 것이 즐거움이었다—글자들의 대부분이 펜에 잉크를 한번 찍어서 쓸 수 있었다—그리고 또한 서적용 서체로 추천할 만큼 위엄도 충분히 지니고 있어 글을 읽는 것도 즐거움이었다. 얼마 지나지 않아 새로운 서체는 언셜체를 대신하여 서유럽에서 라틴어로 쓰는 책의 주요 서체로서 자리를 잡았다. (독일에 있는 현존하는 것 중 가장 오래된 책은 865년경부터 복음의 운율을 옮긴 책인데 카롤링거 왕조풍의 글자들을 이용하여 펜으로 쓴 것이다.)

1000년대에서 1100년대 사이에 이르자 카롤링거 왕조풍의 서체는 보다 새로운 형태의 서체들에 밀려났다. 그러나 극적으로 1400년대 초엽에 이탈리아에서 쓰인 글들에서 재발견되었으며, 그로 인해 전혀 새로운 형태의 이탈리아 필기체를 만들어낼 영감을 불러 일으켰다. 이 이탈리아 필기체는 인본주의자 학파라 불렸으며, 구텐베르크의 인쇄기가 발명되기 30여년전에 출현했다. 1460년대 말엽에 이탈리아의 초기 인쇄자들은 인문주의자 글자형태들을 새로이 만들어진 "로마" 인쇄기에 사용할 첫번째 소문자 형태의 모형으로 선택했다.

이와 같이 카롤링거 왕조풍의 소문자는 부활하여 (소위) 인쇄기 시대의 책에 사용하는 제 1의 서체가 되었다. 예전의 글자 형태들이 오늘날 책, 신문, 잡지들에 일상적으로 인쇄되고 있는 것이다. 카롤링거 왕조풍의 소문자로 쓴 글은 바로 182쪽에서 예시하고 설명할 것이다.

• *영어의 탄생.* 450년과 500년 사이에 앵글족, 색슨족, 쥬트족이라 불리던 게르만족들이 로마의 브리테인섬을 침략하여 포쓰강 하구(the Firth of Forth)[스코틀랜드의 강으로 북해로 흘러들어감: 역자주] 남쪽 땅의 대부분을

점령하였다. 항거한 서쪽 산악지역의 몇몇 마을만 정복되지 않은 채 남아 있었다. 침략자들은 유럽의 다른 많은 언어들 중에서 네델란드어, 독일어, 덴마크어 등에 먼 친척뻘쯤 되는 게르만어를 사용하였다. 앵글족 및 다른 족들이 브리테인섬에 발을 디딘 순간부터 그들이 사용하던 언어는 역사적 목적상 고대 영어로 알려지게 되었다. 그 언어는 아마도 현대 영어의 "독일어 할아버지"로 생각되어질 수 있을 것이다.

500년경에 로마의 골(Roman Gaul)(오늘날의 프랑스임) 지역을 침략한 게르만족의 프랑크족은 패망한 민족이 사용하던 라틴어 방언(미래의 프랑스어가 될 언어임)에 동화되어 그들의 언어를 사용했던 반면에 앵글족과 색슨족은 그렇지 않았다. 앵글족과 색슨족이 가지고 온 새로운 언어가 영국의 언어가 되었던 것이다. 그렇게 된 한가지 원인은 전쟁에 패한 후 로마 브리테인섬 인구의 거의 대부분이 축출되었다는 사실에 있었다. 브리테인섬에 살던 사람들은 배를 이용하여 골 지역으로 탈출했거나 오늘날 웨일즈(Wales)로 알려진 서쪽의 고원지역으로 도망갔다. 그러한 이유로 전통적인 웰시어에는 오늘날까지도 켈트족의 요소들이 보존되어 있으며, 여전히 북웨일즈 지역의 많은 가정들과 공공장소들에서 사용되는 제 1의 언어이다.

앵글로 색슨족—오늘날 앵글로 색슨족을 영국 사람들이라고 부를 수 있으니, 즉 영국 사람들—은 자신들이 사용하던 알파벳, 즉 고대 북유럽에서 사용되던 룬글자들(runes)을 가지고 왔을 것이다. (현대 영화나 컴퓨터 게임들에서 취급하는 바와는 달리) 반드시 주술적이거나 불길한 것들은 아닌 룬글자는 게르만어들의 소리를 나타내는 그리고 (숲이 우거진 유럽에서의 "연습장"인) 나무에 쉽게 새겨 넣을 수 있게끔 각진 형태를 띤 24개의 글자들로 이루어져 있었다. 각각의 글자들이 "룬"(rune)이었다—룬은 오늘날의 학자들에 의해 "비밀"(secret) 또는 "긁어 놓은 것들"(scratchings)이라는 의미로 해석되는 게르만어의 단어이다. 룬글자는 기원전 300년경에 알프스 지역에 살던 민족들이 에트루리아 알파벳을 개작하여 만든 것이라는 설명이 있다. 룬글자들은 초창기의 다른 알파벳들이 그러했던 것처럼 상업, 통신 그리고 이따금씩 행해지는 주술행위에 사용되었던 듯하다. 오늘날의 연구에 의하면, 룬글자로 쓰여진 거의 모든 글들은 목재의 부식성으로 인해 소실되었다고 한다. 대략 5,000여개의 명문들이 남아 있는데, 대부분이 비석에 새겨진 글들이거나 금속에 긁어서 새겨 넣은 소유권에 대한 선언들로 100년경에서 1600년경 사이의 것들로 추정된다. 대부분이 스웨덴에서 쓰여진 것들이나, 노르웨이 것이 1,000개,

## 중세시대의 알파벳 - 계속

덴마크 것이 약 700여개가 있고, 나머지의 대부분은 주로 독일, 영국, 아일랜드 것이다. 앵글로-색슨족이 세운 영국에서 만들어진 것도 70개가 있다.

앵글로-색슨의 룬 알파벳 못지 않았던 것이—그리고 곧 앵글로-색슨 룬 알파벳을 능가한 것이—앵글로-색슨족이 600년경부터 사용하기 시작한 로마 알파벳이다. 로마글자들이 이미 로마 치하의 영국 거주민들에 의해 사용되어 오긴 했지만, 정복자들인 앵글로-색슨족들은 유럽대륙에서 크리스트교 선교사들이 온 후에야 비로소 로마 알파벳을 배우기 시작했던 듯하다. (영국 땅에 살던 앵글로-색슨족들은 원래 이교도들이었다.) 영국에서 처음 사용되었던 이 로마 알파벳은 27개의 글자들을 갖고 있었으니, 그 27자 중에는 종래의 로마글자들로는 나타낼 수 없는 영어의 소리들을 위해 보충된 4개 또는 5개의 글자들도 포함되어 있었다. 그중 두 글자는 룬글자들로 하나는 영어의 "th" 소리를 나타내는 쏜(*thorn*)이라는 글자였고, 다른 하나는 "w" 소리를 나타내는 윈(*wyn*)이라는 글자였다(당시의 로마 알파벳에는 W라는 글자가 없었다). 따라서 고대 영어 시대에는 쏜과 윈이 룬 알파벳에도 로마 알파벳에도 함께 사용되었고, 그러한 까닭으로 쏜과 윈은 Y와 W와 같은 다른 글자들의 역사에도 뒤엉키게 되었다.

현존하는 가장 오래된 영어기록은 600년경의 것으로 로마글자들로 쓴 몇몇의 성경구절들로 당시에 라틴어로 된 것을 번역한 것들이다. 종교적인, 법률적인 기록들과 600년대 말엽의 시들이 그 뒤를 잇고 있다. 고대 영문학의 꽃인 3,182행으로 구성된 『베어울프』(*Beowulf*)[8세기 초기의 영문학 최초의 두운 서사시: 역자주](Beowulf는 주인공의 이름인 "Bear"를 뜻한다)라는 서사시는 725년경에 작성된 것이 분명하다—그러나 이야기의 배경은 500년대의 것이고, 현존하는 단 한권의 사본은 1000년경의 것으로 추정된다.

1066년의 노르만 정복은 영국의 사회와 언어를 영원히 바꾸어 놓았다. 영국은 프랑스어를 말하는 노르만 출신의 지배계층을 맞게 되었다. 노르만들과 그들의 자손들은 부와 권력을 갖고 있었지만, 인구수에 있어서는 농부, 노동자, 그리고 중산계층의 일부를 이루고 있던 앵글로-색슨족이 압도적으로 많았다. 그러한 상황속에서 고대 영어는 죽지 않고 살아 남았지만 많은 변화를 겪었다. 고대 영어는 1100년대를 기점으로 해서 노르만들이 사용하던 프랑스어의 모습들과 서서히 뒤섞이기 시작하여 실제적으로 새로운 모습의 언어로 변해갔으니, 그 새로운 모습의 언어를 중세영어라 부른다. 이 영어가 바로(1380년경에)

런던의 시인 제프리 초서(Geoffrey Chaucer)가 사용했던 언어이다. 중세영어는 현대영어로 발전해 나갔다. 학자들에 따르면, 현대영어는 대체로 1500년대초에 시작되어 1660년경에 성숙의 단계에 도달한 것으로 생각되어진다.

중세영어는 영어 어휘와 프랑스 어휘는 물론 영어 소리들과 프랑스어 소리들을 결합시켰다. 영국에 거주하는 노르만 성직자들과 학교 선생님들이 사용하였기 때문에 프랑스어의 철자법들과 프랑스어 글자들의 음가가 우위를 차지하였다. 단어들만이 아니라 영어 글자들까지도 오늘날의 영어에 보다 가까워지는 방향으로 변화를 겪었다.

예를 들면, 룬글자였던 윈은 1300년경에 이르러 노르만 글자인 W에 밀려나 영국의 로마 알파벳에서 사라졌다. 그리고 아주 빈번히 사용되었지만 다양하게 발음되었던 고대 영어의 U는 어떤 경우의 철자들에서는 보다 노르만의 언어처럼 보이는 O 또는 OU로 대체되었다—그 결과 ("sun-uh"로 발음되던) 고대 영어의 단어 *sunu*(아들)는 중세영어에서는 *sone*가 되었고 그런 다음에는 "son"이 되었다. 그러나 반면에 *hus* ("hoos")(집)는 *hous*가 된 다음 "house"로 변하였다. 하지만 고대 영어 *sunne*(태양)는 그대로 남아 있다가 결과적으로 "sun"이 되었다.

그런가 하면 노르만의 프랑스어는 원래의 앵글로-색슨족들의 언어에는 없었던 몇몇의 소리들을 도입시켰다. 도입된 소리들은 프랑스어식의 발음이 가미된 모음들과 (예를 들면, A와 O가 새로운 목록에 들어갔다) 로망스어의 소리인 "j"이다 ["j"는 영어 단어 "jolly"에서와 같은 소리로 "jolly"는 "lively"(활기찬) 또는 "pretty"(귀여운)를 뜻하는 고대 프랑스어 *jolif*에서 온 단어이다]. 중세영어에서는 "j" 소리를 (자음으로서의) I로 표기하거나 (부드러운 발음의) G로 표기하였으나, 한세기 후에는 "j" 소리를 새로 만든 글자인 J로 표기하게 된다. J와 더불어 V라는 또 하나의 새로운 글자가 등장하게 된다. W 다음에 알파벳에 들어온 J와 V로 인해 23개의 글자로 이루어져 있던 고대 로마의 알파벳은 26개의 글자를 갖는 오늘날의 알파벳으로 성장하였다. W는 1500년대 말엽에 알파벳에 들어왔지만, J와 V가 완전히 자리를 잡게 된 때는 19세기 중엽에 이르러서였다.

학설에 의하면, 현대 영어에는 50만개의 단어가 있으며, 그중에서 적어도 오늘날의 인쇄물에 정기적으로 나타나는 단어가 대략 5만개 정도라고 한다. 그 5만개의 단어들에는—일본어, 이디시어(Yiddish)[독일어에 슬라브어·히브리어를 섞어 히브리 글자로 씀. 유럽과 미국의 유태인 사이에서 주로 사용됨: 역자주], 고대 그리스어 등등의—많은 언어들로부터의 차용어들이 포함되어 있기는

## 중세시대의 알파벳 - 계속

하지만, 고대 영어와 고대 프랑스어 어휘들이 대략 동등한 수로 가장 커다란 구성성분을 이루고 있다. 초기 영어의 어휘들은 중세기 시대 동안 프랑스어와의 혼합을 통해 12,000개의 단어에서 24,000개로 대략 두배가 되었다. 오늘날 우리가 사용하고 있는 단어들 중 라틴어로부터 온 대부분의 단어들은, "momentum"(운동량), "apparatus"(기구)와 같이 과학이나 기술 분야에서 훗날에 차용된 단어들이 있기는 하지만, 중세 프랑스어를 통해 전달되었다.

(주: 여기서 말하는 고대 영어의 범주안에서의 단어들은 "순수한" 영어가 아니라 800년경부터 1000년경 사이에 바이킹족(Viking)의 영국내 정착과 바이킹족과의 교역을 통해 고대 스칸디나비아어(Old Norse)[14세기까지 노르웨이 및 그 식민지에서 사용된 언어: 역자주]에서 고대 영어로 차용된 단어들이었다. 이 스칸디나비아어에서 차용된 단어들에는 오늘날 사용되고 있는 "skill"(솜씨), "skin"(피부), "bask"(쬐다) 등과 같은 많은 수의 "sk" 단어들이 포함된다.

프랑스어에서 온 단어들과 영어에서 온 단어들을 비교해보면 중세 영어 시대의 사회적 배경을 잘 이해할 수 있다. 스코틀랜드의 소설가 월터 스콧 경(Sir Walter Scott)이 『아이반호』(*Ivanhoe*)(1819)에서 관찰한 바와 같이, 가축들은 도살되기 전에는 영어 이름으로 불렸지만 식탁에 올려지면 노르만 귀족들이 먹기 때문에 프랑스 이름으로 불렸다. 따라서 영어의 "sheep"(양), "cows"(소), "calves"(송아지), "swine"(돼지)가 일단 도살되어 요리가 되면 "mutton"(양고기), "beef"(소고기), "veal"(송아지고기), "pork"(돼지고기)와 같이 프랑스어 이름이 되었다. 로버트 클라이본(Robert Claiborne)은 자신의 책 『우리의 경이로운 모국어』(*Our Marvelous Native Tongue*)(1983)에서 또 다른 예들을 보여주었다. 앵글로-색슨족들은 "cottages"(오두막)에서 살았지만, 노르만들은 "mansions"(저택), "manors"(장원), "castles"(성)에서 살았다. 앵글로-색슨족들은 "croft"(소작지)에 기대어 소작농사를 지었지만, 노르만들은 "farm"(농장)을 소유하여 농장의 땅을 "rent"(소작료)를 받기 위해 "lease"(임대)하였다. 앵글로-색슨족들은 "work"(일)를 하였고, 노르만들은 "profit"(이익)를 챙겼다. 하지만 노르만들 또한 "war"(전쟁), "government"(국가), "study"(학문)와 같은 "appropriate"(고유한) "pursuits"(임무수행)를 위해서는 "labor"(근로)를 해야 했다.

예외들이 있기는 하지만, 고대 영어 단어들은 생활필수품이나 기본적인 경험에 해당하는 어휘들을 제공하는 반면에 프랑스어에서 온 단어들은 보다 지적이거나, 여유롭거나, 전문화되거나 수익과 관련된 활동을 표현하는 단어들을 제공하는 경향이 있었다. 많은 예 중에서 *heaven*(천당), *hell*(지옥), *sky*(하늘), *earth*(땅), *life*(목숨), *death*(죽음), *love*(사랑), *hate*(미움), *day*(낮), *night*(밤), *food*(음식), *sleep*(잠), *summer*(여름), *winter*(겨울), *mother*(어머니), *father*(아버지), *husband*(남편), *wife*(아내), *home*(집) 등은 고대 영어에서 온 어휘들이다. 그리고, 예를 들면, *president*(의장), *legislature*(입법부), *congress*(평의원회), *constitution*(헌법), *parliament*(국회) 등은 프랑스어에서 온 어휘들이다. *baker*(빵굽는 사람)과 *sheperd*(양치기)는 영국 사람들이었고, *banker*(은행가)와 *doctor*(의사)는 프랑스 사람들이었다. 프랑스 요리가 우월하였음은 *boil*(끓이다), *broil*(굽다), *fry*(튀기다), *grill*(석쇠로 굽다), *roast*[(오븐에) 굽다], *toast*[(빵을) 굽다], *sauce*(소스), *dinner*(만찬), *table*(식탁) 등의 프랑스어에서 들어온 단어들을 통해 엿볼 수 있다[그러나 "cuisine"(요리[법])과 "menu"(식단표)는 중세기 이후에 차용된 것들이다].

영어에 들어온 어떤 프랑스어 단어들은 어떤 영어 단어들과 같은 의미를 갖고 있다. 그러한 단어들의 짝을 언어학자들은 "이중어"(doublet)라고 부른다. 이중어짝 중 프랑스어 단어들은 영어 단어들보다 대체로 보다 객관적이거나 추상적 단계에 위치한다. 다음의 이중어짝들을 비교해보라. 앞의 것이 고대 영어의 단어들이다. *freedom*(멋대로 함)과 *liberty*(자유), *love*(사랑)와 *affection*(애정), *hatred*(미움)와 *enmity*(증오), *friendship*(벗으로서의 사귐)과 *amity*(친교), *truth*(참)와 *veracity*(진실), *lying*(거짓)과 *mendacity*(허위) 그리고 (위에서 예로 든) *work*(일)와 *labor*(근로). 앞의 짝들에서 영어 단어는 물리적 상황에 보다 잘 어울릴 수 있을 것이나 ["deep water"(깊은 물)], 프랑스어 단어들은 정서적 분위기에 더 어울릴 수 있을 것이다["a profound essay"(심오한 수필)]. 영어 단어들은 보다 더 친밀하고 노골적인 효과를 지니고 있어 통계적으로 볼 때 영시나 수사에 보다 더 많이 쓰인다. 예를 들면, 영국의 해군제독 호레이쇼 넬슨(Horatio Nelson)이 1805년 전쟁 바로 직전에 한 말인 "England expects that every man will do his duty"(영국은 모든 장병이 자신의 의무를 다할 것을 기대한다)를 보면, 프랑스어 단어는 유일하게 "expects"뿐이다.

이중어는 영어가 갖는 가장 큰 강점 중의 하나로 어휘가 풍부(richness)(프랑스어 단어임)해졌거나 많아(wealth)(영어 단어임)졌다. 서로 다른 위상으로 이미 존재하고 있는 단어들 중 어떤 단어를 선택하느냐에 따라 영어는 왕왕

## 중세시대의 알파벳 - 계속

근소한 의미의 차이를 재빠르게 포착할 수 있다. 아울러 같은 단어의 반복을 피하기 위해 단어의 사용을 달리 할 수 있게도 만든다.

영어 단어의 두가지 다른 근원은 소리와 글자들에도 영향을 끼친다. 유일무이하게도 영어는 서유럽의 중요 어족인 게르만어족과 로망스어족의 요소들을 함께 지니고 있다. 게르만어족임에도 불구하고 영어는 "j"와 같은 로망스어족에서 온 소리들을 갖고 있다. 어떠한 게르만어에도 "j" 소리는 없다. (독일 사람들 대부분은 영어 단어 "Germany"(독일)를 발음하기 어려워 대신 "Chermany" 처럼 발음한다.) 또는 K와 C의 문제가 있다. 독일과 스칸디나비아는 복잡하지 않은 글자인 K를 몹시 선호하고 C를 경시한다. 로망스어의 철자에서는 정반대이다. 프랑스어와 이탈리아어에서는 대부분의 경우 C를 쓰며, K는 주로 외국어에서 차용해 온 단어들에만 사용될 뿐 거의 필요가 없다. 하지만 영어는 양쪽 진영 모두와 입을 맞춘다. 영어에서는 C를 선호하여 E, I, 또는 Y 앞에서는 중세 프랑스어에 의해 가르침을 받은 것처럼 부드러운 소리의 C를 사용한다. 그러나 영어에서는 프랑스어에서와는 달리 K에도 의존하여 E나 I 또는 Y 앞에 "k" 소리가 나타나는 단어들도 많이 있고—*kennel*(개집), *kin*(친척), *picky*(꽤 까다로운)—K가 그 소리를 보여주는 유일한 방법이다.

• *인쇄술의 보급.* 독일의 마인츠(Mainz)에 살던 금세공인 요한 구텐베르크에 의해 1452년경에 실용적인 인쇄술이 발명된 것은 세계역사에 있어서 획기적인 사건이다. 1453년에 있었던 오토만 터키(Ottoman Turk)에 의한 콘스탄티노플[동로마 제국의 수도: 역자주]의 함락과 더불어 구텐베르크의 돌파구는 대체로 역사가들에 의해 중세기의 종말과 성숙한 문예부흥기 또는 현대시기의 시작의 경계선으로 사용된다. 초기의 인쇄술 이야기는 210-13쪽에서 역사 분야에 대한 설명에서 다룬다.

현대 영어의 발생은 1066년 10월의 어느 오후에 영국의 남쪽 해안가에서 일어났던 유혈사건으로 거슬러 올라간다. 브라이톤(Brighton)에서 동남쪽으로 30마일 떨어진 헤이스팅스(Hastings)에서의 전투에서 프랑스어를 사용하는 아마도 5,000명으로 구성된 노르만디의 윌리엄 공(Duke of William of Normandy)이 이끄는 침략군이 영국왕 헤롤드(Harold) 휘하의 7,000명의 영국 방어군을 무

너트리고 윌리엄은 영국왕의 권좌를 얻었다. 그것은 노르만들이 침입하면서 수행한 유일한 전투였으며, 영국의 역사에 가장 많은 영향을 끼친 전투가 되었다. 노르만들의 프랑스 사회와 앵글로-색슨족의 영국 사회가 혼합됨에 따라 변형된 형태의 국가와 언어가 출현하게 되었던 것이다.

바이으 태피스트리(Bayeux Tapestry)[영국 역사상 노르만의 정복을 묘사한 중세 자수품: 역자주]에 나타난 한 장면에 의하면, 전쟁이 시작되자마자 노르만 기병들이 영국의 방어벽을 무너트렸다. 물론 장비와 전체적인 준비에 있어서 불리한 처지에 있기는 했지만, 노르만 병사들이 퇴각을 가장하여 영국 병사들의 전열을 흐트러트려 매복하고 있던 병사들에게 걸려들자마자 그리고 헤롤드 왕이 전투중 전사를 하자마자 영국군은 바로 그날 패전하였다.

자수그림은—기술적으로 말하자면, 일일이 수를 놓은 것이 아니라 그림들을 꿰매어 붙여 놓은 것이므로 자수라 할 수 없지만—전투가 있었던 세대에 만들어졌으며, 한때 노르만들의 중심지였던 프랑스의 북서부지역에 위치한 바이으(Bayeux)에 보관되었다고 전해진다. 231피트 길이의 기다란 린넨천에 염료로 물들인 모직섬유로 만들어진 70여개가 넘는 선명한 장면들은 정복의 배경, 중요 사건들, 그리고 주로 전투장면들을 묘사하고 있다. 천의 가장자리, 위와 아래 부분은 무늬나 보조적 그림들로 채워져 있으며 라틴어로 된 간략한 설명들이 수 놓아져 있다. 위의 장면에서 보이는 라틴어는 *contra Anglorum exercitum* 이다(마지막 글자인 M은 V처럼 생긴 U 내부에 수평의 획을 그어 나타냈다). 이 글은 문장의 마지막 단어들로 마지막 4개의 단어들을 번역하면 : "윌리엄 공이 자신의 부하들에게 영국군과의 전투를 용기를 가지고 빈틈 없이 준비하도록 격려하고 있다"이다.

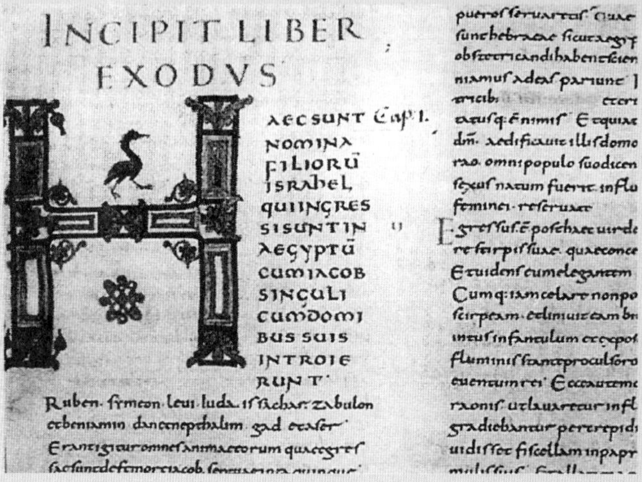
INCIPIT LIBER
EXODVS
HAEC SUNT
NOMINA
FILIORŪ
ISRAHEL
QUI INGRES
SI SUNT IN
AEGYPTŪ
CUM IACOB
SINGULI
CUM DOMI
BUS SUIS
INTROIE
RUNT

매력적이면서도 화려한 대문자 H로 『대성경』(Grandval Bible)의 『출애굽기』(Exodus)가 시작된다. 184-85쪽 상자안의 내용을 참조하라.

## 살짝 빈혈기가 있는 H

H가 얼마나 어렵사리 글자의 자격을 얻었던가! 알파벳의 여덟번째 글자인 H는 알파벳 글자들 중 가장 보잘 것 없는 글자이기도 하다. 문제는 H의 소리에 있다.

다른 글자들은 모두가 다 날숨과 성대, 인후, 혀, 치아 또는 입술과 같은 발성기관들의 상호작용에 의해 만들어진 소리들을 나타낸다. A, K 또는 M의 소리들을 생각해보라. H는 날숨 이외에는 그 어떤 것들에 대해서도 권리를 주장하지 않는다. 유일무이하게도 H의 소리는 어떤 다른 발음도 수반하지 않는다.

소리가 약한 탓에 H는 영어는 물론 다른 언어들의 단어들에서도 세월이 흐름에 따라 그 소리가 희미해지는 내력을 갖고 있다. 뿐만 아니라 H는 여러 세기에 걸쳐서 심지어는 알파벳에 속할 수 있는지 굴욕적인 논쟁의 대상이 되기도 했다. 오늘날 우리는 H를 자음으로 분류하고는 있지만, 글자가 아니라 "기식"(aspirate)이나 소리를 지닌 호흡과 같은 어떤 다른 것으로도 취급될 수 있다.

## 글자체들 사이의 서열

매력적이면서도 화려한 대문자 H로 『대성경』으로 알려져 있는 중세시대에 라틴어로 필사된 성경의 『출애굽기』가 시작된다(후에 이 성경은 한때 스위스의 한 수도원에 보관된 적이 있었다). 840년경쯤에 프랑스의 서부 중앙지역의 투르(Tours)에 있는 성 마르텡(St. Martin) 수도원에서 펜으로 쓰여졌고, 현재는 런던의 대영박물관에 소장된 보물과도 같은 이 성경은 대략 800년에서 1050년 사이에 서유럽에서 가장 으뜸가는 라틴어 필사체였던 카롤링거 왕조풍의 소문자들로 쓰여진 가장 훌륭한 예이다. 카롤링거 왕조풍의 소문자는 프랑크의 왕 샤를마뉴의 치하에서 만들어졌으며, 한세기 지나 곧바로 오늘날 사용하는 인쇄체 소문자 형태에 영감을 주었다. (173-74쪽과 209-13쪽을 참조하라.)

성경 전체가 모두 카롤링거 왕조풍의 글자들로 쓰여진 것은 아니었는데, 이는 오히려 글자체들의 서열을 보여주는 것이다. 세개의 단어로 이루어진 큰 표제는―이곳에서부터 『출애굽기』가 시작된다―전통적인 로마의 각진 대문자들로 쓰여져 있는데, 이 글자들은 암석에 새겨진 고대 로마글자들의 형태와 비슷하다. 그 아래로 첫글자인 H 다음에 나오는 1장 1절은 펜으로 쓴 언셜체로 되어 있다(언셜체에 대해서는 167-69쪽을 참조하라).

첫문장은 *Haec sunt nomina filiorum Israhel qui ingressi sunt in Aegyptum*으로 그 뜻은 "애굽에 들어온 이스라엘 아들들의 이름은 이러하다"이다. (중세시대의 라틴어 서법에서는 M이 마지막 글자일 경우 선행하는 모음 위에다 횡선을 덧붙여 표시할 수 있었다.) *Israhel*이라는 단어에는 처음 시작에 나온 각진 형태의 대문자 H와는 다른 형태로 보이는 언셜체 H가 들어 있다. 언셜체 h의 모습은 오늘날의 소문자 h로 향한 가장 초기 단계의 형태를 나타낸다.

언셜체로 쓰여진 간단한 문장 아래에서 2절과 그 다음 본문의 글자체는 카롤링거 왕조풍의 소문자들로 바뀐다. 비록 글자의 크기가 작기는 하지만(지면과 재료를 절약할 수 있지만), 글자들의 배치는 놀라울 정도로 명백하다. 카롤링거 왕조풍의 글자들과 B, G, N 등과 같은 언셜체 글자간의 형태의 차이를 주의 깊게 살펴보면, 대체로 카롤링거 왕조풍 글자들의 형태가 오늘날의 인쇄

H가 별로 중요하지 않은 위치를 차지하는 것은 별난 이름 탓도 아니다. 그 이름이 왜 아이치(*aitch*)인가? 영어의 대부분의 글자들은 글자들의 소리를 따라 이름이 지어졌다. 자음의 이름을 붙이는 전형적인 방법은

체 소문자들의 형태에 더 가까운 것을 알 수 있다. (하나의 예외는 기다란 형태의 카롤링거 왕조풍의 S로 혼돈스러울 정도로 f의 형태와 닮았다.) 문장을 끝내기 위해서 점과 빈칸을 체계적으로 이용하고 다음 문장의 첫단어를 확대한 글자로 시작한 것도 주목해보라.

확대해서 쓰는 글자들은 세 부류 중의 하나에 속한다. 대부분은 카롤링거 왕조풍의 소문자들을 "크게 쓴" 것들이다―펜으로 약간 크게 써서 다른 지문이나 마찬가지로 동일하게 배열한다. 하지만 소수이기는 하지만, 꽤 많은 수에 (즉, 두번째 부류에) 해당하는 것들이 소문자 사이에 배열된 언셜체 글자들이다. 그리고 짝을 이루는 것은 (즉, 세번째 부류에 속하는 것은) 모난 대문자들이다. 이 시기의 성경에서는 일반적으로 단독의 대문자는 각 성경의 새로운 장을 시작하는 첫단어의 첫글자로 사용되었다. 마찬가지로 언셜체는 같은 장 안에서 새로운 절을 시작하는 글자로 사용되었다.

따라서 여기에서 (크게 쓴 H 바로 아래의) 2장 1절의 *Ruben*의 R은―네 단어 뒤에 나오는 *Issachar*(이삭)의 카롤링거 왕조풍 소문자 r과는 다른 형태로 보이는―언셜체로 시작된다. 오른쪽 난의 중간쯤 오른쪽으로 돌출되어 나온 커다란 대문자 E는 *Egressus*가 2장의 첫단어임을 알리는 것이다. 거기에서 바로 두줄 아래로 보이는 언셜체 E는 2장 2절의 시작을 표시한다. 언셜체 E는 근처에 있는 모난 대문자와 카롤링거 왕조풍 e의 형태들과는 다르게 보인다.

편지지 크기의 한면에 세 단계의 서열이 반영되어 있다. 언셜체들은 카롤링거 왕조풍의 글자들보다 크다. 그러나 각진 대문자들이 언셜체보다 더 크다. 따라서 세가지 종류의 글자 중 가장 큰 모난 대문자가―여기서는 H가―책을 시작하는 글자이다.

이러한 서열을 통해 본문이 오늘날의 방식으로 처리되기 시작하였음을 본다. 각각의 글자는 모종의 규칙에 따라 동일한 면에서도 다양하게 사용될 수 있으며, 그 사용에 따라 한가지 이상의 형태를 갖는 것으로 생각된다. 오늘날의 인쇄에서는 주로 대문자와 소문자 두가지 범주의 글자들을 사용한다. 『대성경』에서 문장을 시작하는 커다란 크기의 카롤링거 왕조풍의 글자나 언셜체 글자는 오늘날 문장을 시작하는 대문자에게 자리를 양보하였다.

*bee, jay, en, ar* 등과 같이 해당 글자의 소리에다 모음을 덧붙이는 것이다. 논리적으로 H는 "hee"또는 "hay"로 불릴 수 있다. 아이치라는 이름은 "h"라는 소리 조차 지니고 있지 못하다. 하나 또는 두개의 다른

글자들의 이름만이 그 이름에 해당하는 소리를 지니고 있지 못하다. W의 이름은 적어도 시각적으로는 설명적이며, Y의 이름은 자음으로서의 "y"는 없지만 이름에 들어 있는 모음 "i"의 소리를 나타낸다. H의 이름이 갖고 있는 문제는 무엇인가?

첫째로, 분류에 문제가 있다. 500년경 웅장한 도시 콘스탄티노플에서 라틴어 문법의 권위자인 프리스키안(Priscian)은 H를 진정한 의미의 글자가 아니라고 판단했다. 『문법 원리들』(*Principles of Grammar*)이라는 제목의 저작에서 그 이전 여러 세기에 걸쳐 이루어진 라틴어에 대한 연구들에 의존하여 프리스키안은 H를 단어의 철자상 앞이든 뒤든 옆에 나오는 글자를 위한 기식적 소리임을 알려주기 위한 단순한 부호로 정의하였다. 프리스키안은 (그리고 그가 참조한 자료들은) H의 가장 흥미로운 특성을 이해하고 있었다. H는 자신의 소리인 만큼 또 옆에 따라 나오는 소리의 소리인 듯 보인다는 것이다.

자음글자들의 발음은 모두 어느 정도는 옆의 글자에 의존을 한다. 자음들은 전형적으로 모음에 기대어 자신의 소리를 드러내 보인다. 예를 들면, T의 소리 자체는 뚜렷하지 못하지만, ["put next to"(~의 옆에 놓다)에서와 같이] 모음이나 적당한 자음 옆에 놓이게 되면 뚜렷하게 구분될 수 있는 소리로 발음된다. H는 가장 극단적인 경우이다. 실제로 H는 홀로는 들리지 않는 소리다. H 소리를 들리게 하기 위해서 "hat"(모자)에서는 A, "adhere"(부착하다)에서는 E, "when"(언제)에서는 W와 E를 필요로 한다. (*when*은 고대 영어에서는 *hwenne*이라 쓰이고 그렇게 발음되었는데, 이는 H의 기능을 보다 명확하게 보여주는 것이었다. 현대 영어에서 쓰이고 있는 대부분의 WH-어들[*who, where, when* 등의 단어들: 역자주]은 원래는 HW로 철자되었던 것들이다.)

하지만 "hat," "adhere," "where"에서 H는 오직 다른 글자의 발음에 약간의 기식을 덧붙이는 영향을 미칠 뿐이라고 말할 수 있다. 그런 개념에 의하면, H는 그 자체로서는 글자로 취급되어서는 안 될 것이다.

우리의 알파벳과는 조금 다른 알파벳에서는 H의 소리가 다른 글자 위에 강세부호로 완벽하게 표시될 수 있는 것을 볼 수 있다.

"hill"(언덕)이라는 단어를 생각해보자. H를 강세로 바꾸어 I의 위로 가게 만들어도 아무런 문제도 생기지 않는다. 여전히 "hill"로 발음할 것이다. 물론 철자는 "îll"처럼 되겠지만. 마찬가지로 "rehab"(갱생시설)는 강세부호가 첨가된 A를 이용하면 "reâb"가 될 수 있다. 그리고 "when"은 "ŵen"이나 "wěn"이 될 수 있다.

이러한 방법은 그리스어에서의 방식 바로 그것이다. 그리스어의 서법에서는 "h" 소리를 글자가 아니라 기식적으로 발음될 다른 글자의 위 또는 옆에 첨가되는 강세부호로 표시한다. 영어에서 "Heracles" 또는 "Rhodes"와 같이 H로 음역되는 그리스어 단어들에서 조차도 기계적으로 강세부호가 사용된다. 그러한 단어들의 그리스어 철자에는 H가 없고 단지 강세부호만 있을 뿐이다.

옛날 고대 그리스 알파벳에 H라는 글자가 있었다. 그 글자가 오늘날의 H의 할아버지가 되었다. 그러나 고대 그리스 사람들은 결국 H의 소리를 자신들의 글자목록에서 없애는 대신 H라는 부호를 다른 소리에 다시 할당함으로써 글자를 경제적으로 이용할 수 있다는 것을 알아냈다.

놀랍지 않게도 로마글자와 그리스 글자에서 H가 갖는 열등한 지위가 특히 그리스어와 라틴어에 열광적인 유럽 사람들로 하여금 훗날에 대해 생각할 수 있도록 만들었다. 그러한 사람들 중의 한 사람이 프랑스 문예부흥기의 학자이며 글자체 도안가였던 조프로와 토리(Geofroy Tory)(54쪽에서 소개한 바 있다)였다. 1529년에 알파벳에 대해 쓴 훌륭한 책인 『꽃밭이 있는 정원』에서 토리는 부드럽지만 단호하게 다루고 있다. "기식은 글자가 아니다. 그럼에도 불구하고 시적으로는 글자로서 자리를 차지하도록 허용된다."

그런 생각은 2,000년이나 지난 지금도 마찬가지다. 1712년에 『영어

문법』(*English Grammar*)이라는 책을 쓴 영국의 그리스어 및 라틴어 학자인 마이클 마이태어(Michael Maittaire)와 같은 고풍의 사색가들에게 있어서는 적어도 그렇다. 괄목할 만한 것은 마이태어는 자신의 책의 서론의 장에서 글자들에 대해 논의하면서 H를 포함시키지 않고 뒤에서 H만을 별개의 장으로 논의하고 있다는 것이다. "H는 글자로서 적절하지 못하며, H의 사용은 음절들에 속하는 표식들과 함께 가르쳐야 한다"라고 그는 당당하게 설명한다.

그러나 H를 글자로 옹호하는 사람들도 있다. 그중 한 사람이 영국의 극작가이며, 시인이며, 학자인 벤 존슨이었다(벤 존슨에 대해서는 이미 103쪽에서 설명한 바 있다). 존슨의 1640년의 『영어문법』은 H를 공평하게 취급하고 있다. 한편으로 존슨은 H가 글자인가 아닌가에 대한 문제는 회피하고 있다. 글자들에 대해 개략하면서도 존슨은 H를 논의할 순서에서 H에 대해 논의하지 않고 문제점만을 인정한 채 Z의 논의가 끝나도록 설명을 하지 않는다. 하지만 그가 말해야 할 내용은 지지적이다. 어떤 이름을 붙이던 H는 다른 글자들—모든 모음들과 몇몇의 자음들—의 소리를 발음하기 위해서는 없어서는 안 된다는 것이다.

"글자이든 글자가 아니든 H는 고대 학자들에 의해 연구되었으며, 몇몇의 그리스 학자들에게는 너무나도 비난을 당한 나머지 단순한 기식으로 알파벳에서 제거되었다‥‥ 하지만 글자이든 유령이든 우리의 언어에서는 모음들의 앞과 뒤에서 H를 많이 사용하고 있다. 그리고 나는 그녀가 (누군가가 H를 그녀라고 부르는 것을 들은 적이 있다) '자음들의 황태후'라고 감히 말할 수는 없지만, 그녀는 그리스어의 기식음인 *rh*로부터 파생되어 나온 때로부터 c, g, p, s, t, w 또는 r에게도 생명을 불어넣어주고 생기를 북돋아주는 역할을 하였던 것이다."

존슨은 CH, GH, PH, SH, TH, WH, RH에서와 같이 H가 다른 자음들과 짝을 이루는 경우의 H의 역할에 대해 언급하고 있다. 이들 짝은 대부분 고대 영어에서 온 단어들에 나타나지만 고대 그리스어에서 온 것들도 있다. *cheat*(속이다), *sigh*(한숨쉬다), *telephone*(전화), *shape*(모양), *that*(저것), *what*(무엇), *rhapsody*(서사시) 등이 H가 다른 자음들과 짝을 이루어 사용되는 예들이다. 이들 7개 짝들의 역사는 다양하고 복잡하다. 고대시절에는 이들 짝들에서 "h"의 소리가 오늘날에 비해 보다 뚜렷했다. 현대 영어의 발음에 관해 말하자면, H는 동반하는 자음의 소리를 확실하게 만들어주거나(*what*, *rhapsody*), 동반하는 자음과 함께 묶음이 되거나 (*sigh*), 동반하는 자음과 합세하여 전혀 새로운 소리를 만들어낸다(*enough*, *cheat*, *telephone*, *shape*, *that*).

이상적으로 말하자면, "sh"와 같은 소리는 자신만의 단일 글자를 갖고 있어야 할 것이다. (예를 들면, 히브리어에서는 "sh"가 단일 글자를, 러시아어에서는 "ch" 소리가 단일 글자를 갖고 있다.) 하지만 SH, CH, OI와 같이 두개의 글자에 의존하는 것이 문어적 영어에서의 본질적 특징이다. 이 방법으로 영어에서는 필요한 글자의 수를 줄이는 것이다. 그래서 비록 알파벳의 글자가 26개이지만 알파벳의 글자수를 늘리지 않고도 영어에 있는 많은 수의 소리들을 다 처리할 수 있다.

이와 같이 다른 글자들과 짝을 짓는 방법 덕분에 H는 그 사용빈도에 있어서 상위를 차지한다. 영어로 인쇄된 글자들 중에 9번째로 많이 사용되는 글자가 되었으며, 그 사용빈도상의 위치는 R과 D 바로 위의 어디쯤에 해당된다. 하지만 구어적 영어를 분석한 경우에는 "h" 소리의 빈도는 영어의 소리들 중의 1.5 퍼센트도 안 될 정도로 낮다. 분명히 H의 활동은 문어에서 다른 글자들과 짝을 짓는 것이 대부분이다.

H가 항상 그렇게 복잡한 것은 아니었다. 기원전 1000년경의 페니키아 알파벳에서 8번째 글자는 "Bach"에서와 같은 독일어의 후두음인 "ch" 소리를 갖고 있었다. 페니키아의 모든 글자의 소리는 해당 글자의 이름의 첫소리에 나타나 있었다. H에 해당하는 페니키아 글자는 크헤트(*khet*)("kate"로 발음되었는데, K는 기식을 띈 활기찬 소리였다)라 불렸었다. 아마도 그 이름은 페니키아 사람들이 사용하던 셈어로는

"울타리"의 의미였다.

그런가 하면 페니키아어의 "h" 소리는 알파벳에서 5번째 자리를 차지한 헤(*he*)라는 이름의 글자로 표시되었다. 오늘날 헤는 E라는 글자가 되었으며, 여전히 5번째 자리를 차지하고 있다. 반면에 크헤트는 H가 되었으며, 여전히 8번째 자리를 차지하고 있다.

그리스 사람들이 기원전 800년경에 페니키아 알파벳을 베꼈을 때 헤와 크헤트는 약간의 수정이 가해지기는 했지만 모두 그리스 글자들이 되었다. 그리스 사람들은 구별하기 어려운 헤를 모음으로 바꾸어 엡실론(*epsilon*)이라 불렀다. 그런 다음 그리스 사람들은 "h" 소리를 표기하기 위해 페니키아의 8번째 글자인 크헤트를 택했다. 크헤트의 소리가 적어도 "h" 소리와 비슷했기 때문이었다. 그리스 사람들은 크헤트에다 "h" 소리를 다시 부여하고 낯설은 이름을 보다 그리스식으로 들리는 이름으로 고쳤다. 고대 그리스어에서 그 글자는 에타(*eta*)("eight-a"라고 발음되었다)라는 이름으로 불렸다고 전해지지만, 의심할 것 없이 그 첫이름은 분명 헤타(*heta*)("hate-a")였을 것으로 "h" 소리를 나타냈을 것이다. 그리스어에서는 두 이름 어느 것도 글자를 지칭하는 것 이외에는 아무런 의미가 없었다. 초기 그리스 알파벳에서 그 글자의 형태는 페니키아의 크헤트와 꼭같아 보였다.

알파벳에서 8번째 자리를 차지하고 "h" 소리를 나타내는 이 그리스 글자 헤타는 기원전 700년경에 이탈리아에 전달되어 에트루리아와 로마 사람들의 알파벳의 글자가 되었다. 그러는 사이에 멀리 떨어져 있는 그리스어의 한 방언인 소아시아(Asia Minor) 서해안 지역의 "동그리스어"(East Greek)에서 변화가 일어났다. 이 방언에서는 헤타가 모음 글자로 바뀌어 에타(*eta*)가 되어 그리스어의 장모음 E를 나타내게 되었다. 기원전 400년경에 아테네시의 역동적인 문명에 채택되면서 모음 에타가 있는 동그리스어 알파벳은 점차로 그리스 전체의 일반적인 알파벳으로 변해갔다. 그렇게 되자 그리스어의 방언들 중에서 "h" 소리가 있는 방언에서는 “h” 소리를 강세부호를 이용하여 표기하였다. 그리고 그런 방법을 현대 그리스어가 전승받은 것이었다.

기원전 700년대의 서그리스어 알파벳에서의 “h” 글자는 日의 형태를 하고 있었다. 이탈리아에 당도하자 그 글자는 여전히 에트루리아 알파벳의 8번째 자리의 글자로 베껴졌다. 그런 다음 에트루리아 글자는 기원전 600년경에 로마 사람들에 의해 베껴져 로마 알파벳으로 새로이 태어났다. 그후 세월이 흐름에 따라—그리고 아마도 그리스 알파벳에서의 발전을 모방하여 에타라는 글자의 형태를 흉내내어—로마 글자 H의 위 아래로 수평의 획이 덧붙여져 H처럼 보이게 되었다. 로마 사람들은 자신들의 글자를 하(*ha*)로 불렀고 (웃지 마세요), 그 글

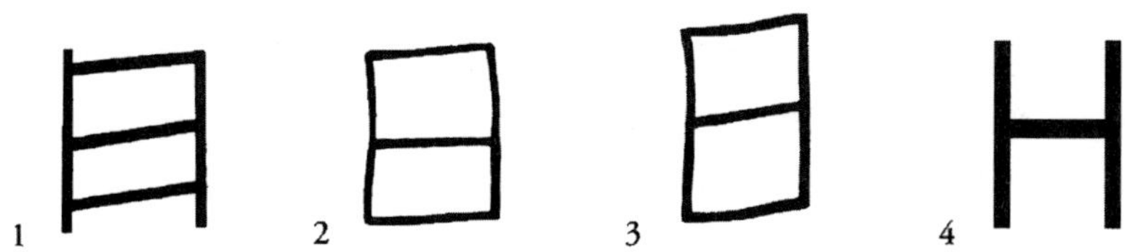


(1) 기원전 1000년경의 명문에서 나온 “울타리”라는 의미의 페니키아 크헤트. 페니키아 알파벳의 8번째 글자인 크헤트는 그 이름의 첫소리에 나는 강한 “ch” 소리를 나타냈다. 글자의 형태는 가축들을 가두기 위해 울타리를 친 구획을 의미했던 듯하다. 두개의 기둥을 세우고 그 사이를 끈으로 묶어 맨 그런 형태이다. (2) 기원전 900년경쯤 즈음해서는 페니키아의 크헤트는 보다 단순한 형태가 되었다. (3) 기원전 725년경의 명문에서 나온 초기 그리스 알파벳의 헤타(*heta*) 또는 에타(*eta*). 그리스 사람들이 기원전 800년경에 베낀 페니키아 알파벳의 일부분으로써 글자는 상자의 형태를 띠고 있으며, 페니키아 알파벳에서처럼 8번째 자리를 차지하고 있었지만, 소리는 새로운 소리인 “h” 소리를 나타냈다. (4) 기원전 400년경의 아테네 그리스 알파벳의 에타. 플라톤(Plato)과 다른 사람들에 의해 사용되었던 “고전적” 그리스 알파벳에서의 에타는 오늘날의 H와 비슷한 형태였으나, 그리스어의 장모음 E를 나타내는 모음이었다(오늘날의 장모음 A와 비슷한 소리로 발음되었다). 그러한 세개의 에타 모음들은, 예를 들면, 대리석에다 “King Alexander”(알렉산더 왕)라 새겨 넣은 (82쪽에서 본 바 있는) 기원전 334년의 명문에서 찾아볼 수 있다. 현대 그리스어에서 에타는, 정확히 말하자면, “ee”와 같은 모음소리를 나타낸다.

자를 효용성 있게 사용하였다.

로마 사람들이 사용하던 라틴어에는 "h" 소리로 시작되는 상당수의 단어들이 있었다. 그러나 덧붙여 말하자면, 로마 사람들은 함께 나오는 글자를 "강하게" 만들어주기 위한 부호로서 H를 삽입하는 방법을 사용하기 시작했던 것이다. 로마 사람들은 그리스어에서 들여온 차용어들을 라틴어로 음역할 때 특히 이 방법을 사용하였다—이런 방법은 크리스트교의 시대로 이어지는 여러 세기 동안에 증대되고 있던 그리스어에서의 차용어가 갖는 중요성에 대한 배려였다. 그 기간 동안에는 그리스의 기술과 문화적 개념들이 로마사회를 형성하고 있었기 때문이었다.

그리스 글자의 소리 중에는 라틴어의 소리에 해당되지 않는 것들이 있었다. 로마 사람들은 라틴어에 소리가 없는 4개의 그리스 글자들의 소리에 가장 가까운 소리를 갖는 라틴어 글자 다음에다 H를 함께 써서 그 발음이 보다 후두음적이고 무기음적임을 상징함으로써 그리스어에서의 소리를 대략적으로 나타낼 수 있다고 생각했다. 따라서 무기음인 K 또는 C의 소리를 나타내는 그리스 글자 크히(*khi*)는 라틴어에서는 C 홀로가 아니라 C에다 H를 덧붙여 쓰게 되었다. 이런 까닭으로 [*chrome*(크롬염료), *chronic*(오래된), *psychic*(정신적인)에서와 같은] 강한 CH 소리가 태어나게 되었고, 그러한 연유로 현대 영어에서는 고대 그리스어에서 유래된 단어들에서는 거의 항상 강한 CH 소리가 나타난다.

마찬가지 방법으로 로마 사람들은 T에다 H를 덧붙여 쎄타(*theta*)라는 이름을 시작하는 (라틴어에는 없는) 소리를 대략적으로 나타냈다. 무기음으로 사용되는 그리스 글자 로(*rho*)는 로마 알파벳에서는 RH로 쓰여졌다. 그리고 그리스 글자 피(*phi*)는 PH가 되었다. 오늘날 "Philip"(필립), "photo"(사진) 또는 "Anglophile"(친영파의)과 같은 단어들에서와 같이 그리스어나 라틴어에서 유래된 PH는 F로 발음되지만, 고대시절에는 그렇지 않았었다. 그렇지 않았다면, 실용적인 로마 사람들은 그 소리를 자신들이 가지고 있던 글자인 F로 표기하였을 것이다. 오히려 그리스의 피가 나타내는 소리는 P 소리와 F 소리의 중간쯤 되는 소리로 P를 발음할 때 공기가 훅 불려 나오는 소리와 F를 발음할 때 공기가 마찰되어 나오는 소리가 합쳐져 나는 소리로 어떻든 오늘날에는 없는 그런 소리였다.

그리스 글자들에 상응할 수 있는 이런 방법들이 있었기에 키케로 시절의 로마 귀족들은 *philosophia*(철학) 강좌나 *rhetorice*(수사) 경연대회에 참가를 하거나, *theatrum*(극장)에서 공연을 관람하거나, 밖으로 나와 굉장한 *architectura*(건축물)에 찬사를 보내거나, 그외 수백여가지에 달하는 그리스와 그리스어 단어들에서 유래된 활동에 참여할 수 있었다—그리고 그런 활동들에 대해 라틴어로 글을 쓸 수 있었다.

세월이 빠르게 흘러 1200년경이 되었다. 노르만들의 지배를 받고 있던 영국에서는 노르만 출신의 성직자와 선생님들이 순전히 로마글자들만을 이용하여 토박이 영어 단어들을 음역하여야 할 필요에 봉착하게 되자 옛날 로마 사람들이 사용했던 수법을 빌렸다. 단어들의 철자를 쓰면서 소리를 "강하게" 만드는 방법으로 해당 글자에 H를 덧붙였던 것이다.

앵글로-색슨족들의 전통적인 서법에서는 받아들인 로마글자들 이외에도 영어의 어떤 소리들을 표기하기 위해 4개의 특별한 글자들을 사용하였다. 영어의 그러한 특별한 글자들의 사용을 막고 글자 자체를 없애려고 애를 썼던 노르만 출신의 사람들은 대신 H의 사용에 크게 의존하였다. 그러한 이유로, ("thus," "the" 등에서와 같이) 영어에서 흔하게 사용되는 "th" 소리는, 그 이전에는 쏜(*thorn*)이라는 영어 글자 하나로 표기되었지만, TH라는 두 글자로 나타내어지게 되었다. 이는 고대 로마에서 그리스어를 라틴어로 음역할 때 사용했던 것과 정확하게 똑같은 방법이었다.

마찬가지로 기식음인 영어의 "g" 또는 "y" 소리는 한때는 요(*yogh*)라는 영어 글자로 나타내어졌었는데 GH로 대체되었다. 그러나 GH가 그 이후에 영어의 발음에 일어난 변화를 겪게 된 것은 GH의 불행이었다. "sight"(봄), "although"(비록 ~일지라도), "cough"(기침) 또는 "enough"(충분한) 등과 같은 단어들에서 노르만들이 만든 철자인 GH는 중세시대의 발음을 반영한 것이었다. 하지만 후에 이 발음들은 다양하게 변하였으며, 그 결과 오늘날 영어에서 GH가 들어 있는 단어 전체가 그 철자와 발음이 일치하지 않는 것으로 악명이 높아지게 되었다—그 결과 아일랜드의 작가 버나드 쇼와 같은 순수주의자들에게 좌절감을 안겨주었다(162쪽을 참조하라).

오늘날의 영어에서 H가 함께 쓰이는 다른 예들은 SH, WH와 부드러운 발음의 CH인데, 이들도 마찬가지로 중세시대에 만들어진 것들이다. [*cheese*(치즈), *latch*(빗장)에서의] 부드러운 CH는 원래는 C의 변이형으로 표기되었던 고대 영어의 소리를 나타낸다. 노르만들은 영어의 철자를 *char*(cart)(이륜짐차)에서와 같은 프랑스어의 철자와 나란히 맞추기 위해 H와 짝을 지었다. 이렇게 만들어진 노르만들의 CH는 영어와 프랑스어에서 모두 부드러운 [*cheer*(갈채)에서와 같은] CH와 [*choir*(합창단), *chorus*(합창)와 같이] 그리스어나 라틴어의 배경을 가진 단어들에서의 강한 CH와의 사이에서 혼란을 감수해야 할 운명에 처해졌다.

이처럼 애매모호한 CH는 영어 철자법에 있어서 가장 성가신 특성 중의 하나이다. 예를 들면, 항공술의 용어인 "Mach number"(마하 수)를 어떻게 발음할 것인가? [힌트: 어려운(hard) 질문이다.]

아마도 H의 가장 뚜렷한 특성은 특히 단어의 첫소리일 경우에 발음되지 않는 경향이 있다는 것일 것이다. 이 현상은 로망스어들에서 극적으로 발생했다. 한때 초기 라틴어에서는 "h" 소리가 많이 사용되었으나 라틴어의 후손 언어들에서 "h" 소리가 완전히 사라져 버렸다. 현대 스페인어와 프랑스어에서 H는 빈껍데기이다. *honor*(명예)와 *honneur*(명예)와 같은 단어들에서–비록 (우리가 부르는대로 말하자면) "h" 소리는 스페인어의 경우 J와 부드러운 G의 발음으로 나타나지만—여전히 쓰이고 있지만 발음되는 일은 결코 없다. 이탈리아어의 철자에서는 H를 전적으로 생략한다(외국어에서 온 단어들의 경우는 예외이다). 따라서 이탈리아어에서는 *orribile, onore*, *eròico* 등과 같은 모습의 단어들이 가능하다. 프랑스어나 이탈리아어 강세로 영어를 말하는 사람들의 특징은 "h" 소리를 생략하거나 발음에 어려움을 겪는 것이다.

어두의 "h" 소리는 분명히 로망스어들이 태동되기 훨씬 오래전 후기 로마 제국하에 대중들이 사용하던 구어적 라틴어에서 일반적인 변화들이 진행되던 와중에 사라져 버렸다. 명문에 새겨진 다양한 단어들의 철자에 대한 연구를 통해 오늘날의 학자들은 "h" 소리가 탈락된 시기는 200년경으로 거슬러 올라간다는 것을 알아냈다.

영어는 어두의 "h" 소리의 탈락을 한편으로는 보다 약한 정도로 또 다른 한편으로는 보다 대단한 정도로 겪었다—공식적인 발음과 철자에 있어서는 보다 약한 정도로, 일상의 구어적 사용에서는 보다 대단한 정도로 어두 "h" 소리의 탈락현상을 겪었다. 고대 영어에서는 어두의 "h" 소리가 엄격하게 발음되었다. 오늘날의 "happy"(행복한), "heart"(마음), "hearth"(벽난로) 등과 같은 무수히 많은 단어들에 고대 영어의 잔재가 남아 있다. H는 이들 단어들에 영속적으로 거주하고 있다. 하지만 프랑스어와 라틴어에 기원을 둔 단어들의 경우에는 때때로 보다 약한 H의 특성을 물려받았다. 영어에서 어두의 H를 공식적으로 발음하지 않는 단어들은 모두 중세기의 프랑스어를 통해 들어온 단어들로, *heir*(상속인), *honest*(정직한), *honor*(명예), *hour*(시간) 등과 (미국 영어에서) *herb*(약초)와 *homage*(존경) 등이 그 예들이다.

중세기 한동안에 걸쳐 고대 프랑스어 철자법에서 어두의 H는 실제로 탈락되었는데, 이런 경향은 노르만들이 지배하고 있어 프랑스어 단어들이 말하여지고 쓰여지고 있던 영국에도 영향을 미쳤다. 대체로 나중에 H가 다시 보충되었음에도 원래 있었던 어두의 H가 여전히 빠져 있는 단어들이 현대 영어에 몇개가 있다. 그러한 예들로는 (궁극적으로 라틴어 *habilis*에서 파생된) "able"(할 수 있는), 마부를 뜻하는 "ostler"("hosteler" 또는 host at a hostel or hotel에서 왔음), ("tree"를 뜻하는 라틴어 *arbor*가 아니라) 고대 프랑스어인 *herbier*에서 파생된 것으로 일종의 정원을 뜻하는 "arbor" 등이 있다.

그런가 하면 구어적 영어에서 H는 다소 큰 타격을 받았다. 예를 들면, "an historian who has written a history book"에서 대부분의 사람들은 "history"(역사)의 H는 발음하지만 "historian"(역사가)의 H는 발음하지 않는다. 그 이유는 (*historian*에서와 같이) 강세를 받지 못하는 음절의 두음으로 나타나는 H가 지니는 "정지력"을 무의식적으로 의심하기 때문이다. 다시 말하면, H가 그 자리에 없다고 생각하는 경향이 있기 때문이다. 이 문제는 H로 시작하는 단어 앞에 관사인 "a"와 같은 모음이 나타날 수 있는가를 시험해봄으로써 증명할 수 있다. 인쇄에서의 올바른 형태는 "a historian"이다.

미국의 어떤 지역 사투리에서는 강세가 특히 *human*(인간), *humid*(습기찬), *humor*(해학) 등과 같이 H+장모음 U+M으로 시작되는 단어들에서 어두의 H 소리를 삼켜 버린다. 뉴욕시 지역의 사투리에서는 "I saw him"(내가 그를 보았다)이 "I soaw'm"으로 되거나 "I said to her"(내가 그녀에게 말했어)가 "I sed doer"가 된다.

물론 구어적 영어에서 어두 H 소리의 탈락이 일어나는 것으로 가장 잘 알려진 경우는 소위 "런던 사투리"(Cockney)라 불리는 사투리이다. 이 사투리는 런던의 노동계층의 사투리로 런던시의 동쪽끝 지역(East End)과 연관이 있다. 웅변가인 존 워커(John Walker, 1791)를 위시한 영국의 작가들에 의해 기록된 바와 같이—조지 버나드 쇼의 1913년의 무대 희극-풍자극인 『피그말리온』과 『피그말리온』이 뮤지컬화되어 무대에 올려지고(1956), 영화화된(1964) '마이 페어 레이디'의 등장인물 엘리자 두리틀(Eliza Doolittle)을 통해 대부분의 미국 사람들에게 구체화된 것과 같이—어두 H의 탈락 ["'ello"(야아)]은 중산층 런던 사람들의 말투와 대조되는 런던 사투리의 가장 뚜렷한 특성이었다. 또한 런던 사투리를 쓰는 사람들 중에는 모음들 앞에다 원래는 없었던 H를 넣음으로써 자신들의 말투를 과도하게 고치려는 경우도 볼 수 있었다. 1900년경에 쓰여진 작가미상의 어떤 작품에는 'ouse(집)에서, 'ome(가정)에서, 'eaven(하늘)에서는 런던 사투리를 쓰는 사람들에게 추방되었는데, Hexile(국외추방), Hanguish(고뇌), Hanxiety(걱정거리)에서는 가장 학식이 있는 사람들에 의해 다시 복귀되었다고 불평을 하는 H가 있다.

계층사회에 기초를 둔 19세기와 20세기의 영국에서는 구어에서의 H가 보다 커다란 사회적 분계선을 나타내주는 작은 가늠자의 역할을 했다. 말투에서 H를 어떻게 사용하느냐가 자신이 기차선로의 어느 쪽에 속해 있는가의 표식이었다. 축소되지 않은 1933년판 『옥스포드 사전』(*Oxford English Dictionary*)은 "H" 난에서 다음과 같이 설명하고 있다. "최근 들어 구어에서 어두의 h소리를 올바로 처리할 수 있는가가 일종의 사회적 위치를 나타내주는 말(shibboleth)['sh'를 발음할 수 없었던 에브라임 사람(Ephraimites)을 길르앗 사람(Gileadites)과 구별하기 위해 시험으로 사용되었던 말: 역자주]로 간주되었다."["shibboleth"는 암호말을 의미하는데, 자세한 것은 341-42쪽을 참조하라.]

결과적으로 영국 영어에는 수입에 상관 없이 런던의 노동계층의 사람이나 노동계층의 배경을 갖지만 아닌 척하는 사람을 지칭하는 "H가 없는"(H-less 또는 aitchless)이라는 형용사가 생겨났다. 1894년 3월의 런던의 <타임스>(*Times*)에 실린 한 편지는 "'h가 없는'(h-less) 사회주의자들을 남편의 집으로(husband's house) 데리고 온" 한 부인의 정치적 행동주의에 코웃음을 친다. 그뿐만이 아니라, 런던 변호사협회의 1893년 7월 분 『템플 바 매거진』(*Temple Bar Magazine*)에 실린 어느 글에는 "가난한 사람들의 봉건영주의 성들에 h가 없이 거주하는 백만장자인 치즈장수들(Millionaire cheesemongers who dwell *h*-less in the feudal castles of the poor)"이라는 잊지 못할 구절이 포함되어 있다.

쇼의 『피그말리온』은 런던 사투리를 쓰는 꽃팔이 "부랑" 소녀인 엘리자에게 먼저 상류층 사람들의 말투를 훈련시켜—엘리자의 H 발음에 많은 노력을 들어야 하는 과정이다—세련된 여인을 만들어 공작부인으로써 교양이 있는 사회로 진출할 수 있게 만드는 계획을 그리고 있다. 1938년에 영화로 만들어진 『피그말리온』에서 (비록 쇼의 원작대본은 아니지만), 엘리자는 "In Hampshire, Hereford, and Hartford, hurricanes hardly ever happen"(햄프셔, 히어포드, 하트포드에는 허리케인이 거의 발생하지 않는다)라는 문장의 발음을 반복적으로 고통스럽게 연습하여야 한다. '마이 페어 레이디'에서도 비슷한 내용이 나온다.

생동감 있는 이런 문학적 이야기들에서와는 달리 H는 현대문화에 별다른 영향을 미치지 못하는 듯하다. 그 원인은 아마도 치질치료약 프리퍼레이션 H(*Preparation H*)(이 제품명은 10대들의 영화속의 대사나 그와 유사한 대화에서 항상 조롱거리로 알맞다) 때문이 아닌가 한다. 화학의 원소기호표에서 H는 수소(hydrogen)를 나타낸다. H가 수소를 나타낸다는 것을 기억하기 어렵다면 수소폭탄(H-bomb)의 존재를 통해 쉽게 기억할 수 있다.

이제 H의 독특한 이름에 대해 이야기해보자. 대부분의 글자들이나 마찬가지로 H의 영어 이름은 1066년에 있었던 노르만 정복 이후에 영국에 들어온 중세기의 프랑스어에서의 이름을 받아들인 것이다. 고대 프랑스어에서의 이름은 하체(*hache*) 또는 아체(*ache*)였다—두가지로 다 쓰였지만, 어떻게 쓰이든 부드러운 "ch" 소리를 지닌 "ah-cheh"로 발음되었다. 옛날의 그 발음과 *ache*라는 철자가 오늘날에는 스페인어에서의 H의 이름에 살아 남아 있다.

고대 프랑스어에서의 "아체"(*ah-cheh*)는 어디에서 왔는가? 오늘날의 한 이론에 의하면, 소문자 h가 손도끼(hatchet)를 거꾸로 뒤집어 놓은 것처럼 보였기 때문에 프랑스어에서는 "hatchet"(*hache*, 옛날에는

1 2 3 4 5

(1) 기원전 500년경에 새겨진 명문에서 나온 초기 로마 알파벳의 H. (기원전 700년경에) 에트루리아 사람들이 그리스 알파벳에서, (기원전 600년경에) 로마 사람들이 에트루리아 알파벳에서 베낀 이 글자는 8번째 자리를 차지하고 "h" 소리를 나타냈다. (2) 기원전 200년대말경에 이르러 로마 알파벳의 H는 위와 아래에 있던 수평의 획을 떨구어 버렸다. 형태, 소리, 알파벳에서의 순서에 있어서 이 로마글자는 오늘날의 H와 같다. (3) 100년대부터 새겨진 로마 알파벳의 H. 이와 같은 형태의 H는 가는 선과 중간을 살짝 넘어서는 위치에 걸려져 있는 횡선이 주는 만족스러운 효과를 즐기고 있다—이런 사소한 것들이 현대의 글자형태를 도안하는데도 그대로 유지되고 있다. (4) 700년경에 영국 북부지역에서 펜을 이용하여 라틴어로 쓴 복음서에서 나온 언셜체 H. 이런 형태는 이 글자가 단지 위 오른쪽의 횡선이 잘리기는 했지만 여전히 대문자임을 암시한다. 그렇지만 이 언셜체는 오늘날의 소문자 h를 예견하기도 한다. (5) 800년대 전반에 쓰이던 카롤링거 왕조풍의 소문자 h로 오늘날의 소문자 형태를 명백하게 예견하고 있다.

"ah-cheh"로 발음되었다)라 불렸다는 것이다. 그러나 보다 신빙성 있는 설명에 의하면, 프랑스어에서의 이름은 말기 라틴어에서 평민들 사이에서 불리던, 그렇지만 그 어디에도 기록된 바는 없는, H의 어떤 이름으로 거슬러 올라간다.

언급한 바와 같이 초기 라틴어에서의 H의 공식적인 이름은 아마도 하(*ha*)였을 것이다. 하지만 기원후 첫 몇세기들에 걸쳐 그 이름은 아마도 비공식적인 변화를 거쳐 아하(*ahha*)와 같은 어떤 이름으로 변하였을 것이다—그 변화의 과정은 148-49쪽에서 설명한 바 있다. 세월이 한참 지난 후에 라틴어에서의 이름은 아차(*accha*)("ah-cha")와 같은 형태에 이르렀을 것이다. 800년대 당시의 고대 프랑스어에서 그 형태는 아체(*ache*)("ah-cheh")로 나타났다. 노르만 정복 이후에 영국으로 들어온 그 이름은 "아이치"(*aitch*)라는 영국식 발음으로 변하였다.

*1865년에 알파벳의 연속물 중의 하나로 프랑스어로 새겨진 한 장면에 작고 귀여운 형태의 i가 매력적인 모습으로 포함되어 있다.*

## 지칠 줄 모르는 I

I를 영어 글쓰기와 인쇄에 있어서의 실제적인 몫을 떠받치고 있는 기둥이라 상상해보라(Imagine the I as a pillar, supporting its substantial share of English in writing and print). 앞의 문장에서 I의 수를 헤아려 보면 (16개의 단어들에서 12번 나온다), 필자가 말하고자 하는 바를 이해할 것이다—그리고 필자가 할 수 있는 것이 무엇인지, 그리고 필자(I)가 얼마나 바쁠 것인지 알 수 있을 것이다. 아니, 필자가 아니라 I를 언급하고 있는 것인데… 아! 그 이야기는 그냥 건너뛰기로 합시다.

우리 알파벳의 5개 주요 모음글자들 중의 하나인 I는 어떤 분석에 의하면 영어 인쇄물에서 4번째로 가장 많이 사용되는 글자로 E, T, A 다음으로 많이 쓰인다. (또 다른 분석들에서는 6번째로 O와 N 다음으로 많이 사용되는 글자인데, 그 사용에 있어 이 세 글자는 모두 거의 비슷한 빈도를 보인다.) I의 사용빈도 순위가 높게 나타나는 것은 I가 동사 "is"와 분사형과 동명사형 어미 "-ing" 안에 자리를 차지하고 있다는 것이 한가지 이유이다.

또한 I는 왕왕 다른 모음들, 특히 E와 결합하여서도 나타나기 때문이기도 하다. I와 E가 결합한 것의 발음은 *varied* (다양한), *sieve* (체로 치다), *dried* (건조한), *friend* (친구), *rein* (고삐), *receive* (받다), *height* (높이) 등의 단어들에서와 같이 변화무쌍하기로 악명이 높다. 영어에서 I 자체가 지니는 주요 소리는 "tin"(주석)과 "mine"(나의 것)에서와 같은 단모음과 장모음 두가지이다.

영어에서 단모음으로의 I는 유럽의 여러 다른 언어들에서와 마찬가지로 단모음 I소리와 같은 소리로 발음되는데 반하여, 영어에서 장모음으로써의 I는 이단자에 해당한다. I가 영어에서 장모음이라는 것은 다른 유럽어들에서 I가 장모음이라는 것과 상당히 다른 것을 의미한다. 예를 들면, 스페인어, 독일어 또는 체코어에서의 장모음 I는 "sigh"(한숨쉬다)가 아니라 (스페인어의 *si*에서와 같은) "sea"(바다)와 운이 맞을 것이다. 예를 든 언어들도 "sigh"에서의 모음소리를 갖고 있지만 "I"가 아니라 대체로 "EI"로 철자된다. 독일어의 경우 "3"을 의미하는 *drei*("dry"로 발음된다)가 그 예이다.

장모음 I의 여러 소리 중 "ee" 발음은 그리스어, 에트루리아어, 로마어 등의 고대 유럽어들로 거슬러 올라가는 I의 원래의 고유 발음이다. 그 이유는 알 수 없지만 1400년대와 1500년대 사이에 영국에서 발생했던 모음의 대변이로 인해 영어만 홀로 떨어져 있는 것이다. 그 이전 중세기 영어의 장모음 I는 *Lincoln*과 같은 지명에 보존되어 있는 것처럼 분명히 "ee"에 보다 가깝게 발음되었다. 마찬가지로 중세 영어에서 I의 이름은—고대 프랑스어에서 파생되었으며, I 모음의 긴 소리를 모방한 것임—"eye"보다는 "ee"와 더 비슷하였다. 현대 프랑스어에서의 이름은 여전히 "ee"로 발음된다.

대륙에서의 I의 발음인 이 "ee"는 중세기 이후에 주로 이탈리아어나 프랑스어로부터의 차용어들을 통해 영어에 들어왔다. 몇몇의 예를 들면 다음과 같다: *pizza*(피자), *piano*(피아노), *clique*(파벌), *liaison*(연락);

아울러 (노르웨이어인) *ski*(스키)와 (갤릭어인) *Fiona*도 그 예들에 속한다. I의 또 다른 다양한 소리들은 I가 R 앞에 나타날 때 생기는 R의 흥미로운 영향 때문이다. "*fir*"(전나무)와 "*nadir*"(밑바닥)와 같은 단어들에서 단모음 I는 음가가 뚜렷하지 않은 모음소리, 즉 약모음(schwa)[*circus*(곡예)에서 u의 소리로 발음기호로는 ə에 해당한다: 역자주]으로 축약된다. 하지만 R 앞의 장모음 I는 극적으로 거의 두개의 모음소리로 확대된다. "*hire*"(고용하다)와 "*fire*"(불)는 "*liar*"(거짓말쟁이)와 운이 같다. 또 다른 명사 앞의 어떤 위치에서 [예: *million*(백만), *union*(연합)] I는 자음소리인 "y"소리를 가질 수 있는데, "y" 소리에 대한 더 많은 이야기는 다음 장에서 할 것이다.

그러나 I의 가장 뚜렷한 특성은 아마도 그 형태로 아무런 장식도 없이 극히 황량하다는 것이다. I는 우리의 글자들 중에서 가장 피골이 상접하고 가장 단순한 형태이다. 전통적으로 대문자 I는 서체개발의 출발점으로 서체를 도안하는 사람들에게 꼭 필요한 글자로 존재해왔다. I는 서체 도안자들에게 A, B, N 등과 같은 대부분의 다른 글자들에 합쳐질 서체의 바탕이 되는 직선을 제공해 준다. 독일의 명장화가 알브레히트 뒤러(Albrecht Dürer)가 1535년에 글자도안에 대한 논문에서 "비록 뭔가 덧붙여지거나 제거되기 마련이지만, 거의 모든 다른 글자들은 이 글자가 도안된 다음에야 도안된다"고 쓴 내용 꼭 그대로이다.

I가 쭉 뻗은 직선이기 때문에 어떤 도안가들은 서체도안에 있어서 두번째로 꼭 필요한 글자를 인정한다—그것은 바로 온통 곡선으로만 이루어진 O이다. "어떤 알파벳이든 O와 I만 주어진다면, 다른 글자들의 형태에 대해 아주 잘 추측을 해낼 수 있다"고 영국의 유명한 도안가인 에드워드 존스톤(Edward Johnston)은 자신의 저서 『글쓰기와 채색 그리고 글자 모양 만들기』(*Writing and Illuminating, and Lettering*)(1906)에서 말하고 있다.

소문자 i는 알파벳 글자들 중 가장 작은 글자이다. 가독성에 있어 이 글자는 여러 세기에 걸쳐 자신의 운명에 영향을 미칠 잠재적인 결점을 만들어낸다(말장난을 용서하시라). 예를 들면, 중세기의 i는 원래 점이 없었으나 모자가 없는 획으로써의 글자는 빽빽하게 손으로 써 놓은 글자들 무리안에서 구분해내기가 어려웠던 탓에 점을 얻게 되었다. 1000년경에 이르러 아마도 글쓰는 이의 재량에 따라 í 와 같이 크기가 작은 글자는 그 위에다가 기울어진 선을 덧붙여 씌우는 관행이 생겨났을 것이다. 1400년대 말에 접어들어 인쇄술이 보급됨에 따라, 위에 덧붙였던 획은, 오늘날에도 결혼 청첩장이나 그와 유사한 것들에 사용되는 초서체 인쇄에서는 아직도 여전히 그 획들이 나타나기는 하지만, 많은 서체들에서 대체로 경제적인 점으로 축소되었다. 그러는 동안 i의 점은 "상세히 표시하기"(to dot the i's and cross the t's)라는 표현에서와 같이 모든 사소한 작은 일에 대한 속담처럼 되어 버렸다.

중세시대에 글을 쓰던 사람들이 "i의 가독성" 문제를 해결하던 또 다른 한가지 방법은 소문자 y로 대체해 쓰는 것이었다. 그 이유는 y가 읽기에 훨씬 용이했기 때문이었다. 따라서, 예를 들면, "his"(그의)는 "hys"로 철자되었을 것이다. 이런 방법은 Y의 인기를 높였으며, Y를 중세와 문예부흥기의 영어 철자법에서 I에 대한 도전자로 출세시켰다(이에 대해서는 Y에 대한 장에서 더 많은 이야기를 하겠다).

대문자 I 역시 적어도 현대의 도안자들에게는 두통거리가 될 수 있다. 예를 들면, 1980년대 중반에 뉴욕시에 근거를 둔 『상류사회』(*Vanity Fair*)라는 잡지에서는 편집자들에게 I가 첫글자인 단어로 시작되는 것은 최종기사로 허용하지 말라고 강요하였다. 그 이유는 다음과 같았다. 잡지에서 기사를 시작하는 첫글자는 보통 대문자여야 하는데, 『상류사회』가 선호했던 산세리프체의 대문자 I는 l 처럼 보일 것이다. 그런데 기사가 시작되는 면의 위 왼쪽에 이 형태의 글자가 자리를 잡고 있으면, 알파벳의 글자로 인식되는 것이 아니라 오히려 도안적 장식으로 인식되기 쉽기 때문이다. 그러한 까닭에 편집위원회는 기사가

I로 시작되는 것을 금했던 것이다.

최근에 와서 I는 자신의 결점을 장점으로 전환시켰다. 오늘날 "컴퓨터와 관련이 있는"이라는 의미를 지니는 소문자 i는 e, X 그리고 몇몇의 다른 글자들과 함께 디지털 혁명의 상표로 사용되고 있다. 1998년에 애플 컴퓨터 회사(Apple Computer)는 맵시 있는 모양의 iMac 컴퓨터를 출시하였다. "i"는 인터넷(Internet)을 의미하였고, iMac 컴퓨터는 인터넷의 사용을 위해 특별히 고안되었음을 말한다. 그러나 정작으로 전달하려는 내용은 그 도안에 있다—i가 M에 대항하여 꼿꼿이 서 있는 모습은 장려한 유기적 구성체안에서의 어떤 특별한 기능을 알려주는 것이다. 그 이름은 "고도의 기술과 매우 뛰어난 것"이라는 의미를 전했으며, 곧바로 iMitation이 출시되기 시작하였다. 오늘날 iVillage, iHome, iTime, iPower, iPlane과 이들과 비슷한 수십여가지의 상품명들은 모두 소비자들의 편익을 위해 컴퓨터의 탐색기능이나 원격조정 기능이 장착되었음을 보증하는 것이다.

역사적으로 볼 때 대부분의 글자들의 형태와는 달리 I의 형태는 초기 단계와 훨씬 더 달라 진 것이 아니라 달라진 것이 별로 없다. 기원전 1000년경의 페니키아 알파벳에서 10번째 글자는 요드(*yod*)라고 불렸다. 모든 페니키아 글자들과 마찬가지로 요드는 자음이었으며, 그 소리는 글자이름의 첫소리에 나타나는 "y"였다. 요드라는 이름은 고대 셈어로 "팔과 손"을 의미했으며, 중간에 횡선이 그어져 있는 Z와 약간 비슷한 형태는 팔꿈치에 손목이, 손목에 손이 연결되어 있음을 암시하였다.

기원전 900년대 중반에 이르러 페니키아의 요드는 히브리어를 표기하기 위한 히브리 알파벳의 글자로 새롭게 태어났다. 오늘날에도 히브리 알파벳의 10번째 글자는 여전히 요드라 불리며 "y" 소리를 나타낸다. 그렇지만 글자의 형태는 상당히 변하여 펜으로 간단히 한번 찍은

*작은 글자 요드. 우리의 I와 연관이 있는 히브리 글자 요드는 I와 마찬가지로 히브리 알파벳에서 가장 작은 글자이다.*

י

것처럼 작아졌다—그 결과 요드는 오늘날의 히브리 글자들 중에 가장 작은 글자이다.

기원전 800년경에 페니키아 글자들을 베껴 갈 기회를 얻게 되자, 그리스 사람들은 몇개의 페니키아 글자들을 그리스어의 표기에 필요한 모음으로 만들었다. 추측컨대, 요드의 "y" 소리가 자연스럽게 모음소리인 "i"를 암시하였던 탓에 그리스 사람들은 요드를 자신들의 모음 I로 만들었다. 그렇게 해서 만들어진 그리스 글자의 소리는 단모음 "i"와 장모음 "ee"였다.

"팔과 손"을 뜻하는 페니키아 단어와는 어떠한 연관도 없었기 때문에 그리스 사람들은 그 이름을—그리스어로는 아무런 의미도 없었지만 보다 그리스어처럼 들리는—이오타*(iota)*로 바꾸었다. 그리스 사람들은 곧이어 글자의 형태를 평평하게 펴서 간결한 수직의 획으로 만들었다. 아마도 이는 Z자 꼴의 형태였던 자신들의 S 글자인 시그마(*sigma*)와 이오타를 구별하기 위함이었을 것이다.

당시의 그리스 글자들은 오직 한가지 형태만을 가지고 있었다. 소문자와 대문자의 구분이 없었다. 그러나 이오타의 획은 은유에 동원되기에 충분할 만큼 너무나도 간단하였다. 그래서 이오타라는 단어는 결국 그리스어에서 다른 의미를—어떤 것이든 크기가 작은 것이나 특별히 보다 큰 무리들에서 가장 작은 요소라는 의미를—갖게 되었다. 우리들이 익숙하게 사용하는 "not one iota"[조금도 ~않다(없다)]라는 표현은 그리스어로 특히 1세기 그리스어로 쓰여진 성경의 『마태복음』(*Matthew*)(5:18)에서 온 것이다. 1611년의 『제임스 왕 성경』(*King James Bible*)에서는 이오타가 "jot"[(매우) 적음]로 번역되었다. 우리가 사용하는 "jot"는 동일한 은유적 의미를 갖고 있는데, 그 이유는 그리스어의 이오타에서 파생되었기 때문이다.

한편 고대 이탈리아에서 그리스 알파벳이 (기원전 700년에) 에트루리아 사람들에 의해 베껴졌으며, 에트루리아 알파벳은 (600년경에) 로마 사람들에 의해 다시 베껴져 사용되었다. I는 로마 알파벳에 9번째 글자로 들어왔는데, 오늘날에도 9번째 글자로 남아 있다. 로마 사람들은 그 글자를 "ee"처럼 불렀고, 단모음 "i"와 장모음 "i" 모두를 표기하는데 사용하였다. (500년에) 로마가 붕괴된 후에 이 로마글자 I는 프랑

1 2 3 4 5 6

(1) (기원전 800년경의) 페니키아의 요드로 "팔과 손"을 의미했다. 모든 페니키아 글자들과 마찬가지로 요드는 자음이었으며, 그 소리는 글자이름의 시작에 나타내어진대로 "y" 소리였다. (2) 초기 그리스 알파벳의 이오타로—이 예는 기원전 740년경의 명문에서 나온 것이다—요드의 형태를 대충 모방한 것이다. 그리스 사람들은 페니키아 알파벳에서 이오타를 베꼈지만 모음 I로 바꾸었다. (3) 기원전 725년경에 이르러 이오타의 형태는 간결한 선으로 바뀌었다. 그리스 사람들은 이오타의 형태를 평평한 직선의 모습으로 만들었다. 이는 아마도 자신들의 Z자 꼴의 글자인 시그마와의 혼동을 피하기 위함이었을 것이다. (4) 세리프체 I는 113년에 새겨진 트로얀의 명문에서 나온 로마 알파벳 대문자 I보다 결코 더 좋아 보인 적이 없다. 로마 사람들은 대리석에 새겨진 이 명문에서 글자의 형태를 무게 있고 위엄 있게 만들었다. 로마 사람들은 또한 글자의 중간 부분을 좁게 만들었다. 이는 수직선으로 완벽하게 펴진 탓에 중간 부분이 부풀어 오른 것처럼 보이는 것을 피하기 위한 것이었다. (5) 900년대의 명문에서 나온 카롤링거 왕조풍의 소문자로 잉크로 쓴 것이다. 이 형태는 로마 알파벳의 대문자를 참조한 것일뿐더러 어느 정도는 오늘날의 소문자 i를 예견하는 듯하다. (6) 1500년대초 이탈리아에서 라틴어를 손으로 쓴 기도서에서 나온 점이 찍힌 소문자 i. 글을 쓴 사람이 그려 넣은 강세부호와 같은 작은 점이 훗날 인쇄자들의 점이 되었다.

스어, 스페인어, 그리고 궁극적으로 영어와 같은 새로운 유럽 언어들의 알파벳으로 옮겨졌다.

"나"를 뜻하는 "I"는 1400년대에 영어에 나타났는데, I는 고대 영어의 대명사 *ic*에서 온 것이고, *ic*는 ("나"를 의미하는) 현대 독일어의 대명사 *ich*와 관련이 있다. 영어의 대명사 "I"는—발음은 "ee"에서 점진적으로 오늘날의 장모음 I 소리로 변하였다—"i", "y" 또는 "Y"로 철자될 수 있었다. 1500년대에 인쇄술의 보급과 함께 "I"로 정착되었다.

## 활자화된 글자들

*인쇄술의 출현은 방대한 영향을 미쳤으며, 특히 우리의 알파벳의 최종적 형태를 완성시켰다*

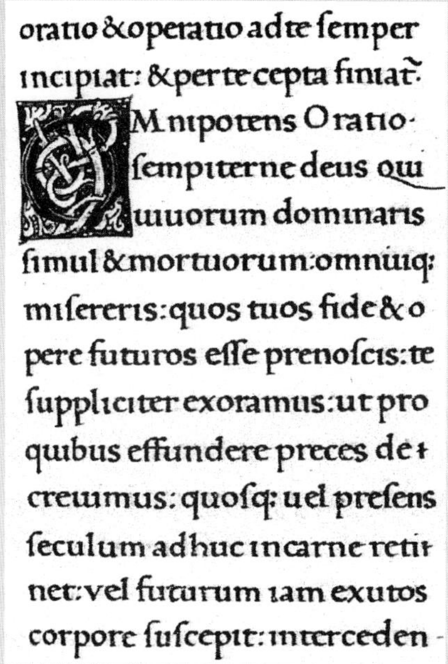
oratio &operatio ad te ſemper
incipiat: &per te cepta finiat.
Mnipotens Oratio·
ſempiterne deus qui
uiuorum dominaris
ſimul &mortuorum: omniuq;
miſereris: quos tuos fide& o
pere futuros eſſe prenoſcis: te
ſuppliciter exoramus: ut pro
quibus effundere preces de+
creuimus: quoſq; uel preſens
ſeculum adhuc in carne reti+
net: vel futurum iam exutos
corpore ſuſcepit: interceden-

마치 인쇄를 한 것처럼 보이지만 다시 보라. 1477년에 나폴리에서 어느 한 승려가 펜을 이용하여 라틴어를 손으로 쓴 기도서에서 나온 이 한 쪽의 글은 인본주의자 글체로 쓴 글 중 가장 훌륭한 예이다. i에 점이 없는 것과 (*f*와 같은 형태를 지니고 있고 단어들의 처음과 중간에 나타나는) "긴 형태의" s를 차치한다면, 글자의 형태들은 오늘날의 조간신문에 인쇄되어 나오는 글자들과 그리 크게 다르지 않다.

"인본주의자"(humanist 또는 Humanist)라는 용어는 특히 문예부흥기의 이탈리아에서 명백했었던 비크리스트교적 고대 그리스-로마의 문학에 대한 숭상을 포함한 중세 이후의 계몽적 정신을 드러내 보인다. 1400년대 초기에 피렌체에서 나타나기 시작한 인본주의자들은 손으로 대본을 쓰면서 두가지 서로 다른 글자체들의 전통을 함께 결합시켰다. 한가지 전통은 당시의 이탈리아의 많은 지역들에서 그 유물들을 찾아볼 수 있는 고대 로마 시대에 돌에 새겨 넣은 대문자 형태들이고, 또 다른 하나는 고대시대의 글에서 인본주의자들이 발견해낸 800년대에서 1000년대 사이에 잉크로 썼던 카롤링거 왕조풍 소문자들의 작은 글자 형태들이었다. (카롤링거 왕조풍의 소문자에 대해서는 173-74쪽과 184-85쪽을 참조하라.) 인본주의자 대문자들은 고대 로마의 대문자들을 베낀 것이고, 인본주의자들의 소문자들은, 다소 느슨하게 말하자면, 카롤링거 왕조풍의 글자들을 베낀 것이었다. 위의 글에서 글자들 사이의 두개의 층은 오늘날의 대문자들과 소문자들을 구분해서 사용하는 것과 같은 방식으로 이루어져 있다.

인쇄술의 출현과 더불어 인본주의자 글자형태는 "로마체"라 불리는 아주 초기의 글자체를 베낀 것으로 바로 이 글자체들이 오늘날 우리가 책, 신문, 잡지 등에서 즐겨 사용하는 글자체들이 되었다

1400년대 독일에서 있었던 실용적인 인쇄술의 발명은 이 세상을 바꾸어 놓았다. 글들을 신속하게 그리고 비교적 저렴한 비용으로 재생산해낼 수 있게

*1628년에 네델란드에서 만든 책에 실린 인쇄소 장면으로 제이. 반 벨데(J. van Velde)가 조각한 것이다. 인쇄술의 시대적 발전과정으로 볼 때 세명은 오른쪽에 앉아 있는 식자공, 왼쪽의 잉크공, 중앙의 인쇄공이다. 식자공이 자신의 오른 편에 있는 칸막이로 된 활자상자에서 활자를 골라서 활자판에 활자를 심고 있다. 식자공은 인쇄할 면에 실릴 단어들을 (역상으로) 활자판에 식자한다. 식자공은 의자에 기대어 앉아 손으로 쓴 것이든 인쇄된 것이든 원본을 보고 식자를 한다. 그 사이에 인쇄공은 이미 아마도 두 부분으로 인쇄된 기다란 종이를 내리고 있다. 글자가 있는 면을 바깥으로 향한 채 활자판에 박힌 활자가 인쇄기의 "바닥면"(아래쪽 면)에 놓이면 잉크가 칠해진다. 그 다음에는 종이가 활자판 위에 펼쳐지고, 인쇄기의 "압반"(위쪽 면)이 내려와 잉크가 묻은 활자판 위에 종이를 고르게 누른다. 인쇄된 종이는 걷어내어지고, 깨끗한 종이가 활자판 위로 다시 펼쳐지는 식으로, 아마도 수백번 되풀이하여 인쇄를 한다. 인쇄된 종이는 나중에 다시 뒷면에 인쇄를 하고, 인쇄가 다 끝나고 나서 제본을 하면 양면으로 인쇄된 책이 만들어 지는 것이다.*

됨으로 인해 기원전의 2,000년 동안에 있었던 알파벳의 전파와 비교해 볼 때 인쇄술은 식자능력에 대변혁을 야기하였다. 인쇄술 덕택에 부유계층 아래까지도 포함하여 사회의 모든 계층의 사람들이 책을 소유하거나 빌려 볼 수 있는 기회를 얻게 되었다. 1400년대에는 손으로 써서 책 한권을 만들려면 한 사람이 두달간의 작업을 해야 했었을 것이다. 1500년대에는 인쇄기 한대면 저렴한 가격의 책을 일주일에 500권이나 만들어낼 수 있었다.

단지 책에만 국한된 이야기가 아니었다. 인쇄는 신문과 잡지, 광고, 대중홍보의 진정한 시작을 초래하였다. 예를 들어, 1776년에 미국의 독립선언서는 손으로 썼지만, 그런 다음 인쇄되어 13개 식민주들 전역에 배포되어 널리 읽혀지고 마을광장에 게시될 수 있었다. 인쇄술은 중산층 사람들에게 힘을 부여함으로써 초기 현대유럽에 거대한 사회적 변혁이 일어나게 만드는데 기여를 하였다. 그러한 변혁의 첫번째가 (1500년대의) 종교개혁이었다.

인쇄술이 가장 강하게 미친 영향 중의 하나는 개별 언어들에 대한 영향이었다. 텔레비전과 마찬가지로, 하지만 텔레비전보다는 덜했지만, 인쇄술은 파리, 런던, 쾰른(Cologne), 로마, 베네치아 등과 같은 상업중심지들의 영향력을 강화시킴으로써 언어를 균질화하는 방향으로 작용하였다. 인쇄술을 통하여 파리의 프랑스어와 런던의 영어의 어휘와 용례가 다른 방언들에 강한 압박을 가하기 시작하였다. 영국의 첫번째 인쇄자인 윌리엄 캑스턴(William Caxton)은 (1476년에) 런던에 인쇄소를 개설하였다. 런던이 상업의 중심지였기 때문이었다. 그러나 런던이라는 시장은 캑스턴이 책을 선택하고 처리함에 있어서 많은 부분을 결정해주었다. 캑스턴의 책에 쓰일 영어는 런던 사람들이 이해할 수 있는 영어이어야 할 필요가 있었을 것이다. 따라서 런던 영어가 책을 통해 전국으로 유포되었다. 1495년에 있었던 한 사건의 이야기가 전해 내려온다. 당시 캑스턴의 사업을 상속받은 사람이 고대 영어로 쓰인 책을 다시 인쇄하였는데, 런던에서 사용되는 말에 맞도록 말을 고쳐 다시 썼다는 것이다. 즉, *twey*는 "two"로, *wend*는 "go" 등으로 고쳤다는 것이다. 인쇄에서의 그러한 변화들은 표준영어의 발달을 촉구하였다. 1920년대 이래로 라디오와 TV의 영향으로 인해 지역 말투들이 평준화된 것처럼 당시의 지역 사투리들이 서서히 평준화되었다.

여기에서는 인쇄술과 인쇄술의 초기 역사에 대해서는 간단히 설명할 수밖에 없다. 종이 위에다 인쇄를 한다는 생각은 요한 구텐베르크보다 훨씬 더 오래전부터 있었다. 1400년 이전의 몇세기 동안 중국과 한국은 목판에 먹물을 묻혀 인쇄를 하여왔었다. 나무 표면에 글자를 새겨 넣는 방법이었는데, 아마도

## 활자화된 글자들 - 계속

한면 전체를 새겨 넣었을 것이다. 마찬가지로 유럽의 예술가들도 1400년대초 이후로 목판이나 금속판에 새겨 넣는 방법으로 삽화를 인쇄하였다. [오늘날도 재생산된 형태를 여전히 "프린트"(print)라고 부른다.] 하지만 글을 인쇄할 융통적인 방법은 없었다. 그러한 문제를 해결하기 위해서는 글자들을 이동가능하게 만들 어떤 방법이 필요했을 것이다.

그런 문제에 대한 이론적 해결책은—아마도 당시의 많은 사람들에게 그 해결책은 명백하였을 것이다—개개의 글자들을 작은 조각으로 만드는 것이었다. (글자들은 양각의 역상으로 만들어졌을 것이다.) 한번에 여러 면들을 준비할 때 어떤 글자든 부족하지 않도록 글자들을 새겨 넣은 많은 조각들이 필요했을 것이다. 내구성과 정확성을 위해서는 글자조각들이 나무가 아니라 금속이어야 했을 것이다. 금속을 사용하기 위해서 풀어야 할 네가지 문제는 (1) 주조를 위해 견고성과 유연성을 결합하기에 적합한 금속을 찾는 문제; (2) 모든 글자 조각들을 정확하게 동일한 크기로 만들 수 있는 주조방법을 찾아내는 문제; (3) 번지지 않는 잉크를 만들어내는 문제; (4) 잉크를 묻힌 글자들을 종이에 고르게 누를 수 있는 방법을 찾아내는 것이었다.

이러한 문제들은 1450년경에 서부 독일의 마인츠에 살던 금세공인 요한 겐스플라이쉬(Johann Gensfleisch)에 의해 해결되었다. [겐스플라이쉬는 부유한 그의 가문의 재산권에 등재된 이름으로는 구텐베르크(Gutenberg: 좋은 산)]라 불렸다. 그가 택한 금속은 납, 주석, 안티몬의 합금이었다. 그리고 오늘날 세상 사람 모두가 알고 있는 것처럼 글자를 누르는 방법으로 그가 택한 것은 나무로 만든 기계를 사용하는 것이었다. 그 기계는 나사를 이용한 것으로 의심할 것 없이 마인츠 근교에 있던 리네란트(Rhineland) 포도농장에서 사용하던 포도즙기에서 영감을 얻은 것이었다.

구텐베르크의 생활과 업적에 대해서는 자세히 알려진 것이 별로 없다. 대작을 인쇄한 후에—그는 1455년경에 라틴어로 된 성경을 인쇄했는데, 오늘날 그중 47권이 남아 있다—구텐베르크는 투자를 했던 요한 푸스트(Johann Fust)가 제기한 송사로 인해 인쇄소를 빼앗겼다. 아마도 구텐베르크의 인쇄기와 사업계획을 이용했을 푸스트는 곧바로 지금까지의 책 중에서 가장 아름다운 책 중의 하나인 마인츠 성시집(Mainz Psalter)를 만들어냈다. 마인츠 성시집은 76쪽에 제시된 바 있다.

한편 구텐베르크의 인쇄기와 인쇄과정은 다른 금속세공인들에 의해 모방되었고, 그들은 유럽 인쇄자들의 첫세대가 되었다. 구텐베르크의 성경이 인쇄된지 15년도 채 지나기 전에 스트라스브르크, 쾰른, 바셀(Basel), 로마, 베네치아, 파리 등에서도 인쇄기가 사용되었다.

이탈리아로 전달된 인쇄술은 알파벳에 중대한 영향을 끼쳤다. 그 이유는 이탈리아의 시장은 독일에서의 인쇄에 사용된 (독일에서 중세기에 손으로 썼던 글자체들의 형태에 바탕을 두었던) 형태들과는 다른 형태의 글자를 요구하였기 때문이었다. 이탈리아의 독자들은 로마와 피렌체에서 성행했던 아름다운 인본주의 필체와 같은 형태의 글자체를 원했다. (209쪽을 참조하라.) 따라서 인쇄와 글자체에 있어서 로마체와 (비스듬히 기울어지고 보다 얇아진 변형체인) 이탤릭체(italic)로—이 이름들은 15세기의 이탈리아에서 유래된 것임과 부분적으로는 고대 로마로부터의 유산임을 반영한다—알려진 인본주의자 글자형태가 완성되었다. 로마체의 초기 형태가 완성된 것은 1470년에 베네치아에서 일하고 있던 프랑스의 인쇄자 니콜라 젠손(Nicolas Jenson)에 의해서였다. 오늘날의 로마체는 대부분의 사람들이 우리들의 글자라고 생각하는 글자의 형태이다.

인쇄술의 출현은 다른 면들에서도 알파벳의 형태를 완성시켰다. 작은 글자 i는 이제 점을 얻게 되었고, 고대 영어의 글자 요와 쏜은 유럽대륙에서 주조한 글자들에는 없었기 때문에 영국에서의 그 글자들의 사용이 엄청나게 축소되는 등의 변화가 일어났다. 무엇보다도 중요한 것은 인쇄자들이 글자들의 형태가 크기가 일정하고 글자체의 형태가 일정할 것을 요구하였다는 것이다. 변이형체나 장식적인 글자형태들은 사용이 자제되어야 했다. 그 이유는 분명했으니, 글자들을 펜끝으로 만드는 것이 아니라 금속주조를 통해 힘들게 만들어야 했기 때문이었다.

일관성에 대한 새로운 가치관은 글자형태들의 불분명한 사용에 문제를 제기하는데 한몫을 했다. 예를 들면, J와 I의 형태는 서로 교차사용되어 모음소리나 (영어에서는 "j" 소리인) 자음소리를 나타냈었다. 마찬가지로 u와 V의 형태도 모음이나 자음 즉, "u"나 "v" 소리를 나타내기 위해 교차되어 사용되었었다. 1500년대와 1600년대 인쇄자들의 글자형태들에서는 J와 V의 형태는 점차로 자음소리들만을 나타내는데 사용되게 되었다. 후에 J와 V는 25번째 글자와 26번째 글자로 마지막으로 우리의 알파벳에 공식적으로 합류하게 되었다.

*우아한 모습의 이 J는 프레데릭 더블유. 가우디(Frederic W. Goudy)(1865-1947)라는 미국의 유명한 글자체 도안가가 1200년대에 유럽에서 쓰여진 글에서 발견된 장식적인 형태에 바탕을 두어 펜으로 쓴 것이었다. 우리가 사용하고 있는 J의 형태는 중세기 시대에 고리모양의 꼬리를 붙여 손으로 썼던 I의 형태에서 유래된 것이다.*

# 한 글자의 탄생

흐르는 물은 중력을 따르는 것과 꼭 마찬가지로 글자들은 언어를 따른다. 글자들이 하는 일은 말소리들을 보여주는 것이다. 소리들이 변한다면, 글자들도 결국에는 어떤 방식으로든 변할 것이다.

어떤 언어에 새로운 소리들이 생겨나면, 그 언어를 표기하기 위해 사용되는 알파벳도 그 변화를 따라 가야 한다. 그 방법은 아마도 존재하고 있는 글자들에다가 새로운 소리들을 덧붙이거나 (한 단계 더 나아가) 새로운 글자를 하나 또는 두개를 만드는 것일 것이다.

10번째 글자이지만 역사적으로는 (V와 함께) 로마 알파벳에 마지막으로 합류한 두 글자 중의 하나인 J의 이야기가 그렇다. 100년 당시의 고대 로마 알파벳에는 오직 23개의 글자만 있었으니, J, V, W가 없었다. 고대 라틴어에는 "j" 소리가 없었기 때문에 그 소리를 나타낼 글자도 없었다. "j" 소리는 훗날 라틴어가 중세의 로망스어들로 분화되는 와중에 유럽의 언어들에서 생겨났다.

소리가 보편화된 후에 조차도 글자는 더디게 나타난다. 인쇄술로 인한 표준화작업이 진행되던 500년대에 이르기까지도 프랑스어와 다른 유럽 언어들에서 J는 체계적으로 나타나기 시작도 하지 않았다.

J는 1640년경에 이르러서야 영어의 철자법에 출현했다. 그럼에도 불구하고 그 다음 200년도 넘게 J는 독자적인 글자로 널리 인정받지 못하였으나, (아래에서 설명하게 될 이유들로 인해) J는 어떤 사람들에게는 I의 변형이라 간주되었다. 19세기 중엽에서야 겨우 노아 웹스터(Noah Webster)(1828)와 다른 학자들의 새로운 사전들의 영향으로 인해 J와 V는 글자로 확실하게 받아들여져 W의 뒤를 따라 우리의 알파벳에 들어왔다.

J는 알파벳 순서상 앞의 글자인 I로부터 태어났다. J를 임신하고부터 산고를 치르기까지는 500년부터 1500년까지 1,000년 즉, 중세시대 전기간이 소요되었다. 사랑은 그보다 이전에 로마제국에서 구어와 문어로 사용되던 라틴어라는 언어에서 시작되었다.

"j" 소리가 없었던 고대 라틴어에서 그 소리에 가장 가까운 소리는 자음인 "y"였다. 이 소리는 I 로 표기되었다. 따라서 라틴어에서 I는 모음이 될 수도 있었고 자음이 될 수도 있었다. "fly"(날다)와 "cycle"(주기)같은 단어들에서는 모음이지만, "yes"(예)와 "canyon"(협곡)과 같은 단어들에서는 자음인 영어의 Y와 비교해볼 수 있다—훈련이 된 독자들이라면, 그 두 역할을 구분해내는데 아무런 어려움도 없을 것이다. Y가 모음글자에 선행하면 Y는 아마도 자음으로 "y"로 소리난다. 라틴어에서의 I도 아주 똑같은 방법으로 사용되었다.

라틴어에서의 자음 I는 "yahm" 또는 아마도 "iy-yahm"으로 발음되는 *iam*(지금)이라는 단어에서와 같이 주로 모음 A 또는 U 앞에만 나온다. 모음 앞에서 조차도 I가 항상 자음이 되는 것은 아니다. 클라우디아(Claudia)와 같은 로마 사람의 이름에서는 I가 "Cloud-i-ah"와 같이 별개의 음절을 형성하는 모음으로 취급되었다.

클라우디아라는 이름은 자음인 I가 어떻게 자연스럽게 모음으로 간주될 수 있는가를 보여준다. 그 이름을 주의 깊게 발음해본다면, Cloud-i-(y)ah와 같이 I와 A 사이에 "y" 소리가 약하게 끼어드는 것을 들을 수 있을 것이다. 모음 I는 모음 앞에서 "y" 소리를 만들어낼 수 있기 때문이다. *triad*(3개 한벌), *I am*(나는 ~이다), *lazier*(더 게으른), *lion*(사자) 등과 같은 영어에서도 그런 현상을 볼 수 있다. 이러한 사실은 의심할 것 없이 기원전 600년경에 처음으로 알파벳을 받아들인 초기 로마 사람들로 하여금 I를 때로는 자음으로도 사용하도록 만들었던 것이다. 로마어의 서법의 본보기가 된 그리스어와 에트루리아어의 서법에서는 이미 I가 그러한 방식으로 사용되고 있었다.

현대 영어에서의 J의 사용 중 많은 경우가 라틴어에서 자음으로 사용한 I로 거슬러 올라간다. 주피터(Jupiter), 주노(Juno)[주피터의 아내: 역자주], 야누스(Janus)[로마신화에서 머리 앞뒤에 얼굴이 있는 문·입구의 수호신: 역자주]라 부르는 로마의 신들은 정확하게 말하면, Iuppiter, Iuno, Ianus와 같은 라틴어식의 이름을 가졌었다(발음은 "Yupp-piter," "Yoono," "Yahnus"였다). 야누스는 입구(*ianua*)의 수호신이었으며, 오늘날의 수위(*janitor*)에 해당하는 문을 지키는 사람(*ianitor*)이라는 로마 사람들의 단어와도 연결되어 있다. 로마 달력은 야누아리우스(*Ianuarius*)라는 달 즉, 1월 달(January)로 시작된다.

줄리우스 케사르(Julius Caesar)는 실제로는 율리우스(*Iulius*)(Yoolius)로 이름이 붙여졌었다. 트라얀 황제는 트라야누스(*Traianus*)(Trah-yahn-us)였었다. 로마에서 여러분이 누군가에게 *iniuria*(injury)를 입혔다면, 여러분은 *iustitia*(justice)의 법정에 있는 *iudices*(judges) 앞으로 끌려가야 했을 것이다. 법정에서 여러분은 황제의 *maiestas*(majesty)로 결백함을 맹서하고 여러분의 *coniunx*(spouse)와 여러분보다 더 *iunior*(younger)한 형제를 증인으로 세워야 했었을 것이다. J가 앞으로 영어에서의 해당 단어들에 어떤 주장을 내세운다 하더라도, 라틴어에서 그 단어들은 다소 다른 소리들과 다른 철자들로 시작되었다.

"j" 소리는 G라는 글자에서는 나타나지 않았다. 다음에 어떤 글자가 따라 나오더라도 라틴어에서 G는 항상 강한 소리로 발음되었다. 로마 사람들의 보석(jewel)은 젬마(*gemma*)로 G는 영어의 "gum"(고무질)에서와 같이 발음되었다.

그러나 구어로서의 라틴어에서는 500년경 로마제국이 붕괴되기 이전의 몇세기 동안에 걸쳐 변화가 일어나기 시작하였고 로마제국이 붕괴된 이후에 그 변화는 더 가속되었다. 라틴어가 여러개의 지역적 방언으로 갈라져 프랑스어와 다른 로망스어들로 분화되어감에 따라 변화에 늦은 전통적 라틴어의 철자법과는 달리 발음은 변화를 겼었다. 현대 학자들은 말기 라틴어의 글들에 나타난 다양한 철자법들과 842년에 고대 프랑스어로 작성된 스트라스부르크 서약(172-73쪽을 참조하라)과 같은 초기 로망스어로 쓰여진 글들에 나타난 일반적인 철자법들을 분석함으로써 발음의 변화를 추적한다. 어떻게 자음인 I가 혀가 더 편안한 위치에서 발음되는 새로운 소리로 점차적으로 변해갔는지 연구들에 의해 밝혀졌다.

중세시대의 스페인어에서 새로 생긴 소리는 "h"였다. 중세시대의 프랑스어, 이탈리아어, 포르투갈어에서 (라틴어에서의) 자음 I의 소리는 오늘날의 J와 매우 비슷한 소리로 변했다. 예를 들면, 정의라는 의미의 고대 라틴어 단어인 *iustitia*(yus-tih-ti-a)는 초기 스페인어의 서법에서는 "hoos-tee-see-a"로 발음되는 *iusticia*로 나타난다. 동일한 라틴어 어근은 "joos-tee-seh"처럼 발음되는 고대 프랑스어의 *iustice*를 만들어내었다.

이러한 변화들은 I라는 글자의 의미에 영향을 주었다. I가 지니는 모음으로서의 소리와 자음으로서의 소리는 더 이상 고대 로마에서와 같이 논리적으로 서로 연결되지 않았다. 서로 관련이 없는 두개의 소리가 되었던 것이다. I라는 글자는 형태는 하나이지만 진정코 두개의 소리가 된 것으로, 이 변화는 궁극적으로 I가 또 다른 형태의 글자로분리되게 되는 첫걸음이었다.

고대 로마의 서법에서 자음으로 사용된 I는 크리스트의 십자가 처형 이야기 중 로마 관원들이 십자가 위에 걸어 놓았던 글자판의 내용에서 극적으로 상기된다—위의 그림은 독일의 미술가 알브레히트 뒤러가 (1496년경에) 나무에 조각한 '비탄'(*Lamentation*)의 장면이다. 예수는 생존하고 있던 동안 아마도 Yeshua(Joshua)라는 히브리식 이름을 갖고 있었는데, 그 이름을 로마 사람들은 "Yay-sus"라 발음하고 Iesus로 옮겨 적었다. 예수가 속한 인종집단은 자신들을 Yehudim(Jews)이라 불렀는데, 이 단어는 대략 "Yewd-eye-ee"로 발음되는 라틴어의 유대이(Iudaei)(Yewd-eye-ee)에 해당되었다. 예수의 처형에서 INRI라는 로마글자들은 Iesus Nazarenus Rex Iudaeorum ("나사렛의 왕, 유태인의 왕")이라는 빈정대는 라틴어구의 두음자들이다.

고대 프랑스어에서의 변화는 노르만들의 영국정복으로 노르만들이 사용하던 프랑스어의 어휘와 철자법들 (그리고 그 이외의 많은 것은 제쳐 놓고라도) 앵글로-색슨족들에게 전달되게 만든 1066년 이후의 영어에서 일어난 변화들을 이야기하는데 극히 필요한 내용이다. 고대 영어에는 "j" 소리가 없었음이 분명하다. 그 소리는 1066년 이후에 프랑스어의 차용을 통해 영어에 들어왔던 것이다.

언급한 바와 같이 고대 프랑스어의 "j"는 오늘날의 영어에서의 J와 같은 소리로 발음되었다—실제로 영어의 "measure"(측정하다)에서의 S처럼 발음되는 현대 프랑스어의 J보다 더 영어의 J 소리와 같은 소리로 발음되었다. 현대 영어는 고대 프랑스어의 발음을 보존하고 있는데 반하여 프랑스어 자체에서는 그 소리가 계속 변화를 겪어 중세시대를 지나면서 훨씬 더 부드러운 소리로 변했다.

오늘날의 영어에서의 다른 자음들과 마찬가지로 "j"는 음성적으로 우리가 생각할 수 있는 것보다 훨씬 더 복잡하다. "j" 소리를 발음하기 위해서는 마치 "d"나 "t"를 발음하려는 것처럼 혀를 윗니의 뒷부분에 갖다 대야 한다. 그렇지만 곧바로 "sh"나 "f"와 같은 마찰음을 발음할 때처럼 혀를 앞으로 불어내야 한다. 이러한 과정을 통해 발음되기 때문에 "j"에는 유성치경구개파찰음(voiced palatal-alveolar affricate)이라는 장황한 이름이 붙여졌다—이 이름 중에 "치경구개"는 "j" 소리를 발음할 때의 혀의 출발위치를 말하는 것이고 "유성"은 성대가 울림을 말하는 것인 반면에 "파찰"은 좁은 틈 사이로 공기가 밀려나오는 즉, 마찰음 방식으로 공기가 개방됨으로써 끝나는 자음임을 가리킨다. 영어는 오직 "j"와 "ch" 두개의 파찰음만을 사용한다. 두 소리는 음성적으로 매우 비슷한 소리로 "ch"는 "j"의 무성음 짝이다.

고대 라틴어와 고대 영어가 그랬던 것처럼 많은 수의 현대 언어들이 "j" 소리를 갖고 있지 않다. 게르만어들과 스칸디나비아어들도 "j" 소리를 갖고 있지 않다. 이들 언어를 말하는 사람들이 영어를 배우게 되면 "j"를 "y" 소리로 대체할 것이다—따라서 1940년대와 50년대 헐리우드 영화들에 등장하는 스웨덴에서 이민 온 명랑한 성격의 주인공들이 말하는 "*Yum*pin' *Yim*minny"와 같은 표현들이 가능할 것이다.

제프리 초서가 살던 1380년경의 영국에서 "j" 소리는 주로 라틴어에서 파생된 단어로 프랑스어를 통해 들어온 차용어들에서 발음되었다. 두개의 다른 글자로 소리를 나타냈으니, 중세 영어에서의 *maiestie*(majesty)와 *iustice*(justice)에서와 같이 자음 I의 소리를 그리고 "gem"과 "Geoffrey"에서와 같이 표기했으니 부드러운 G 소리를 나타내었다. "j" 소리 자체와 마찬가지로 이들 글자의 사용은 영국에 전해진 프랑스어의 특징이었다. 당시까지는 그 소리를 표기할 글자가 없었다.

하지만 그 소리를 표기할 글자가 필요했었다. 유럽의 구어들은 문어적인 라틴어를 따라 자신들 나름대로의 문어적 형태로 정착되어 가고 있었으며, 빈번하게 나타나는 영어와 프랑스어의 "j" 소리와 스페인어의 "h"소리를 나타내기 위해 I를 임시변통적으로 사용하는 것 또한 적절치 못한 듯하였다. 새로운 소리들을 보다 엄연하게 나타낼 새로운 글자의 필요성이 대두되었다.

한편 유럽의 서법에는 소문자 i의 변이형이 존재하고 있었다. 모종의 필사전통에 근거하여 작업을 하던 사람들은—전형적으로 중세기 라틴어로 종교적 또는 법률적 기록들을 작성하던 사람들은—여러 세기 동안 이나 i를 기준선 밑으로 꼬리가 걸려 있는 길게 늘려진 형태로 쓰고 있었다. 꼬리는 곧게 아래쪽을 향하거나 고리모양으로 왼쪽을 향하거나 했었다(세월이 흐름에 따라 고리모양이 선호되었다). 주로 점이나 선을 i의 위에다 덧붙여 끝냈다면, 꼬리가 달린 i는 j처럼 쓰여졌을 것이다.

꼬리가 달린 형태는 원래 발음에는 아무런 차이도 없었다. 꼬리는 손으로 쓴 복잡한 글자들 사이에서 크기가 작은 i를 구분할 수 있게하기 위한 순전히 시각적인 장식물이었다. 당시의 어떤 다른 i나 마찬가지로 j 형태는 모음으로도 자음으로도 사용될 수 있었다. 때로는 j는

라틴어 단어 *iusti* "정의로운 사람들"에 꼬리가 있는 두개의 i가 들어 있다. 이 글자는 400년대의 성시집에서 나온 것으로 펜을 이용하여 언셜체로 쓰여진 것이다. 당시에 쓰이던 꼬리가 있는 이러한 글자형태는 발음상으로는 아무런 의미도 없는 오직 장식용이었다. 스페인어, 프랑스어, 영어 그리고 유럽의 다른 언어들에서 J 형태에—비록 동일한 소리는 아니지만—어떤 소리가 정해지기까지는 1,000년의 세월이 흘렀다.

단어를 시작하거나 끝내는 글자로 선택되기도 하였다. *filii*(아들들)라는 라틴어 단어는 *filij*로 쓰여졌을 것이며, *iusti*(정의로운 사람들)라는 단어는 *justj*로 쓰여졌을 것이다. 그러나 대부분의 전통에서는 고유명사의 첫글자나 책에서 각 장의 첫글자와 같이 대문자가 나올 위치에서는 꼬리가 달린 형태의 사용을 피하는 대신 대문자 I가 사용되곤 하였다.

1500년경을 기점으로 다음에 발생한 일은 변종의 글자형태와 변종의 소리가 서로를 끌어당긴 것이다. j의 원래의 소리는 아니었지만 j는 영어와 프랑스어에서 서서히 자음소리 j만을 (또는 스페인어에서는

ignis in aqua(물속의 불)이라는 라틴어구가 꼬리 달린 소문자 i로 시작되고 있다. 이 글자들은 840년경 프랑스에서 쓰여진 『대성경』에서 나온 것이다. (카롤링거 왕조풍 소문자들의 훌륭한 견본인 이 성경의 설명에 대해서는 184-85쪽을 참조하라.) 이 글은 『솔로몬의 지혜』(The Wisdom of Solomon)라는 경외전에서 나온 것이다.

"h" 소리만을) 나타내게 되었다.

글자 j와 소리 j의 결합은 1470년경 이후에 서유럽에 보급된 인쇄술로 인해 촉진되었다. 일반적으로 인쇄술은 글자들의 형태가 명확하게 구분되고 그 수에 있어서 제한적이어야 할 것을 규정하였다. 인쇄에 사용되는 활자상자는 조그만 금속주조물들인 활자들을 많이 담을 수 있어야 했다. 변종의 글자형태가 단지 필경자의 기교의 표현일 뿐이었기에 비실용적인 것이 되었다. j 형태가 활자로서 포함되어야 한다면, 필경 특별한 임무–자음으로서의 I 소리에 어울려야 할 임무–가 필요했을 것이다.

j가 가장 먼저 고정적으로 사용된 것은 스페인에서였다. 1470년대에 인쇄술이 스페인에 도달한 후 곧바로 스페인어에서는 소문자를 사용한 모든 경우에 j형태는 자음으로 i형태는 모음으로 사용된 것을 발견할 수 있다. 1600년 이전에 스페인어로 인쇄된 글들을 보면 대문자 J 형태는 그 다음에 등장하였다. 따라서 발음상 어떤 변화도 없이 성스러운 이름인 Iesus(스페인어로는 "*Hay-soos*") 는 *Jesus*로 철자되게 되었다. *iusticia*(스페인어로는 "hoos-tee-see-a")는 *justicia*가 되었다. 현대 스페인어도 "h" 소리를 나타내기 위해 여전히 J를 사용하며, 스페인어에서의 H는 묵음이다.

스페인에서의 출판은 다른 언어들에서의 J를 촉발시켰다. 독일에서도 "y" 소리를 나타냈던 자음으로서의 I는 결국 철자법상 J로 대체되게 되었다. 따라서 독일에서의 J는 영국에서와는 다른 이유들로 인해 Y에 부여되었던 일을 맡게 되었다. 독일어의 J는 여전히 "y" 소리를 나타낸다. 스위스의 심리학자 칼 융(Carl Jung)은 영원히 "젊은이"(young)로 남아 있다.

자음으로서의 I가 "shj" 소리를 나타냈던 프랑스에서는 "shj" 소리가 J로 나타내어지게 되었다. 프랑스어로 된 인쇄물과 필경에서 J는 1570년 이후에 자음으로서의 I를 대체하기 시작하였다. 발음에는 아무런 변화 없이 프랑스어 *iustice*는 *justice*가, *maiesté*는 *majesté*가 되었고, 로마제국의 황제 율리우스(*Iulius*)에서 유래된 프랑스 사람의 이름 *Iules*는 *Jules*로 철자되었다.

그러는 한편 이탈리아 사람들은 초기에 했던 자신들의 시도를 포기하는 대신 "j" 소리를 부드러운 G로—A나 U 앞에 나오는 예전의 I 앞에서는 G로 나타내거나 또는 다른 모음들 앞에서는 I 대신에 G로—나타냈다. 오늘날 "j" 소리로 시작되는 이탈리아어의 단어들 중에서 *Jesus*는 *Gésu*, *justice*는 *giustizia*, *Julius*는 *Giulio*(이로부터 *Giuliani*라는 성이 유래되었다)가 되었다. 이탈리아어에서 J는 "jazz"(째즈)와 같이 이미 고착된 외래어들에서만 사용된다.

영국에서 I가 J로 전환된 것은 부분적으로는 "justice"와 그와 유사한 프랑스어 단어들에 의해 촉발되었다. 그럼에도 불구하고 영어에서의 변화는 1580년경부터 1630년대 사이에 서서히 불규칙적으로 진행되었다. 당시의 가장 훌륭한 인쇄물들이었던 『제임스 왕 성경』(1611)과 『세익스피어 희곡 2절판 모음집』(*First Folio collection of Shakespeare's plays*)(1623)은 J를 사용하지 않고 I를 예전 방식으로 사용하였다—예외적으로 2절판책은 목차와 보조적 지문들에서는 대문자 J를 사용하고 있는데, 이는 필경 책을 출판한 사람들이 J에 대해 주저하였다는 표시일 것이다. 당시에 영어로 인쇄된 다른 책들은 자음을 나타내는 I가 대문자여야 할 경우에는 I를 소문자여야 할 경우에는 j를 사용하였을 것이다. 아울러 *maiestie*, *magestie*, *majesty*에서 볼 수 있는 것처럼 J와 부드러운 G의 사용에 혼동이 있었으니, 이들은 모두 같은 단어였다.

영어로 인쇄함에 있어서 J의 사용이 표준화된 이후에 조차도 많은 사람들은 J를 그 자체로서 글자가 아니라 I의 또 다른 형태라 생각했다. (V와 그 모체인 U에 대해서도 비슷한 논란이 있었다.) 1640년경의 영어 알파벳은 24글자를 갖고 있었다. 후에 학자들은 여러 세대에 걸쳐 J와 V를 새로운 글자로 공식적으로 인정하고 각각의 원래 모음글자들 다음에 자리를 잡게 할 것인가에 대해 논쟁을 거듭했다. 런던의 교장선생님인 토마스 디체(Thomas Dyches)의 문법책 『영어로의 안내』(*A Guide to the English Tongue*)(1707)는 26자를 열거하고 있지만, 사무엘 존슨(Samuel Johnson)의 기념비적인 『영어사전』(*Dictionary of the English Language*)(1755)은 J를 I의 변형으로 V를 U의 변형으로 취급하면서 24글자임을 강력히 주장하고 있다.

존슨은 자신의 사전 전편에 걸쳐–자신의 성을 J로 쓴 것을 비롯하여–철자에 J와 V를 사용하지만, 편집에 관한 논평에서는 J와 V를 실제로 알파벳에 편입시키려는 개혁을 거부한다. 그는 사전 표제어에 J도 V도 사용하지 않고 있어 그의 사전에서 표제어는 "H, I, K, L"과 "T, U, W, X"의 순으로 이어진다. J로 시작되는 단어들은 "I" 밑에 배열되었으며 V와 U의 경우에도 마찬가지였다. 존슨의 사전에서 "I"라는 표제어 밑에 나오는 첫단어는 대명사 "I"이며, "Jabber"(지껄이다)와 "Jabberer"(지껄이는 사람)와 같은 항목들이 곧바로 "I"의 뒤를 따라 나오며, 이들 뒤로는 "Jackal"(인도와 북아프리카 산 야생의 개), "Jam"(채워 넣다), "Iambick"(약강격의), "Jangle"(땡그렁거리다), "Ibis"(따오기), "Ice"(얼음), "Idiot"(바보), "Jealous"(질투하는) 순으로 나온다.

존슨의 사전이 지닌 권위는 J와 V의 공식적인 출현을 적어도 75년이나 늦추는데 일조를 하였다. 코네티컷(Connecticut)의 교육자인 노아 웹스터(Noah Webster)가 쓴 또 다른 역사적 출판물인 『미국영어사전』(*An American Dictionary of the English Language*)(1828)이 출판된 후에야 비로소 J와 V는 알파벳에 공식적으로 등장하게 되었다. 영국에서의 철자법과 용례에 대해 대체적으로 회의적인 태도를 취했던 웹스터는 J와 V를 자격을 제대로 갖춘 글자들로 취급했으며, 자신의 사전의 영향력을 이용하여 미국의 젊은이들에게 26글자로 구성된 알파벳을 전달하려고 하였다. 영국에서는 여전히 저항이 있었으니, 찰스 리차드슨(Charles Richardson)의 『영어 새사전』(*New Dictionary of the English*

# The life and death of King Iohn.

*Actus Primus, Scæna Prima.*

*Enter King Iohn, Queene Elinor, Pembroke, Eſſex, and Saliſbury, with the Chattylion of France.*

*King Iohn.*
NOw ſay *Chatillion*, what would *France* with vs ?
*Chat.* Thus (after greeting) ſpeakes the King of France,
In my behauiour to the Maieſty,
The borrowed Maieſty of *England* heere.
*Elea.* A ſtrange beginning : borrowed Maieſty ?
*K. Iohn.* Silence (good mother) heare the Embaſſie.
*Chat. Philip* of *France*, in right and true behalfe
Of thy deceaſed brother, *Geffreyes* ſonne,
*Arthur Plantaginet*, laies moſt lawfull claime
To this faire Iland, and the Territories :
To *Ireland, Poyctiers, Aniowe, Torayne, Maine*,
Deſiring thee to lay aſide the ſword
Which ſwaies vſurpingly theſe ſeuerall titles,
And put the ſame into yong *Arthurs* hand ,
Which none but heauen, and you, and I, ſhall heare.
*Enter a Sheriffe.*
*Eſſex.* My Liege, here is the ſtrangeſt controuerſie
Come from the Country to be iudg'd by you
That ere I heard : ſhall I produce the men ?
*K. Iohn.* Let them approach :
Our Abbies and our Priories ſhall pay
This expeditious charge : what men are you ?
*Enter Robert Faulconbridge, and Philip.*
*Philip.* Your faithfull ſubiect, I a gentleman,
Borne in *Northamptonſhire*, and eldeſt ſonne
As I ſuppoſe, to *Robert Faulconbridge* ,
A Souldier by the Honor-giuing-hand
Of *Cordelion*, Knighted in the field.
*K. Iohn.* What art thou ?
*Robert.* The ſon and heire to that ſame *Faulconbridge*.
*K. Iohn.* Is that the elder, and art thou the heyre ?
You came not of one mother then it ſeemes.
*Philip.* Moſt certain of one mother, mighty King,

17세기 초엽에 영국 사람들이 (무엇보다도 대륙에서 만들어진 글자인) J의 사용을 주저하였다는 흔적이 셰익스피어가 죽은 지 7년 후인 1623년에 런던에서 출간된 『셰익스피어 희곡 2절판 모음집』에 남아 있다. J는 본문의 지문에는 결코 나타나지 않는다. 대신 I와 i를 예전 방식으로 사용하고 있다. 비극 『존 왕』(King John)의 첫면에서 "John"과 "majesty"는 "Iohn"과 "Maiesty"이다. 하지만 그 면의 표제어와 같은 이탤릭체로 인쇄된 보조지문에서는 J가 나타난다—그러나

*Language*)(1836)은 J와 V를 생략했다. 그러나 19세기 중엽에 이르러 마침내 J와 V를 인정하게 되었다.

J에게는 이제는 폭로할 수 있는 비밀이 있었다. 그 이름이 항상 K와 운이 맞아 떨어진 것은 아니었다. 시낭송에 있어서 "jay," "kay"가 운이 맞아 떨어지는 것이 자연스럽지만, 19세기 말엽 이전의 J의 이름은 원래는 I의 이름과 운이 맞았다. J의 기원에 비추어 볼 때 J의 이름이 I의 이름과 운이 맞는 것이 논리에 맞다. j는 "I의 또 다른 형태"였기 때문이다. 하지만 J의 이름은 장모음 A의 운이 주는 강한 힘으로 인해 결국 K의 이름쪽으로 끌려갔다. 스코틀랜드와 영국의 몇몇 다른 지역

The life and death of King John. 3

What woman post is this? hath she no husband
That will take paines to blow a horne before her?
O me, 'tis my mother : how now good Lady,
What brings you heere to Court so hastily?

Enter Lady Faulconbridge and Iames Gurney.

Lady. Where is that slaue thy brother? where is he?
That holds in chase mine honour vp and downe.
Bast. My brother Robert, old Sir Roberts sonne:
Colbrand the Gyant, that same mighty man,

Scæna Secunda.

Enter before Angiers, Philip King of France, Lewis, Daulphin, Austria, Constance, Arthur.

Lewis. Before Angiers well met braue Austria,
Arthur that great fore-runner of thy bloud,
Richard that rob'd the Lion of his heart,

62 The Tragedie of Romeo and Juliet.

French slop: you gaue vs the the counterfait fairely last night.
Romeo. Good morrow to you both, what counterfeit did I giue you?
Mer. The slip sir, the slip, can you not conceiue?
Nur. Out vpon you: what a man are you?
Rom. One Gentlewoman,
That God hath made, himselfe to mar.
Nur. By my troth it is said, for himselfe to, mar quatha: Gentlemen, can any of you tel me where I may find

The Tragedie of Romeo and Iuliet. 79

I married them; and their stolne marriage day
Was Tybalts Doomesday: whose vntimely death
Banish'd the new-made Bridegroome from this Citie:
For whom (and not for Tybalt) Iuliet pinde.
You, to remoue that siege of Greefe from her,
And then in poste he came from Mantua
To this same place, to this same Monument.
This Letter he early bid me giue his Father,
And threatned me with death, going in the Vault,
If I departed not, and left him there.

소문자가 아니라 대문자 형태로만 나타나며, 셰익스피어의 무대 지시문들에는 심지어는 이탤릭체의 형태로도 결코 나타나지 않는다. (위의 꼭대기에 있는) 존 왕과 야메스 구니(Iames Gurney)를 주목해보라. 『로미오와 줄리엣』(*Romeo and Juliet*)(가운데와 밑바닥)에서 Juliet과 Iuliet에서 볼 수 있는 것처럼 표제어들에 있어서 조차도 일관적이지 못하다. 분명히 출판자들은 바드(Bard)[셰익스피어의 별칭: 역자주] 자신이 쓴 글들을 새로 만들어진 J 없이 그대로 보존하기를 원했다. 다른 곳에서는 J를 일관성 없이 사용하고 있다. 그렇지만 2절판이 출간된 지 한 세대도 지나기 전에 J는 자음으로서의 I를 대체하여 영어의 철자법에서 표준이 되었다.

의 사투리에는 "jye"라는 이름이 1950년대까지 대중의 말투에 남아 있었다.

"jye"라는 이름은 대부분의 다른 글자들의 이름이 그랬던 것처럼 중세 프랑스어에서 영어로 들어왔을 것이다. 현대 프랑스어에서 J의 이름은 "shjee"로 발음되는데, 이는 중세 프랑스어에서의 "jye"로부터 변해온 것이다.

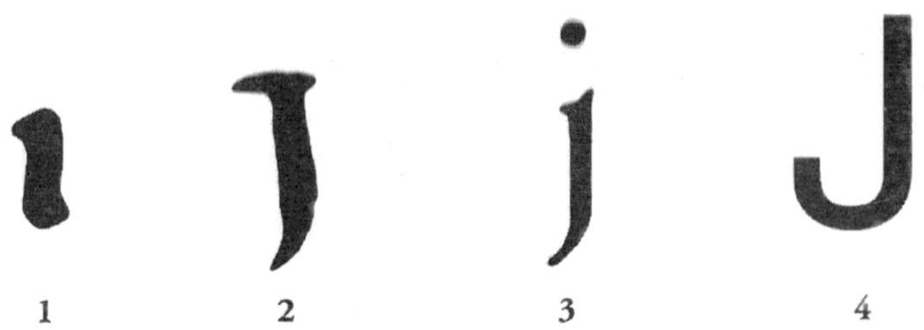


(1) 로마 말기인 450년경에 언셜체로 잉크를 이용하여 손으로 쓴 I라는 글자이다. (2) 840년경에 카롤링거 왕조풍의 소문자로 쓴 『대성경』에서 나온 꼬리가 달린 I이다. 꼬리 달린 i는 발음상 어떤 특별한 것도 의미하지 않았음에도 훗날 그 형태는 유럽의 인쇄자들에게 선택되어 우리의 J라는 글자를 만들어내는데 도움을 주었다. (3) 1615년경에 인쇄된 프랑스어의 소문자 j는 글자체를 도안하는 사람들이 잉크를 이용하여 카롤링거 왕조풍으로 쓴 형태를 포함하는 전통에 의존하였음을 보여준다. (4) 대중적 인기가 있었던 헬베티카(Helvetica) 형태의 대문자 J로, 1950년대말에 스위스에서 제트기 시대의 감격을 나타낼 수 았도록 도안된 것이다. 아래 부분의 확장된 고리로 인해 글자의 형태가 만족스럽게 균형이 잡히는 듯하다.

다른 언어들에서의 J의 이름은 J가 다양하게 사용되었음을 반영한다. J가 "h" 소리를 나타내는 스페인어에서는 "호타"(*hota*)라 불리고, *jota*로 철자되는데, 이 이름은 "h-소리를 내는 이오타"를 의미한다(이오타는 I라는 글자이다: 앞장에서의 설명을 참조하라). J가 "y" 소리를 나타내는 독일어에서의 이름은 "요트"(*yot*)이고, *jot*로 철자되는데, 그 의미는 "y-소리가 나는 이오타"이다.

J의 특이한 형태는 영어의 어휘에 별다른 기여를 하지 못했는데, 그 이유는 의심할 것 없이 "hook"(고리)라는 단어로 인해 야기된 경쟁 탓이었다. J-커브(J-curve)와 J-벤드(J-bend)라는 표현이 있는데, 이들은 주류를 이루는 모든 것들에 관한 것이다. 20세기에 미국에서 언급된 바 있었던 "j" 만년필은 갈고리 모양으로 구부러진 만년필을 말하는 것이 아니었다. J 모델은 단순히 1948년부터 1955년 사이에 에스터부룩(Esterbrook) 필기구 회사가 생산한 비싸지 않지만 좋은 것으로 인정받

던 제품을 말하는 것이다. J가 지니는 특정한 의미는 (만약 특정한 의미가 있다면) 분명치 않은 상태로 남아 있다. 기묘하게도 유쾌한 분위기를 주는 "제이워크"(jaywalk)[교통 규칙·신호를 무시하고 길을 횡단하는 것: 역자주]라는 단어는 1917년 미국의 언론에서 처음 사용된 것인데, "jay"를 시끄럽게 지저대고 잘 끼어드는 종류의 새로 인해 만들어진 의미인 "바보얼간이"라는 아주 오래된 의미로 사용한다.

우리가 사용하는 대부분의 글자들의 형태는 암석에 새겨진 고대 로마 시대의 대문자들의 형태를 취하고 있지만, J는 중세시대에 손으로 쓰던 형태를 거쳐 소문자로 출현한 몇몇 글자들 중의 하나이다. 대문자 J는 근본적으로 1500년대에 유럽의 인쇄자들이 만들어낸 것인 탓에 그에 상응하는 고대 글자의 모형이 없다. 그런 이유로 인해 대문자 J는 어떤 사람들에게는 경시당해왔다. 알파벳을 연구하는 학자인 데이빗 디링거(David Diringer)는 J를 다른 글자들에 비해 도안에 있어 열등하며, 고전적인 로마의 기념비적인 글자들이 지니고 있는 균형감, 대담함, 근엄함이 결여된 글자라 부른다. 그렇지만 J는 대문자이든 소문자이든 많은 사람들에게 낚시와 빅토리아 시대(Victorian)의 필드하키를 감미롭게 상기시키는 그런 기분 좋은 모습을 하고 있다.

## 글자의 아버지

영국의 시인이며, 언론인이며, 학자인 사무엘 존슨(1709-84)은 리치필드(Litchfield)에서 책을 팔던 사람의 아들이었다. (초상화의 출처는 http://www.lib.utexas.edu/photodraw/portraits/index.htm임) 존슨의 방대한 학식과 민활한 재치는 1755년 당시까지 중 가장 훌륭한 영어사전의 출판을 가능하게 만들었다. 4만개의 어휘를 수록한 그의 『영어사전』의 글들은 생기와 놀라울 정도의 정확함으로 채워져 있으며, 단어 사용의 예들을 보여주는 문학작품에서의 인용문들을 담고 있는 첫번째 영어사전으로 존슨을 부유하게 만들지는 못했지만 유명하게는 만들었다.

존슨의 사전은 J와 V가 철자법상으로는 사용되었지만 알파벳 글자들의 반열에는 끼지 못했던 24개의 글자들로 이루어진 18세기의 보수적인 알파벳을 보여준 대신에 J는 I의 변형으로 V는 U의 변형으로 취급한다. 존슨은 심사숙고한 끝에 그리고 당시 학자들의 상반된 견해에도 불구하고 이런 판단을 택했다. 이러한 그의 결정은 사후의 영향력을 통해 J와 V가 알파벳의마지막 구성요소로 받아들여지는 것을 19세기 중엽까지 지연시키는데 이바지했다.

# J

*K는 공산주의(Komunismus)를 위한 것인가? K는 산업의 상징이 되었으며, 공산당 통치의 마지막 자락의 해들로부터 시작해서 체코의 그래픽 디자이너 올드리치 포스머니(Oldrich Posmurny)가 만들어낸 형상에 있어서는 아마도 억압을 상징하는 것이 되었을 것이다. 또한 20세기에 영어를 사용하는 독자들에게 K는 낯선 외국어들을 암시하고 동유럽과 독일의 전체주의를 암시하는 불길한 모습으로 보일 것이다.*

# K와 K의 경쟁자들 (KOMPETITORS)

소리적인 면에서 C와 Q와 혈연관계에 있는 선량한 K는 영어의 철자시장에서 자신의 점유율을 높이기 위해 투쟁해야 할 것이다. C를 설명하면서 우리가 사용하는 알파벳안에서의 C, K, Q 사이의 경쟁에 대해 이미 언급한 바 있다. 대체적으로 우리가 사용하는 글자들은 그 수에 있어 무척 적다. "sh," "th" 또는 ["mentəl"(정신적인)에서와 같은] 축약된 모음의 소리를 나타내기 위해서 더 많은 수의 글자들을 사용할 수 있다. 하지만 우리는 하나의 소리 즉, 무성연구개폐쇄음인 "k" 소리에 지나칠 정도로 3개의 글자를 할당하고 있다.

세 글자들의 전투에서 가장 큰 패배자는 영어의 인쇄물에서 거의 가장 적게 사용되는 글자에 해당하는 Q이다. K의 경우도 나쁘기는 마찬가지로 사용빈도에 있어 끝에서 네번째나 다섯번째인 대략 22위 내지 21위의 자리를 차지한다. C는 대략 13위 정도의 자리에 있다. K의 입장에서 본다면, C는 닥치는대로 아무것이나 마구 먹어 치우는 아주 가치가 없는 것이다—왜냐하면, C는 K (또는 Q)에 비추어 소리에 있어 극히 일관적이지 못하기 때문이다. C는 E나 I 또는 Y 앞에서는 "s" 소리로 변하지만 K는 항상 "k" 소리이다.

"panic"(돌연한 공포)이 "panicky"(전전긍긍하는)로 변하거나 "shellac"(때리다)가 "shellacking"(구타)으로 변하는 것에서처럼 K는 실제로 어떤 철자들의 경우 C의 목숨을 건져준다. 이들 변화의 경우 "-cy"나 "-cing"이라는 어미로 끝나는 단어로는 결코 보여줄 수 없는 "k" 소리를 나타내기 위해 K가 끼어든다.

K가 C보다 더 믿음직스러움에도 불구하고 도대체 어떤 논리로 "k" 소리를 나타내기 위해 C를 사용할 수 있단 말인가? 왜 K로 대체할 수 없는 것인가? "contract"(계약)를 "kontrakt"로, "convector"(대류난방기)를 "konvektor"로 철자할 수 있다(독일어에서는 그렇게 한다). 그렇게 할 수 있다면 Q도 버릴 수 있다. Q를 버리면, 신은 *Kween*(여왕)을 지켜준다.

영어의 철자법을 보다 더 순수하게 음성적으로 만듦으로써 간소화하려는 사람들은 오랜 세월에 걸쳐 이와 같은 방법을 권고해왔다. K는 철자개혁에 있어서 전통적으로 총애를 받아온 글자였으니, 미운 오리새끼가 문제아인 C와 다 죽어가는 Q를 대치할 수 있는 백조로 변했던 것이다. 16세기 중엽에 영국 사람 존 하트(John Hart)가 쓴 글들로부터 20세기에 영국과 미국에서 있었던 신철자법운동에 이르기까지 K는 하나의 소리를 위한 하나의 부호로써 주창되어 왔다. 예를 들면, 신철자법에서는 "queen"(여왕), "collide"(부딪치다), "discover"(발견하다), "kick"(차다)을 각각 "kween," "kolyd," "diskuver," "kik"로 썼다.

실제 생활에서의 철자법에 있어서는 독일어, 네덜란드어, 스웨덴어, 체코어, 항가리어 등과 같이 로마 알파벳을 사용하는 북유럽의 언어들과 동유럽의 언어들에서는 C보다 K가 훨씬 더 선호되었다. 그런 까닭에 독일어에서는 *Katalog*(목록), *Dokument*(문서), *kompakt*(촘촘한), *effektiv*(유효한), *Nomenklatur*(명명), *Kommandotruppe*(사령부)와 같은 단어들이 가능하였다. 여러분이 독일에 있다면, *dekadenter Theaterkritiker*(퇴폐연극비평가)를 만날 수 있을 것이다. 또는 이상한 복장(*Kostüm*)을 한 음악가(*Musiker*)를 만날 수 있을 것이다. 독일 사람들의 K에 대한 애정은 결혼한 여인의 영토는 오로지 4개의 K에 한한다라는 옛날 속담에 잘 나타나 있다. 4개의 K는 *Kinder*, *Kirche*, *Küche*, *Kleider*이니 자녀, 교회, 주방 그리고 의복이다.

그런가 하면 독일어에서 C는 비교적 덜 사용되는 글자로 *deutsch* ("German"에 해당하는 독일어의 단어임)에서의 부드러운 SCH나, *Sachs*[독일의 작센지방(Saxony)을 지칭하는 성으로 19세기의 이민자들에 의해 종종 "Sacks"로 영국식으로 쓰이기도 하였다]에서의 강한 CH와 같이 다른 글자들과 결합해서만 사용되는 글자로 격하되었다. 마찬가지로 체코어에서도 크로아티아어(Croatian)[크로아티아 사람들 스스로는 흐르바츠카어(Hrvatska)라 부른다]에서도 그리고 동유럽의 몇몇 다른 언어들에서도 C는 주로 "ts" 소리와 부드러운 "ch" 소리를 전달하는데 도움을 줄 뿐이다. 이들 언어에서 "K" 소리는 거의 전적으로 K에 속한다. "California"(캘리포니아)와 같은 소수의 외래어에서만 C가 홀로 "k" 소리를 나타낼 수 있을 뿐이다.

C, K, Q 사이의 이상한 경쟁관계에 대한 책임은 역사에 있다. 고대 이탈리아 시대에 에트루리아 사람들이 자신들의 언어의 특색을 만족시키기 위한 방법으로 "k" 소리를 위해 어떻게 세개의 다른 글자들을 보존시켰는지에 대해 C를 설명하는 장에서 이미 설명한 바 있다. 그 세 글자들이 우리의 C, K, Q의 조상들이었으며, 고대 로마 사람들의 알파벳으로 베껴진 이후에—로마 사람들은 오늘날 우리들보다도 훨씬 더 그 세 글자들을 필요로 하지 않았음에도 그 글자들을 보존하였다—C, K, Q는 영어를 비롯한 중세기 유럽 언어들의 알파벳으로 전달되었다.

하지만 보다 자세한 이야기는 그보다 훨씬 더 이전인 기원전 2000년의 이집트에서 시작된다. 이집트 상형문자들 중에는 펼친 손을 상징하는 그림이 있었다. 이집트의 글쓰기에서 손은 다른 그림들과 결합하여 다양한 의미를 만들어내었을 것이다. 그러나 손 단독으로는 "손"이라는 단어만을 의미하였다. 아니면 손그림은 "d" 소리를 나타낼 수 있었다. 손그림은 당시에 이집트 사람들이 알파벳 글자들로 사용한 대략 25개의 글자들 중의 하나였기 때문이었다. 손그림 부호가 나타내는 "d" 소리는 이집트어의 단어인 *drt* 즉, "손"을 시작하는 소리와 일치하였다.

기원전 2000년경에 아마도 병사나 노동자로 이집트에 거주하던 어떤 셈족의 사람들이 셈어의 소리들을 나타내는 아마도 27개의 글자로 된 이 세상 최초의 알파벳을 만들어냈다. 도입부인 22-36쪽에서 설명된 바와 같이 초기의 셈족의 글자들은—사람의 머리, 황소의 머리, 투척용 지팡이, 눈 등과 같은—그림들로 모두가 이집트의 상형문자들로부터 베껴진 것들이었지만, 이집트 상형문자에서의 그림의 이름들과 의미는 버려지지 않았다. 셈어의 알파벳을 만들 발상은 의심할 것 없이 이집트의 그림글자들에 의해 특히 작은 소리 조각들을 보여주기 위해 이집트 글자들로 이중의 역할을 한 25개의 그림들에 의해 촉발되었을 것이다.

단순하지만 식별이 가능한 이집트 글자의 손그림은 셈어의 새로운 글자체계로 베껴질 그럴 듯한 선택이었을 것이다. 셈족 사람들은 자신들만의 "손" 글자를 만들었으니, 곧추 선 손의 그림으로 셈족 사람들은 카프(*kaph*)라 불렀고, "손바닥"을 의미했으며, 그 이름을 시작하는 소리인 "k" 소리를 나타냈다. 이 카프는 오늘날의 K의 직계 조상이었다. 오늘날에도 초기 글자의 형태에 있었던 손가락들이 왜곡되기는 했지만 K의 형태에 갈라진 획으로 남아 있다.

초기 셈족의 글자들이 대체로 그랬던 것처럼 카프는 기원전 1000년경의 페니키아 알파벳에서 사용되어 우리에게 더 잘 알려져 있다. 페니키아 알파벳에서 글자의 형태는 다소 추상적인 손의 형태로 변하여 글자로서 보다 더 쓰기 쉽게 되었다. 가장 초기의 페니키아 카프는 세 개의 손가락이 펼쳐진 형태였으며 훗날 역형상의 K와 같은 형태로 변했다.

카프는 우리의 알파벳에서 K가 11번째의 글자인 것과 꼭 마찬가지로 페니키아 알파벳에서 11번째의 글자였다. 순서상 카프 다음에 나오는 글자들은 12, 13, 14번째 자리에 나오는 페니키아 알파벳의 L, M, N으로 오늘날의 알파벳에서 L, M, N이 나오는 바로 그 자리들이었다—이러한 사실은 얼마나 많은 페니키아 알파벳 글자들이 아직도 우리들과 함께 살고 있는지를 실감나게 하는 것이다.

페니키아 사람들은 "k" 소리를 나타내는 글자를 두개 갖고 있었다. 그 글자들은 카프와 Q의 조상인 코프(*qoph*)였다. 두 글자를 구분해서 만든 요체는 페니키아 사람들과 다른 셈족의 사람들이 "k"를 약간 다른 두가지 방법으로 발음했다는 것이다. 다시 말하면, 발음할 때의 혀의 위치가 약간 다른 두개의 소리였다는 것이다. 따라서 두개의 "k"는 각각의 글자를 갖고 있었다. 의심할 것 없이 페니키아 사람들에게는 유용하였던 K와 Q의 구분은 그 알파벳을 물려받게 될 운명에 있던 인도-유럽어를 말하는 사람들에게는 근본적으로 쓸모가 없었을 것이었다. 다시 말하면, 그리스, 로마, 프랑스, 영국 등등의 나라 사람들에게는 의미가 없었을 것이다. 이들 나라 사람들은 모두가 다 하나의 "k" 소리만을 발음했을 것이다. C에 대해 말하자면, C는 페니키아 알파벳에 속한 글자가 결코 아니었으며 훗날에 만들어진 것이다.

기원전 800년경에 카프와 코프는 새로 태어난 그리스 알파벳으로 넘겨졌고, 그리스 사람들은 그들의 이름을 카파(*kappa*)와 코파(*qoppa*)로 다시 붙였다. 오늘날 코파는 그리스 알파벳에서 불필요하여 사라진지 무척이나 오래되었다. 그러나 카파는 그리스 알파벳에서 10번째 글자인 K로 남아 있다.

현대 영어에서 카파는 과학용어들에서 (예를 들면, 순서상 10번째를 차지하는 어떤 것을 나타낸다), 미국 대학의 남학생 동아리들의 이름에서 또한 카파 무 엡실론(Kappa Mu Epsilon)과 파이 베타 카파(Phi Beta Kappa)[성적이 우수한 미국 대학 우등생으로 조직된 학생 친목회: 역자주]와 같은 학술 단체들의 이름에서 적당한 역할을 담당한다. 카파 무는 전국 대학의 수학 영예 모임으로 그리스 알파벳의 세 글자는 "수학의 아름다움에 대한 감상을 배워라"로 번역될 수 있는 학술단체의 그리스어 표어의 핵심 단어들의 약자이다. 파이, 베타, 카파 세 글자는 그리스어 표어인 *Philosophia biou kubernetes*(지혜를 사랑하는 것은 인생 항로의 키를 잡는 것이다)의 단어들을 나타낸다.

기원전 700년경에 이르러 카파와 코파 그리고 다른 그리스 글자들이 에트루리아 사람들에 의해 채택되었는데, 에트루리아 사람들은 곧바로 자신들의 알파벳의 세번째 자리에 그리스 알파벳의 감마를 이용

(1) 기원전 2000년경의 이집트의 손그림 상형문자. 이 그림부호는 분명히 이집트에 거주하던 셈족 사람들에게 자신들의 알파벳을 위해 "손그림" 글자를 만들어내도록 영감을 주었다. (2) "손바닥"을 의미하는 셈어 알파벳의 카프로 시나이의 중서부지역에서 기원전 1750년경에 새겨진 명문에서 나온 것이다. 이집트 글자의 형태를 닮지는 않았지만, 여전히 손의 모습을 보여주고 있는 카프는 그 이름의 시작 소리인 "k" 소리를 나타낸다. (3) 기원전 1000년경의 페니키아의 카프. "손가락 세개의" 형태인 이 글자는 글자를 쓰는데 주의를 덜 기울여도 되고 시간도 덜 걸린다. (4) 기원전 800년경의 페니키아의 카프. 이 형태는 손목과 더불어 손목에 연결된 세개의 손가락을 암시한다. 글자형태는 오른쪽에서 왼쪽으로 쓰는 페니키아의 글들에 사용되었기 때문에 왼쪽을 향하고 있다. (5) 초기 단계의 그리스 카파로 기원전 740년경에 오른쪽에서 왼쪽으로 쓴 명문에서 나온 것이다. 페니키아 글자를 베낀 것이지만 카파는 손의 형태를 거의 갖고 있지 않다. 그리스 알파벳에서의 이름은 "손"을 의미하지 않았음은 물론 글자 자체로서의 의미 이외에는 그리스어로는 전혀 어떤 의미도 없었다.

하여 자신들의 글자인 C를 만들었고, 이 C가 에트루리아 알파벳에서 "k" 소리를 타나내는 글자가 되었다. 에트루리아 사람들은 C, K, Q를 페니키아 사람들과 마찬가지로 그러나 약간씩 다르게 발음하였다. C, K, Q 세 글자는 각각 어떤 특정의 모음 앞에서만 사용되었다. 이들 세 글자의 구분은 각 글자들의 이름의 철자에서 어렴풋이 감지될 수 있다. 아마도 에트루리아 사람들은 C를 "kay"(C-E로 철자되었음)로, K를 "ka"(K-A)로, Q를 "koo"(Q-U)로 불렀을 것이다.

에트루리아어와는 사뭇 다른 언어인 라틴어를 말했던 로마 사람들이 기원전 600년경에 에트루리아 알파벳을 베꼈다. 베껴 간 글자들 중에는 조연격 글자들 3개도—에! 그러니까 틀림 없이 3개의 "k" 글자들도—포함되어 있었다. 그러나 C와 K, Q는 로마 사람들의 언어에 전혀 필요치 않았던 것이다. 결국 로마 사람들은 순서를 정하게 되었다. C를 "k" 소리를 나타내는 가장 중요한 글자로 삼고, Q는 특별한 경우에 사용하는 글자로 격하시켜 *quantum*(양)에서와 같이 "kw"라는 라틴어 소리를 나타내기 위해 항상 U와 함께 사용되도록 하였다.

K는 재배열 과정에서 나쁜 제비를 뽑았다. 그래서 K는 로마 사람들에게 거의 전적으로 무시당하게 되었다. 기원전 300년경에 이르러 K는 중요한 C보다 앞서서 자리를 차지한 몇몇개의 라틴어 단어들에서만 사용되었다. 그러한 K-단어들 중 하나가 로마 사람들이 죽도록 미워하는 북아프리카에 있는 적군의 도시 이름으로 라틴어로 *Carthago*(*Carthage*)로 쓰이기도 했지만 때로는 *Karthago*로도 쓰였다. 이 유별난 K가 로마 사람들의 눈에는 비굴하게 보였을 것임에 틀림 없을 것이다.

기원전 300년 이후 몇세기에 걸쳐 그리스로부터 과학기술과 문화에 관한 어휘들이 로마사회에 유입되었음에도 불구하고 로마에서 K는 사용되지 않았다. 그리스어 차용어들에 들어 있는 카파라는 글자를 음역하기 위해서는 K의 사용이 논리적으로 마땅함에도 K는 사용되지 않았다. 대신 영예는 (당시에는 항상 강한 C로 발음되었던) C에게로 돌아갔다. 예를 들면, 그리스 사람들이 *Kirke*(키르케)[마술로 오디세이의 부하들을 돼지로 둔갑시켰다는 마녀: 역자주]라고 부르는 신화속의 마녀는 로마 시인들에게는 *Circe*가 되었다. 발음은 (kir-kay로) 여전히 그리스어에서와 같았지만, K 대신에 C가 사용되었다. 그리스어로 *Kupros*라 알려진 지중해의 동쪽에 있는 구리가 풍부하고 그리스가 차지하고 있었던 커다란 섬은 라틴어로는 *Cyprus*로 철자되었다. 그러나 (또 다시) 그리스어에서와 마찬가지로 발음되었다—이 발음이 영어의 "copper"(구리)라는 단어를 만들어내었으니, "copper"는 키프로스섬에서 나는 금속이라는 의미였다. 마찬가지로 *Arkadia*(아르카디아)[고대 그리스 펠로폰네소스반도 내륙의 경치 좋은 이상향: 역자주], *Perikles*(페리클레스)[(495?–429 B. C. 아테네의 장군 · 정치가: 역자주], *komma*(콤마), *krokos*(크로커스 꽃), *kolossos*(거상), *basilike*(공회당) 등과 같은 그리스식 이름들이나 단어들도 라틴어에서는 *Arcadia*, *Pericles*, *comma*, *crocus*, *colossus*, *basilica*로 옮겨졌다. 로마 사람들은 앞서 언급한 단어 중 어떤 것에라도 K를 사용하면 경멸의 대상이 되었던 탓에 C만을 선호했을 뿐이었다.

현대 영어에서는 그리스 알파벳의 카파를 대신하는 로마 알파벳의 C를 고대 그리스와 관련된 것이든 [*microscope*(현미경), *cinema*(영화) 등과 같은] 현대 과학기술에 관련된 것이든 간에 그리스어에서 유래된 수백여개의 단어들에서 찾아볼 수 있다. 그리스어에서 유래되어 영어에 들어온 초기의 단어들은 중세시대 동안에 주로 고대 프랑스어를 통해 라틴어화된 형태로 들어왔기 때문에 K가 아니라 C가 사용되었다. 그 이후 16세기부터 20세기 사이에 그리스어에서 영어로 직접 들어온 단어들도 카파는 C로, 그리스어에서의 U는 Y로 등등과 같은 라틴어화된 철자를 사용하던 예전의 규칙을 고수하였다. 따라서 영어에서도 "akanthos"가 아니라 "acanthus"[아칸서스 잎 장식 (코린트식 원주의 머리 등): 역자주]가 되고, "kubernetics"나 "kubernetiks"가 아니라 "cybernetics"가 되었다. "kudos"("칭찬, 명성"이라는 의미의 그리스어 *kudos*에서 온 것임)

와 같이 아주 최근에 차용된 단어들만 오로지 카파를 갖고 있으며 다른 그리스 글자들은 보다 더 정확하게 표시되어왔다.

경이롭게도 로마 알파벳의 K는 라틴어에서 가장 적게 사용되는 처지였음에도 대략 기원전 600년부터 500년까지 1,000년 이상이나 살아남아 있다. K가 글자의 반열에서 탈락되지 않았다는 것은 놀라운 일로 전통이 지닌 힘에 찬사를 보낼 뿐이다. 하지만 (500년에) 로마가 붕괴되고 중세시대의 초엽에 유럽에 새로운 국가들이 출현하면서 K의 전성기가 도래되었다. 그 시대에는 주로 교회 선교사들을 통해 예전 로마 시대의 알파벳이 영어, 독일어, 노르웨이어, 폴란드어 등과 같은 새로운 언어들에 사용될 수 있도록 전파되었다. 이들 언어는 예전의 라틴어에서와는 다른 방법으로 K를 필요로 했던 것이다.

중세시대가 시작되던 무렵에 이르기까지 C는 골칫거리인 글자였다(그리고 오늘날에도 골칫거리로 남아 있다). 라틴 교회와 발생기에 있던 로망스어들에서 사용되던대로 모음 E나 I 또는 Y 앞에서 C는 관습적으로 부드러운 소리인 "ch"나 "s"로 발음되었다. 철자법은 몇세기 이전인 말기 라틴어에서 발생했던 방대한 발음의 변화를 반영하였다. 스페인어처럼 라틴어에서 분화된 언어에서는 변덕스러운 C로도 별 문제가 없었다. 그들 언어는 철자법을 만들어낸 상황을 공유하고 있었기 때문이었다. 그러나 영어나 독일어와 같이 라틴어에서 분화되지 않았으며 나름대로의 발음규칙을 갖고 있던 북유럽의 언어들에서는 문제가 되었다. "알다"(to know)를 뜻하는 *ken*과 같은 독일어의 어근은 모음 E 앞에서 나는 "k" 소리를 나타낼 필요가 있었다. K가 아니라면 어떤 다른 방법으로 그 어근을 쓸 것인가? C를 이용하여 "cen"으로 철자한다면, "sen"으로 오해하도록 만들 것이다. 그러므로 800년 직전에 초기 독일어가 로마글자들로 쓰여지기 시작했을 때 필경자들과 선생님들은 복잡하지 않은 K를 사용하였다. 네덜란드어와 체코어같은 이웃 언어들도 같은 방법을 따랐다.

오늘날 K와 C는 유럽의 지도에서 서로 다른 구역을 관할한다. 단어의 철자에서 C보다 K를 선호하는 "K 언어들"은 언급한 바와 같이 주로 북쪽과 동쪽 지역에 위치한다. 게르만어족들과 슬라브어족의 몇몇 언어들이 "K 언어"에 속하며, 핀란드어와 헝가리어도 (이들 두 언어는 함께 제 3의 어족에 속한다) "K 언어"에 속한다. C가 사용되는 지역은 대체로 남쪽 멀리 떨어진 나라들로 스페인어, 포르투갈어, 프랑스어, 이탈리아어 등이며 동쪽 지역으로는 루마니아어가 있다. 이들 언어에서는 거의 전적으로 예전 라틴어에서의 C에 의존하며 K는 오로지 외국어에서 차용된 단어들 이외에는 결코 사용되지 않는다. 예를 들면, 몇개 안되는 프랑스어의 K-단어들 중에서 가장 대표적인 것은 윗부분이 평평한 둥그런 투구 형태의 프랑스 군인과 경찰의 모자를 가리키는 *képi*라는 단어이다. 이 단어는 스위스에서 사용되는 독일어의 *kappe* "cap"에서 온 것이다.

영어는 때때로 게르만어의 전통과 로망스어의 전통에 양다리를 걸치고 양쪽의 요소들을 결합하여 사용한다. 영어에서는 철자상 선호되는 C를 보충하기 위해 K를 사용하는데 그 비율은 대략 5대 1 정도이다. 이와 같이 5대 1 정도의 비율로 C와 K를 함께 사용하는 평범치 못한 관습은 1066년에 노르만들이 영국을 침공한 후 몇세기에 걸쳐 형성된 것이다. 중세영어 시대에 고대 영어와 고대 프랑스어의 혼합으로 인해 어휘가 갑자기 늘어나던 와중에 영국의 노르만 필경자들과 학문의 대가들은 C를 사용하는 노르만 프랑스식의 철자법 사용을 선호하였는데, 그 방법은 "cat"(고양이), "cease"(멎다), "city"(도시), "cow"(소), "cut"(베다) 등과 같이 적절하게 소리가 나는 단어들에는 문제가 되지 않았다. 그러나 독일에서 그랬던 것처럼 필경자들은 역시 "king"(왕), "Kent"(켄트: 잉글랜드 남동부의 주), "speaker"(화자), "rocky"(바위가 많은)에서와 같이 E나 I 또는 Y 앞에서 "k" 소리가 나는 영어의 발음에는 C가 들어맞지 않는다는 사실에 직면하게 되었다. 그런 단어들을 어떻게 철자할 것인가? 그 답은 바로 독자들도 본 바와 같이 K를 사용하는 것이었다. "mackerel cakes and kegs of cider"(고등어 케이크와 작은 사이다)와 같은 구절은 영어의 철자법이 E나 I 또는 Y와 더불어 나는 강한 소리를 표기하기 위해 어떻게 K를 이용하였는가를 암시해준다.

1600년대 이후로 때로는 영국의 식민정책의 부산물로 영어에 물밀듯이 들어온 외래어들을 음역함에 있어 K가 C보다 더 선호된 이유는 사용상의 간단함이었을 것이다. 문제가 되는 모음들이 들어 있는 "ketchup"(케첩)과 "kiosk"(매점)같은 단어들에만 해당되는 것이 아니라 *kangaroo*(캥거루), *koala*(코알라), *karma*(인과응보), *karate*(가라테), *kung fu*(쿵후), *karaoke*(가라오케), *kow-tow*(고두의 예), *kumquat*(금귤), *skunk*(스컹크), *polka*(폴카), *mazurka*(마주르카) 등등 C를 택할 수 있었던 많은 단어들에도 해당되는 문제였다.

K-단어들은 C를 사용하던 더 옛날의 영어 단어들에서 조차도 생겨났었다. 아랍어로 "암송"을 뜻하며 원래는 Coran으로 음역되었던 이슬람 경전의 제목이 1700년대 말엽에 Koran이 되었다 (오늘날에는 종종 Qur'an이라 불리기도 한다). 북아메리카에서 바다표범의 모피로 만든 노 하나로 짓는 이뉴잇족(Inuit)[북미 그린랜드의 에스키모; 캐나다에서 부르는 에스키모족의 공식 호칭: 역자주]의 보트는 18세기에 이미 C를 사용한 "canoe"가 있었음에도 불구하고 "kayak"으로 영어에 들어왔다. ("canoe"는 1500년대에 카리브 지역의 원주민의 단어를 스페인어로 음역한 단어이다.)

다른 두 글자들과 하나의 소리를 공유하는 K는 오늘날에 와서는 판촉활동을 하는 사람들이 눈길을 끌기 위해 즐겨서 의도적으로 잘못된 철자를 하는데 관례적으로 동원되곤 한다. 다음의 표현들에 대해 생각해보라. *Kool cigaretes*, *Kool-Aid fruit drink*, *Krispy Kreme doughnuts*, *Kwik Sew patterns*, *Kids Korner website*, *Klean-Strip paint removers*, *Kwest management consultants*(장거리 전화회사인 Qwest와 혼동하지 말 것),

### 왜 "OKAY"라고 말하는가?

영어에서 의도적으로 잘못된 철자를 쓰는 많은 단어들의 장신구로서의 K는 우리가 사용하는 표현들 중 가장 미국적 표현인 "okay"가 만들어지게 된 원인에 대해 아마도 부분적인 책임이 있을 것이다. "O.K."로 철자되는 이 표현은 1839년 3월에 발간된 보스톤의 한 신문에서 처음으로 사용되었다. 최근의 『옥스퍼드 영어사전』에 따르면, "O.K."는 익살맞게 잘못 쓰인 "orl korrect"("all correct")라는 표현의 약자로서 시작되었다는 것이 "O.K."에 대해 가장 널리 받아들여지는 이론이다. 다른 이론들은—"O.K."는 촉토어(Choctaw)나 미국남부의 흑인노예들이 사용하던 서아프리카 지역의 언어에서 온 단어를 음성적으로 옮긴 것이다—근거가 약하다고 사전은 설명하고 있다. 어떤 설명을 택하든 상관 없이 "O.K."는 1840년에 있었던 현직 대통령 마틴 밴 부렌(Martin Van Buren)의 선거운동 구호가 되었다. 그의 애칭은 "올드 킨더훅"(Old Kinderhook)이었는데, 이 애칭은 그의 고향인 뉴욕의 킨더훅을 딴 것이다. 밴 부렌은 선거에서 윌리엄 헨리(William Henry)에게 참패당하기는(K.O.'ed)했지만 "O.K."의 대중화에는 도움을 주었다.

*Kandy Korn, Krazy Kat*(1915년에서 1944년 사이에 신문에 연재되었던 조지 헤리맨의 모욕적인 만화), 폰티액 아즈텍(Pontiac Aztek) 스포츠 다용도차 등이 몇가지 예들이다. 시각적으로 좀 삐거덕거리기는 하지만, K로 철자하는 것은 학교공부적인 면으로는 너무나도 썰렁하지만 여하간 최신 유행의 파괴적 형식이다.

1960년대 미국과 다른 지역에서 정치적 항거를 위해 내건 현수막과 낙서에 등장했던 "Amerika"가 보다 더 음흉한 오철자의 예로 전해온다. 이 단어는—"America"를 독일어식으로 쓴 것이며, 1912년경에 프란츠 카프카(Franz Kafka)(정치적 억압문제에 몰두한 작가)가 쓴 소설의 제목이다—나치주의(Nazism)와 공산주의 동유럽을 미국의 외교정책과 법률 집행에 적용하면서 간명하게 나치주의와 전체주의에 대한 악몽을 환기시켰다. 리차드 퍼미지(Richard Firmage)는 자신의 책 『초보자를 위한 알파벳 교본』(*The Alphabet Abecedarium*)에서 그렇게 관찰하고 있다.

K는 카프카 자신의 머리글자이기도 하지만, 그의 소설 『심판』(*The Trial*)(1925)에서 가장 잘 알려진 주인공인 조셉 케이(Joseph K.)의 머리글자이기도 하다. 카프카는 자기자신의 글자인 K를 전형적인 자긍과 신뢰로 여겼다. 그는 자신의 일기에서 "나는 K라는 글자가 거의 욕지기가 나올 정도로 공격적임을 발견한다"라고 썼다.

오늘날 K의 위협적인 면모는 큐 클럭스 클랜(Ku Klux Klan)으로 살아 있다. 남북전쟁 이후에 미국 남부에서 결성되어, 현재 지역적으로는 훨씬 더 다양해진 반면에 인구 통계적으로는 비주류파의 사람들로 구성된 KKK단은 백인지상주의를 추구하면서 유색인종과 기타 소수민족들에게 테러를 가한다. 그 조직의 이름은 아마도 "집단"(circle)을 뜻하는 그리스어 *kuklos*에 "clan"(일당)을 더한 것에서 나온 것일 것이다. 또는 *ku-klux*는 권총의 공이치기를 잡아당길 때 나는 소리를 모방한 것이라고도 한다.

그외의 사용에서 K는 온화한 머리글자이다. 그리스어 *khilioi*로부터 K는 "She earns a hundred K"라는 표현에서와 같이 어떤 것이든 천여개를 의미할 수 있다. 10K 경주는 10킬로미터, 대략 6마일이다. K는 포타시움(*potassium*)(칼륨) 원소를 나타내는데, K는 포타시움을 뜻하는 중세기 라틴어 *kalium*에서 나온 것으로 아랍어에서 파생된 단어인 "alkali"(알카리)와 관련이 있다. 켈로그(Kellog)의 특별 K 아침 씨리얼(Special K breakfast cereal)은 단지 켈로그 회사명을 따서 만든 것이다. 중국과 파키스탄(Pakistan)의 국경에 위치하면서 세계에서 두번째로 높은 산인 K2는 카라코람산맥(Karakoram Range)에서 두번째로 높은 봉우리로 조사된 연유로 붙여진 것이다. 그러나 경찰견 부대 K-9단은 "canine"(개)를 소리나는대로 적은 말장난일 뿐이다.

2차 세계대전 중 미국 군인들에게 배급된 K호 휴대식량(K ration)은 휴대식량을 개발한 과학자인 안셀 벤자민 키즈(Ancel Benjamin Keys)

의 이름에서 딴 것이었다. 경량으로 압축하여 조리가 필요 없게 만들어 포장된 이 휴대식량은 공식적으로는 "야전 휴대식량, K형"(Field Rations, Type K)이라 불렸는데, 어떤 전투에 참가하는 병사에게든 영양과 편의성에서 뛰어난 어떤 식량이든 보급이 가능하게 만든 미국 과학기술이 이루어 낸 하나의 작은 승리였다. 1942년에 도입된 K호 휴대식량은—비록 품질이 개선된 C호 휴대식량이 전후의 군대에 힘차게 복귀하기는 했지만—당시에 품질이 떨어졌던 C 휴대식량을 재빨리 대체했다—또 다시 K와 C가 대립된다. ("야전 휴대식량, C호"에서 C는 두문자가 아니라 "세번째로 개발된 품목"임을 뜻하는 순서이다.)

1940년대에 대해 말하자면… "케이"(The K)는 1945년 2차 세계대전이 끝나기 몇개월 전에 미국의 작가 찰스 올슨(Charles Olson)에 의해 수수께끼처럼 제목이 붙여진 시이다. 당시에 34세였던 올슨은 "The K"에서 자기가 전쟁정보국(Office of War Information)을 사직하였는데, 그것은 관료가 아니라 시인이 되려는 자신의 결심임을 공표한다. 시인은 몇년간 실패와 좌절을 겪은 후 동맹국들에게 승리를 위해 박차를 가할 것을 넌지시 암시하면서 실패나 기진의 골로부터 재기하는 자기 자신을 성적 흥분의 측면에서 묘사한다.

*그렇다면 나의 대답을 받아들여라:*
*남자의 안에는 조수가 있으니*
*달까지 들어 올리고, 그리고*
*비록 다시 제자리로 되돌려 놓더라도*
*썰물을 틈타 산으로 오르려고 애를 쓴다*
*밀물은 다시 와 부풀어*
*발기한 내가 되리라…*

*Take, then, my answer:*
*there is a tide in a man*
*moves him to his moon and,*

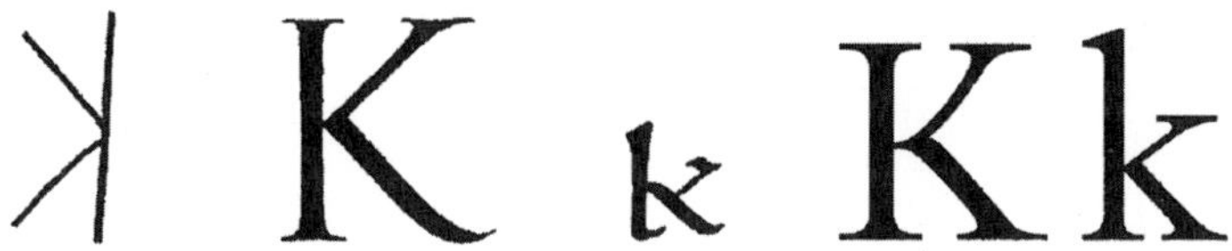

1 2 3 4

(1) 기원전 500년경에 오른쪽에서 왼쪽으로 쓴 명문에서 나온 로마 알파벳의 K. 로마 알파벳의 K의 형태는 그리스 알파벳을 베낀 에트루리아 알파벳의 K를 면밀하게 베낀 것이다. (2) 100년대부터 쓰기 시작한 완숙한 형태의 로마 알파벳의 K. 거의 13세기가 지난 후 K의 이러한 형태는 이탈리아에서 초기 인쇄자들의 로마체 대문자 K로 베껴졌다. (3) 카롤링거 왕조풍의 소문자라 불리는 잉크를 이용하여 손으로 쓴 것으로 865년경에 독일어로 쓴 글에서 나온 것이다. 중세기를 거치면서 K는 영어와 독일어와 같은 비로망스어들에 로마 알파벳을 이용하기 위해서는 꼭 필요한 글자임이 판명되었다. (4) 바스커빌 옛날체(Baskerville Old Face)로 예전 로마 알파벳의 K의 형태를 그대로 사용하고 있음이 명확하다. 바스커빌 옛날체는 1768년에 영국 사람 존 바스커빌이 고안한 고풍스러운 형태에 바탕을 두고 있는 글자체이다.

*though it drop him back*
*he works through ebb to mount*
*the run again swell*
*to be tumescent I…*

시는 계속되지만 시의 제목은 아마도 이쯤에서 설명되어질 수 있을 것이다. K는 바로 "발기한 나"일 것이다. 다른 말로 한다면, K는 성기가 발기된 채 두 다리로 앞으로 움직여 나가고 있는 올슨 자신을 상징하는 것이다. K의 크기로 미루어 판단하건데—이 시에서 K는 결코 소문자 k가 아니라 대문자 K이다—올슨 시인을 낙관론자라 불러도 좋을 것이다.

*프랑스의 글자체 도안가이면서 서예가인 조프로와 토리가 1529년에 글자들에 대해 쓴 책인『꽃밭이 있는 정원』에 실린 호기심을 끄는 이 그림은 L의 형태를 우주적 또는 신비적인 말들로 표현한다. 토리는 (명확하고 진지하게) 고대 로마 사람들은 태양이 추분점을 막 지나 황도 12궁 중 천칭궁 자리에 있게 되는 9월말경에 비추어지는 인간의 신체의 그림자를 참조하여 이상적인 L의 형태를 고안해냈다고 주장한다. 균형과 조화의 표상인 천칭궁은 꼭 들어맞는 두문자를 갖고 있다. 여기서 토리는 (땅바닥에 비친) 사람의 신체의 그림자가 L이라는 글자의 밑부분에 횡선을 그려 넣은 지침을 제공해주었다고 L에 대한 도안 개념에 대해 설명한다. 프랑스어로 된 제목은 왼쪽으로부터 번역하면 "대단한 경의"와 "긴 글자" 즉, L이다.『꽃밭이 있는 정원』을 쓰고 얻은 신임으로 인해 프랑수와 1세 왕(King François I)의 공식 인쇄가가 된 토리는 글자도안에 대체적으로 보다 과학적인 방법을 이용하였다.*

# L의 유혹

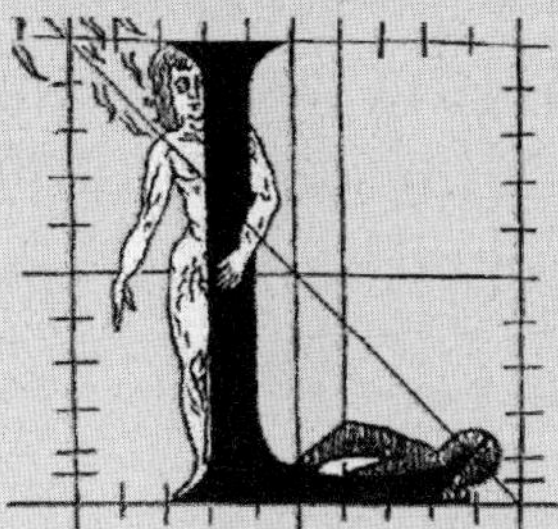

혀의 측면으로 공기를 방출해낸다는 것, 바로 그것이 L에 대한 비밀이다. L의 소리는 성대를 진동시키는 한편 혀의 끝부분을 입천장에 갖다대어 구강을 부분적으로 폐쇄시킨 상태에서 공기를 혀의 양쪽 측면으로 개방하여 만든다. (발음과정이 복잡한 듯한가? 우리는 아무런 생각 없이 하루에도 수 없이 그 작업을 해낸다.) L 소리를 계속해서 내면서, 혀를 내려트려 자유롭게 만들고 혀를 살짝 오므려 보라, 그러면 L 소리가 R 소리로 바뀔 것이다. 영어에서 L과 R 두 자음은 "유음"(liquids)이라는 작은 범주를 형성한다—"유음"이라 함은 구강내에서의 마찰은 거의 없지만 W와 Y와 같은 반모음과는 구분되는 지속적으로 발음될 수 있는 속성의 자음을 말하는 것이다.

L과 R의 유사성은 일본 사람들의 영어발음에서 증명된다. 익히 관찰된 바와 같이 일본어 화자는 연습을 하지 않는 한 일본

어에는 존재하지 않는 소리인 L 소리를 발음할 수 없다. 대신 일본 사람들은 자연스럽게 L를 R로 대체하여 발음한다. "No problem"(아무 문제 없어)이라는 표현은 "No probrem"이 되고, "Flying"(비행)은 "frying"(튀김)이 된다.

L과 R 소리는 인간 언어의 소리 중에서 가장 아름다운 소리라 여겨진다. "cellar door"[와인 공장에서 시음을 할 수 있는 장소: 역자주]라는—10대들의 영화인 '도니 다코'(*Donnie Darko*)(2001)에서 언급된 까닭으로 근자에 주목을 받게 된—표현은 특히 귀에 달콤하게 들리는 소리들의 결합을 갖고 있다고 말들을 한다. 5개의 자음들 중 3개가 유음이기 때문이다. "cellar door"에 대한 찬미는 적어도 1963년에 중세언어 학자이며 『반지의 제왕』(*Lord of the Rings*)의 저자인 제이. 알. 알. 톨킨(J. R. R. Tolkin)이 쓴 "영어와 웨일스어"(English and Welsh)라는 제목의 수필로 거슬러 올라간다. "영어를 말하는 사람들이라면 대부분은 *cellar door*는, 특히 의미와 철자를 분리해서 생각한다면, '아름답다'고 인정할 것이다. 말하자면, *sky*(하늘)보다 더 아름답고 *beautiful*(아름다운)보다 훨씬 더 아름답다"고 쓰고 있다. 톨킨은 1911년 옥스퍼드 대학의 학생이었던 자신에게 중세 웨일스어에 대한 공부는 웨일스어 전체를 아름다운 것들(cellar doors)로 가득차게 만들어주었다고 설명한다.

진정시키는 순수한 능력에 관한 한 또 다른 경쟁자인 M을 서서히 몰아내고 있는 L은 아마도 영어의 다른 모든 자음들을 능가한다. L에 진정효과가 있음은 "lull"(재우다), "lullaby"(자장가), "lollipop"(막대사탕), "lotus land"(도원경), "la-la land"[진지함과 현실성이 부족한 로스앤젤리스(Los Angeles) 사람들을 비꼬는 말: 역자주] 등의 단어들을 통해 알 수 있다—뒤에 있는 두 단어는 때로는 각각 태평양 북서안과 남부 캘리포니아의 비현실적인 분위기를 가리키기도 한다. (할인판매 물품에서와 같은) "loss leader"[(손님을 끌기 위한) 염가 매출품]라는 표현 조차도 어떤 약한 마약적 효과를 암시할는지도 모른다.

L의 감미로움은 수세기에 걸쳐 문장가들에 의해 인정받았으며 그리고 이용되어 왔다. 벤 존슨은 1640년에 쓴 『영어문법』에서 "L은 소리가 부드럽게 울리기 때문에 유음이라고 불린다"고 말했다. 많은 언어들의 시에서 L 소리는 성적 관심을 포함하여 부드러움, 고요함, 흐름, 어린 아이와 같음, 미끄러움, 출발 또는 해방이나 함락의 분위기를 전달한다. 놀랍게도 이러한 의미적 색채의 대부분이 12세 소녀와 사랑에 빠진 40세 남자의 이야기인 1955년의 블라디미르 나보코프(Vladimir Nabokov)의 선정적 소설인 『로리타』(*Lolita*)의 제목에 솔직하게 담겨져 있다.

L은 존 밀턴(John Milton)의 『실락원』(*Paradise Lost*)(1667)에서 성경에 나오는 에덴동산의 모습을 겉치장하는데 도움을 준다—

*언덕(hill), 골짜기(dale), 그리고 응달진 숲, 그리고 양지 바른 평원(plains)*
*그리고 조용히 속삭이듯(lapse) 졸졸거리며 흐르는(liquid) 냇물…*

*Hill, dale, and shady woods, and sunny plains,*
*And liquid lapse of murmuring streams…*

—그리고 토마스 그레이(Thomas Gray)의 "시골 교회의 앞뜰에서 쓴 애가"(Elegy Written in a Country Churchyard)(1750)에서는 저녁이 다가오는 모습을 묘사하는데 도움을 준다:

*만종은 낮과의 이별(knell)을 알리기 위해 울리고(toll),*
*소의 울음소리(lowing)는 서서히(slowly) 초원(lea) 위로 울려 퍼지네…*

*The curfew tolls the knell of parting day,*
*The lowing herd wind slowly o'ver the lea…*

130년에 로마의 황제 하드리안(Hadrian)이 인간이 죽음과 동시에 영혼이 육체로부터 빠져 나가는 것을 슬퍼하면서 쓴 라틴어로 된 유명한 시의 첫구절인 *Animula vagula blandula*(부드럽고 작은 영혼이 빠져나가 방황을 하니…)를 잊지 마라. 이 구절에서는 여러분의 기억에서 L이 정말로 사라지는 듯하다. 사람들은 황제가 대작자의 도움 없이 자신의 영혼이 깃든 시를 썼기를 바란다.

L의 역사 또한 부드럽게 흘러왔다. 아마도 초생단계의 L로 보이는 두개의 글자가 알파벳으로 쓴 것 중 세계에서 가장 오래된 것으로 알려진 이집트 중앙 지역의 와디 엘-홀에서 기원전 1800년경부터 돌에 새겨진 글들에 나타난다. 그중 하나는 "신"(god)을 뜻하는 고대 셈어의 단어 *el*을 쓴 것의 부분인 듯 보인다(50쪽의 사진을 참조하라). 그러나 다른 글자들의 경우와 마찬가지로 초기의 L에 대한 가장 믿을 만한 정보는 고대 셈어 알파벳의 말기단계인 기원전 1000년경의 페니키아 알파벳에서 찾을 수 있다.

페니키아 알파벳의 L은 까마귀의 발의 모습을 하고 있었으며, "소몰이 막대"(ox goad)를 의미하였으며, 그 소리는 "*lah-med*"였다. (goad는 가축무리를 모는데 사용하는 대개는 구부러진 형태의 손잡이가 있는 강한 막대기였다.) 라메드(*lamed*)는 그 이름의 시작인 "l" 소리를 나타내었다. L은 페니키아 알파벳에서 12번째 자리에 오는 글자였으며, 오늘날의 L도 같은 자리를 차지하고 있다.

그리스 사람들은 기원전 800년경에 페니키아 글자들을 베끼면서 라메드를 자신들의 알파벳에 12번째 자리에 놓고 자신들의 L로 만들었다. 페니키아 알파벳의 모든 글자들에 대해서나 마찬가지로 그리스 사람들은 라메드라는 이름을 보다 그리스어처럼 들리도록 고쳤다. 그리스 사람들은 자신들의 L 글자를 람브다(*lambda*)로 불렀다. 전달과정에서 "소몰이 막대"라는 의미는 사라져 버렸다. 람브다라는 이름은 글자 자체를 상징하는 것 이외에는 그리스어에서 아무런 의미도 갖지 못했기 때문이었다.

(1) 기원전 1800년경에 새겨진 와디-엘 홀의 명문에서 나온 것임. 후기 셈어 글자들의 형태에 근거하여 이 글자가 L의 가장 초기 형태라 믿는다. (2) 1000년 정도 지난 후의 같은 글자의 형태로 기원전 800년경에 새겨진 명문에서 나온 "소몰이 막대"라는 의미를 가진 페니키아의 라메드이다. 라메드는 페니키아 알파벳에서 12번째 자리에 나왔으며 그 이름을 시작하는 "l" 소리를 나타냈다. 갈고리처럼 생긴 글자의 형태는 아마도 소를 모는 사람의 팔에 걸려 있을 소몰이 막대의 구부러진 손잡이를 나타낼 것이다. 오른쪽으로부터 왼쪽으로 쓰는 페니키아 글에 사용된 이 라메드는 앞의 글자에 대해 "역방향"을 향한다. (3) 오른쪽에서 왼쪽 방향으로 새겨진 기원전 725년경의 명문에서 나온 그리스의 람브다이다. 그리스 글자들은 반대 방향을 향한다. 즉, 단어나 줄의 끝을 향하고 있다. 오늘날 우리가 사용하고 있는 L은 그 전통을 유지하고 있으나, 유일한 차이점은 모든 글자들을 왼쪽에서부터 오른쪽으로 쓴다는 것이다. (4) 초기의 로마 알파벳 L로—이 글자는 기원전 500년경의 오른쪽으로부터 왼쪽으로 쓴 글에서 나온 예이다—그리스 글자를 거의 그대로 모방한 에트루리아 L을 거의 그대로 모방한 것이다. (5) 기원전 200년대 말엽의 로마 알파벳의 L은 우리에게 익숙한 오른쪽으로 각진 형태에 도달하였다. 또한 당시에 이르러 로마의 글쓰기는 왼쪽으로부터 오른쪽으로 정착되었다.

또한 그리스 사람들은 글자의 형태에도 한가지 변화를 주었다. 글자의 형태를 거꾸로 뒤집어 페니키아 알파벳에서의 방향과는 반대 방향을 향하게 만들었다. 글을 쓸 때 페니키아 알파벳의 라메드가 앞 글자 쪽으로 발끝 아니면 손잡이를 향하게 했었던 것과는 정반대로 그리스 알파벳의 람브다는 다음 글자 쪽으로 발끝 아니면 손잡이를 향하게 했다. 이런 변화는 람브다를 대부분의 다른 비대칭적인 초기 그리스 글자들과 조화를 이루게 만들었으니, 글자들의 횡선과 돌출된 부분들을 글을 써 내려가는 방향과 반대 방향이 아니라 같은 방향으로 향하게 만들었다. 초기의 그리스어에서의 글쓰기 자체는 오른쪽에서 왼쪽으로도 왼쪽에서 오른쪽으로도 가능하였다. 따라서 람브다는 두쪽 방향을 다

## 람다사회(Lambda Society)

*현대 그리스어에 사용되고 있는 대문자와 소문자 형태의 람브다 즉, L 글자이다. 위의 두 글자는 모두 기원전 400년경에 쓰인 고전적인 아테네의 글에서 나온 형태들이다.*

델타(*delta*), 에타(*eta*) 그리고 다른 그리스 글자들과 마찬가지로 람브다는 기원전 700년경에 이탈리아에 거주하던 에트루리아 사람들에게 전달된 이후 그리스 알파벳에서도 형태적으로 발전을 계속해왔다. 그리스의 글쓰기 전통에서 람브다의 형태는 결국 두개의 다리로 서 있는 형태로 발전하였다(위의 왼쪽의 글자임). 여전히 그 글자에서 오늘날 우리가 사용하는 L의 형태를 이룬 기본적인 면모를 찾아보는 것이 가능하다.

성숙의 단계에 이른 이 람브다는 자신만의 모험을 감행해왔다. 이유는 분명치 않지만, 소문자 형태인 λ는 20세기초에 어떤 종류의 파장(wavelength)이든 파장을 특히 단파 라디오와 관련하여 사용되는 파장을 나타내는 과학적 상징이 되었다. 이러한 배경으로 인하여 1970년대에 들어와 λ는 동성연애자임을 나타내는 상징이 되었다—이는 당시에는 동성연애자로 생활하기 위해서는 전적으로 상당한 정도의 비밀유지와 은밀한 신호를 필요로 하였을 것이라는 것과의 연관성 때문일 것이다. 다시 말하자면, 동성연애자들은 서로 같은 파장에 있는 사람들을 찾아야 했을 것이다. 오늘날 동성연애자임을 숨겨야 할 문제는 많은 지역들에서 사라지기는 했지만, 람브다와 λ는 동성연애자들의 자부심의 상징으로 남아 있다. 예를 들면, 대학에서 람다사회(Lambda Society)라는 이름은 오직 동일성을 가진 사람들의 이해단체만을 의미할 수 있다. 미국에서 전국 여성 동성애자 클럽은 람다 델타 람다(Lambda Delta Lambda)라 불리며, 전국 남성 동성애자 클럽은 델타 람다 파이(Delta Lambda Phi)라고 불린다.

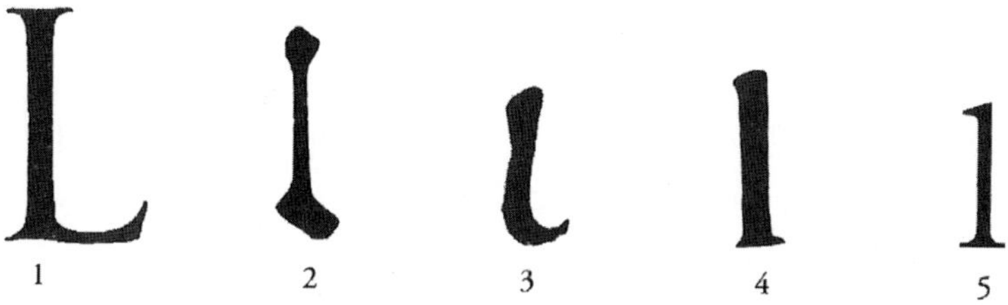


(1) 100년대의 로마제국 시절의 로마 알파벳 L. 수려한 가는 선과 점감적 방법으로 강화된 이 형태가 현대에 우리가 인쇄에 사용하는 대문자의 일반적인 모형이 되었다. (2) 불규칙체 라틴 필사체로 잉크를 이용하여 쓴 L로 아마도 500년대의 글에서 나온 것으로 보인다. 불규칙체의 I 와 매우 유사한 L은 오직 "밑부분"이 약간 더 크다는 것으로 구분되었다. (3) 970년경에 잉크로 쓴 카롤링거 왕조풍의 소문자로 영국 남부지역에서 발견된 라틴어로 쓴 종교에 관한 글에서 나온 것이다. 유쾌하게 읽을 수 있는 이 글자는 카롤링거 왕조풍 i 보다는 더 크고 밑부분의 표시로 카롤링거 왕조풍의 i와 구분되었다. (4) 우리가 사용하는 소문자 *l* 의 형태는 이탈리아 문예부흥기의 인본주의자들의 손으로 쓴 글자체의 소문자로 나타난다—이 글자는 1540년경에 로마에서 라틴어로 쓴 글에서 나온 것이다. 몇세기를 앞서 있었던 카롤링거 왕조풍의 소문자들에 기초를 두었던 인본주의자 글자형태들은 1470년경에 만들어진 최초의 로마체 소문자들의 모형을 제공하였다. (5) 인본주의자 l 의 형태는 1500년대의 글자체 도안에 근거한 오늘날의 인쇄에 사용되는 가라몽드체(Garamond)의 *l* 에 살아 남아 있다.

향할 수 있어야 했지만 글을 써 내려 가는 방향에 일치하였다.

람브다는 그리스 알파벳의 다른 글자들과 함께 그리스 무역선들에 실려 (기원전 700년대에) 이탈리아 서부로 옮겨져 그곳에서 곧바로 베껴져 에트루리아 알파벳이 되었다. 그런 다음 에트루리아 알파벳의 L은 (기원전 600년에) 로마 알파벳으로 베껴져 다시 태어났다. 로마 사람들은 글자의 형태를 더 개조하였으며, 그 개조된 글자가 오늘날 우리에게 전해진 것이다.

L은 음성적 측면에서보다 시각적 측면에서 박수갈채를 덜 받았다. 대문자 L은 더할 나위 없어 보인다. 하지만 현대의 가독성 시험에 대한 분석들이 보여주는 바와 같이 소문자 l은 52개의 글자들 중에서 식별해내기에 가장 어려운 글자이다. 낯익은 단어의 철자들이라는 상황

을 무시한다면, l은 대문자 I나 숫자인 1과 혼동된다. 수동식 타자기에서—과거에 사용하던 휴대용 컴퓨터들에서도—소문자 l은 숫자 1을 두 배의 크기로 키운 것이었다.

또한 소문자 l은 세리프체가 가독성에 있어 우수함을 증명하였다(세리프체는 고대 로마체를 바탕으로 하여 작은 마감획이 덧붙여진 형태를 채택하고 있다.) 실험들의 결과에 의하면, 세리프체의 글자들은 산스 세리프체(sans serif)와 비교하여 더 작은 크기로 써도 더 빨리 읽어낼 수 있다는 것이다(산스 세리프체는 세리프체에서 가는 선을 제거해낸 형태의 글자체이다). 그러한 장점들이 세리프체 소문자 l에 구현되었다. 산스-세리프체의 l은 을씨년스러움을 보여주는데 반해 세리프체 소문자 l은 글자를 읽는 사람들이 쉽게 구별해낼 수 있도록 세 군데를 뾰족하게 만든 형태이다. 산스-세리프체 소문자인 이 l은 산스-세리프 대문자 I와 거의 같은 형태이다. 문장의 시작에 나오는 "Ill"이라는 단어를—세리프체로 쓰였다 하더라도 글을 읽기에 아무런 재미도 없을 것이다—산스-세리프체로 쓴다면 Ill처럼 보일 것이며, 이는 3에 해당하는 로마숫자나 산스-세리프체 소문자 l을 세개 연이어 써 놓은 것으로 보일 것이다. 아마도 그런 모호함은 현대의 활자학에서는 매우 낮은 점수를 받을 것이다. 그런 모호함은 여러분을 불행하게(Ill) 만들기에 충분하다

이와 같은 결점들은 글을 읽는 속도를 떨어트릴 것이다. 그렇지만 그런 결점들은 한가지 중요한 이유에서 치명적인 것은 아니다. 성인들이라면 글자들이 아니라 단어들로 글을 읽는다. 우리의 눈은 글을 쭉 훑어 내려가는 것이다. 다시 말하면, 글자 하나하나에 대해 생각하는 것이 아니라 단어들의 형태를 즉각적으로 인식하고 그 단어들의 의미를 파악하는 것이다. 이러한 목적에 가장 적합한 단어형태는 소문자들이다—가급적이면 1/6인치 정도 크기의 세리프체라면 더욱 적합할 것이다. 한편 대문자로만 인쇄된 지문이라면 우리에게서 익숙한 단어형

태들을 빼앗아 가기 때문에 글을 읽는 속도를 떨어트린다. "긴급한"(URGENT) 메모들을 몽땅 대문자로만 써서 보내기를 좋아하는 사무실 동료가 있다면 그러한 사실을 말해주라.

다른 글자들과 마찬가지로 소문자 l은 지문에서 대체로 익숙한 단어의 형태를 만드는데 기여함으로써 자신의 임무를 다 한다. 그러한 의미에서 본다면, l의 형태상 결점들은 실용적 측면보다는 이론적 측면에서의 결점들이다. l은 단어의 철자들에서 적절한 자리를 차지함으로써 자신의 몫을 다하는 것이다.

형태가 뚜렷하지 못한 소문자 l이 알파벳에 아주 늦게 등장한 것은 어쩌면 당연한 일이다. l은 알파벳에 가장 늦게 들어온 글자이다. 우리가 사용하고 있는 소문자들은 모두 고대 말엽부터 중세시대에 걸쳐 손으로 글을 쓰는 과정에서 잉크로 쓰기 위한 형태로 만들어졌다. 예를 들면, d나 h의 모습은 아마도 300년대에 펜을 이용하여 쓴 언셜체의 형태로 나타났다. 그러나 소문자 l의 모습은 1400년대에 이탈리아에서 펜을 이용하여 잉크로 쓴 인본주의자 형태의 글자형태로만 완성되었다. (O와 X와 같은 어떤 글자들은 결코 다른 형태의 소문자를 만들어내지 않았다.)

우리의 알파벳의 12번째 글자인 L은 인쇄된 영어지문에서 글자들 사이의 사용빈도에 있어서 11번째 자리를 차지한다—U보다 약간 위거나 D의 아래나 위의 자리에 해당한다. 학자들에 따르면, "could"(할 수 있다), "walk"(걷다)와 같은 단어들에서 자음 앞의 묵음 L은 고대 영어 시절에는 발음이 되었다고 한다. L의 발음이 서서히 사라졌다는 사실은 "palm"(손바닥)이라는 단어를 통해 알 수 있다. 이 단어는 오늘날의 사전들에는 두가지 발음을 갖는 단어로 등재되어 있다. L 소리가 발음되지 않기도 하고 발음되기도 한다.

"ell"은 건물의 본채에 직각으로 잇대어 지은 건물이다. 그래서 조감도상으로 보면 건물 전체는 L을 닮아 보일 것이다. 또는 "ell"은 직각의 형태로 꺾어진 관일 수도 있다. 그러나 셰익스피어와 옛날의 다른 작가들에게 있어 "ell"은—글자의 형태와는 관련이 없는—길이의 단위로 약 45인치일 수도 있다. 길이의 단위로서의 "ell"은 고대 영어의 *eln* 이라는 단어로 거슬러 올라간다. L을 하나만 갖고 있는 "el"은 1955년에 해체된 맨해탄(Manhattan)의 구 3가 지하철역 엘(old Third Avenue El)에서와 같이 "승강기가 설치된 지하철 노선"의 약칭이다.

스콧 터로(Scott Turow)가 1977년에 쓴 자신의 하버드 법대에서의 첫해의 생활을 회고한 책의 제목인 『하나의 L』(*One L*)은 단지 1학년생을 지칭한다. 따라서 "두개의 L"(Two L)과 "세개의 L"(Three L)은 2학년생과 3학년생을 지칭한다. 단위에 있어 L은 "길이"(length), "경도"(longitude) 그리고 (소문자로 쓰일 경우에는) "위도"(latitude)의 약자이다. 50을 뜻하는 로마 숫자 L은 놀랍게도 단어의 단축형이 아니지만 (50을 뜻하는 라틴어 단어는 *quinquaginta*였다), L자 형태의 글자로 표준화된 로마 사람들의 본원적인 부호 즉, 숫자로 간주된다. 5, 10, 500을 나타내는 황당한 로마 숫자 V, X, D의 경우도 마찬가지로 이들 중 어느 것도 라틴어의 단어를 대신하지는 않는다. 하지만 1,000을 나타내는 M은 라틴어 단어 *mille*의 축약형인 반면에 100을 나타내는 C는 명백하게 추상적 부호로 시작된 것이나 세월이 흐름에 따라 라틴어의 *centum*이라는 단어의 축약형으로서 적합한 글자로 "사용되게 된" 것이다. 그런가 하면 1과 2를 나타내는 로마 숫자 I과 II는 그 자체로 명백하다. 로마 숫자 IV는 "5보다 1이 적음"을 의미한다. 그리고 현재 우리 모두가 다 알고 있는 바와 같이, 로마 숫자 III은 "ill"(아픈)을 의미한다(그냥 우스개로 하는 말이다).

영국 화폐의 단위인 파운드 스털링(pound sterling)을 나타내는 전통적 부호인 ₤은 L로 중세시대에 잉크로 쓴 고딕체 글자 형태이다. ₤은 라틴어 단어 리브라(libra)를 나타낸다. 리브라는 lb라는 축약형으로도 표시되는 옛날 로마 시대의 무게 단위인 파운드(pound)였다. [또 다른 면에서 리브라는 천칭궁(Libra)의 이름으로 불멸성을 얻은 것처럼 "천칭"을 의미할 수도 있었을 것이다. 248쪽을 참조하라.] 1280년경에 이르러 영국에서는 리브라라는 단어는 은 1파운드를 의미했다. 은 1파운드는 표준화된 고액의 돈 단위로 은으로 만든 페니(penny) 240개에 해당되었다. (훗날 구리로 만든 페니가 사용되게 되어 결과적으로 가치가 절하되어 파운드당 100페니로 조정되었다.) 영국이 유로화(euro currency) 체계에 동참을 하게 된다면, 아쉽게도 £는 사라져 버리게 될 것이다—석별의 종이 울리는 동안 슬슬 미끄러져 사라질 것이다. 그렇다면, L이여 잘 가거라!

## 하나의 L인가 두개의 L인가?

*미국식 철자법의 탄생*

일찍이 조지 버나드 쇼는 영국 사람들과 미국 사람들을 공동의 언어에 의해 둘로 분리된 민족으로 정의한 바 있다. 말투와 어휘에서만이 아니라 철자법에 있어서도 그렇다.

"honor"(명예)와 "honour" 그리고 "defense"(방어)와 "defence"의 철자상의 차이처럼 단어들의 어떤 위치에서 L을 두개가 아니라 하나만 사용하는 것이 미국 영어라는 확실한 표시이다. 그에 대한 고전적인 예들은 다음과 같다. 미국 사람들에게는 "traveled"(여행했다), "jewelry"(보석류), "counselor"(조언자), "woolen"(양모제의)이지만, 영국 사람들과 영연방국가 사람들에게는 "travelled," "jewellery," "counsellor," "woollen"이다. 하지만 미국식 철자법에서도 "hall"과 같이 명백한 경우는 물론 ["control"(통제)로부터] "controlled," ["impel"(강요하다)로부터] "impelled"와 같이 그리고 또 다른 경우들에서도 때로는 두개의 L을 택할 수도 있다.

명확히 말하자면, 미국식 철자법의 대부분은 노아 웹스터에게서 나온다. 노아 웹스터는 코네티컷 출신으로 교육자이면서 사전편찬자이다. 그의 대표작은 1828년의 『미국영어사전』(*American Dictionary of the English Language*)으로 이 사전은 오늘날의 모든 "웹스터" 사전들의 할아버지이다. 두권으로 구성되어 있으며 각 권마다 70,000개의 단어가 수록된 방대한 이 사전은 19세기 미국영어의 어휘와 철자에 관한 권위 있는 사전이 되었으며, 미국 영어를 영국식 용례와 별개로 자부심이 강한 언어의 반열로 올려 놓았다.

미국의 애국자 웹스터는 잠시 미국혁명에 참여하기 위해 예일 대학에서의 학업을 중단하였으며, 조지 워싱턴(George Washington), 벤자민 프랭클린(Benjamin Franklin)과 개인적으로 교류했으며, 비우호적이기는 했지만 토마스 제퍼슨(Thomas Jefferson)과도 교류를 나누었다. 웹스터는 새로운 국가의 결속을 다져 영국의 인쇄소들과 다른 문화적 영향들로부터 독립을 하는데 도움이 되도록 명백하게 미국적인 언어를 만들 계획을 세웠다. 그는 글과 강의를 통해 미국의 언어를 만들어낼 것을 추구하였다.

영어의 철자법들이 여전히 유동적이었던 당시에 웹스터는 미국 영어와 영국 영어 사이의 차이점들을 만들어낼 일관성이 있는 철자규칙들을 확립할 목적으로 자신의 사전을 편찬했다. 당시에 영국에서 권위가 있던 사전은 1755년에 발간된 사무엘 존슨의 사전이었다(사무엘 존슨의 사전에 대해서는 230쪽을 참조하라). 웹스터의 철자법 중 많은 것들이 존슨의 철자법들과 달랐다.

웹스터 사전의 어떤 철자들은 영국의 철자들보다 더 확실한 근거에 입각하고 있음을 주장할 수 있다. ("colour"와 "favour"와 비교하여) 웹스터의 "color"(색깔)와 "favor"(은혜)는 중세기 프랑스어의 간섭적 영향 없이 해당 단어들을 그 근원인 라틴어의 철자로 되돌려 놓았다. 웹스터의 다른 철자들은 1820년대에 실제로 미국에 존재하고 널리 쓰이고 있는 철자들이어야 한다는 주장에 의존할 수 있었다. 영국에서 "racquet"와 "gaol"로 철자되어 쓰이고 있지만 미국에서는 "racket"(소동)와 "jail"(감옥)로 철자되어 쓰이고 있던 것들이 그 예들이다. 그러나 그가 한—고대 영어에서 온 것으로 영국에서는 "mould"(주형)로 철자하던 것 대신에 "mold"로 철자한 것과 같은—다른 선택들은 보다 더 의도적인 것으로 보인다. 그러한 선택은 미국 영어를 영국 영어로부터 분리해내려는 그의 속내로 인해 촉발되었을 듯하다. 그리고 1828년에 발간된 웹스터 사전에 수록된 몇몇 철자들은 "acre"(에이커)를 "aker"로, "tongue"(혀)을 중세 영어식인 "tung"으로 쓰는 등 너무나 괴벽스러워 미국의 대중들에게 거부당하여 추후에 발간된 사전들에서는 사라지게 되었다.

웹스터는 가능할 경우에는 대체로 미국식 영어를 만들기 위해 단어의 보다 짧은 형태를 선택하였다. 그래서 "programme"이 아니라 "program"(계획)이, "plough"가 아니라 "plow"(쟁기)가, "axe"가 아니라 "ax"(도끼)가 선택되었다. 그가 목표로 즐겨 삼았던 것은 이중자음을 하나의 자음으로 단축시키는 것이었다. 예를 들면, 그 결과는 영국 영어의 "waggon"이 미국 영어에서는 "wagon"(짐마차)으로 변하게 된 것이다. 영국 영어에서 "focus"(초점을 맞추다)가 "focussed"로 형태를 변화시키는 것처럼 하나의 자음으로 끝나는 단어가 파생형으로 될 경우에는 자음을 하나 더 붙이는 경우도 종종 있었다.

웹스터는 마지막 자음이 강세를 받지 않는 음절에 올 경우에는 파생형을 만들 때 통상적으로 자음을 하나 더 덧붙이지 않는다는 미국식 철자규칙을 선포했다. 따라서 (자음이 하나인) "focused"가 미국 영어의 모습이 되었다. 이 규칙은 L이 두개 사용된 많은 단어들에서 두번째의 L을 축출해 버렸다. 그 결과 미국식 단어의 형태는 "traveler"(여행자), "channeled"(수로를 낸), "marvelous"(놀라운), "duelist"(결투자) 등등으로 변했으나, 영국식 철자법은 여전히 두개의 L을 지키고 있다. 하지만 웹스터는 강세를 받는 음절에서는 자음을 하나 더 붙이는 것을 허용하였다. 그것이 바로 미국 사람들이 오늘날 왜 "appalling"(무서운), "distiller"(증류기), "beginning"(시작) 등의 형태를 사용하는가의 이유이다.

재기발랄하고 선교사적 열정을 지녔지만 깔끄러운 성격의 노아 웹스터(1758-1843)는 ―위의 초상화는 1796년경에 제임스 셰플즈(James Shaples)가 그린 그림들에서 나온 것이다―뚜렷이 구분이 되는 미국 언어를 안출해내기 위해 60년간 노력을 했다. 노아는 코네티컷주 웨스트 하트포드(West Hartford)의 농부의 아들이었다. 노아의 아버지는 노아를 예일 대학에 보내기 위해 가족농장을 저당 잡혔으나 끝내 농장을 찾지 못했다. 그러나 교사와 변호사가 된 노아는 그가 쓴 『미국 영어의 철자법 안내서』(*American Spelling Book*)로 인해 25세의 나이에 평생 살 수 있는 수입을 얻게 되었다. 혁명전쟁이 끝나갈 무렵에 출판된 노아의 철자법 안내서인 『Blue-backed Speller』는 미국 학교들의 필요와 영국에서 배포되는 것이 아닌 철자법에 관한 권위 있는 지침서를 요청하는 대중의 필요에 화답을 했으며, 그 책은 엄청난 성공을 거두었다. 웹스터가 살아 있는 동안에 400여회나 재판되었으며 19세기 미국교육의 초석이 되었다.

얄궂게도 웹스터는 훗날 자신의 철자법 책에 실린 철자규칙들 중 많은 것들을 버리고 개정을 하였다. 철자법 책을 출판한 후 곧바로 그는 미국 영어의 철자법을 개혁하여 미국의 일체성과 정체성 확립에 기여를 하겠다는 꿈에 사로 잡혔다. 미국의 것으로 명백히 구분될 수 있는 철자법을 확립한다면 (영국에서 책과 조판을 수입해 오는 대신) 미국의 출판시장을 신장시킬 수 있을 것이며, 개탄할 수준에 처한 미국 사람들의 영국문화에 대한 굴종을 타파하는데 보다 더 크게 기여할 수 있을 것임을 그는 주장하였다. "국가의 언어는 국가를 단결시키는 끈이다." "이 나라의 국민들을 국수적으로 만들 수 있는 모든 방법이 동원되어야 한다… 그리고 국민들에게 국가의 특성에 대한 자부심을 고취시켜야 한다"라고 그는 글을 썼다.

1783년에 출판된 철자법 책에서는 영국 영어에서 받아들인 형태들을 체계화시킨 반면에 웹스터는 이제 순수한 미국적 체계를 만들어내는데 착수했다. 그는『영어 요점정리 사전』(*A Compendious Dictionary of the English Language*)(1806)의 집필을 시작하였다. 비록 훗날 그의 유명한『미국 영어 사전』(*American Dictionary*)으로 인해 중요성이 축소되기는 했지만, 초기에 했던 이 작업에서 철자개혁을 도입하였으며, 아마도 세계 도처를 망라해서 26자로 된 알파벳을 관찰할 수 있는 첫번째 영어 사전이었을 것이다. 다시 말하면, 그 사전에서는 J와 V를 25번째와 26번째 독립된 글자들로 취급하였다. 그 이전의 사전편찬자들은, 특히 지대한 영향력을 발휘하던 사무엘 존슨은 오직 24글자만을 인정하였으니, J와 V에는 표제를 할당하지 않고 I와 U의 변종으로 취급하였다.

웹스터가 남긴 최고의 걸작이면서 유산은 그가 70세일 때 출판된 70,000개의 어휘를 수록한『미국 영어 사전』이었다. 그 사전을 편찬하면서 그는 영어 단어의 어원을 찾기 위해 20개에 달하는 현대 및 고대 언어를 깊게 연구하는 한편 66세의 나이에도 불구하고 유럽의 도서관들을 찾아 가는 일을 포함하여 22년 동안이나 연구와 집필에 몰두했다. 그 사전은 종합적이고 수록된 내용이 최신이면서 철자법에 있어서도 혁신적이었다. 뿐만 아니라 영국 사전들로부터 미국 영어를 해방시키기 위해 권위 있는 참고문헌들도 수록되었다. 사전은 잘 팔렸지만 돈벌이는 되지 못했다. 그리고 늙어 가는 웹스터는 (1841년의) 2판의 출판경비를 조달하기 위해 자신의 집을 저당잡혔지만 2판은 성공을 거두지 못했다. 1843년에 웹스터가 사망하자 그의 가족들은 매사추세츠주(Massachusetts) 스프링필드(Springfield)의 조지 메리엄과 찰스 메리엄(George and Charles Merriam) 형제에게 사전의 판권을 팔았다. 이들 형제의 회사가 우리가 익히 알고 있는『메리엄-웹스터 사전』(*Merriam-Webster dictionary*)을 현재에 이르기까지 출판하고 있다.

*"…그녀가 그들을 마지막으로 보았을 때 그들은 도마우스(Dormouse)를 찻주전자에 집어 넣으려고 애를 쓰고 있었다." 루이스 캐롤(Lewis Carroll)의 『이상한 나라의 엘리스』(Alice's Adventures in Wonderland)의 "정신 없는 차 잔치"(Mad Tea-Party) 장에서의 마지막 말이 1865년의 원판에 곁들여진 존 테니엘(John Tennial)의 펜과 잉크로 그린 최고 수준의 그림 중의 하나로 삽화로 넣어져 있다. 삽화에서는 마치 해어(March Hare)와 매드 해터(Mad Hatter)가 도마우스를 도와주고 있다. 그것은 단지 우리의 상상인가? 아니면 주인공 세 동물들의 위치가 M의 형태를 암시하는 것인가? 장의 제목과 두 주인공 동물들의 이름에서 중요한 자리를 차지하고 있을 뿐 아니라, M은 그 장에서 나오는 대화를 통해 불가사의한 언급의 대상이 된다.*

## 최초부터 존재해온 M

M 마-마-마-마-마. 얼마나 많은 부모들이 아기의 말소리를 기억할까? 마(*ma*)는 전세계에 걸쳐 유아들이 가장 먼저 내는 기본적인 말소리임을 수많은 연구들이 확인해준다. B와 P와 더불어 (이들 소리들도 역시 아기들의 어휘에 한 자리를 차지한다) M은 "입술"을 뜻하는 라틴어 단어에서 나온 순음이라는 자음의 범주에 속한다. 혀의 미묘한 사용과 치아의 사용도 필요 없이 입술에서 만들어지는 소리들이기 때문에 세개의 순음들은 2달이나 3달 정도 된 어린 아기들도 만들어내기에 충분할 만큼 단순한 소리들이다. 대조적으로 "j," "v"나 "sh"같은 소리들은 훨씬 더 후에까지 일관되게 나타나지 못할 수도 있다. 어린 아기들은 어른들의 말소리들 중 몇몇 소리들을 흉내낼 수 있게 될 6개월 정도가 될 때까지 많은 어른들이 말하는 것을 듣고 그 소리들을 인식하는 방법을 배워야 하기 때문이다.

아기가 마-마 소리를 낼 때 그 소리가 반드시 "엄마"(mother)를 의미할 필요는 없다. 쓸데 없는 말일 수도 있고 아기의 말로 다른 어떤 것을 의미하는 것일 수도 있다. 필자에게는 "배고파"라는 뜻을 전달하기 위해 마-마-마 소리를 내는 1살 난 딸이 있다. (그런가 하면, 애기엄마는 다(*da*)로 불리고, 필자도 또한 다로 불렸다.) 하지만 아기와 밀접하게 관련된 소리이기 때문에 마 또는 그와 유사한 음절은 오랜 세월에 걸쳐 다양한 언어들에서 "엄마"를 가리키는 것으로 되어왔다. 말하자면, 아기의 말 마-마는—부분적으로 그 소리가 갖는 기분 좋은 연상으로 인해—그 자체가 이 세상의 어른들의 말에 강제로 끼어들어 간 것이다.

언어적으로 지리적으로 분리되어 있어 서로 아무런 관련도 없는 몇

### 어른들의 아기말

*세상 언어들의 모양은 아기말에 의해 채색될 수도 있다*

아기들은 자신들의 인생의 첫해에 주위 어른들의 말소리를 듣고 흉내내면서 말하는 것을 —처음에는 아기 말투로 그런 다음에는 순수한 어휘 중 기본적인 것들을—배운다. (종종 이 말소리들은—"잘 자~았어?"와 같이—아기들이 말을 배우는데 분명하게 도움이 될 수 있도록 과장된 형태로 또는 단조로운 가락의 형태로 아기들에게 건네진다.) 그러나 어떤 학자들은 아기와 나누는 언어는 어느 정도는 양방통행의 도로이며, 영어와 다른 언어들에서의 가족관련 단어들은 원래 아마도 선사시대부터 아기말을 모방하여 만든 것임을 이미 오래전에 이론으로 정립하였다. 그러한 단어들은 아마도—"아빠 해봐!"(Say *dada*)와 같은—부모들의 부추김을 따라 아기들이 발음하기에 쉬운 것들이기 때문에 그런 단어들은 언어에서 안전한 자리를 유지한다는 것이다.

어떤 것들이 그런 단어들인가? 언어마다 다르기는 하지만 영어에서는 "바"(ba), "다"(da), "마"(ma), "파"(pa)와 같은 것들이 그런 단어들이 될 것이다.

아기들의 입에서 가장 먼저 표출되는 소리들은, 때로는 태어난 지 2달 정도에도 말소리를 내는데, 전형적으로 순수한 모음소리들일 것이다. 전세계의 아기들의 말에는 "아"(ah), "이"(ee), "오"(oo)와 같은 소리들이 압도적으로 많으며

몇의 언어들에서 "엄마"라는 단어를 살펴보라. 북경관화어[중국의 표준어: 역자주]에서는 마(*ma*), 힌디어(Hindi)에서는 마아(*maa*), 베트남어에서는 메(*me*), 말레이어에서는 에마크(*emak*), 하와이어(Hawaiian)에서는 마쿠아히네(*makuahine*), 스와힐리어(Swahili)에서는 마마(*mama*), 핀란드어(Finnish)에서는 에모(*emo*), 히브리어에서는 에마(*ema*), 바스크어(Basque)에서는 아마(*ama*), 퀘추아어(Quechua)(페루 원주민의 언어)에서는 마(*ma*)이다—이 모두가 놀라울 만큼의 우연의 일치로 보일 듯싶다. 아울러 이들 단어들에는 공통된 어떤 원인도 없다는 것이다.

위에서 언급한 언어들 중 힌디어는 영어를 포함하고 있는 인도-유럽어라는 큰 어족에 속한다. 인도-유럽어족에 속하는 언어들 무리에서

그중에서도 "아"가 가장 먼저 표출되는 소리일뿐더러 가장 빈번하게 표출되는 소리일 것이다. 대체로 4달이 되기 전에 시작되는 아기들의 다음 단계의 말은 모음 앞에다 자음을 덧붙이는 것이다. 마-마-마나 이와 비슷한 것들이 순수한 아기말의 소리들이다.

그러나 모든 자음이 아기말에 사용되는 것은 아니다. "sh"나 "j"와 같은 소리들은 아기들이 숙달하는데 몇년씩 걸릴 수도 있다. 이런 소리들을 완벽하게 이해하는 아이들 경우에 조차도 마찬가지이다. 다른 많은 언어들에서나 마찬가지로 영어에서도 아기들이 가장 먼저 일관되게 발음해낼 수 있는 자음들은 "아"(ah), "오"(oo)에 덧붙여 발음되는 순음, 치경음 또는 연구개음의 범주에 해당하는—"b," "m," "p," "d," "t," "g," "k"—소리들일 것이다.

어떤 언어학자들은 이들 소리에서 "mama," "papa," "daddy"와 같은 영어 단어들과 (아일랜드어의) "da"와 같은 단어들의 종국적인 기원을 찾기도 한다. 영어 단어 "baby"(아기)는 아마도 말기 라틴어의 단어인 *baba*에서 유래된 중세 프랑스어 단어 *bébé*에서 정식으로 파생된 것이다. 그러나 라틴어 단어 *baba*는 어디에서 왔을까? 분명히 아기말을 모방해서 만든 것일 것이다. 그런가 하면 다른 언어들에서 비슷한 소리가 나는 단어들은 자신들만의 가족적 관계를 갖고 있다. *baba*는 러시아어에서는 할머니이고, 스와힐리어에서는 아버지이다. 아랍어에서 아버지는 *abu*로 *baba*와 그리 다른 소리는 아니다. 그리고 동유럽의 조지아 공화국의 언어에서 아버지는 우리의 오랜 친구 *mama*이고…반면에 어머니는 *deda*이다.

는 마가 "엄마"를 뜻하는 단어로 널리 퍼져 있다. 기원전 4000년경의 원래의 인도-유럽어에 *mater*(mah-tair)와 같은 "mother"에 해당하는 단어가 있었음을 현대 학문에서는 정설로 삼고 있다. 이 어근으로부터 오랜 세월에 걸쳐—"mother"라는 단어를 갖고 있는 영어를 포함하여—수십여개의 인도-유럽어의 후손 언어들에 "mother"와 비슷한 단어들이 들어왔다.

예를 들면, 고대 산스크리트어의 *matr*, 고대 그리스어의 *meter*(may-tair), 현대 파르시어의 *madar*, 아일랜드어의 *máthair*, 러시아어의 *mat* (mat-eh), 폴란드어의 *matka*, 체코어의 *matka*, 네덜란드어의 *moeder*, 덴마크어의 *moder*, 고대 라틴어의 *mater*(mah-tair)를 비교해 보라. 영어의 형용사 "maternal"(어머니의)은 물론 스페인어의 *madre*, 포르투갈어의 *mae*, 프랑스어의 *mère*와 같은 현대 로망스어의 단어들은 모두 라틴어에서 파생된 것이다. "mother"라는 단어는 고대 영어의 *modor*에서 온 것인데, *modor*는 위에서 언급한 바 있는 네덜란드어와 덴마크어의 단어들과 독일어의 *mutter*(moo-tair)와 관련이 있다. "mother"에 해당하는 독일어 단어는 아마도 1920년대와 30년대의 미국 작가이면서 알곤킨 원탁모임(Algonquin Round Table)[1919년부터 1929년 사이에 작가, 비평가, 배우 등의 재사들이 뉴욕의 알곤킨 호텔에서 매일 열었던 오찬모임: 역자주]의 재담꾼이었던 도로씨 파커(Dorothy Parker)의 "딸의 가장 좋은 친구는 딸의 엄마이다"(A girl's best friend is her mutter)라는 재담에서 영향력을 발휘했을 것이다.

*mater*라는 인도-유럽어 단어의 원천은 *mater*와 동족어 관계에 있으면서 엄마의 젖가슴이라는 의미를 갖는 인도-유럽어의 *mamma*라는 단어일 것이다. *mamma*라는 단어가 어디에서부터 온 것인가를 추측할 수 있다—ma-ma-ma-ma를 말하던 선사시대의 유럽지역의 아이들로부터였을 것이고, 아마도 ma-ma-ma-ma는 "엄마"를 또는 "배고프다"를 의미했을 것이다. 근원이 된 이 *mamma*라는 단어로부터 그리스어, 러시아어,

리투아니아어(Lithuanian), 아일랜드어, 웨일스어를 비롯한 다른 인도-유럽어들에서 "젖가슴"을 뜻하는 단어들은 모두 비슷한 형태를 취하고 있다. 그러나 가장 영향력을 많이 발휘한 파생어는 고대 라틴어의 단어인 *mamma*로 (마찬가지로 엄마의 젖가슴을 의미한다) 영어의 "mammary"(유방의)와 "mammal"(포유류 동물)이라는 단어를 만들어냈다. 포유류는 새끼에게 어미의 젖을 빨리는 부류의 동물이다.

독자 여러분은 *mother*(엄마)라는 단어에 *ma*가 강력하게 관련되어 있음에 놀라야 마땅할 것이다. 모든 인도-유럽어들에서의 "mother"에 해당하는 단어들은 모두 같은 어근에서 나온 것이 사실이다. 이런 사실은 그 단어들이 모두 비슷하게 발음될 것임을 암시하여야 할 것이다. 하지만 수천년이 흐른 지금 다양한 인도-유럽어들에서 대부분은 그다지 비슷한 발음으로 남아 있지는 않다. 오늘날 "water"(물)나 "home"(집)에 해당하는 단어들은 힌디어, 그리스어, 독일어, 스페인어 등등에서 다르게 발음되는 경향이 있다. 대조적으로 "mother"에 대한 단어들은 *ma*나 *mat*라는 소리와 일치하는 상태로 머물러 있을뿐더러 프랑스어의 *maman*, 영어의 "mommy," "mamma"와 "ma"와 같은 복제어들을 만들어내기까지 했다—이 단어들은 필경 아기말에 의존하여 만들어진 것들이다.

따라서 인간 언어의 원초적인 소리를 나타내는 글자인 M은 시초부터 알파벳의 구성원이 되어 왔다. M이라고 믿어지는 글자들은 알파벳으로 쓰여진 것 중 가장 오래된 것인 기원전 1800년경부터 이집트 중앙에 위치한 와디 엘-홀 지역에서 셈족의 언어로 두곳의 바위에 새겨진 명문들에서 물결 형태의 선으로 나타난다. 학자들은 이 글자가 셈어로 "물"을 뜻하는 멤(*mem*)이라는 이름으로 불렸을 것이며, 그 이름을 시작하는 "m" 소리를 나타냈을 것이라고 생각한다. 초기의 모든 글자들과 마찬가지로 멤 또한 명확하게 물을 암시하는 물결 형태의 그림이었다. 글자의 형태를 수평이 아니라 수직으로 만든 탓에 셈족들이 처음으로 알파벳을 만들어낸 시기에 대한 단서를 찾기가 어렵다(45-48쪽을 참조하라). 거의 4,000년이 지난 오늘날에도 최초의 멤의 물결 형태는 우리가 사용하는 대문자 M의 지그재그식으로 구부러진 선으로 남아 있다.

고대 셈어의 알파벳을 물려받은 페니키아 사람들은 보다 응축된 형태의 멤을 갖고 있었다(기원전 1000년). M이 오늘날의 알파벳에서 13번째 글자로 남아 있는 것과 꼭 마찬가지로 현존하는 페니키아 알파벳의 글자 목록표는 멤이 13번째 글자임을 보여준다.

그 이후의 연대에 새겨진 명문들은 페니키아 알파벳의 멤이 그 형태가 변하였음을 보여준다. 물결 형태가 수평으로 변하여 글자형태는 오늘날의 M에 더욱 비슷해졌지만 수직으로 내려진 다리 하나로만 서 있는 모습이었다. 아마도 그러한 변화는 멤에 글자로서 보다 구분이 가능한 형태를 부여하는데 도움을 주었을 것이다.

기원전 800년 바로 직전에 페니키아 알파벳의 글자들은 그리스 사람들에 의해 베껴졌다. 페니키아어에서와 꼭 마찬가지로 그리스어에서도 원초적인 소리를 나타내는 멤은 여전히 지그재그식의 모습을 유지한 채 "m" 소리를 나타내는 13번째 글자로 새로 만들어진 그리스 알파벳에 편입되었으나 이름은 그리스어식인 무(*mu*)로 바뀌었다. 그리스 알파벳 초기의 모든 글자들과 마찬가지로 무라는 이름은 글자를 상징하는 것 이외에는 그리스어에서 아무 것도 의미하지 않았다. "물"을 의미했음은 셈어 알파벳들에 그 흔적이 남아 있다.

기원전 700년대에 그리스 상선들에 의해 이탈리아로 전달된 무와 다른 그리스 글자들은 곧바로 (기원전 700년경에) 에트루리아 사람들에 의해 베껴졌으며, 에트루리아 알파벳은 (기원전 600년경에) 로마 사람들에 의해 베껴졌다. 로마 알파벳에서 지그재그식의 글자는 끝내 두개의 다리로 서 있는 오늘날 우리에게 익숙한 M과 같은 형태로 정착되었다. 이러한 M의 형태는 (500년에) 로마가 붕괴된 이후에 유럽의 글자들로 상속되었다.

로마 제국 말엽의 M의 이름은 아마도 현대 스페인어에서와 아주 흡사한 "emmay"와 같은 어떤 것이었을 것이다. 말기 라틴어에서 고대 프랑스어로 그리고 (1066년에 있었던 노르만 정복과 더불어) 중세 영어로 넘어왔고, 그 결과 현대 영어로 넘어오면서 "emmay"는 "em"으로 축약되었다.

오늘날의 소문자 m은 단순히 300년경에 나타나기 시작하여 로마 말기에 펜으로 쓰던 언셜체라고 알려진 글자체에서의 동그란 형태의 M

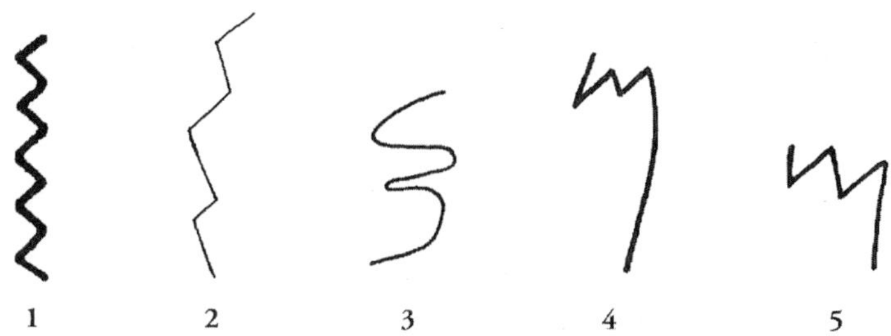

(1) 물을 묘사한 기원전 2000년경의 이집트 상형문자. 이집트의 상형문자 글에서 이 글자는 "물"을 의미했거나 "m" 소리를 의미했으며, 다른 그림 글자들과 함께 사용될 경우에는 다른 의미들을 갖기도 했다. 평상적으로는 수평으로 그려졌어야 했지만, 물을 나타내는 부호는 기원전 2000년경의 이집트 시대에는 수직의 형태로 나타났다. 당시에 이집트에 거주하던 셈족 출신의 외국인들은 자신들이 새로 만든 알파벳에 M 글자를 넣기 위해 이 부호를 베꼈다. 알파벳을 만든 사람들은 이렇게 만든 자신들의 글자를 셈어로 "물"을 뜻하는 멤이라 불렀으리라 믿어진다. (2) 알파벳으로 쓴 글 중 세계에서 가장 오래된 것이라 알려진 것으로 기원전 1800년경부터 셈어로 새겨진 와디 엘-홀의 명문들에서 나온 멤이다. 외양은 이집트의 상형문자를 모방한 듯 보이지만, 멤은 자신만의 다른 의미를 갖고 있었으니, 그 이름을 시작하는 "m" 소리를 나타냈다. (3) 기원전 1000년경의 페니키아 알파벳의 멤. 옹골차면서 꼬불꼬불한 형태는 옆으로 누워 있는 오늘날의 m의 형태를 살짝 닮았다. 멤이라는 이름은 여전히 "물"을 의미하는 것으로 이해되었다. (4) 기원전 800년경에 사용되었던 또 다른 형태의 페니키아 알파벳의 멤이다. 페니키아 사람들은 이미 보다 더 간단하고 보다 더 구분이 용이하게 만들기 위해 글자의 형태를 변화시켰다. (5) 기원전 725년경의 명문에서 나온 그리스 알파벳의 M, 즉 무이다. 무는 형태, 소리, 알파벳에서의 순서, 이름에 있어 페니키아 알파벳의 멤을 베낀 것이다.

## M & M

M&M's라는 캔디는—설탕을 얇게 입힌 알 모양의 초콜릿—(1940년경에) M&M's를 발명한 포레스트 마스(Forrest Mars)와 그가 창설한 마스 캔디 회사(Mars candy company)의 이름을 따서 만들어진 제품명이다. M&M을 소리나는대로 다시 철자하면 "Eminem"(에미넴)이 되는데, 이는 마샬 마더즈(Marshall Mathers)라는 이름으로 태어난 논란이 많았던 백인 랩 가수의 이름이다. M&M은 분명히 마샬 마더즈의 어린 시절의 이름 두문자들을 지칭하지만, M&M's 캔디처럼 자신의 내부는 본질적으로 갈색[다시 말하면, 흑인(Black)]이라는 그의 진지한 믿음을 나타낼 수도 있다.

에서 나온 것이다. 중세시대 내내 이 m의 형태는 하느님이 인간의 얼굴에 인간이라는 이름을 적어 놓았다는 종교적 사고를 형성하는데 기여를 했다. 코, 눈썹 그리고 광대뼈들이 m자의 모습을 형성하며, 두개의 눈은 m을 사이에 두고 두개의 o 글자를 형성한다는 것이다. 따라서 우리의 얼굴은 "omo" 또는 라틴어로 homo, 즉 "human beings"(인간)로 읽혀질 수 있다는 것이다.

언급한 바와 같이 M은 음성적으로 "순음"이라 불리는 범주에 속한다. 하지만 대부분의 자음들처럼 M은 또 다른 범주에 속하기도 한다. M이 속하는 또 다른 범주는 "비음"(nasal)이다—M을 발음하기 위해서는 공기를 목안에서부터 비강으로 보내어 코를 공명상자로 사용한다. (영어에서는 M과 N 두소리만이 비음이다.)

흐르는 느낌의 M 소리는 시인들에게 매력적인 소리로 여겨져왔다. 251쪽에서 인용된 바 있는 "조용히 속삭이듯 졸졸거리며 흐르는 냇물들"(liquid lapse of murmuring streams)이라는 존 밀턴의 시 구절은 M과 L에 똑같이 의존하여 효과를 추구한다. 공명성이 더 강한 M이 로마민족을 창건한 전설적 영웅 아에네아스(Aeneas)의 모험들과 전투들을 라틴어로 쓴 버질(Vergil)의 서사시 "아이네이드"(*Aeneid*)의 유명한 첫 구절을 보다 급박하고 장엄하게 만든다. 그 첫구절은 *Arma virumque cano*…(나는 전쟁과 인간을 노래한다)이다.

버질의 시에서 M은 위험과 장엄을 전달한다. 다른 곳에서도 M은 위험과 신비로움을 전달하는데, 이는 아마도 "mystery"(신비)라는 단어 때문인 듯하다. 어느 영화제목도 순진무구한 아내를 살해하려는 남편의 음모를 다루고 있는 1954년도의 알프레드 히치콕(Alfred Hitchcock)[(1899–1980) 영국의 영화감독; 서스펜스 영화의 거장: 역자주]의 고전적 괴기영화인 '청부살인업자를 구하려면 M을 돌려라'(*Dial M for Murder*)보다 흥미를 더 자극하는 것은 없다. 알파벳으로 제목이 붙여진 수 그래프톤(Sue Grafton)의 탐정소설들 중에는 『M은 악의를 위한 것』(*M is for Malice*)(1966)도 있을뿐더러 킨지 밀혼(Kinsey Millhone)이라는 주인공 이름도 있다. 제이. 알. 알. 톨킨의 3부작 공상소설 『반지의 제왕』(*Lord of the Rings*)(1954-55)에서 악한 적대자는 모도(Mordor)라는 암흑의 권력세계에서 산다—Mordor라는 단어는 우연은 아니지만 고대 영어에서 "살인자"(murder)를 뜻한다.

아서 코난 도일(Arthur Conan Doyle)은 셜록 홈즈(Sherlock Holmes)의 이야기인 『빈집에서의 모험』(*The Adventure of the Empty House*)에서 M을 악한의 글자로 묘사한다. 살인과 배반의 흔적을 찾기에 혈안이 된 홈즈는 충성스러운 왓슨(Watson) 박사와 함께 자신의 서재에 앉아서 자신이 수집하여 만든 악한들의 목록인 "일대기 색인"을 훑어 본다. M으로 색인된 자들 중 가장 대표적인 자는 홈즈의 강한 상대로 사악한 천재인 제임스 모리아리티(James Moriarity) 교수다. 그러나 오늘 밤에 찾는 자는 "런던에서 두번째로 위험한 인물"로 다른 사람이다. 왓슨은 홈즈가 어떻게 행동하는지를 이야기한다

1 2 3 4

(1) 기원전 520년경부터 쓰이기 시작한 초기의 로마 알파벳의 M이다. 이 글자의 형태는 에트루리아 알파벳에서 베낀 것이고, 에트루리아 알파벳은 그리스 알파벳에서 베낀 것이다. (2) 113년에 새겨진 유명한 트라얀의 명문에서 나온 로마 알파벳 M이다. 성숙한 형태의 이글자는 1470년경에 이르러 초기 인쇄의 "로마체" 대문자 M의 모형이 되었다. (3) 450년경에 이르러 이탈리아를 필두로 하여 손으로 쓰는 형태의 언셜체로 라틴어로 쓴 글에서 나온 잉크로 쓴 M이다. 각진 형태의 대문자를 펜으로 쓰기 쉽도록 낙타의 둥그런 육봉처럼 축소시킨 언셜체 또한 오늘날의 소문자 m을 예견한다. d, h, q와 더불어 이 글자는 기원후 첫 천년간 유럽의 손으로 쓰는 글자 형태에서 나타나게 될 훗날의 소문자 중 가장 먼저 나타난 것 중의 하나이다. (4) 펜으로 쓴 카롤링거 왕조풍의 소문자 m으로 975년경에 영국의 남부지역에서 라틴어로 쓰여진 글에서 나온 것이다. 언셜체에서 파생되어 나온 카롤링거 왕조풍의 이 글자는 후에 초기 인쇄에서 m의 형태를 만들어내는데 도움이 되었다.

의자에 기대어 앉아 담배연기를 짙게 뿜어내면서 색인 목록을 굼뜨게 넘겼다.
"M으로 색인하여 모아 놓은 놈들은 아주 대단한 놈들이야"라고 그가 말했다. "모리아리티 자신은 어떤 글자이든 빛나게 만들기에 충분해. 그리고 모간(Morgan)이라는 독살자와 지긋지긋한 기억이 있는 메리듀(Merridew)와 챠링 크로스역 대합실에서 나의 왼쪽 송곳니를 작살낸 마쓔(Mathews)와 그리고 끝으로 여기 오늘밤 우리들의 친구가 하나 있어."
그가 책을 건네주었고, 그리고 나는 그 책을 읽었다…

아! 그러나 충분히 이야기되었다.

어느 누구도 풍자적 개작 작가인 오스틴 파워즈(Austin Powers)를 떠올리기 훨씬 이전인 1950년대와 60년대에는 음모와 모험을 다룬 이언 플래밍(Ian Fleming)의 소설의 주인공인 초특급 첩자 제임스 본드(James Bond)가 영웅시되었다. 본드에게는 어떤 곳에서는 마일즈 메써베이경

(Sir Miles Messervey)으로 확인되기도 하지만 오직 M이라고만 알려진 성미가 까다로운 상관이 있었다. 두문자를 사용함으로 인해 첩자활동의 비밀스러움과 기품 있는 상징이라는 암시를 만들어낸다: 조국(Motherland)을 위해서? 사명(Mission)을 위해서? 아니면 인류(Mankind)를 위해서 첩자활동을 하는가?

그러나 문학작품 중에서 가장 수수께끼처럼 사용된 M의 예는 루이스 캐롤의 『이상한 나라의 엘리스』의 "정신 없는 차 잔치"의 끝부분에 나온다. 그곳에서 하품하는 도마우스는 그림 그리기를 배우려는 세 어린 여동생들에게 종잡을 수 없는 이야기를 한다. "'그리고 그들은 모든 방도를 다 강구했어—M으로 시작하는 모든 것을 말이야—'

"왜 M으로 시작하는 것이지?"라고 엘리스가 말했다.

"'왜 안 되는데?'라고 마치 해어가 말했다.

"엘리스는 말이 없었는데."

*N은 영화배우 폴 뉴만(Paul Newman)이 창업하고 소유하고 있는 뉴만즈 오운 회사(Newman's Own)의 샐러드용 드레싱 병의 목에 부착된 상표딱지에서 황제의 대접을 받는다. N이 올리브 가지 두개로 감싸여져 있는데, 올리브 가지가 샐러드용 기름으로 적합한 것임을 나타내기도 하지만 고대 그리스와 로마 시대에 통치자의 머리를—또한, 승리한 운동선수들이나, 영예로운 시인들이나, 배우들의 머리를—장식한 화환을 나타내기도 한다. 사람의 머리에 장식되는 화환은 월계수, 참나무나 다른 나무들의 잎들로 만들어지거나 (올리브, 은매화, 샐러리, 담쟁이와 같은) 신에게 신성하게 받쳐지는 식물들로 만들어진다. 뉴만의 N은 의도적으로 (1804년부터 1815년까지) 프랑스의 황제였던 나폴레옹 보나파르트를 상기시키기 위한 것인 듯하다. 나폴레옹 궁정의 형상이 그림들과 케사르처럼 생긴 화환과 N이 경계를 이루도록 만든 양각조각에 들어 있다.*

## 콧소리 N

N을 발음하기 위해서는 코가 필요하다. 사실인지 확인을 하려면, 손가락으로 코를 막은 채 'Noses are needed for pronouncing…'(발음하기 위해서는 코가 필요하다)라는 구절을 발음해보라. "Dozes are deeded for prodowsing…'과의 중간쯤으로 들릴 것이다.

M과 마찬가지로 N은 코를 통해 발음되는 자음인 "비음"으로 분류된다. M을 발음할 때 코가 어떻게 사용되는가는 86쪽에서 실험으로 설명한 바 있다: 코를 막은 상태에서 "My mommy meets me"(나의 엄마가 나를 만나신다)를 발음한다면, "By bobby beets be"처럼 소리가 난다.

N과 M만이 영어에서 비음에 해당된다. N이나 M을 발음하기 위해서는 실제로 목젖을 내려트려 목에서 흘러 나오는 공기의 흐름을 전환시키기 때문에 코가 공명실의 역할을 한다. 이런 과정을 아무런 의식 없이 하루에도 수백번 되풀이 한다: 이는 우리들이 요람에서 주변 사람들로부터 듣는 말소리들을 흉내낼

준비를 하면서 우리들의 뇌가 배우는 기교들 중의 하나이다.

"m" 소리는 입술에서 형성되기 때문에 4달 정도 된 아기들도 발음할 수 있을 만큼 단순하다. 보다 복잡한 소리인 "N"을 발음하기 위해서는 혀를 입천장에 갖다 대야 한다. N을 발음하기 위한 혀의 위치는 놀랍게도 L 소리를 발음하기 위한 혀의 위치에 가깝지만, N 소리는 코를 통해 발음되기 때문에 M 소리에 훨씬 더 가깝다.

고대 로마시대 이래로 학자들은 알파벳에서 형태, 이름, 그리고/또는 소리에 있어 서로 닮은 어떤 소리들이 어떻게 짝을 지을 수 있는가를 주목해왔다. 오늘날의 알파벳에서는 C와 G, B와 P 그리고 S와 Z가 그런 짝들에 포함된다. 전형적으로 이러한 짝들은 고대 그리스와 로마의 알파벳내에서의 발달로 거슬러 올라갈 수 있다. 이러한 짝짓기는 사람들이 알파벳과 같은 목록을 기억하기 위한 보조적 수단으로 (시각적이든 음성적이든) 어떤 연관성을 지을 필요가 있었음을 보여주는 듯하다.

형태, 이름, 소리, 알파벳내에서의 위치에 있어서 쌍둥이 형제와 같은 N과 M만큼 긴밀한 글자들의 짝은 없다. N과 M은 함께 양쪽으로 12개의 글자를 거느린 채 알파벳의 중심부분을 형성한다. 형태에 있어서의 유사성은 주목할만하다. 근본적으로 N은 M의 3/4에 해당하며, 두 글자는 적어도 3,000년전 이전인 고대 페니키아 시대 이래로 이러

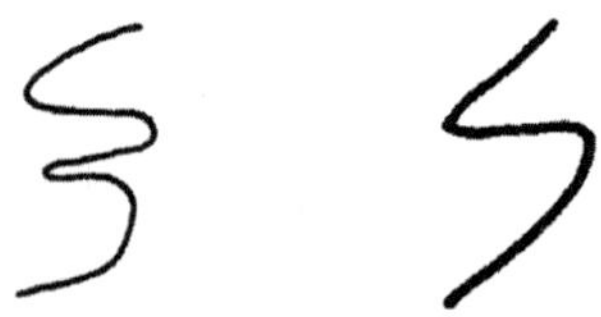

기원전 1000년경의 명문에서 나온 "물"과 "물고기"를 뜻하는 멤과 눈(*nun*)이라는 페니키아 알파벳의 글자들로 우리가 사용하는 M과 N의 조상들이다.

한 유형의 시각적 친척관계를 유지해왔다. N은 일생의 대부분을 M과 의 관련속에서 살아왔다. 앞장에서 자세히 설명한 바와 같이 기원전 1000년경의 페니키아 알파벳에서의 13번째 글자는 우리가 사용하는 M의 조상인 물결형태의 선으로 된 멤이었다. 멤이라는 이름은 "물"을 뜻했다. 페니키아 알파벳의 14번째 글자는 눈(*nun*)이라 불렸던 N으로 "물고기"를 뜻했다. 하지만 눈의 형태는 장어를 제외한다면 결코 물고기의 형태를 나타내지 못하고 마치 뱀이 꾸불꾸불 기어가는 그런 형태였던 것이다.

오늘날의 연구는 N은 (이집트에 거주하던 셈족 출신의 병사들이나 노동자들이) 이집트 상형문자에서의 뱀 형태의 그림글자를 베껴 만든 것이라는 결론을 얻었다. 셈족의 알파벳에서 N의 형태는 뱀처럼 보였다. (281쪽을 보라.) 따라서 글자의 이름이 "물고기"라고 하는 것은 문제가 된다.

고대 셈어에서 뱀에 해당하는 단어는 나하쉬(*nahash*)로 "n"소리로 시작한다. 고대 셈어 알파벳에서의 규칙에 의하면, 나하쉬는 "N" 소리를 나타내는 뱀처럼 보이는 글자를 위한 완벽한 이름이었을 것이다. 그러니 초기 알파벳 사용자들이 자신들의 꾸불꾸불한 형태의 N 글자를 그냥 "나하쉬"라는 이름으로 왜 안 불렀겠는가?

답은 아마도 그랬을 것이다. 그들은 아마도 기원전 2000년이나 1900년경인 알파벳 초창기에 그 글자를 나하쉬라 불렀으나, 후에 M을 위해 글자의 이름이 바뀌었던 것이다. 기원전 1900년 이후의 여러 세기에 걸쳐 M("물")과 N("뱀")이 지닌 독특한 비음적 요소로 인해 아마도 M과 N을 나란히 배열할 필요를 느끼게 되었을 것이다. 이 두 글자들은 아마도 알파벳을 만들 당시 순서상 앞뒤로 함께 배열되었을 것이며, 오늘날에 와서 보다 더 밀접한 관련을 갖게 되었을 것이다. 이 기간 동안에 N은 M과 더 비슷한 형태로 변화되었다. 그리고 N의 이름이 (이론화된 것처럼) "뱀"이었다면, "물"을 뜻하는 글자인 멤과 보다

## 초기 알파벳 글자 중 물고기 형태의 글자

*기원전 800년경의 페니키아 알파벳에서 "문"을 뜻하는 달레트 (dalet)라는 글자. 별로 문의 형태로 보이지는 않는데, 한때는 그 글자의 형태가 물고기였을까?*

셈어 알파벳의 N의 이름이 기원전 2000년대를 거치면서 나하쉬(뱀)에서 눈(물고기)으로 이름이 바뀌었다면, 그러한 사실은 초기 알파벳이 지니고 있는 또 다른 수수께끼를 풀 실마리를 제공해 줄 것이다—다시 말하면, "문"이라는 이름의 셈어 알파벳의 글자인 D가 왜 그렇게도 문의 형태와는 닮아 보이지 않는 형태를 지니고 있었는가에 대한 실마리를 제공해 줄 것이다. 114-15쪽에서 이론화한 바와 같이, 셈어 알파벳의 D라는 글자는 기원전 2000년경에 (셈어에서의 "물고기"에 해당하는 또 다른 단어인) 다그(*dag*)라는 이름으로 시작하였을 것이다. 하지만 기원전 첫 천년의 말엽경의 기록에 남아 있는 글자의 이름은 "문"을 뜻하는 달레트이다. D는 아마도 기원전 1600년경에 N이 "물고기"라는 이름을 갖게 되자 자신의 이름을 상실하게 된 것이 아닌가 싶다. 물론 두 단어들이 정확하게 다른 것들이었지만, 알파벳을 사용하는 사람들의 입장에서는 "물고기"라는 이름을 갖는 글자가 두개씩이나 존재하는 것을 원하지 않았을 것이다.

더 잘 어울릴 수 있도록 "물고기"라는 이름으로 바뀌었을 것이다. 그런 식으로 관련을 지으려고 했던 것은 알파벳을 배우는 셈족의 어린 아이들에게 보다 더 잘 기억될 수 있도록 도움을 주기 위한 것이었을 것이다. 서로 비슷한 형태를 하고 있으며 서로 비슷한 소리를 나타내는 그 두 글자는 순서상 "물고기"가 "물" 다음에 배열되었을 것이다.

기원전 800년경에 그리스 사람들은 페니키아 알파벳을 베끼면서 N과 M 사이의 밀접한 관계를 그대로 유지하였다. 페니키아 알파벳의 눈은 누(*nu*)라 불리는 그리스 알파벳의 글자가 된 반면에 페니키아 알파벳의 멤은 "m" 소리를 나타내는 그리스 알파벳의 무(*mu*)가 되었다.

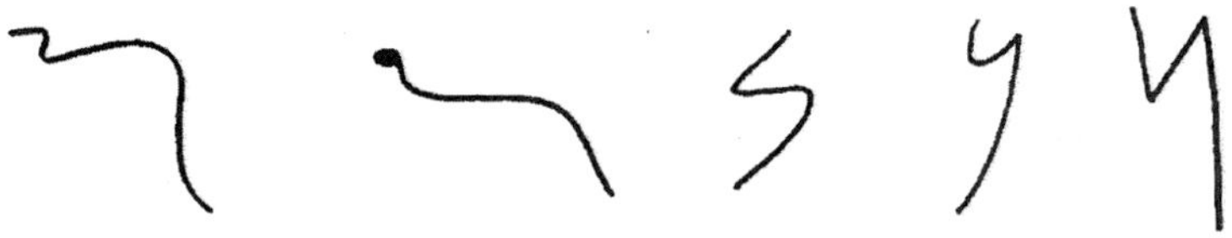

1 2 3 4 5

(1) 기원전 2000년경의 이집트 상형문자에서의 뱀 형태의 글자. 이집트 사람들의 글쓰기에 사용된 이 글자는 "코브라"(cobra)라는 단어를 뜻했거나 다양한 문맥에서 다른 의미들을 나타냈다. 이 뱀 형태의 글자는 (의미가 아니라 단지 그 형태만) 셈족의 사람들에 의해 베껴져 셈족의 새로운 알파벳에서의 27개 그림 글자들 중의 하나가 되었다. (2) 아마도 기원전 1750년경의 셈어 알파벳에서의 뱀 형태의 글자로 시나이 서부지역에서 돌에 새겨진 명문에서 나온 것이다. "n" 소리를 나타냈다. 논리적으로 말하자면, 셈족 사람들은 이 글자를 "뱀"을 의미하는 나하쉬라 불렀어야 했을 것이지만, 놀랍게도 훗날의 기록들에 남아 있는 유일한 이름은 "물고기"를 뜻하는 눈이다. (3) 기원전 1000년경의 페니키아 알파벳의 14번째 글자인 눈(nun). 셈어 알파벳에서 직접 물려받은 눈은 그 이름을 시작하는 "n" 소리를 나타냈다. 이때부터 글자의 형태가 오늘날 우리가 사용하는 N의 형태와 닮아지기 시작하였다—이 글자가 오른쪽에서 왼쪽으로 글자들을 써 내려간 방식에서 왼쪽 방향으로 향하고 있는 글자임을 감안한다면 더욱더 N과 닮아 보임을 알 수 있을 것이다. 오늘날의 알파벳에서 N은 14번째 글자로 남아 있다. (4) 기원전 800년경의 사이프러스섬에서의 명문에서 나온 페니키아 알파벳의 눈. 이 글자는 대략 페니키아 알파벳이 그리스 사람들에 의해 베껴졌을 그 시대와 그 장소에서 쓰여진 것으로 보인다. (5) 초기 그리스 알파벳에서의 N으로 기원전 740년경의 오른쪽에서 왼쪽으로 써 내려간 명문에서 나온 것이다. 누라 불렸던 그리스 글자는 그 이름, 형태, 소리는 물론 알파벳에서의 위치에 있어서 페니키아 알파벳을 답습하였다.

비록 셈어에서의 "물-물고기"의 관계가 그리스 사람들의 귀에서는 필연적으로 사라졌지만, 그리스 사람들은 두 글자의 이름의 운을 맞추는 방법으로 두 글자 사이를 관련지었다. [그리스 알파벳의 무라는 이름은 누를 위해 붙여진 듯하다. 그렇지 않았다면, 페니키아 알파벳에서의 이름인 멤을 그냥 단순한 그리스식 이름인 메마(mema)처럼 바꾸지 않았겠는가?] 그렇게 해서 알파벳을 배워야 하는 고대 그리스의 어린 아이들도 M과 N 두 글자의 사이에 유사한 소리들이 되풀이되어 연상하기 쉬운 이점을 갖게 되었다.

기원전 700년대에 그리스 글자들이 이탈리아에 당도한 후 유용하게 사용되고 있던 무와 누는 에트루리아 알파벳으로 전달되었고, 에트루리아 알파벳에서 로마 알파벳으로 전달되었다. 에트루리아어와 초기 라틴어에서 이 두 글자는 아마도 메(*me*)("may")와 네(*ne*)("nay")로 불렸을 것이다. 로마제국 말엽에 이를 즈음의 일상의 라틴어에서 이 이름들은 아마도 "emmay"와 "ennay"로 발음되었을 것이다—이 이름들이 현대 영어에서의 엠(m)과 엔(n)이라는 이름의 선조들이다. (유음과 마찰음에 해당하는 자음들에 대해 로마 사람들이 일반적으로 어떻게 이름을 붙였는가에 대해서는 147-49쪽에서의 설명을 참조하라.)

현대 영어에서 보잘 것 없어 보이는 N은 놀랍게도 많은 일을 하는 글자다. 인쇄에서 가장 많이 사용되는 글자들 중의 하나로 그 빈도는 5번째나 6번째로 E, T, A와 O 또는 I의 다음이다. 고대 영어에서 온 단어들에 흔하게 나타나는 소리인 탓에 N은 특히 오늘날의 영어에서 (*seeing*, *seen*과 같은) 동사의 형태들에서 표준적으로 사용되는 탓뿐만 아니라 "an ostrich"(타조)나 "anaerobic"(혐기의)에서와 같이 A와 더불어 음조를 맞추기 위한 완충장치로 사용되는 탓에 그 사용빈도가 매우 높다. 또한 "and"(그리고), "not"(아니다), "-n't"(아니다)의 사용도 N의 항해에 순풍을 더 해 주었다.

N은 "number"(수, 번호)에 해당하는 라틴어 단어(*numerus*)의 축약자로 사용되기 때문에 n이라는 부호는 전통적으로 어떤 수이든 0 X n = 0이 될 수 있는 무한의 숫자를 의미한다. "to the n$^{th}$ degree"(어떠어떠한 정도로)에 대해 말할 때 우리는 이러한 개념을 보통의 어법으로 사용한다.

『N: 공상적 수수께끼』(*N: A Romantic Mystery*)는 아프리카계 미국인 작가인 루이스 에드워즈(Louis Edwards)가 1977년에 뉴 올리엔스(New Orleans)를 배경으로 하여 쓴 재미 있는 탐정소설이다. 이 소설의 제목

1 2 3 4 5

(1) 기원전 660년경 에트루리아 알파벳의 N으로 형태, 소리, 알파벳에서의 순서에 있어 그리스 알파벳의 누를 완벽하게 모방하였다. 이 글자는 오른쪽에서 왼쪽으로 글을 써 내려간 명문에서 왼쪽으로 향하고 있는 형태이다. (2) 초기 로마 알파벳에서의 N으로 역시 왼쪽 방향을 향하고 있는 형태이며, 기원전 520년경의 명문에서 나온 것이다. 이 로마글자는 에트루리아 알파벳에서 베껴 온 것이지만 이후 곧바로 그 형태는 보다 단순화되었다. (3) 113년에 대리석에 새겨진 트라얀의 명문에서 나온 로마 알파벳의 N이다. 성숙단계에 접어든 라틴어식의 왼쪽에서 오른쪽으로 쓰는 서법에 사용된 형태로 본질적으로 오늘날 우리가 사용하는 대문자 N의 형태를 띠고 있다. (4) 언셜 필사체 형태의 N으로 400년대에 라틴어로 쓴 성시집에서 나온 것이다. 이 형태는 근본적으로 펜과 잉크를 이용하여 쓰도록 개조된 로마 알파벳의 대문자의 형태이다. (5) 우리가 사용하는 소문자 n의 형태는 카롤링거 왕조풍의 소문자 형태의 한 부분으로 800년대경에 도입된 것으로 중세시대의 필사체 형태로부터 만들어진 마지막 형태 중의 하나이다. 위의 예는 1018년으로 연대가 추정되는 영국에서 라틴어로 작성된 법률문서에서 나온 것이다. 예전의 N의 형태가 (그 수명과 관련하여 두가지 이유에서) 구분이 확실하고 단순했지만, 카롤링거 왕조풍의 형태는 세개의 획이 아니라 오직 두개의 획만을 요구했다. 산뜻하기는 했지만 불행하게도 카롤링거 왕조풍 n의 형태는 다른 소문자들인 h나 m이나 r과의 혼동을 야기시켰다. 오늘날에 조차도 많은 사람들의 필체에서 심지어는 인쇄된 형태의 글자들에서도 n의 형태는 여전히 구분해내기 힘든 형태로 남아 있다.

은 [*film noir*(흑백영화)에서와 같이] “noir”(흑백)와 “new”(새로운)는 물론이고, 우리가 사용하는 표현 중 가장 추한 N-단어를 재치 있게 이용한다. 미국 시인 에즈라 파운드(Ezra Pound)의 잘 알려진 시와 (1934년의) 책 제목은 “*Make it new*”(그것을 새롭게 만들어라)이다. 우리의 이야기를 새롭게 만들기 위해 이제 다음 글자로 넘어가자.

*O의 유혹적인 형태는 프랑스 작가 (오노레 드) 발자크(Honoré de Balzac)에 의해 1845년에 파리에서 출판된『결혼생활의 사소한 성가심들』(Petty Annoyances of Married Life)이라는 제목의 이야기 모음집에 실린 이 삽화에 아주 잘 나타나 있다.*

# O 이야기

O 오! 예루살렘(O Jerusalem)! 오! 카나다(O Canada)! 오! 독자 여러분! 볼 수 있습니까? 불의 뮤즈 여신(Muse of fire)[(그리스 신화) 학예·음악·무용을 관장하는 아홉 여신의 하나: 역자주]을 위한 O. 강건한 O는 수세기 동안 인간의 마음을 전달해왔고 또한 시와 웅변에서 주의집중을 요구해왔다. 아마도 O는 표현능력이 가장 뛰어난 글자이며, 가장 많은 일을 해내는 글자 중의 하나일 것이다. 5개의 모음 모두 영어를 쓰는데 꼭 필요하지만, 그중에서도 O는 크게 신뢰할 수 있고 개별적으로 존중을 받는 글자로서 모음으로서의 중요성에서 거의 최상위의 자리를 차지한다.

O가 지니는 장점들은 다음과 같다: (1) 영어에서 여러 소리로 발음되며; (2) 스스로 단어로 사용될 수 있으며; 그리고 (3) 글자의 형태가—눈의 흥미를 자아내고 눈에 만족을 주는—아름다운 모습이다. O는 비록 완벽하지는 못하더라도 글자의 이름이 발음하는 사람의 입술에 글자의 형태를 만들어내는 유일한 글자이다.

영어로 인쇄된 글들에 대한 몇몇 분석에 따르면, O는 그 사용 빈도에 있어 평균적으로 E, T, A의 아래인 4번째 자리를 차지한다. 제임스 써버(James Thurber)는 1957년에 출판한 아동도서 『경이로운 O』(*The Wonderful O*)에서 O가 없어 혜택을 받지 못하는 세상에 대한 재미 있는 상상을 한다. 『경이로운 O』는 오로(Ooro)라는 섬에 상륙하여 도적질할 것이 없자 섬 사람들에게 화를 내고 섬 사람들을 보호하는 글자를 포악무도하게 말살하려는 해적들에 대한 이야기이다. "그래서 *locksmith*(자물쇠 제조공)는 *lcksmith*(ㅈ물쇠 제조공)가 되었고, *bootmaker*(구두공)은 *btmaker*(ㄱㄷ공)가 되었고… *books*(책들)는 *bks*(ㅊㄱ들)가 되었고, *Robinhood*(로빈후드)[12세기경의 영국의 전설적인 의적: 역자주]는 *rbinhd*(ㄹ빈ㅎ드)가 되었다." 섬의 언어와 공동체는 크게 뒤흔들렸지만—"애인의 목ㅅ리(thrat)를 격찬하면서 자기 애인이 ㄲㄲㄹ(riles)처럼 또는 ㅎㅂ창대(chrus)처럼 ㄴ래(chir)를 불렀다고 말했던 멋쟁이 젊은이는 뺨을 얻어 맞았다."—끝내 선이 이겨 모든 것이 안정되었다.

이론적으로 말하자면, 우리의 알파벳은 소리의 색감을 보다 더 잘 보여주기 위해 모음소리 몇개를 더 사용할 수 있다. 이러한 필요성은 O와 관련하여서도 분명하다. 『옥스퍼드 영어 사전』은 *no*(아니오), *got*(얻었다), *glory*(영광), *north*(북쪽), *do*(하다), *son*(아들), *word*(단어)에서 볼 수 있는 것처럼 O의 가능한 소리를 7가지나 나열하고 있다. 이 뿐만이 아니라 두번째 소리로 어떤 소리를 결합시키느냐에 따라 *boy*(소년), *now*(지금), *good*(좋은), *fool*(바보), *favor*(호의), (어느 지역에 거주하는가에 따라) *cough*(기침) 등에서와 같은 다른 소리들이 O의 소리들로 가능하다.

모음들은 대부분의 지역 사투리들의 소리들을 나타낼 수 있다. O는 특히 이런 면에 있어서는 민감하다. 국외자의 귀에는 얼스터(Ulster) 사람들의 "now"는 "nye"처럼 들리고, 온타리오 사람들의 "about"(~에 대하여)는 "abewt"처럼 들리며, 호주 사람들의 "notes"(기록)는 "nayts"

처럼 들리며, 뉴욕 사람들의 “dog”(개)는 “doawg”처럼 들린다. 또한 1900년경에 “don't”(~하지 않다)라는 단어를 런던 사투리에서 발음되는대로 “daownt”라고 표기한 조지 버나드 쇼의 잊을 수 없는 음성학적 표기도 있다.

O가 다양한 소리들로 발음되는 것은 1066년의 노르만 정복 이후에 중세 영국에서 있었던 영어의 발달에 그 원인이 있다. 이 기간에 고대 영어와 노르만들의 프랑스어로부터 새로운 모음들이 영어로 들어왔기 때문이다. 당시에 O의 임무를 배가시킨 것은 노르만 사람들이 (비록 발음상에 변화를 의도했던 것은 아니었지만) 영어의 철자법을 보다 더 프랑스어처럼 보이도록 만들기 위해 U가 들어가야 할 자리에 O를 사용할 것을 선호하였기 때문이다. 여러 예들 중 하나를 든다면, 고대 영어의 *sum*은 결국 “some”(어떤)이 되었다. 반면에 다른 단어인 고대 프랑스어의 *summe*는 영어에서 “sum”(합계)이 되었다. (“sun-uh”로 발음되었던) 고대 영어의 *sunu*는 (여전히 “sun-uh”로 발음되는) *sone*로 변하였다가 나중에 “son”(아들)으로 축소되었다. 그리고 고대 영어의 *lufu*(“luv-uh”로 발음되었음)는 결국 “love”(사랑)가 되었다.

중세시대의 노르만 사람들의 생각을 이해하기 위해 오늘날에 사용되고 있는 두개의 단어들을 비교해보자—영어의 “bun”(소형 롤빵)과 (“good”이라는 의미의 형용사 형태인) 현대 프랑스어의 *bonne*는 정확히 똑같게 발음되었다. 발음상의 이런 중복은 중세시대의 영어 단어 철자를 (모두는 아니었지만) 많은 경우에 U를 O로 바꾸어 써야 할 이유를 만들어주었다.

이렇게 프랑스어식화 된 O는 동일한 모음소리들을 O나 U로 표기할 수 있게 만들어 영어 철자법 중 가장 혼란스러운 한 양상을 야기하였다. 전형적인 예는 *son/sun*(아들/태양)이며, 그 이외에도 *loot/lute*(약탈하다/봉니를 바르다), *cost/caustic*(희생/부식성의), *word/curd/bird/herd*(단어/응유/새/가축떼) 등도 그러한 예에 속한다—이러한 식으로 수백

수천의 단어들이 사용됨으로 인해 그 예들이 매우 증가되었다. O의 이러한 도락은 영국의 교육자인 리차드 멀카스터(Richard Mulcaster)를 비롯한 많은 사상가들을 괴롭혔다. 멀카스터는 유사 이래 첫번째로 영어 철자법 사전을 포함한 문법서 『기본문법 첫번째』(*The First Part of Elementarie*)를 1582년에 출판하였다. 그는 자신의 책에서 "O는 우리의 언어에서 극히 불확실한 글자이다"라고 하면서, "O는 자신의 사촌인 u에 너무 많이 의존하여 소리를 내는가 하면 자기 본연인 o에도 의존해서 소리를 낸다"는 것이 그 이유임을 밝혔다.

엄밀하게 말한다면, 영어에서 원래 O는 "bob"(까닥 상하로 움직이다)에서의 단모음 O와 "bone"(뼈)에서의 장모음 O로 소리났다. 언어학자들은 혀의 위치를 참조하여 이들 소리를 각각 저후설(low back)모음과 고-중후설(high-mid back)모음이라 부른다. 그런가 하면 "son"에서의 단모음 O는 저전설(low front)모음으로 마찬가지로 U에 속하는 소리이다.

(항상 대문자로 쓰이는) 감탄사 "O"는 "oh"의 변형으로 대체로 어떤 소망을 표현하거나 어떤 생각이나 실제 사람이 아닌 어떤 이상적 존재 등을 부를 때 사용되는 소리/단어이다.

"오 결혼의 저주여"[『오델로』(*Othello*)], "오 대담한 신세계여"[『템페스트』(*The Tempest*)], "오 이렇게 단단하고도 단단한 살덩어리도 녹아내릴 터인데" [『햄릿』(*Hamlet*)]과 같은 구절들을 보면, 셰익스피어는 아마도 감탄사 O를 너무 좋아 한 것이 아닌가 싶다. 이 단어는 중세기에 고대 그리스어와 라틴어에 있던 "O"라는 감탄사를 문학에서 모방하여 사용하면서 영어에 들어오게 되었다. (로마 사람들은 이 단어를 그리스 사람들에게서 배웠다.)

셰익스피어 이전의 서양문학에서 가장 유명할 법한 O는 기원전 63년 11월에 로마를 전복시키고 키케로를 살해하고 최고의 권력을 잡으려고 획책한 죄로 축출당한 한 상원의원의 음모를 폭로하기 위해 로마의 정치가 키케로가 그 상원의원을 향해 한 연설에 나온 것이다. 음모를 획책한 자의 이름은 카틸리나(Catiline)였으며, 키케로가 여러 날에 걸쳐 행한 4번의 연설 중 한 연설이 때때로 카틸리나의 첫번째 음모(the First Catilinarian)라고 불린다. 그 연설을 시작하는 단어들 중에 억제된 분노를 나타내는 '오 시절이여, 오 관습이여'(*O tempora, O mores*)라는 불후의 구절이 있다.

서양문학에서 또 다른 유명한 O는, 비록 감탄이 아니라 묘사이기는 하지만, 셰익스피어의 작품에 있다. 전쟁사를 그린 희곡인『헨리 5세』(*Henry V*)는 1599년 봄인가 여름인가에 런던의 글로브 극장(Globe Theatre)에서 초연될 때 서언(Prologue)이라 이름 붙여진 해설자를 통해 관중에게 전달될 개막연설을 부각시킨다. 해설자는 "오 불의 뮤즈 여신을 위하여"라는 말로 개막연설을 시작하지만 그 말이 정작 중요한 것은 아니다. 그런 다음에 해설자는 관중들에게 궁정, 군대의 진영, 그리고 그 유명한 아긴코트 전투(Battle of Agincourt)(1415)의 장면들을 무대에 설치하도록 재촉해댄다. 해설자는 무대 주변의 극장건물을 언급하면서 비유적으로 질문을 한다:

> … *이 조정실이 과연 넓디넓은*
> *프랑스의 밭들을 받치고 있을 수 있을까요? 아니면,*
> *나무로 만든 이 O에 아긴코트의 분위기를 압도했던*
> *그 투구들을 꾸겨서라도 넣을 수 있을까요?*
>
> …*Can this cokpit hold*
> *The vasty, fields of France? Or may we cram*
> *Within this wooden O the very casques* [*helmets*]
> *That did affright the air at Againcourt?*

해설자의 질문이 여러 가지를 암시하지만, 특히 현대 학자들에게 글로브 극장이 "O"자 형태, 다시 말하면, 도너츠처럼 생긴 짧은 선반의 형태였다는 증거를 제공해준다(이 증거는 근자에 고고학자들과의 공동연구로 밝혀진 것이다). 공중으로 터진 중앙부분은 부분적으로는 무대로 사용되었을 것이고, 부분적으로는 관중들이 앉을 장소로 사용되었을 것이다. 중앙부근에서 나무로 만든 높다란 구조물이 객석들과 (무대 뒤편의) 준비실을 지탱하고 있었을 것이다. 1944년에 로렌스 올리비어(Laurence Olivier)가 영화화한 '헨리 5세'에서는 시작 장면들을 통해 "나무로 만들어진 O"가 담당했던 모든 일들을 생생하게 보여준다. 오늘날에는 셰익스피어의 글로브 극장을 본따 O자 형태로 만든 극장이 런던 남쪽에 자리잡고 있는데, 원래의 장소에서 500야드 떨어진 위치이다.

O라고 식별이 가능한 형태로서의 O의 이야기는 사람의 눈 모습의 그림인 고대 이집트 글자에서 시작된다. 눈은 이집트 상형문자들로 사용된 상징들 중의 하나였다. 몇가지 변형된 형태들이 있었는데, 그중에서 가장 길고 수평 타원형으로 그 안쪽에 원이 들어가 있는 것이 가장 단순한 형태였다. 이 상형문자는 "눈"이라는 단어나 시각과 관련된 다른 단어들을 나타냈으며, 그 이외의 다른 것들도 의미했었을 것이다.

기원전 2000년경 즈음에 이집트에서 병사로 또는 노동자로 일하던 셈족 사람들은 이집트의 상형문자의 그림들 중 대략 27개를 베껴 그 그림들에다 자기들 언어의 작은 소리조각을 부여하는 방법으로 이 세상의 첫번째 알파벳을 만들어내었다. 뚜렷하게 눈처럼 보이는 부호가 그 알파벳의 한 글자가 되었다. 셈족 사람들은 분명히 그 글자를 자신들의 언어로 "눈"을 의미하는 "아인"(*ayin*)이라 불렀다.

모든 고대 셈어 글자들과 마찬가지로 아인은 자음이었다. 아인은 셈어에서 사용되었고 오늘날의 구어 아랍어에 존재하는 목에서 정지했다 거칠게 터져 나오는 후두음을 나타냈다. 그 소리는 정확하게 아인이라는 글자이름의 첫소리로 나타났다. 그러나 그러한 사실을 (영어에는 그 소리를 나타낼 글자가 없는 탓에) 영어를 이용하여 보여주기는 힘들어 그 이름을 표기할 때 보통 생략하여 철자한다.

근동지역에서는 그 다음 천년에 걸쳐, 그러니까 기원전 2000년부터 기원전 1000년 사이에, 아인의 형태가 단순하게 변했다. 타원형의 눈 형태에서 중앙에 점이 하나 들어 있는 원 형태로 바뀌었다가, 그런 다음 단순한 원의 형태로 바뀌었다. 기원전 1000년경의 페니키아 알파벳에서 아인은 16번째 자리를 차지하고 있었다. 형태에 있어서는 근본적으로 오늘날의 O와 같은 단순한 원의 형태였다.

기원전 800년경 언제쯤 그리스 사람들이 페니키아 알파벳을 베꼈을 때 그리스 사람들에게는 자신들의 언어 소리에는 이국적인 아인의 소리인 후두음은 필요가 없었다. 다른 이국적인 페니키아 글자들의 경우나 마찬가지로 그리스 사람들은 형태와 알파벳에서의 순서에 있어서는 아인을 그대로 유지하였지만, 소리는 (페니키아 글에서는 나타나지 않았지만 그리스 알파벳 글에서는 필요한) 모음소리들 중의 한 소리를 부여했다. 원 형태의 아인은 그리스어의 모음 "o"를 부여받았다. 단지 추측하건데, 이렇게 O의 형태와 "o" 소리가 결합하게 된 것은 "o" 소리를 낼 때의 입모습을 암시하는 글자의 형태 때문이었을 것이다.

장모음 O와 단모음 O 소리를 나타내는 그리스 글자는 알파벳에서 16번째 자리를 차지하고 있었다. 그리스 알파벳에 O가 자리를 차지하고 150여년 정도 동안은 아마도 그냥 단순하게 오(O)라고 불렸을 것이다.

기원전 660년경에 그리스 서법에서는 장모음 O 소리를 전적으로 나타내기 위한 두번째 O가 만들어졌다. 그 글자는 "밑바닥이 터진" O의 형태(Ω)였다. 그리스 사람들은 새로 만들어진 글자를 알파벳의 제일 뒤에 배치하고 오 메가(*o mega*) 또는 오메가(*omega*)라 불렀는데, 그 의미는 "큰 O"였다. 현재는 단모음 O 소리만으로 국한된 그리스 알파벳에서의 16번째 글자는 오 미크론(*o mikron*)으로 불리게 되었는데, 그 의미는 "작은 O"였다. (영어에서는 보통 *omicron*으로 철자된다.)

Ω

다른 O. 고대 그리스 사람들에 의해 만들어진 마지막 글자인 ("큰 O"를 의미하는) 오메가는 그리스 알파벳의 제일 끝자리를 차지하였다. 그리스 알파벳의 목록에서 "Z"의 자리를 차지함은 63쪽에서 인용된 "나는 알파와 오메가라 처음과 마지막이도다라고 주님께서 말씀하셨도다"라는 『요한계시록』의 한 구절로 기념되었다. 로마제국의 전성기 이래로 짝이 된 그리스 글자 알파와 오메가(Α Ω)는 기독교의 종교적 상징이 되었다.

오늘날 오미크론과 오메가는 현대 그리스 알파벳에서 함께 살고 있다. 두 이름 다 영어를 이용한 마케팅과 상표명에 사용되고 있지만, 오메가가 특히 많이 사용되고 있다. 우아한 모습과 더불어 "마지막 단어" 또는 "최고 장인의 기술"을 암시하는 덕분에 오메가는 야영용 자동차, 영양제, 페인트 붓은 물론 일련의 고가용 스위스 시계를 상징해왔다.

한편 오메가가 태어나기 전인 기원전 700년대에 그리스 알파벳은 O가 하나만 있는 상태에서 이탈리아로 전파되었다. 이탈리아에 거주하던 에트루리아 사람들은 (기원전 700년에) 이 알파벳을 베껴서 자신들의 알파벳을 만들었다. 그런 다음 에트루리아 글자들은 (기원전 600년과 그 이후에) 로마 사람들에게 베껴져 사용되게 되었다. 장모음 O와 단모음 O를 함께 나타내던 O가 로마글자가 되어 종국적으로 오늘날에 전승되었다. 오늘날 O는 알파벳에서 15번째 글자이다. 대부분의 모음들과 마찬가지로 영어에서의 O의 이름은 O의 기본적인 소리였던 장모음 O로부터 나온 것이다.

단순하면서도 사람을 기분 좋게 만드는 O의 형태는 일찍이 페니키아 알파벳 시절 이후로 변화가 거의 없었다. 크리스트가 나타나기 전 한세기 동안 로마 사람들은 암석에다 불후의 명문들을 새겨 넣기 위해 O의 형태를 부분별로 가늘게 만들거나 넓혀 오늘날 우리가 종종 사용하는 리본 모양의 보기 좋은 형태로 만드는 방법을 알아내었다.

1 2 3 4

(1) 기원전 2000년경의 눈 형태의 이집트 상형문자. 상형문자로 쓴 글에서 이 그림은 “눈”이라는 단어나 관련된 다른 단어들을 지칭했다. 눈을 그린 이 부호는 그 형태를 기억하기 쉬워 셈족 사람들이 셈어식의 이름과 새로운 음성적 의미를 지니는 알파벳식의 그림글자를 만들어 낼 수 있도록 영감을 주었을 것이다. (2) “눈”을 의미하는 셈어 알파벳의 아인이라는 글자로 기원전 1750년경부터 시나이 서부의 세라비트 엘-카뎀에서 사암에 새겨진 명문에서 나온 것이다. 현존하는 아인의 예 중 가장 오래된 것 중의 하나인 이 글자는 이집트 상형문자의 영향을 받았음을 확연하게 보여준다. 아인은 목에서 거칠게 나는 자음소리를 나타냈는데, 이 또한 아인이라는 글자이름의 첫소리였지만 영어로 옮겨 적을 때는 보통 생략된다. (3) 기원전 1000년경의 명문에서 나온 페니키아 알파벳의 아인이다. 글자이름은 여전히 페니키아어로 “눈”을 뜻했지만, 형태는 이미 눈동자가 없는 단순한 원으로 변했다. 아인은 페니키아 알파벳의 16번째 글자였다. (4) 훗날 오 미크론(작은 오)이라 알려진 그리스 알파벳의 O로 기원전 725년경의 명문에서 나온 것이다. 그리스 알파벳의 O는 비록 형태와 순서에 있어 페니키아 알파벳의 O를 베낀 것이지만, 그리스 사람들은 그 부호의 음가를 모음인 “O” 소리로 바꾸었다.

중세기 동안에 어떤 필사체들에서는 O가 보다 더 장방형 모습으로 또는 다이아몬드 형태로 또는 (첫글자로서의 멋있는 대문자를 만들기 위해) 횡선들을 장식적으로 부착한 형태로 쓰여지기도 하였다. 하지만 이러한 변형된 모습들은 자리를 잡지 못했다. 단순한 원보다 아름다움과 편의성에서 더 뛰어난 형태는 없었기에 옛날 로마 알파벳의 대문자 O의 형태는 잉크로 쓴 (300년부터 사용되기 시작한) 언셜체와 (800년경부터 사용되기 시작한) 카롤링거 왕조풍의 중세기 글자체들에서도 근본적으로 형태가 변하지 않은 채 남아 있다. 초기 인쇄에서 O의 소문자로 사용될 O의 형태로 어떤 축약된 모습도 고려되지 않았다. 대신에 대문자 O 자체가 소문자의 형태를 제공하였다. 오늘날 대부분의 활자체에서 C, S, V, W, X, Z가 O와 마찬가지로 대문자와 소문자의 형태를 거의 같은 형태로 사용한다.

O는 오늘날의 영(0)을 나타내는 부호와 그 형태가 닮았지만 그것은 우연일 뿐이다. 중세기 초엽에 힌두교도들과 아랍 국가들에서 처음으로 사용된 0은 계산을 함에 있어 단지 자리를 표시하기 위해 사용된 다른 숫자들보다 더 작은 원이나 점이었다. 보다 더 큰 0은 1400년경에 유럽에서의 필사체에서 나타났는데, 이는 글자들을 대충 같은 크기로 유지하려던 관습에 의한 것이었다. 글자 크기의 이 0은 1400년대 말엽에 이르러 활자체 형태로 되었다. 현대 활자체에서는 0을 나타내는 부호는 O보다 더 길게 늘여 쓰는 경향이 있다.

시각적으로—현관, 비행기의 창문, 앞으로 내민 입술, 누름단추 등과 같이—유혹적인 연상을 자아내게 하는 O는 제품명, 표지판 등등에 있어서 최고의 자리를 향유해왔다. 독자 여러분이 1920년대와 1960년대 사이의 "사랑의 동굴"(Tunnel of Love) 놀이공원에서 놀이기구를 탔다면 "Love"의 거대한 O 글자를 통해 컴컴한 동굴내부로 옮겨졌을 것이다. 1980년대초에 맨해탄(Manhattan)에서 유명했던 오데온(Odeon)이란 [제이 매킨너니(Jay McInerney)의 1983년 소설인 『밝은 등불들, 거대한 도시』(*Bright Lights, Big City*)의 표지그림과 줄거리로 인해 익숙해진] 식당은 단연코 두개의 O가 깜빡거리는 아르데코(Art Deco)[1920–30년대의 장식적인 디자인으로 1960년대에 부활하였음: 역자주]식의 네온싸인의 모습으로 성공을 거두었다. "기계를 이용한 자동"이라는 단어를 언어적으로 흉내냈지만 시각적으로는 누름단추를 쉽게 작동시킬 수 있게 만들었음을 암시하기 위해 O를 사용한 제품이름인 ("얇게도 썰 수 있고, 주사위 꼴로도 썰 수 있다는") 베그-오-메틱(Veg-O-Matic)과 아이스-오-메틱(Ice-O-Matic)도 O를 응용한 또 다른 예들에 해당된다.

최근에 O를 상업에 이용한 극히 훌륭한 예는 TV 대담 쑈 프로그램의 명사인 오프라 윈프리(Oprah Winfrey)가 공동발간한 여성잡지의 보기 드문 성공에서 찾아 볼 수 있다. 공식적으로는 『O, 오프라 잡지』(*O, Oprah Magazine*)라는 제목이 붙여졌지만, 임의적으로는 "O 잡지"(*O magazine*) 또는 "오프라 잡지"(*Oprah's magazine*)라고 더 많이 불리는 이 월간 잡지는 2000년에 발행되기 시작한 이래로 거의 230만부 이상이 꾸준히 판매되는 대성공을 거두었다. 이 잡지가 사람들에게 먹혀들어 간 한가지 작은 요인은 의심할 바 없이 제목에 들어 있는 O 때문이었다—즉, 뜻밖으로 오프라의 머리글자를 끌어다 슬기롭게 이름을 붙이고 표어를 만들면서 디자이너들이 글자들을 시각적으로 재치 있게 도안한 덕택이었다. 잡지표지의 표어에 들어 있는 O는 (매달 다른 색깔로) 채색된 견고한 직사각형의 바탕에 고전적인 분위기를 자아내지만 강조의 힘을 덧붙여주는 보도니체(Bodoni typeface)(보도니체에 대해서는 297쪽을 참조하라)를 이용하여 흰색으로 도안되었다. 매달 표지에 실리는 사진마다 다른 색깔로 나타나는—오프라의 모습처럼—위엄이 있지만 정다워 보이는 O는 독자들로 하여금 스스로 발견을 경험하도록 끌어들이는 듯이 보인다.

O가 상업에 효용적으로 이용될 수 있도록 만들어주는 감추어진 원천은 O가 잠재의식속에서 여성의 성기를 암시한다는 것이다. 오프라의 O는 적어도 "여성에게만 해당되는" 무엇인가를 전해주는 듯 보인다. 이런 방면으로 훨씬 더 심하게 O를 사용한 예는 성교육자 루 파제(Lou Paget)의 오르가즘: 오르가즘을 경험하고, 경험하게 만들어주고, 계속해서 유지하도록 하기 위해서는 어떻게 하는가(*Orgasms: How to Have Them, Give Them, and Keep Them Coming*)라는 부제가 달린 여성들은 어떻게라는 내용을 태연자약하게 다룬 『큰 O』(*The Big O*)라는 책이다. 이 책의 표지에는 큰 O가 실려 있다—하지만 상상은 독자 스스로 알아서 하라.

O는 남자들의 주의를 끄는 것도 물론 좋아한다. 이 책의 저자는 1970년대와 1980년대초에 여름철이 되면 맨해탄에서 젊은 여성들이

1870년 미국의 글자 모음집인 커플리(Copley)의 『장식 및 비장식의 표준적 알파벳』(*Plain & Ornamental Standard Alphabets*)에 수록된 집 매매광고판에서 "Offered"의 O의 위치와 도안은 입찰을 유인하거나 아니면 적어도 한번은 처다보게 만들 듯하다. "Rutherfurd Heights Association"에 쓰인 전통적인 "로마체"와 "Offered for Sale"에 쓰인 초기 산스-세리프체의 글자 형태의 차이점을 주의 깊게 살펴보라.

입고 신었던 주로 값이 비싼 데님제 (남성용) 반바지와 코르크로 굽을 해 단 샌달과 관련지어지는 (남성용) 티셔츠 용어인 "다인-오-마이트"(Dyn-O-Mite)를 곧바로 잊지는 않을 것이다. 나의 생각으로는 그러한 글자들의 사용은 "tOrment"(고통)이라 말할 수 있었을 것이다.

그런 식으로 O를 성적인 면으로 사용한 시초는 1954년에 프랑스의 폴린느 레아쥬(Pauline Réage)가 쓴 음란공상소설 『O 이야기』(*The Story of O*)이다. 여성의 운명에 대해 절망적인 견해를 바탕에 깔고 있는 이 책은 조직적으로 자신의 남자친구와 타인들에 의해 품위가 손상되도

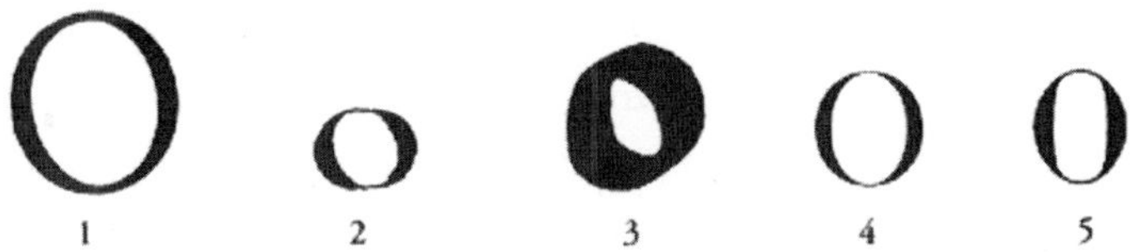

(1) 113년의 유명한 트로얀 명문에 실린 로마 알파벳 O이다. 대리석에 노련한 솜씨로 새겨진 로마제국의 글자들 중 위와 아래 부분이 가늘어진 O는 아름다운 리본의 형태에 이르렀으며, 이 형태가 현대에 사용되는 세리프체로 인쇄된 모든 O의 표준형이 되었다. (2) 잉크를 이용하여 손으로 쓴 언셜체 O로 40년대 말엽에 라틴어로 작성된 성시집에서 나온 것이다. 이 형태는 암석에 새겨진 로마 알파벳의 대문자 O를 본딴 것이지만, 촉이 넓은 펜으로 쓴 것이라서 정교함이 덜 하다. (3) 잉크를 이용하여 "로툰다"(rotunda) 형식으로 쓴 이 글자형태에서 리본의 효과가 완벽하게 달성되었다. 1500년대에 이탈리아 북부지역에서 라틴어로 쓴 글에서 나온 것이다. 로툰다 형식은 (그 이름이 암시하는 것처럼) 손으로 쓴 둥근 형태의 화려한 글자체로 1200년경부터 1500년경 사이에 이탈리아에서 애용되었던 글자체였다. (4) 카슬론 옛날체(Caslon Old Style)로 인쇄된 대문자 O로 글자의 부분을 가늘게 만드는 로마 사람들의 기교를 완벽한 수준으로 올려 놓았다. 카슬론체는 런던의 선구자적인 글자체 제조자인 윌리엄 카슬론(William Caslon)에 의해 1734년에 도안된 글자체에 기초를 두고 있는 고전적 글자체 중의 한가지이다. (5) 한편 보도니체(Bodoni)의 O는 중세기에 중간 배 부분을 둥글게 부풀려 잉크로 쓴 글자 형태를 상기시킨다. 보도니체는 파르마에 근거를 둔 유명한 인쇄가인 지암바티스타 보도니(Giambattista Bodoni)가 1791년에 한 도안에 기초를 둔 것으로 아직도 여전히 인기가 있는 글자체이다.

협조하는 오직 O라고만 알려진 파리의 한 젊은 여성 의류유행 사진작가에 대한 이야기를 다룬다. O라는 이름은 여자의 성욕은 노예의 족쇄이며 종국적으로는 아무런 가치도 없는 것(0)이라는 것을 증명해 보이기 위한 것이다. 한때는 일종의 여성운동가들의 자명종으로 존중을 받았던 이 소설은 이제는 종종 착취적이고 쓰레기같은 글로 인식되곤 한다. 그럼에도 우리는 여전히 이 소설에 대해 이야기를 나누고 있다.

『O 이야기』의 주제는 남성이 여성에게 가하는 가학적 변태성욕으로 오늘날 적어도 잠재적으로 O라는 글자의 특성을 나타낸다. 어떤 무리들 사이에서는 O가 속박, 성도착증과 그와 유사한 편견들을 상징하는 암호화된 부호로 사용될 수 있다. (번역을 하면) 예술, 유행, 환상(*The Art, the Fashion, the Fantasy*)라는 부제가 달린 『O』라는 제목의 독일 잡지가 여러 예 중 하나이다. 미국에도 배포되는 이 잡지는–가죽의류, 굽이 높은 장화와 같은–도착적 성욕이나 결박의 도구로 쓰일 수 있는 의류제품들의 유행에 초점을 맞추고 있다.

독일 잡지 『O』를 주목할 가치가 있게 만드는 것은 (이 책을 쓸 당시에) 『O』가 오프라의 O라는 대양의 정기선과 의도적으로 충돌할 항로에 있었다는 것이다. 도착성욕지 『O』를 발행하는 독일의 사업가는 이미 『O』라는 잡지를 발행하고 있었기 때문에 미국에서도 O라는 이름이 붙여진 잡지에 대한 상표권은 자신의 소유라는 것을 근거로 오프라 잡지의 공동발행인을 상대로 상표권 침해 소송을 제기하고 있었다. 소송이 2001년에 처음으로 접수되자 신이 난 <뉴욕 타임스>(*New York Times*)는 "법적으로 알파벳은 A, B, C처럼 그렇게 간단한 것은 아니다"라는 제목의 사설을 실었다. 그 사설은 "누가 알파벳의 글자들을 소유하고 있는가?"라는 말로 시작되었다.

독일의 『O』 소송은 그 이후 미국 맨해탄 지방법원 판사로부터 일시적 패소판결을 받았는데, 그 판사는 2002년에 그 판결이 예비적 강제명령을 위한 조치였음을 (즉, 소송이 진행되는 동안 오프라의 『O』의 발행을 중단하여야 한다는 예비적 강제명령이었음을) 부인하였다. 판사는 소비자의 혼란을 피할 수 있을 만큼 두 잡지가 충분히 서로 다르다고 판결했다. 하지만 예비판결은 최종판결이 아니며 2003년 중 언젠가 재판정에서의 협상이 이루어질 것으로 약속되어 있다.

전통적으로 애정이 깊게 어려 있는 편지에서는 서명 아래에 쓰여진 O는 키스를 의미하는 X를 보완하는 포옹을 의미하는 것이었다. 매혹적인 이런 관습에서 눈치를 챘다면 이제 오오오(OOO)를 외치면서 다음으로 넘어가자.

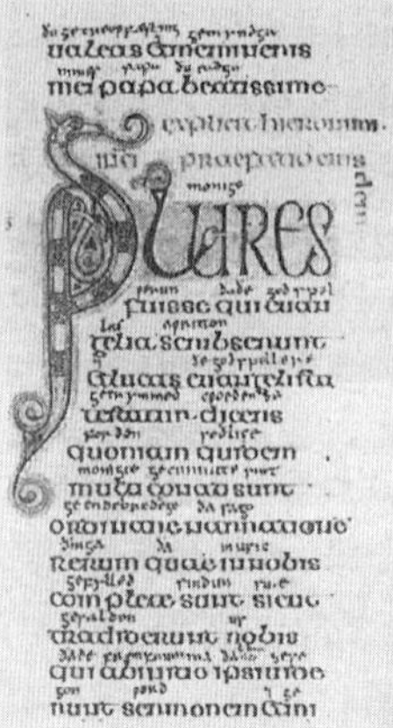

*중세기의 글들을 채우고 있는 장식이 달린 모든 글자들 중 가장 아름다운 글자로 간주되는 P가 아마도 695년경에 쓰여졌을 『린디스판의 복음서들』(Lindisfarne Gospels)이라는 유명한 책의 한면에서 "많은 사람들"이라는 라틴어 단어인 plures를 시작하고 있다. 원본에서는 호박색과 연록색으로 채색된 P에 (잔존하는 보석들과 조각 등에서도 익숙한) 전통적인 북유럽 미술의 나선형 주제와 더불어 용과 갈매기의 머리와 혼합되어 있다. 위의 사진은 이어져 나올 4대 복음서—즉, 『마태복음』, 『마가복음』, 『누가복음』, 『요한복음』—에서 성 제롬(St. Jerome)[(347?-?420) 고대 로마의 4대 교부의 한 사람: 역자주]이 쓴 서문의 첫번째 면이다. P 바로 위에 한줄로 쓰여진 글은 "가장 큰 축복을 받으신 나의 교황님"이다.*

*『린디스판 복음서들』은 영국 북동부 해안 근처의 작은 섬에 있던 린디스판의 수도원에서 출판되었다. 독자적으로 창작해 쓴 글은 아니지만—400년경부터 성 제롬이 복음서들을 라틴어로 쓴 것이다—글들을 화려하게 "채색"하여 중세기 영국 미술의 보물로 만들었다. 손으로 쓴 형태의 이 글자들은 섬지역의 대문자(insular majuscule)라 불린다. "섬지역의"라는 표현은 영국과 아일랜드 지역의 섬들의 수도원에서 글을 쓰던 전통을 가리키는 것이다. 뛰어난 필경 솜씨와 그림 솜씨로 책을 쓴 사람은 아마도 훗날 린디스판의 대주교가 된 에아드리쓰(Eadrith)라는 승려였을 것이다.*

# 푸하고 불면 P(PUFF DADDY P)

입술로부터 바람이 밀려 나오면서 발음되는 P는 폐쇄음이라 알려진 자음들의 범주에 속한다. 폐쇄음들은 비강통로가 일시적으로 막힌 상태에서 숨을 불어내는 방법으로 소리가 만들어진다. B, D, G, (C, Q와 더불어) K 그리고 T도 폐쇄음에 포함된다. 폐쇄음들은 파열음(plosives)이라고도 하는데, ["폭발"(explosion)과 관련이 있는] 이 단어는 P가 내는 직접적인 소리에 기초하여 만들어진 것이다. 자세히 생각해본다면, "폐쇄음"이란 명칭 또한 P가 내는 소리에 반은 근거한 것이다.

입술을 통해 소리를 만들어내는 또 다른 폐쇄음은 B이다. 이 두 글자는 소리를 내는 방법에서만이 아니라 형태와 이름에서까지 거의 자신들을 바꿀 수 있을 만큼 밀접한 관계에 있다. C와 G의 짝이나 M과 N의 짝처럼 이 두 글자는 흥미로운 짝을 이룬다. P와 B 사이의 유사성은 이미 1850년에 초기 영어사전 편찬자인 존 바렛이 『벌집』(*Alvearie*)이라는 제목을 붙인 자신의 사전에서 "이 글자 P는 그 이름과 형태에서 b와 같은 종족에 속하는 듯하며, 마치 b를 거꾸로 뒤집어 놓은 듯하다"라고 요약한 바 있다.

바렛의 말이 암시하듯이 P는 친족관계에서–이미 확실하게 자리를 잡은 B를 두려워하면서 시시로 흉내내기 위해 B의 뒤를 쫒아 다니거나 주눅이 들어 있는–동생 정도로 이해된다. 소리에 있어 이 두 글자의 주요 차이는 성대에 있다. B는 성대의 울림을 동반하는데 반해 P는 그렇지 못한 소리이므로 P는 귀에 들릴 정도로 숨을 보다 힘들여 불어낼 것을 요구한다. 하지만 어떤 단어들에서는 P가 B 소리와 별로 구분이 안 되게 들리기도 한다. 예컨대, "spill"(엎지르다)에서 p는 "pill"(알약)의 p보다 "bill"(계산서)의 b에 더 가깝게 들린다. 또는 대부분의 북미 말투에서 "napkin"(작은 수건)은 "nabkin"으로 발음된다.

물론 P는 형태에 있어서도 B를 흉내내고 있다. P가 생겨난 과정이 그러한 탓에 그렇게 말할 수 있다. 기원전 600년에서 기원전 200년경 사이인 고대 로마 알파벳 초기시절에 새겨진 명문들에 의하면, 로마글자 P는 형태에 있어서 서서히 현재의 모습으로 변해가고 있었는데, 이는 아마도 당시에 이미 존재하고 있던 B의 형태를 닮아가기 위한 것이었을 것이다. 그러한 변화 뒤에 도사리고 있던 목적은 기억하기 쉽도록 만들기 위한 것인 듯하다. 로마 사람들은 분명히 두 글자가 소리가 비슷하게 나는 것에 덧붙여 형태도 비슷해 보인다면 배우기도 기억하기도 더 쉬울 것임을 알게 되었을 것이다.

P와 B는 M이 속하는 또 다른 자음의 범주에도 속한다. 입술에서 소리가 형성되기 때문에 이 세 소리들은 "순음"(labials)이다["labial"은 "lip"(입술)에 해당하는 라틴어 단어에서 나온 것이다]. 순음들은 복잡하게 혀를 이용할 필요가 없기 때문에 발음하기 쉽다. 순음들은 대부분의 언어들에서 하나의 역할을 담당해온 듯하며, "Pa-pa-pa, Ma-ma-ma, Ba-ba-ba"처럼 어린 아이들의 입에서 가장 먼저 튀어 나오는 소리들이기도 하다.

P, M, B가 어린 아이들이 처음으로 발성하는 소리와 관계가 있다는 것은 M을 설명하면서 이미 탐구한 바 있다. 언급한 바와 같이 P는 어른들의 다양한 말에서 아이들과 관련된 많은 수의 단어들을 만들어 낸다. 그중 공동의 요소는 아마도 아이들의 말을 어른들이 흉내내는 것일 것이다. 가장 명백하게 그러한 류에 해당하는 영어 단어는 "papa"(아빠)로 약식 발음은 "pa"이고 "pop," "poppy" 그리고 철자를 달리하는 "poppa"가 그 변형들이다. 이 다섯 단어들은 *pater*(아버지)라는 라틴어 단어에서 정식으로 파생된 것들로 소리를 내기 쉬워 번창해지고 그 수가 늘어났다. 다시 말하면, 이 단어들은 어린 아이들의 말을 흉내낸 것이다. 또 다른 예들로는 [어린 아이나 어린 아이를 업고 다니기 위한 배낭처럼 생긴 바구니를 뜻하는 북미 인디안어인 알곤키안어(Algonquian)에서 온] "papoose," (고대 노르만어에서 중세 영어에 들어온 단어로 여성의 젖꼭지를 뜻하는) "pap," (죽과 같이 어린 아이들에게 먹이기 위한 무른 음식을 뜻하는 라틴어 단어에서 온) "pap," ("father"나 "daddy"에 해당하는 *papas*라는 그리스어 단어가 *papa*로 말기 라틴어에 들어와 직위를 나타내는) "pope"가 있다.

영어에서 P는 경우에 따라 B가 되기를 동경하는 것 이외에는 변형된 소리를 거의 갖지 않는 근본적으로 확고부동한 소리이다. "tempt"(유혹하다), "redemption"(되찾기), "Simpson"과 같은 단어들에서는 흥미롭게도 P는 선행하는 소리로 인해 반만 발음되어 순음 M과 비슷하게 소리가 난다. 다시 말하면, 이들 단어에서 P의 발음은 M 소리와 P 다음에 나오는 소리 사이로 재빨리 미끄러져 들어갈 수 있다. 그외의 다른 경우에는, "raspberry"(나무딸기)에서나 "psychic"(정신의), "psalm"(성가), "pneumatic"(공기의) 등에서와 같이 고대 사람들은 P를 발음했던 그리스어의 어근을 지니고 있는 많은 단어들에서 P는 소리가 없어진다. 그리고 초등학생 정도라면 누구나 알고 있는 것처럼 수영할 때에는 소리가 없는 P가 있을 수도 있다.

우리 알파벳의 16번째 글자인 P는 고대 근동지역 알파벳의 17번째 글자로부터 곧바로 내려왔다. 세계에서 가장 오래된 알파벳으로 쓰여진 것으로 알려진 이집트 중앙의 와디 엘-홀 지역의 명문들은 두껍고 진하게 쓴 V와 같은 형태를 지녔거나 아래쪽을 향하고 있는 갈매기 모양의 계급장 형태를 한 커다란 글자들을 포함하고 있는데, 전문가들은 그 글자들이 초창기의 P라고 믿는다. 그 글자의 이름은 페(*pe*)였으며, "pay"로 발음되었고, 고대 셈어에서는 "입"을 뜻했다. V 형태는 일종의 미소나 입을 특징적으로 나타내기 위한 표현이었다. 페는 그 이름을 시작하는 "p" 소리를 나타냈다.

그러나 P의 초기 형태는 후기 단계의 셈어 글자, 즉 기원전 1000년경의 페니키아 알파벳을 통해 더 잘 알려졌다. 페니키아 알파벳의 17번째 글자는 페였으며, 역시 "입"이라는 의미로 이해되었으며, 여전히 "p" 소리를 나타냈지만 형태는 변화를 겪었다. 입모습은 원래 글자 자체의 한쪽 귀퉁이로 움츠려 들어 꼭대기에 갈고리가 달린 채 왼쪽 방향을 향해 서 있는 사탕수수처럼 보이게 되었다. 페니키아 알파벳에서의 P의 형태는 더 이상 전혀 입의 모양을 닮지 않았지만, 역방향을 향한 P라 부를 수 있는 글자가 시작되었음을 암시해주었다. (오른쪽에서 왼쪽 방향으로 쓰였기 때문에 페니키아 알파벳의 글자들은 왼쪽 방향, 즉 "역방향"을 향하고 있는 반면 오늘날 우리의 글자들은 왼쪽에서 오른쪽으로 진행되기 때문에 오른쪽 방향을 향하고 있다.)

그리스 사람들은 기원전 80년경에 페니키아 알파벳을 받아들이면서 페를 거의 그대로 베꼈다. 글자의 형태, 소리, 알파벳에서의 자리가 새로 태어난 그리스 알파벳에서도 똑같았다. 하지만 글자의 이름은 그리스식인 "pee"로—오늘날의 이름과 꼭같게 발음되었지만 *pi*로 철자되었음—살짝 바뀌었다. 그리스 알파벳에 들어와서는 "입"과의 관련은 완전히 사라졌다. 다른 모든 그리스 글자들이나 마찬가지로 피(*pi*)라는 이름은 글자 자체를 나타내는 것 이외에는 그리스어로 어떤 것도 의미하지 않았다.

기원전 700년대를 거치면서 사탕수수 모양의 피는 그리스 알파벳의 다른 글자들과 함께 그리스 상인들의 배에 실려 이탈리아로 여행을 떠났다. 이탈리아에서 피는 새로 태어난 에트루리아 알파벳으로 베껴졌으며, 그런 다음 기원전 600년경에 다시 로마 알파벳으로 베껴져 들어갔다. 이 시점에 이르러 초기의 다른 그리스 글자들이 그랬던 것처럼 P의 여정이 갈라지게 되었다. 그리스 알파벳에서 온 P는 로마 알파벳에서 그 형태에 변화를 겪게 되고, 형태가 변한 피는 그리스 알파벳으로 "귀향하여" 또 다시 형태의 변화를 겪게 된다. 기원전 300년대에 이르러서는 대부분의 그리스 사람들은 피를 아마도 기하학 시간을 통해 우리에게 익숙해진 형태인 다리가 두개 달린 이중의 T 형태로 쓰고 있었다.

"pie"로 발음되고 π로 표기되는 오늘날의 피는 수학에서 아마도 가장 유명한 비율인 원주율을 나타낸다—원의 지름의 몇배수가 원의 둘레에 해당하는가를 나타내는 비율이다. 이 비율인 π는 대개 약 3.14로 계산되고 있지만, 실제로는 3.1415926535로 시작되는 무리수이며, 10진법으로 말하자면 소수점 아래 숫자가 1조 2천 4백개보다 더 많은 것으로 계산되어온 (2002년에 도쿄의 컴퓨터 과학자들에 의해 계산된 것임) 끝이 눈에 보이지 않는 비율이다. π는 몇몇의 잘 알려진 방정식들에서 자신만의 자리를 차지하고 있다. 그중 가장 잘 기억되고 있는 것은 $A = \pi r^2$이다. 이는 원의 넓이는 원의 반지름의 제곱의 π 배에 해당된다는 것이다.

그리스 글자 피를 이런 식으로 사용한 것은 웨일스의 수학자인 윌리엄 존스(William Jones)가 원의 둘레와 원의 지름 사이의 비율을 나타내는 부호로 π를 사용한 책을 출판한 1706년부터 시작되었다(비율 그 자체는 그보다 더 이전의 수학자들에 의해 알려졌으며 다양한 형태로 표시되어 왔었다). 존스가 피를 선택한 이유는 "둘레"를 의미하는 고대 그리스어 단어인 *periphereia*의 첫글자였기 때문이었다. 과학

# Π π

"파이"(pie)라 부르리까? "피"(pee)라 부르리까? 현대 그리스 알파벳 피의 대문자와 소문자로 기원전 400년경의 고대 아테네 사람들의 알파벳에서 유래된 형태 그대로이다. "p" 소리를 나타내는 이 그리스 글자는 오늘날 우리의 P와 가까운 친척관계에 있다. 고대 그리스 사람들은 현대 그리스 사람들이나 마찬가지로 아마도 이 글자를 "피"(pee)라는 이름으로 불렀을 것이다. 하지만 영어식화 규칙들은—이들 규칙에 따라 외래어들에 들어 있는 모음들은 영어처럼 발음을 한다—이 글자의 영어식 이름이 영어의 장모음 I 소리를 지닌 "파이"(pie)가 되어야 할 것을 요구한다.

부호 표시법에서의 전통을 지키기 위해 존스는 소문자 형태인 π를 사용하였다. 그리고 영어화 규칙들에 따라 이 그리스 글자는 영어에서 "pie"로 발음되었다. 존스의 부호는 당시의 수학자들의 마음을 사로잡았으며 그렇게 해서 고착되었다.

주로 수학적 관련으로 인해 모종의 논의들에서는 피의 형태와 이름이 우주의 문제들에 대한 일종의 열쇠로서 철학적 명성을 향유하여 왔다. 1999년에 π라는 제목이 붙여진 한 영화에서는 명석한 한 수학자가 인간의 운명과 주식시장의 비밀을 풀기 바로 직전에 있다. 한편 2001년에 발간된 얀 마텔(Yann Martel)의 소설 『피의 생활』(*Life of Pi*)에서는 영국의 아주 유명한 도서상(Book Prize)을 수상한 주인공이 인도에서 태어난 16살 난 피 파텔(Pi Patel)을 추종하면서 상실과 환상적인 모험을 통해 지혜를 얻는다.

그런가 하면 고대 로마 알파벳으로 되돌아가면, 사탕수수 형태의 글자 P는 오늘날 우리가 알고 있는 대문자 형태로 서서히 변해가고 있었다. 언급된 바와 같이 그 변화의 요인에는 기존해 있는 글자인 B의 형태로 "끌어다 붙이려는 의도"도 포함되어 있었을 것이다. 그렇게 해서 소리가 무척 비슷한 두 글자는 보다 더 쉽게 기억될 수 있도록 짝지어지게 되었다.

우연히도 로마 알파벳에서의 P는 분명히 페니키아 알파벳에서의 P의 이름인 "pay"를 그대로 흉내내었다. 로마 사람들은 이 글자를 로마식 발음으로 장모음 E가 들어 있는 P-E로 철자하였다. 이것이 바로 (500년에) 로마가 붕괴된 후에 유럽의 로망스어들로 전해진 이름으로 오늘날에도 프랑스어와 스페인어에서는 P-E로 철자되며 이름은 "pay"에 가까운 형태로 남아 있다. 1066년의 노르만 정복 이후에 고대 프랑스어로부터 중세 영어로 전달된 "페"라는 이름은 1500년대에 절정을 이루었던 모음대변이의 소용돌이에 휘말려 결국 모음의 발음을

1 2 3 4 5

(1) 필경 "입"을 뜻하는 초기 셈어 알파벳의 페(*pe*)로 기원전 1800년경의 와디 엘-홀 명문에서 나온 것임. 알파벳이 만들어진 후 200년이 지난 후에 새겨졌을 법한 이 글자는 사람의 입을 그린 원시적 단계의 그림으로 페의 원래의 형태를 보여준다. (2) "입"을 뜻하는 기원전 1000년경의 페니키아 알파벳의 페. 이 글자는 그 이름이 시작되는 "p" 소리를 나타냈다. 원래의 형태에서 오른쪽 끝부분만으로 축소된 모습이 더 이상 입이 아니라 사탕수수처럼 보인다. 페니키아어의 오른쪽에서 왼쪽으로의 글쓰기 방식 탓에 글자는 왼쪽 방향을 향하고 있다. 페의 형태는 어쩌면 라메드(*lamed*)라는 이름의 또 다른 페니키아 알파벳 글자인 L을 거꾸로 뒤집어 놓은 것으로 혼동될 가능성도 있다. (3) 초기 단계의 그리스 알파벳의 피(*pi*)는—이 글자는 기원전 740년경의 오른쪽에서 왼쪽으로 글을 쓴 명문에서 나온 것이다—형태, 소리, 이름, 알파벳에서의 순서에 있어 페니키아 알파벳의 페를 그대로 답습하고 있다. (4) 초기단계의 로마 알파벳의 P로 기원전 520년의 오른쪽에서 왼쪽으로 쓴 명문에서 나온 것이다. 글자의 형태가 또 다시 변하고 있었다. (5) 기원전 200년경의 로마 알파벳의 P로 거의 오늘날의 P의 형태에 근접해온 모습이다. 이 글자는 왼쪽으로부터 오른쪽으로 써 내려간 성숙단계에 접어든 로마식 글쓰기에서 오른쪽을 향하고 있다.

변화시켰다. 오늘날 이 글자의 이름의 철자는 P-E로 유지하고 있지만 “pee”로 발음한다.

P는 영어 단어들을 세번째로 많이 시작하는 글자라는 이상한 특징을 갖고 있다. (Peter Piper picked a peck of etc.를 생각해보라.) S가 영어 단어의 시작 글자로 가장 많이 사용되고 C가 그 다음을 차지한다. 이 세 글자들로 시작되는 단어들을 모두 합치면 놀랍게도 사전에 실린 단어들의 1/3에 해당한다. 다시 말하면, 영어 단어들 중 1/3이 S, C 또는 P로 시작된다는 것이다.

하지만 학자들의 분석에 따르면, 초기 중세시대에 해당되는 초기 고대 영어 시대의 영어에서는 P가 단어를 시작하는 글자로는 거의 사용되지 않았다는 것이다. 그때 이후로 P가 단어의 첫글자로 사용되는 것이 엄청나게 확산되었다는 것은 1066년의 노르만 정복 이후 라틴어에서 유래한 프랑스어 어휘들이 대거 유입되었음과 더불어 19세기와 20세기에 들어와 그리스어와 라틴어에서 유래한 전문용어들의 대량 유입으로 영어가 얼마나 성장하고 변하였는가를 보여주는 것이다. [이 다음에 독자 여러분께서 (뉴저지에서 미식축구 경기가 끝난 후) 행진 축제(pork parade)에서 사진기사(photographer)를 위해 파라솔(parasol)을 들게 된다면 p에게 얼마나 많은 빚을 지고 있는지 기억하기 바란다.] 이처럼 P로 시작하는 단어들의 대거 유입과 관련하여 한가지 주목할 것은 (“prefix”(접두사)에서와 같이) 라틴어의 접두사인 *pre-*(~전에), *post-*(~후에), *per-*(~마다), *pro-*(~을 위하여)와 그리스어의 접두사인 *para-*(방호), *peri-*(~근처), *pro-*(~을 찬성하여)로 시작되는 단어들의 수가 지속적으로 확대되어왔다는 것이다.

부분적으로는 영어에서의 후회스러운 연관으로 인해 P는 자신의 문화적 생활을 충분히 누리지 못해왔다. 이웃인 O와는 달리 P는 아마도 큰 성공을 거둘 수 있는 영어잡지 이름의 첫글자로는 결코 사용될 수 없을 것이다. 하지만 플라망어(Flemish), 터키어와 기타 다른 언어들에서 발행된 *P*-잡지들(*P*-magagines)은 있다. 플라망의 경쟁잡지—젊은 남성들을 위한 벨기에의 『금언』(*Maxim*)의 한 종류—는 “panorama”(전경)를 상징하기 위해 기분 좋게 P를 사용한다.

축약자로서의 P는 화학에서는 “phosphorus”(3가의 인을 함유한)를, 악보에서는 이탈리아의 단어 *piano*(soft)로부터 “softly”(부드럽게)를 의미한다. 악기인 피아노는 원래 1770년경에는 “부드럽게 그리고 강하게”라는 의미를 지닌 단어인 “피아노포르테”(*pianoforte*)라 불렸다[이는 단음조의 하프시코드(harpsichord)와 대비하여 음조를 변화시킬 수 있음을 묘사한 것임].

미국의 군기지들에서 볼 수 있는 일종의 매점인 PX는 “post exchange”(군기지 판매소)란 표현의 약자를 이용하여 붙여진 이름이다. 교회의 스테인드 글래스나 목사의 가운이나 기타 로마 카톨릭 교회와 성공회 교회의 장식들에서 볼 수 있는 P와 X를 겹쳐 써 놓은 상징물은 좀 다른 경우이다. 보통의 생각과는 달리 이 PX는 라틴어의 *pax*(평화)라는 단어를 상징하는 것이 아니다—뿐만 아니라 P와 X라는 글자도 아니다. 콘스탄틴의 십자가(Cross of Constantine)라 알려진 두 글자는 그리스 글자들로 (“kh”로 소리나는 X 형태인) 크히(*khi*)와 (그리스 알파벳의 R로 P 형태인) 로(*rho*)인데, 이들은 크리스트(Christ)에 해당하는 그리스 단어인 *Christos*의 첫 두 글자인 것이다.

“to mind your p’s and q’s”라는 표현은—행동함에 있어 조심하고 모든 예의를 지키라는 의미—15세기부터 20세기초까지의 인쇄작업을 회상하게 만든다. 부조를 떠서 만든 금속활자들은 두개의 다른 상자들에 보관되었다. “위의 상자”는 대문자용이었고 “아래 상자”는 소문자용이었다. 일단 상자에서 꺼내어지면 소문자 형태의 활자들은 확인하기도 또 다른 활자들과 구분하기도 어려웠다. 특히, b, d, p, q처럼 비슷하게 생긴 활자들의 경우는 더더욱 어려웠는데, 활자에 실린 글자의 형태들이 실제로 인쇄되는 형태의 역상이었기 때문이었다. 조판을 마치고 마지막으로 활자들을 상자로 되돌려 놓으려면 인쇄자들은 p와 d, q와 b, p와 q를 혼동하지 않도록 주의를 기울어야 했었다.

미국의 해학적 작가인 제임스 써버(James Thurber)(1894-1961)는 P에 대해 간략한 탐구를 한바 있다. 제임스 써버가 남긴 많은 작품에는 앞장에서 인용된 바 있는 아동용 도서 『경이로운 O』(*The Wonderful O*)도 있다. 질병과 끝내는 실명으로 시달린 써버는 중풍으로 인한 합병증으로 66세에 사망하였다. 써버는 세상을 떠나기 불과 몇달 전에 불면증에 대한 글인 '밤의 파수꾼들'(*The Watchers of the Night*)이라는 수필이 포함된 자신의 마지막 책 『등과 창』(*Lanterns and Lances*)(1961)이라는 모음집을 출판하였다. 유쾌한 수필은 글쓴이는 모르고 있었던 신체적 불편과 불안감이 얼마 안 있어 자신이 죽을 때 최고조에 이를 것을 신랄하게 드러낸다. 써버는 새벽 3시까지도 잠을 이루지 못하는 상태에서 알파벳, 특히 P 한 글자를 생각하면서 얼마나 많은 양을 헤아렸는가를 묘사한다. "'O'와 'Q' 사이의 그렇게도 광활하고 자극적인 공간인 글자 P는 알파벳 26개 글자 중 상극의 것들을 가장 많이 갖고 있는 글자 중의 하나이다. 그 까닭은 P안에서 우리는 기쁨(pleasure)과 고통(pain)을, 평화(peace)와 아수라(pandemonium)를, 번영(prosperity)과 가난(poverty)을, 힘(power)과 무기력함(pusillanimity)…을 찾을 수 있기 때문이다." 결국 써버는 정신적 운동이 자신을 깨어 있게 만드는 것을

콘스탄틴 십자가는 기독교로 개종하여 324년에 기독교를 로마국의 종교로 선포한 로마 황제를 위해 붙여진 이름이다. 이 상징은 X와 P의 형태를 지닌 크히(khi)와 로(rho)라는 두개의 그리스 글자로 구성되어 있다. 그 두 글자는 "기름부음을 받아 신성하게 된 사람"이라는 의미의 그리스어인 크리스토스(*Christos*)의 첫 두 글자며, 크리스토스는 크리스트(*Christ*)[예수: 역자주]란 이름을 제공해주었다.

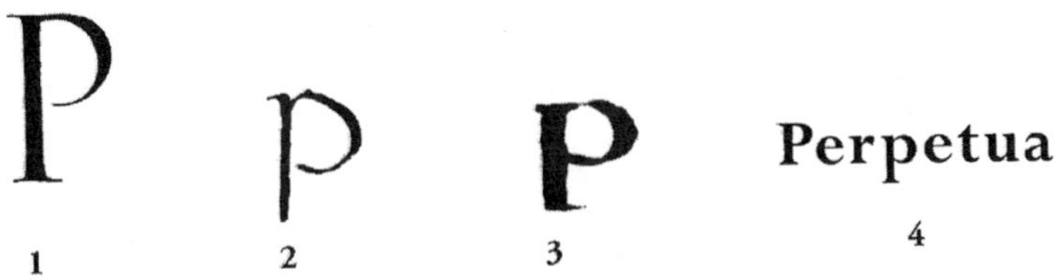


(1) 113년에 트라얀의 대리석 기둥에 새겨진 명문에서 나온 로마 알파벳의 P. 비록 고리가 완성되지 못한 재미 있고 독특한 형태가 초기의 인쇄술에서는 비실용적이었을 것임에도 불구하고 이 형태가 현대의 모든 로마체의 대문자 P의 모형이 되었다. (2) 언셜체 P를 잉크를 이용하여 손으로 쓴 형태로 600년대에 라틴어로 쓴 성경책 원고에서 나온 것이다. 돌에 새긴 로마 알파벳 대문자의 형태를 거의 그대로 흉내낸 것이기는 하지만, 기둥의 아래쪽 반이 기준선 밑으로 내려온 언셜체 P 또한 오늘날의 소문자 p의 형태를 예견하고 있다. (3) 잉크로 쓴 반언셜체 형태의 P로 이탈리아 남부지역에서 500년대에 라틴어로 쓴 원고 중에서 나온 것이다. 이 P는—언셜체와 마찬가지로 "기준선 밑으로 글자가 내려간" 이 P는—오늘날의 소문자의 형태를 보다 명백하게 보여주는 듯하다. (4) 1928년에 영국의 저명한 글자체 도안가인 에릭 길(Eric Gill)에 의해 고안된 로마체로 쓴 *Perpetua*의 글자 형태에 과거의 영향이 미쳐진 것이 명확하게 보인다.

발견한다. "도둑질(purloining)하는 글자, 잠을 훔치는 글자인 "P"는 뭔가의 중독에 걸리기라도 한 것 마냥 떨쳐 버리기가 어렵구나."

그러면 이제 P에서 자유롭게 벗어나 다음으로 넘어가보자.

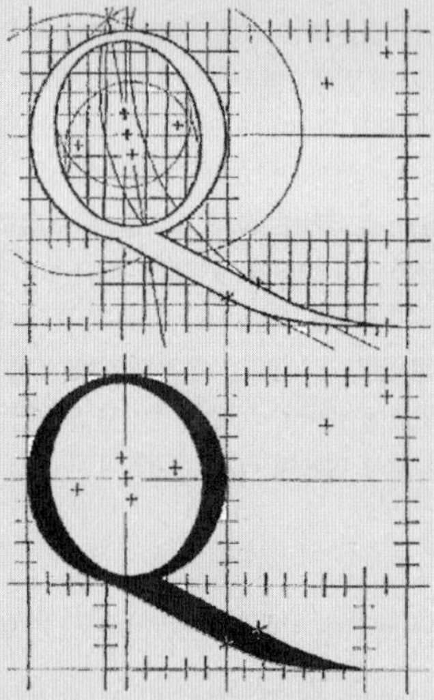

*바퀴들안에 바퀴들. 프랑스의 글자체 도안자인 조프로와 토리는 글자들에 대한 자신의 1529년의 책인 『꽃밭이 있는 정원』에서 삽화를 통해 격자틀 안에다 자신이 도안한 우아하고 긴 꼬리가 달린 Q의 적절한 배분율을 증명해보인다. 작은 십자들은 Q의 형태를 그리기 위해 필요한 콤파스를 이용해 그린 원들의 중심점을 나타낸다. 꼬리는 서예가들과 글자체 도안자들 사이에서 Q의 가장 두드러진 특징이며 전통적으로 즐거움을 주는 부분이면서 그리기에 까다로운 부분이다.*

## Q의 특성

QWERTY(쿼티). 무엇인지 알겠습니까? 피. 지. 워드하우스(P. G. Wordhouse)의 소설에서 나온 이름도 아니고, 유치원에 다니는 아이들을 위해 광분하며 사재끼는 크리스마스용 장난감의 이름도 아니다. 쿼티(QWERTY)는 타자기의 자판에 그 모습을 드러낸다. 타자기 자판의 맨 윗줄의 왼쪽에서 오른쪽으로 첫 여섯 글자들을 말한다.

Q가 자판의 가장 왼쪽 상단에 위치하고 있는 것은 타자에 대한 꾀바른 사실을 반영하는 것이다. 원래 타자기의 자판은 타자수의 타자 속도를 늦추기 위해 고안되었다. 글자들의 배열에 관한 한 우리가 익숙하게 사용하는 자판은 상업적으로 성공을 거둔 첫번째 타자기인 1874년에 생산된 레밍톤사(Remington)의 수동 타자기를 예로 내세울 수 있는 1870년대에 고안된 가장 초기의 자판과 비교하여 기본적으로 변한 것이 없다. 이 자판은 타자수가 손가락을 쭉 뻗쳐 영어에서 글자들의 가능한 조합을 찾아낼 것을 강요하게끔 심사숙고하여 만들어진 것이다.

1874년에 타자기를 만들 당시의 목적은 자판의 키들이 엉키는 것을 방지하기 위한 것이었다. 수동식 타자기는 글자키를 누르면 글자가 새겨진 길고 얇은 금속막대가 튀어 나가 잉크를 먹인 끈을 때려 종이 위에 글자가 박히도록 만들어졌다. 숙련된 타자수의 경우 여러개의 금속막대들이 엄청난 속도로 들락날락하게 된다. 그러나 초기의 타자기들은 너무 빨리 타자를 하거나 인접한 키 두개가 거의 동시에 눌러지면 키들이 엉켜 붙기 일쑤였다. 그러한 이유로 자판에서 자주 만들어지는 조합을 이루는 글자들을 서로 떼어 놓았다. 특히 타자를 치는 사람의 양 손 아래에 놓일 수 있도록 왼쪽 끝과 오른쪽 끝으로 배치하였다. Q 키는 영원한 동반자인 U 키와 멀리 떨어진 안전한 거리에 배치되었다. 영어에서 Q는 다음에 U가 나오지 않는 한 결코 쓰이는 일이 없다. 그러한 이유로 Q는 왼손으로 치는 키로, U는 오른손으로 치는 키로 배치되었다. 그리고 기술이 발전하면서 키들이 엉켜 붙는 문제는 살아졌음에도 자판의 구성은 단단히 굳어져 전혀 변화가 없었다.

Q는 현대에 들어와 성공한 글자이다. 예전에는 경쟁에서 처지고 경시되던 글자였지만 1980년대 이후로는 역전되어 줄곧 행운을 즐기고 있다. 오늘날 Q는 특정의 이해단체들과 판매회사들의 총애를 받고 있으며, 안내판이나 제품이름들을 아름답게 장식하기도 한다.

하지만 Q는 예전에는 우선 이국적이고, 낯설고, 어쩌면 이상하거나 당혹스러운 글자였던 듯하다. 그 이유는 무엇보다도 Q가 별로 사용되지 않는 글자였기 때문이었다. Q는 영어로 인쇄된 글들에서 가장 적게 사용되는 글자로, 조사에 따라 차이가 있기는 하지만, 꼴찌에서 끝에서 두번째, 세번째 또는 네번째에 해당한다. (Z는 대부분의 통계에서 꼴지에 해당한다: 138쪽의 도표를 참조하라.) 이렇게 서열이 낮은 것은 C와 K에 대한 장에서 설명한 바와 같이, Q가 C와 K와 소모적인 경쟁자 관계에 처해 있기 때문이다. 세 글자 모두 “k” 소리를 나타내지만, Q에게 돌아갈만큼 “k” 소리가 충분하지 못하기 때문이다.

영어 철자에서는 C가 선호된다. K는 현저하게 뒤 떨어진 2등이며, Q는 특별한 경우에만 쓰인다. Q는 거의 항상 U가 오고 그 다음에 모음이 올 경우 그 앞에서만 쓰이며, QU-는 "quail"(질리다), "quest"(탐구), "equilibrium"(균형)에서와 같이 대개 "kw" 소리를 나타낸다. 그렇지 않으면 최근에 프랑스어에서 유래한 단어들에서 QU-가 그냥 "k" 소리를 나타낼 수 있다. *mannequin*(마네킹), *antique*(골동품)와 영국식 영어에서 *cheque*(수표)와 *queue*(줄)가 그 예들이다.

Q는 자신이 맡은 문제가 있는 전문역할로 인해—Q라는 글자를 필요로 하지 않기 때문에 문제가 있다는 것이다: "quail"은 "kwail"로 철자하거나 "liquor"(알코올 음료)는 "licor"로 철자할 수 있기 때문에 알파벳에서 쉽사리 빼어 버릴 수 있을 것이다—수세기에 걸쳐 사상가들의 분노를 샀다. 거슬러 올라가 90년경에 로마의 문법학자 퀸틸리안(Quintillian)은 "Q 자체에 모음을 덧붙이려는 목적 이외에는 Q가 잉여적이기 때문에(라틴어로는 *super-vacua*) 불필요하여" Q를 없애 버렸다. 그리고 영국의 희곡작가이면서 학자였던 벤 존슨은 1640년에 발간한『영어문법』이라는 책을 통해 영어 철자법에서 Q를 사용하게 된 것은 (1066년에 있었던 노르만 정복으로 인한) 프랑스어의 침범으로 강요된 것이며, 그 이전의 고대 영어는 Q 없이도 훌륭히 해냈었음을 불쾌한 기분으로 지적하고 있다: "영국의 색슨족 사람들은 시중을 드는 u를 뒤에 동반하는 주관이 없는 이 Q를 알지 못했었다"고 벤 존슨은 불평을 한 것이다.

Q가 지닌 환상적인 모습과 말만 번지르르한 이름과 비밀스럽거나 위험스러워 보이는 것들만 나타내려는 듯하다는 사실들로 인해 Q가 별로 사용되지 못하게 되었다는 것이 전통적인 견해이다. Q는—1930년대에 의사들이 발열원인을 찾기 위해 전전긍긍했기 때문에 붙여진 이름인 "Q열"(Q fever)[리케차로 인한 폐렴 비슷한 열병: 역자주]과 1차 세계대전 당시 독일의 U-보트(U-boat)들을 유인하기 위해 전투력이 없는 화물선으로 가장한 영국의 전함들인 "Q-ships"에서 볼 수 있는 것처럼,

Q는 "의문(부호)"을 뜻하는 "query"라는 단어의 축약자로 사용된다. (역시 여기서도 U가 Q의 뒤를 따른다.) 그리고 Q는 "이상한"(odd)과 "동성애"(homosexual)라는 두가지 의미에서 "queer"(괴짜)를 뜻한다. 이러한 연상은 1930년대의 소희극 무대나 1960년대의 코미디 영화들에서 웃음거리를 만들어내는데 사용되었다. 남자 등장인물의 중간 이름을 Q라는 축약자로 사용했던 것은 아마도 관중들에게 "이런"(uh-oh)이란 탄성을 자아내기 위한 의도였을 것이다.

카스파 밀크토스트(Caspar Milquetoast)는 1924년부터 1953년까지 해롤드 턱커 웹스터(Harold Tucker Webster)에 의해 <뉴욕 헤럴드 트리뷴>(*New York Herald Tribune*)에 연재되었던 만화에 등장한 온순하고 순종적인 성격의 주인공이었다. 밀크토스트라는 순박해 보이는 프랑스식 이름은 (그 이후로 누구든지 소극적이고 우유부단한 사람을 뜻하는 통상어가 되었다) 주로 병약자나 아기들에게 급식되는 음식을 의미하는 흔히 사용되는 단어인 "milktoast"에서 나왔다. 분명 성적인 측면과 관련이 없음에도 불구하고 이름에 들어 있는 Q는 주인공을—아마도 여러분과 나와는 다른 어떤 사람으로—두드러지게 만드는데 일조를 하였을 것이다.

하지만 오늘날 Q의 오명은 과거의 이야기일 뿐이다. 현대에 들어와 불확실성에 대한 의심이 커짐에 따라—1990년대말에 있었던 애플사(Apple)의 "다르게 생각하라"(Think Different)라는 광고문구를 기억하라—Q의 색다른 분위기가 판매와 광고에 종사하는 사람들의 마음을 끌었다. X, Z와 더불어 몇몇 다른 글자들과 마찬가지로 Q는 이제 희소성과 사람들의 눈을 끄는 힘 때문에 이용된다. 오늘날 Q는 "quantum"(분량), "quasar"(준항성체), "quark"[쿼크: 하드론(hadron)을 구성하는 가설적 입자: 역자주], "quick"(신속)의 Q이다. 그리고 물론 "queer"의 Q이기도 하지만, 이제는 동일성을 보여주는 자랑스러운 증표로서의 의미에서만이다. 주요 상품명에 사용되는 Q는 통칙을 깨트린 천재적 기술이거나, 훌륭한 대안이거나, 과학적 공상의 실현임을 약속하는 듯하다. 예를 들면, 큐-미디어 소프트웨어(Q-Media software), 큐나인 웹사이트 엔지니어링(Q9 website engineering), 큐사운드 일렉트로닉스(Qsound electronics), 큐로직 컴퓨터 하드웨어(QLogic computer hardware), 큐 하드 드라이브즈(Q hard drives), 더 디지털 큐 폰(the digital Q phone), 영국 대중음악 잡지『Q』, 랩가수 큐-팁(Q-Tip), 인피니티 Q45(Infiniti Q45)와 인피니티 자동라인에서 생산되는 다른 Q들이 그 예에 해당된다. 그리고 미국에서 네번째로 큰 장거리 전화회사로 이제는 재정적으로 법적으로 곤궁에 빠진 퀘스트 커뮤니케이션사(Qwest Communications)는 분명하게 구분될 수 있도록 하기 위해 의도적으로 잘못된 철자를 사용했었던 것을 잊지 말자.

21세기에 Q가 그러한 길을 갈 수 있도록 물꼬를 터준 사람은 다름 아닌 빌 게이츠(Bill Gates)(와 그의 회사)로 엄청난 영향력을 미쳤던 1986년의 마이크로소프트사의 큐베이직(QBasic) 컴퓨터 프로그램의 발매로 인한 것이었다. 그 이후 ["quick"(신속)을 의미하는] Q는 아마도 10여년간 컴퓨터 전문용어로 이곳저곳에서 사용되었지만, 당시에는 언어적 측면에서 본다면 Q는 진정 컴퓨터 프로그래밍과 컴퓨터 판매

### JOHN Q. PUBLIC

1930년대 이래로 미국에서 사용되고 있는 "John Q. Public"이란 표현에서의 Q는 예상밖의 사용으로 사람을 어리둥절하게 만든다. 이 표현에서 Q는 변방에 속하는 사람들을 나타내는 Q가 아니라 추측컨대 모든 사람을 포용하는 Q로 사용되었다. 하지만 이 표현에서 조차도 Q는 경멸조의 어감을 덧붙여주는 부정적 의미를 갖고 있는 듯하다. John Q. Public은 정치가들이나 부자들 중에서 곧잘 속아 넘어가는 감명적이지 못한 사람을 말한다. 2002년의 '존 큐'(*John Q.*)라는 영화에서 덴젤 워싱턴(Denzel Washington)은 어린 아들의 장기이식 수술을 감당할만큼 충분한 건강보험을 살 돈을 구하기 위해 악전고투를 하니라 화가 난 공장근로자의 역할을 한다.

에 종사하는 사람들 사이에서 날개를 펼친 듯하였다.

그런가 하면 "동성애"를 뜻하는 "queer"에서의 Q는 20세기에 지녔던 불쾌하고 비밀스러웠던 상징에서 벗어나 동성애자 단체들이나 동성애자로서의 정체성을 공개적으로 표명하는 상징이 되었다. 『시리즈 큐』(*Series Q*)는 북캐롤라이나주(North Carolina) 듀크 대학(Duke University)에서 발행하는 남여 동성애자들에 대한 연구물들을 게재하는 연속기획의 책이다. 그러한 Q의 또 다른 예들로는 위스콘신주(Wisconsin)의 동성애자 연극동호회인 스테이지큐(StageQ)를 비롯해 플래넷 큐(Planet Q), 큐월드(QWorld), 큐-피시(Q-Fish), 큐-온라인(Q-online), 큐-뮤니티(Q-mmunity)가 있다.

Q는 거의 항상 뒤에 처져 달리다 의외로 뛰쳐 나와 이긴 말과 같은 글자로 존재해왔다. 기원전 1000년경의 페니키아 알파벳에는 두개의 K가 있었으니, 오늘날의 K와 Q의 조상들인 카프(*kaph*)와 코프(*qoph*)였다. 페니키아 알파벳에 이렇게 두개의 K가 있었던 이유는 그 두 글자가 나타내는 소리에 미묘한 차이가 있었기 때문이었다. 페니키아어에서 코프는 카프와 비교하여 혀가 입천장의 다른 부분에 가서 닿아 나는 소리를 나타냈다. 코프라는 이름은 아마도 "원숭이"를 의미했었을 것이며, 글자의 형태는 아마도 원숭이의 얼굴과 꼬리를 나타낸 것으로 φ 이었을 것이다.

코프는 19번째의 페니키아 글자였다. 오늘날 히브리 알파벳에서 19번째 글자가 코프(*qof*)라 불리고 "q" 소리를 나타낸다. 히브리 알파벳의 글자는 여전히 3,000년전의 조상인 페니키아 글자의 형태와 얼마간 닮아 보인다. 그런가 하면 아라비아 알파벳의 21번째 글자도 카프(*qaf*)라 불리며 비슷한 소리를 나타낸다.

기원전 800년경쯤에 고대 그리스 사람들은 코프를 베껴 자신들의 알파벳에 넣으면서 이름을 보다 그리스어식인 코파(*qoppa*)로 바꾸었다. (한편 페니키아 알파벳의 카프는 그리스 알파벳의 카파(*kappa*)가 되었

ק ق

소리와 혈통에 있어 친족관계에 있는 히브리 알파벳의 코프와 아랍 알파벳의 카프이다. 형태는 비슷하지 않지만 두 글자 모두 고대 페니키아 알파벳의 Q에서 유래한 것이다. 이 두 셈어의 Q는 혀끝을 입천장의 다른 부분에 댄 상태로 발음된다는 점에서 각각의 알파벳에서의 K와 구분이 된다. 예를 들면, 아랍 알파벳에서 칼브(*qalb*)는 "마음"(heart)을 의미하지만, 이와는 약간 다르게 발음되는 칼브(*kalb*)는 "개"(dog)를 의미한다.

다.) 페니키아어와는 달리 그리스어에는 "q"와 "k" 소리 사이의 미묘한 차이가 없었기 때문에 그 두 글자 모두를 필요로 하지는 않았다. 종국적으로 코파는 그리스 알파벳에서 사라지게 된다—그러나 한편으로 코파는 그리스의 무역선에 실려 이탈리아에 당도하였다. 이탈리아에 당도한 그리스의 코파는 (기원전 700년에) 에트루리아 알파벳으로 베껴졌고, 에트루리아 알파벳에서 사용되던 코파는 또 다시 (기원전 600년에) 로마 알파벳으로 베껴졌다. 에트루리아 사람들은 자신들이 사용하던 코파라는 글자를 쿠(*qu*)라 불렀다. 그 발음은 대충 "koo"였으며, 영어와 다른 언어들에서 사용하는 이 글자의 현대적 이름은 이 "쿠"에서 나온 것이다.

페니키아 사람들과 마찬가지로 에트루리아 사람들도 K와 Q 사이의 발음적 차이를 지켰다. 하지만 그리스 사람들처럼 로마 사람들도 두 글자 사이의 발음적 차이를 무시하였다. 질서를 애호하는 로마 사람들은 세 글자들을—C, K, Q—그중 두 글자는 근본적으로 필요치 않았음에도 함께 묶어 "k" 소리를 표기하는데 사용하였다. 따라서 혼란을 방지하기 위해 로마 사람들은 K는 무시하고 C를 이용하여 "k" 소리를 표기하였으며, Q는 오직 라틴어에 많이 나오는 "kw"라는 자음소리를 나타내기 위한 보조적 수단으로만 사용하였다.

그러한 이유로 인해 로마 사람들은 QU-와 같이 두개의 글자를 이용하여 “kw” 소리를 표기하였다. Q는 앞에 나오는 소리인 “k”를 나타내기 위한 것이었고, U는 그 다음 자리에서 나오는 “w” 소리를 나타내기 위한 것이었다. “kw” 소리는 오직 모음 앞에서만 발음될 수 있었기 때문에 QU-는 오직 모음 앞에서만 사용되었다. 라틴어에서 U는 Q와 함께 사용되는 것 말고도 쓰임이 많았지만, Q는 U와 연이어 나오는 모음 앞에서만 쓰이는 것 이외에는 다른 역할이 없었다.

라틴어에서 그러한 단어들에는 *squalor* (squalor)(더러움), *aequalis* (equal)(평등한), *eloquens* (eloquent)(능변인), *quinque* (five)(다섯) 등이 있는데, 이들 단어는 모두 영어에 들어와 영어 단어들이 되었다. 라틴어에서 QU-는 *cultus* (cultivation)(경작)과 *porcus* (pig)(돼지) 등에서와 같이 “w” 소리 없이 단순히 “kuh” 또는 “koo”로 발음되는 CU-와 대조된다.

라틴어에서 “kw” 소리를 나타내는 철자인 QU는 (500년에) 로마제국이 붕괴된 후 프랑스어와 같은 로망스어들로 승계되었다. 한편 브리테인섬의 앵글로-색슨족들은 Q가 빠진 변형된 로마 알파벳을 이용하여 고대 영어를 표기하고 있었다. 앞에서 벤 존슨이 지적하고 있는 것처럼 (315쪽을 보라), 앵글로-색슨족들에게는 Q가 필요치 않았다. 그들은 행복하게도 “queen”은 *cwen*으로, “quick”은 *cwic*으로 쓸 수 있었다. 그러나 그러한 사정은 1066년에 노르만들이 영국을 정복하면서 변하게 되었다. 침략자들이 [*quart*(쿼트), *quest*(탐구), *require*(~을 필요로 하다) 등등과 같이] QU-로 철자되는 수백개의 노르만-프랑스어 단어들을 가져왔을 뿐만 아니라 영국에 거주하는 노르만 출신의 필경자들이 토박이 영어 단어들까지도 프랑스어식으로 QU-로 철자하기 시작하였다. 따라서 *cwen*은 “queen”이, *cwic*은 “quick”이 되었다. 즉, Q, 아니 QU-가 영어에 들어오게 되었다.

수십년전인 최근에 이르러서야 영어의 Q는 “시중 들어주는 시녀” 없이도 간간히 외출을 시작할 수 있게 되었다(벤 존슨의 언급을 다시 참조하라). 이제는 대부분의 사전들에서 주로 아랍어, 히브리어 또는 중국어에서 들어온 소수의 낯익은 외래어들이나 이름들을 소리나는 대로 글자로 옮기기 위해 U 없이 Q만을 사용한다. 그에 해당하는 예들로는 아랍의 관할국인 카타르(Qatar), Kabbalah의 변형인 『카발라』(*Qabbala*)라 불리는 히브리의 신비스런 글들의 모음집, [친(Ch'in)의 변형인] Qin이라 불리는 고대 중국의 왕조가 있다. 아랍어와 히브리어의 표기를 위해 Q만을 사용하려는 것은 아랍어와 히브리어에서의 Q, 즉, 카프와 코프의 역할을 충실하게 만들려는 시도를 나타내는 것이다. 예전 세대들에서는 영어 화자들이 읽을 때 U가 사용되지 않았음(U-less)에 대해 느낄 창피함을 덜어주기 위해 카프나 코프는 기계적으로 K로 옮겨졌었다. 중국어의 경우 Q를 새로이 사용하는 것은 중국어

(1) "원숭이"를 뜻하며 서 나온 것이다. 이 글자의 형태—아마도 원숭이의 얼굴과 꼬리를 보다 더 그림적으로 나타낸 글자로부터 발전해 나왔을 이 형태—는 이미 오늘날의 Q의 형태를 보여준다. 코프의 소리는 카프라 불리던 페니키아 알파벳의 K의 소리와 비슷하였다. (2) 테라(Thera)섬에서 출토된 명문에서 나온 그리스 알파벳의 코파(*qoppa*)로 기원전 685년경의 형태이다. (2) 코프를 베낀 것이지만 그리스 글자 코파는 약간 다른 형태를 하고 있다. 이는 그리스 알파벳의 또 다른 글자인 피(*phi*)와의 혼동을 피하기 위해서였다. (피는 페니키아 글자를 베껴 만든 것이 아니다.) 그리스의 코파의 형태는 오늘날의 Q에서 발견할 수 있는 원과 꼬리의 두 요소를 보여준다. (3) 기원전 520년경의 명문에서 나온 로마 알파벳의 Q이다. 이 로마글자는 그리스 알파벳을 베껴 만든 에트루리아 알파벳에서 베낀 것이다. 에트루리아 사람들과 로마 사람들은 "k" 소리를 표기하기 위해 세 글자—C, K, Q—를 갖고 있었는데, 이 글자들을 이어받아 우리가 사용하는 오늘날의 로마 알파벳이 만들어진 것이다.

의 로마자 표기법의 하나로 1979년에 국제적으로 채택된 병음법(pinyin system)을 반영하는 것이다.

근자에 이르러 U-없는 Q를 지닌 한 단어가 세계 도처의 대부분의 사람들의 의식에 불을 지폈다. 로마 알파벳으로 적는다면 그 단어는 카에다(*qaeda*)이다. 아랍어로는 "근본"(The Foundation)이라는 의미의 알 카에다(Al Qaeda)라 불리는 종교적 이유로 테러를 감행하는 이 조직은 2001년 9월 11일에 있었던 가공스런 공격에 책임이 있다.

Q가 지닌 가장 큰 시각적 특징은 꼬리로 서예나 활자체 도안에서 진지하게 접근해야 할 부분이다. 어떤 활자체는 우아한 형태를 만들어내기 위해 꼬리를 더 길게 만들기도 한다—이는 미국의 활자체 도안가인 디. 비. 업다이크(D. B. Updike)가 1922년에 발행하여 위세를 떨쳤던 『활자인쇄』(*Printing Types*)란 자신의 책에서 개탄을 한 형태이다. 그렇지만 영국의 활자체 도안가인 에드워드 존스톤(Edward Johnston)은 『글자 쓰기와 글자 장식하기, 글자체 만들기』(*Writing and Illuminating, and Lettering*)란 제목이 붙은 자신의 고전적 책에서 뻣뻣함을 없애기 위해 "살짝 이중으로 굴곡을 주는 한" 꼬리를 길게 빼는 것에는 전혀 잘못된 것이 없다고 본다.

Q는 현대 문학에서 나름대로의 적당한 자리를 차지하였다. 공상과학 소설 시리즈인 『별들의 여행』(*Star Trek*)에는 "또 다른 4차원의 세계에서는" 강력한 힘을 지니고 있어 때로는 우리의 우주선 '엔터프라이즈호'(Enterprise)의 영웅들을 위협하기도 하고 때로는 돕기도 하는 Q라는 이름의 인물이 자주 등장한다. Q라는 이름은 과학용어로는 ("how much"를 의미하는 라틴어 *quantum*에서 온) "quantum"(양)을 말하는데, 이는 어떤 부분들에 있어서의 에너지의 양을 가리키는 것으로 물리학 이론의 전반에 걸쳐 기초를 이룬다.

이안 플래밍(Ian Fleming)의 제임스 본드 소설g들과 영화들을 열광적으로 좋아하는 사람들이라면 Q를 부쓰로이드 소령(Major Boothroyd)

의 암호명으로 알고 있을 것이다. 부쓰로이드는 본드의 장비 공급책으로 본드의 임무수행을 위해 지급되는 놀랍고도 교묘한 장비들을 간단히 설명해주기 위해 주로 이야기의 첫머리에 나타난다. 무표정한 Q는 본드의 장난기에 대한 속임수로서는 물론 본드의 생활에 관여하는 다른 글자—즉, M이라는 암호명으로 불리는 근엄한 목소리를 지닌 본드의 상관—보다 계급이 낮은 복제물로서의 희극적 효과를 갖는다. 왜 암호명을 Q로 했는가? 1950년대부터 60년대에 걸쳐 본드 시리즈를 쓴 작가 플래밍은 아마도 Q가 웃음을 자아내기에 적합하다고 생각했던 듯하다.

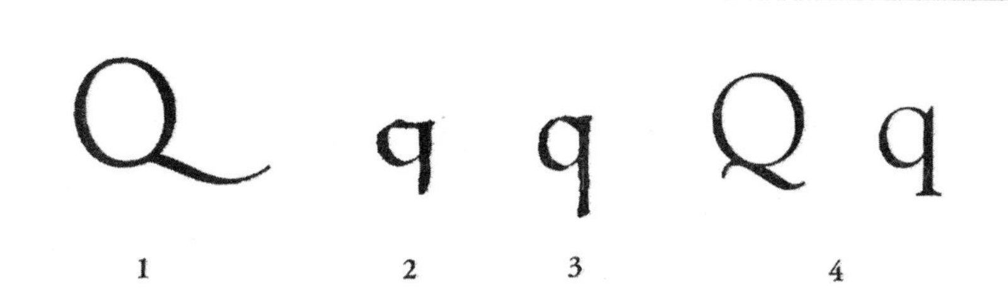

(1) 113년의 트라얀 명문에서 나온 로마 알파벳의 Q이다. 미끈하게 잘 생긴 이 글자는 명문의 가장 윗줄로 새겨진 Senatus Populusque Romanus(원로원과 로마 시민 여러분)이라는 로마의 공식 인사문구에 뚜렷하게 자리를 차지하고 있다. 대리석에 새겨진 이와 같은 로마 알파벳의 Q는 이탈리아 초기 인쇄자들이 1470년경에 대문자 Q를 고안해내도록 만들었다. 하지만 긴 꼬리는 보통 방식의 인쇄에서는 실용적이지 못함이 드러났다. (2) 잉크를 이용하여 언셜체로 손으로 쓴 형태로—이 글자는 600년대에 라틴어로 쓴 성경에서 나온 것이다—분명하게 오늘날 우리가 사용하는 인쇄체 소문자 q의 형태를 미리 보여준다. 필경자들은 300년경에 개발된 언셜체로 쓰면서 꼬리를 바닥이 아니라 원의 안쪽에서부터 아래쪽으로 내려 긋는 획으로 썼다. 이는 펜이 항상 종이 표면에 머물러 있도록 함으로써 시간을 절약하기 위한 것이었다. (3) 언셜체 q보다 약간 더 말끔해진 형태가 카롤링거 왕조풍의 소문자 q와 구분이 된다. 이 글자는 1018년에 영어로 작성된 서류에서 나온 것이다. (4) 미국의 활자체 도안자인 프레데릭 더블유. 가우디(Frederic W. Goudy)가 만든 가우디 옛날체(Goudy Old Style typeface)의 대문자와 소문자 형태이다. 이들 글자형태는 과거의 것이지만 용어는 자신들의 것 그대로이다.

*1836년에 파리에서 발행된 출판물에서 사람의 모습을 멋들어지게 이용하여 쓴 알파벳 글자들 중의 하나로 R의 형태가 기묘하게 보이며 정말로 사람의 모습처럼 보이기도 한다.*

# 인상적인 우리의 R

R U C. N. an I ? F  Y ? U'r I's R 2  2 . 이 글을 번역하면, Are you seeing an eye doctor? If not, why not? Your eyes are too dear to waste(안과 의사를 만나보았나요? 만나보지 않았다면, 왜 안 만나보았나요? 여러분의 눈은 너무 귀중한 것이라서 훼손되게 해서는 안 됩니다)가 된다.

그림 맞추기식(rebus)으로 쓴 이 글은 독자 여러분에게 우리의 알파벳의 18번째 글자인 (그리고 "rebus"의 첫글자인) R에 대해 설명하기 위해 만든 것이다. (편의상 역자는 rebus를 수수께끼 글자라 칭한다.) 수수께끼 글자—모든 사람들이 알고 있는 것처럼 (as everyone )—는 단어 맞추기로 그림이나 상징물들이 어떤 단어들이나 음절들을 나타내는 음성적 대체물의 기능을 하는 방식으로 글을 쓰는 것이다. 영어에서 리-버스(REE-bus)로 발음되는 이 이름은 "단어들이 아니라 대상물들을 이용하여"라는 의미의 *rebus non verbis*라는 라틴어의 표현에서 온 것이다. 어려운 난제들을 재미 있는 단어놀이와 결합시킨 수수께끼 글자들을 이용하여 글을 쓰는 것은 대단히 흥미롭다. R은 그 이름이 "are"와 (살짝 속임수를 부리면) "our"라는 단어에 대충 들어 맞기 때문에 수수께끼 글자로 쓸 때 단골로 이용되는 도구이다.

R의 이름은 R이 나타내는 두드러진 소리, 즉 혀가 입천장 쪽으로 접근해가는 사이에 입천장과 목과 혀의 진동을 통해 만들어지는 소리를 잘 보여준다. R 소리를 내기 시작하다가 혀끝을 입천장으로 들어 올리면 L 소리로 바뀌는 것을 느낄 수 있다. 음성학적으로 말한다면, L은 R의 자매이다. L과 R 두 글자는 "유음"이라는 자음의 소부류를 형성한다. (249쪽을 보라.) R을 발음하기 시작할 때 혀는 L을 발음할 때보다 더 목쪽으로 굽어지는 상태에 위치하는데, 혀가 바로 그런 위치에 오게 하는 것이 R을 제대로 발음하는 방법이다.

["growl"(으르렁거리다)이란 단어에서 들을 수 있는] R의 으르렁거리는 소리는 필연적으로 개들과 연관을 맺어왔다. 조프로와 토리는 1529년에 출판한 『꽃밭이 있는 정원』이라는 알파벳에 관한 자신의 책에서 "개들이 화가 나면 서로를 물어뜯기 전에 목을 쥐어짜고 이빨을 뿌드득거리는데, 바로 그런 개들이 R 소리를 발음하는 것 같다"고 관찰하고 있다. 토리 자신이 언급하고 있는 것처럼 개들이 으르렁거리는 소리를 R 소리라 간주한 것은 적어도 고대 로마 시대로 거슬러 올라간다. 페르시우스(Persius)라는 시인은 1세기 중엽에 R을 "개의 글자"(*canina littera*)라 불렀다. 마찬가지로 (분명히 페르시우스의 글을 읽고 아마도 토리의 책을 읽었을) 벤 존슨도 1640년에 출판된 자신의 『영어문법』이란 책에서 R을 "개의 글자"라 기술하고 있다. 하지만 최고도로 완성된 글자이면서 몹시도 흥미를 자아내는 글자인 이 R 자체가 결코 개는 아니다.

음성학적으로 유음에 속하는 R과 L은 단어안에서 이들 앞에 위치하는 모음소리에 어떤 영향을 미치는 것으로 알려져왔다. R이나 L은 모음의 발음을 길게 늘려 대체로 모음의 발음을 더 강하게 만들어준다.

“Al,” “pole”(막대기), “pure”(순수한), “fire”(불)와 “an,” “poke”(찌르다), “duke”(공작), “fine”(훌륭한)과 같이 모음들은 동일하지만 L이나 R이 뒤 따르지 않는 단어들을 주의 깊게 들어보라. [L이나 R 뒤에 모음이 뒤 따르면 이런 비교방법이 역시 통하지 않을 수 있다. “carol”(성가)의 A 모음은 “carnal”(물질적인)의 A 모음보다 짧게 발음된다.]

발음적인 측면에서 말하자면, R은 변화의 범위가 넓다. R에 의해 나타내어질 수 있는 소리는 상이한 언어들에서만이 아니라 영어 자체에서도 다양한 화자들에 따라 다양하게 다르다.

파리의 프랑스어에서는 R을 목과 입천장 사이를 이용하여 조심스럽게 양치질을 할 때 나는 소리로 발음한다—대부분의 영어 화자들에게는 이 소리를 정확히 내는 것이 거의 불가능에 가깝다. [*regarder*(바라보다)를 발음할 수 있습니까? 우리는 이 단어를 발음하기 위해서는 혀끝을 목쪽으로 향하게 하면서 R 발음을 시작하고 싶어 한다.] 크로아티아어에서 R이란 글자에는 모음이 포함될 수도 있다. 그래서, 예를 들면, 트리에스테(Trieste)라는 도시 이름은 Trst로 철자된다. 스페인어와 이탈리아어에서 R은 진동음(trill)이다. 따라서 *misericordia*(처참한)와 같은 단어에서 R을 발음하기 위해서는 혀끝을 입천장에 대고 떨게 해야 한다. 스코틀랜드어의 R도 (구개) 진동음으로 스코틀랜드 사람들의 (목젖) 떨기(burr)는 잘 알려져 있다.

어떤 사회계층에 속해 있는 영국 사람에게 “earl”(백작)을 발음해보라고 하면 “euhl”로 들릴 것이다. 이 발음은 북미지역의 사람이나 아일랜드 사람의 발음과는 전혀 다른 목을 살짝 좁힌 상태에서 나는 단조로운 R 소리이다. 또는 R 소리가 발음되지 않는 경우도 있다. 브룩클린(Brooklyn)이나 퀸즈(Queens) 사람들이라면, *Meet ja's at Toidy-toid Street at tree o'clock.*(33번가에서 3시에 만납시다)에서처럼 어떤 단어들에서는 R을 거의 생략될 정도로 축소시켜 발음할 것이다.

종합한다면, 브룩클린 말투와 예로 들은 영국 말투에는 보다 일반적인 규칙이 존재한다는 것이다—즉, 구어체 영어에서 어떤 경우에는 R 소리가 사라진다는 것이다. R이 사라지는 근본적인 원인은 R을 발음하기 위해서는 노력이 필요하다는 것이다. R은 혀끝을 경직시켜서 발음해야 하는 상대적으로 발음하기 어려운 소리라는 것이다. 어린 아이들이나 언어장애가 있는 어른들의 말을 보라. R 소리를 보다 쉽게 할 수 있는 W 소리로 대체하여 발음하는 것을 볼 수 있을 것이다. 워너(Warner)의 만화속의 주인공인 버그즈 버니(Bugs Bunny)에게 끝없이 좌절을 당한 경쟁상대인 엘머 푸드(Elmer Fudd)는 "Pesky wabbit"(귀찮은 토끼)이라고 선언을 한다. 그리고 이 만화작가는 살던 집이 파괴되어 겁에 질려 있을 때 "아냐! 단단한 벽돌로 지은 집이야!"(*No! It's stwong of bwicks!*)라고 쾌활한 반응을 보였던 세살박이 딸과 '예쁜 새끼 돼지 세마리 게임'(Three Little Pigs)을 하고 있는 엘머 푸드의 모습을 상기시킨다.

브룩클린 유의 말투에 대한 연구들은 R이 모음 앞에서는 제대로 발음이 되지만 단어의 끝부분에서는 종종 탈락됨을 보여준다—그런 이유 때문에 1960년대에 양키 스타디움(Yankee Stadium)에서 맥주를 거품이 나게 꽉 채워 따른 종이컵을 네모난 쟁반에 얹어 들고 관중석 계단 사이를 돌아다니는 장사꾼의 "Beeh heeh!"[여기(here) 맥주(beer)가 있습니다!]라는 외침을 들을 수 있었던 것이다—그리고 특히 D, L, N 또는 TH 앞에서는 탈락되기 십상이다. 이들 자음들을 발음하기 위해서는 혀끝을 R을 발음할 때와는 전혀 다른 위치로 보내야 하기 때문에 이들 자음을 발음하기 위한 준비단계에서 R은 아주 불편한 존재가 되어 버린다. "weeyd"로 발음하면 혀가 훨씬 더 편한데 왜 "weird"(별난)로 발음하려 하겠는가? (물론 이것은 개인의 의식에 따른 선택이기는 하지만 대중의 말투는 편의를 따라가려는 쪽으로 변화해간다는 것에 주목하라.) 200년경부터 800년경 사이에 말기 라틴어가 유럽의 로망스어들로 분화되는데 일조를 했던 소리의 변화들을 포함하여 구어에서 일어나는 많은 종류의 소리변화들 뒤에는 혀의 움직임을 줄이려는 인간의 욕구가 도사리고 있다.

뉴욕에서 멀리 떨어진 보스톤에서도—"*Pahk yuh cah in Hahvahd Yahd*"(하바드 마당에 차를 주차시켜라), 그러면 경찰이 견인해 갈거야!에서처럼—(모음들은 제외하고) R 소리가 탈락되는 것을 발견할 수 있다. 언어학자들은 현재 세계 각지에서 말하여지는 영어를 R을 발음하는(rhotic) 영어와 R을 발음하지 않는(nonrhotic) 영어 두 무리의 말투로 나누고 있다. ("rhotic"이라는 형용사는 고대 그리스 알파벳의 R의 이름인 로(*rho*)에서 온 것으로 "R의"나 이 경우에는 "R을 사용하는" 이라는 의

우두머리에게 만세를 외치고 있다. 석회암에 새겨진 초기 단계의 셈족의 이 두 글자는 세계에서 가장 오래된 알파벳으로 알려진 글자로 쓴 글의 한 부분으로 알파벳이 처음 만들어진 지 한 200년쯤 지난 후인 기원전 1800년경에 이집트의 사막에 버려진 것이다. (49-50쪽을 참조하라.) 이 두 글자는 한 명문의 오른쪽 끝부분에 위치하고 있는데, 글자를 오른쪽에서 왼쪽 방향으로 쓴 것이라면 글을 시작하는 글자일 것이다. (하지만 확신은 못한다.) 위 그림에서 측면으로 그린 사람의 머리를 닮아 보이는 오른쪽의 글자는 초기 단계의 R의 형태라 생각된다. 9의 형태를 취하고 있는 글자는 초기 단계의 B임이 확인이 된다. (79-82쪽을 참조하라.) 오른쪽으로부터 왼쪽으로 읽으면 이 두 글자는 R-B가 되는데, 이는 "우두머리"를 의미하는 셈어 단어인 레브(*reb*)가 될 것이다. 족장을 가리키든 군대의 우두머리를 가리키든 "우두머리"는 이 명문을 새긴 사람의 직책이었을 듯하다. 전체 내용은 (아마도 결코 해독은 될 수 없겠지만) "우두머리 아무 아무개가 이 글을 썼다"는 그런 것일 수 있다. 고대 셈어의 레브는 언어학적으로 히브리어에서 온 영어 단어인 "라비"[*rabbi*: 유태교의 주관자; 유태인 율법학자: 역자주]와 연결된다.

미를 부여한 공상적 단어이다.)

R을 발음하는 영어를 말하는 사람들은 R이 어디에 위치하든 R을 발음하지만, R을 발음하지 않는 영어를 말하는 사람들은 단어의 특정 위치에 오는 R을 탈락시키거나 축소시켜 발음한다. R을 발음하지 않는 영어는 미국의 남부지역, 대서양 중간 해역을 면하고 있는 지역들과 뉴잉글랜드 지역들에서 사용된다(그러나 미국의 중서부나 서부지역은 아니다). 뿐만 아니라 호주, 뉴질랜드, 남아프리카, 카리브 연안의 대부분 지역, 영국의 대부분 지역, 웨일스 지역에서도 R을 발음하지 않는 영어가 사용된다(그러나 스코틀랜드는 아니다).

R을 발음하는 영어와 그렇지 않은 영어는 지리적으로도 사회적으로도 구분될 수 있다. 뉴욕시 지역을 언어학적으로 조사한 바에 의하면, R을 발음하는 영어를 사용하는 사람들과 비교하여 R을 발음하지 않는 영어를 사용하는 사람들은 그 지역에서 오랫동안 거주한 가정이나 전형적인 저소득 가정 출신인 경향이 있다. 런던시 지역에서는 상황이 정반대이다. R을 발음하지 않는 영어는—"earl"을 "euhl"로 발음한다—이상적인 영국 영어의 한 부분이며, 교육수준과 소득수준이 높은 계층의 사람임을 상징한다.

R은 그 어떤 글자보다도 흡족할만한 역사를 갖고 있다. R은 가장 오래된 알파벳으로 쓴 글에 그 모습을 보인다. 이집트 중앙 지역의 와디 엘-홀에서 기원전 1800년경부터 두개의 암석에 셈어로 새겨진 명문들에서 그 모습을 찾아볼 수 있다. 이 명문들에는 아마도 사람의 머리를 측면으로 그린 것이라 볼 수 있는 글자 세개가 있다. 오늘날의 전문가들은 그 이후 단계들의 알파벳으로부터 얻은 정보를 바탕으로 하여 이 글자들을 (아마도 "raysh"라 발음되었을) 레쉬(*resh*)라는 이름의 셈어 알파벳의 R이라 생각한다. 레쉬라는 이름은 고대 셈어로 "머리"를 의미하였으며, 그 이름을 시작하는 "r" 소리를 나타냈다.

사람의 머리 형태를 한 아마도 레쉬일 듯한 다른 두 글자는 시나이 서쪽 지역에서 발견된 암석에 셈어로 새겨진 글에 나타난다. 이 글은 기원전 1750년경에 새겨진 것으로 추정된다. 그러나 초기의 다른 글자들의 경우나 마찬가지로 레쉬의 사용과 특성에 대한 사항들은 나중 단계인 고대 셈어 알파벳, 그러니까 기원전 1000년경의 페니키아 알파벳을 통해 우리에게 가장 잘 알려져 있다.

페니키아 알파벳에서 레쉬는 순서상 20번째 글자였다. 오늘날의 R과 마찬가지로 Q 다음이면서 "sh" 소리를 나타내는 글자와 T 앞에 위치하였다. 페니키아 알파벳에서의 이름 또한 여전히 "머리"를 의미했지만, 글자의 형태는 𐤓와 같이 대단히 단순화된 것이었다.

인습화되기는 했지만 이 형태는 여전히 측면으로 그린 사람의 머리(와 목)의 형태를 암시하기에 충분하여 셈어 알파벳의 다른 글자들과 마찬가지로 그림글자적 역할을 수행하였다. 그 형태를 보고 "머리"를 생각해내고 'r' 소리를 생각해낼 수 있었던 것이다. 이 글자의 형태는 왼쪽 방향을 향해 있었는데, 그 이유는 페니키아에서는 오른쪽에서 왼쪽으로 글을 써 내려갔기 때문이었다. 페니키아 알파벳에 처음 나타났을 때의 이 모습에도 불구하고, 이 글자는 오늘날의 P가 아니라 오히려 P를 닮은 R이 되었다.

레쉬라 불리던 글자는 오늘날에도 히브리 알파벳에서 20번째 자리

---

ר

---

히브리 알파벳의 레쉬. 여전히 글자의 형태는 여러 면에서 원래의 출처인 고대 페니키아 알파벳에서의 모습을 상기시킨다.

를 지키고 있다. 기원전 1000년이 막 지난 즈음에 페니키아 글자를 베껴 만든 히브리의 레쉬도 "r" 소리를 나타냈으며, 그 이름 또한 여전히 "머리"를 뜻하였을 것으로 추측된다. 히브리 알파벳의 레쉬의 형태는 철기시대 이후로 많이 변하였을 것임에도 여전히 페니키아 알파벳에서의 원래 형태와 약간 비슷하다.

마찬가지로 레쉬라는 셈어 단어 역시 형태는 살짝 변했지만 히브리어와 아랍어들에 남아 있다. 예를 들면, 가을철에 있는 유태인들의 신

1 2 3 4 5

(1) 셈어 알파벳의 "머리"를 의미하는 레쉬라는 글자로 기원전 1800년경에 와디 엘-홀 지역에서 새겨진 명문에서 나온 것이다. 레쉬는 그 이름을 시작하는 "r" 소리를 나타낸다. 학자들은 이 글자의 형태는 원래 사람의 얼굴을 측면으로 그린 이집트의 상형문자를 베낀 것이라 믿고 있다. (이집트 상형문자에서는 셈어 알파벳에서와는 전혀 다른 이름과 의미를 지녔었다.) (2) 시나이 중서부의 세라비트 엘-카뎀 지역에서 기원전 1750년경에 새겨졌을 명문에서 나온 레쉬이다. 이전의 글자 형태와 비교해본다면, 이 글자가 훨씬 더 발전한 형태의 그림이다. 아마도 글자를 새긴 사람의 기술도 한몫을 했겠지만, 와디 엘-홀 지역에서는 단단한 석회암을 이용한 반면 세라비트에서는 다루기 쉬운 사암을 이용하였기 때문인 듯하다. (3) 기원전 1000년경의 페니키아 알파벳의 레쉬는 형태가 엄청나게 단순해졌지만, 여전히 머리의 측면 형태를 연상시킨다. 오른쪽에서 왼쪽으로 쓰는 페니키아의 글쓰기 방식으로 인해 왼쪽 방향을 향하고 있기는 하지만, 글자의 형태는 오늘날의 R의 형태로 변해가는 과정에 있다. (4) 기원전 725년경의 오른쪽에서 왼쪽 방향으로 글자들을 쓴 명문에서 나온 초기의 그리스 알파벳의 R 글자인 로로 형태, 소리, 알파벳에서의 순서에 있어 페니키아 알파벳의 R을 그대로 베꼈다. (5) 오른쪽 방향을 향하고 있는 현대 그리스 알파벳의 로로 오늘날의 P처럼 보이지만 "r" 소리를 나타낸다. 이 글자는 현대 러시아, 세르비아, 불가리아(Bulgaria), 우크라이나(Ukraine), 카자흐스탄(Kazakhstan), 몽고 공화국을 비롯하여 다른 국가들에서 사용되고 있는 그리스 알파벳에 기반을 둔 키릴 알파벳에서도 R 글자이다.

년일인 로쉬 하샤나(Rosh Hashana)("한해의 머리")라는 이름과 아랍연합의 한 국가인 라스 알 카이마(Ras al Khaimah)("장막의 돌출부")와 같은 아랍어로 된 지명에 남아 있다.

기원전 800년경에 고대 그리스 사람들은 페니키아 글자들을 베끼면서 그 이름은 보다 더 그리스어처럼 들리는 로로 수정을 하였지만, 레쉬의 소리, 형태와 알파벳에서 20번째라는 순서는 근본적으로 유지하였다. 페니키아어에서는 "머리"를 의미했던 것과는 달리 로라는 이름은 글자를 가리키는 것 이외에는 그리스어로는 아무 의미도 없었다.

그리스어의 발음 특성상 로에는 약간의 기식적 요소가 덧붙여졌다. 그리스 알파벳의 로가 기식성을 띠었음은 로마 사람들이 그리스어를 라틴어의 소리로 옮겨 적을 때 로를 R+H와 같이 두개의 로마글자로 표기하였다는 사실에서 알 수 있다. 그리스어의 로를 오늘날에도 로마 알파벳 RH로 나타낸다는 것은 R에 해당하는 그리스 글자의 이름을 rho로 철자하는 것은 물론 "rhetoric"(수사학), "rhinoceros"(코뿔소), "rhythm"(운율)과 같은 그리스어에서 유래된 영어 단어들을 통해서도 알 수 있다.

다른 그리스 글자들처럼 로는 초기 그리스어 글에서는 P나 ꟼ 같이 양쪽 방향을 향할 수 있었다. 이는 초기 그리스어 글은 양쪽 방향으로 쓸 수 있었기 때문이다. 기원전 500년경에 이르러 그리스어의 글쓰기 방식이 왼쪽에서 오른쪽으로 정착됨에 따라 로는 통상적으로 오른쪽 방향을 향하게 되었다. 기원전 400년대와 기원전 300년대에 그리스의 대리석 명문에 깔끔하게 새겨진 로는 오늘날의 P와 똑같아 보인다. 한편 (앞 장에서 설명한대로) "p" 소리를 나타냈던 고대 그리스 글자 피는 다른 형태로 변했다.

오늘날 외양상으로 P와 구분을 가능케 해주는 대각선으로 뻗은 R의 다리 아니면 꼬리는 그리스 알파벳이 이탈리아의 에트루리아 사람들에게 건네지고(기원전 700년), 에트루리아 알파벳이 로마 사람들에게 건네진 (기원전 60년) 이후의 고대 로마 시절에 생겼다. 현존하는 로마 명문들에서 R의 식별을 가능하게 해주는 꼬리는 처음에는 공중에 뜬 꼬리의 형태로 나타나다가 나중에는 R처럼 밑바닥까지 내려오는 획의 형태로 나타난다.

우리가 사용하고 있는 소문자 r의 형태는 중세기초의 반언셜 필기체에서 나온 것이다. 필경자들이 시간을 절약하기 위해 약식으로 글자의 오른쪽 부분을 잘라내고 쓰기 시작하였던 것이다. 고리의 반쪽과 꼬리 대신에 수직막대로부터 살짝 굽어진 획 하나만을 끌어내어 r의 형태를 만들었다. 800년경에 위세를 떨치던 카롤링거 왕조풍의 소문자로 채택된 이 귀엽고 작은 형태는 1400년대 초엽에 이탈리아에서 또 다시 인본주의자들에 의해 베껴졌다. 그런 다음부터 r은 (1470년경에) 소문자 활자들을 도안하기 위해 인본주의자들의 글자 형태를 베꼈던 이탈리아의 초기 인쇄자들에게 넘어갔다.

영어에서는 대부분의 자음들의 이름에는 두가지 요소가 있다: (1) 글자 자체의 소리에 (2) 어떤 모음의 소리가 덧붙여져 있다. 예를 들면, “dee,” “jay,” “que” 등과 같다. 147-49쪽의 F에 대한 장에서는 우리가 사용하는 자음 중 7개의 자음은 어떻게 하여 자음소리 뒤에 모음이 덧붙여진 것이 아니라 자음소리 앞에 모음이 덧붙여졌는가를 설명한 바 있다(“dee”가 아니라 “eff”다). 그 7개의 자음은 F, L, M, N, R, S 그리고 X이다. R을 제외한 나머지 자음들의 이름은 모두 단모음 E로 시작된다. “ar”은 영어에서 단모음 A로 시작되는 유일한 알파벳 글자의 이름이다. R의 이름은 A 소리가 E 소리보다 R의 소리를 더 잘 보여줄 수 있기 때문에 그런 식으로 붙여진 듯하다.

300년경에 로마 황제의 백성들이 사용하던 구어 라틴어에서의 R의 이름은 아마 현대 스페인어에서의 이름과 비슷한 “애레”(*erray*)(*erre*로 철자되었을 것이다)였을 것이다. 초기 프랑스어로 전해지고 1066년의 노르만 정복과 더불어 영국에 수입된 R은 중세 프랑스어와 중세 영어에서의 이름인 “아이르”(*air*)와 같은 형태에 도달하였다. 현대 프랑스어와 영국의 어떤 지방 사투리들에서 R의 이름은 여전히 "아이르"에 가깝게 들린다.

오늘날의 상징물들에서는 ER [TV 쇼가 아니라 "엘리자베쓰 리자이너"(Elizabeth Regina)이다]같은 결합문자(monogram)에서처럼 R은 라틴어의 렉스(*rex*)(왕)나 리자이너(*regina*)(여왕)를 대신할 수 있다. 서사적 연속 영화물인 '별들의 전쟁'(Star Wars)에서 많은 사랑을 받은 등장인물 중의 하나인 기계적인 R2D2는 (설명된 적이 결코 없었지만) "로봇이 도안한 숫자 2"임을 암시하는 이름을 갖고 있다. 헐리우드에서 전해내려오는 이야기에 의하면, 그 이름은 "필름 2, 대사 2"를 뜻하는 영화편집에 쓰이는 용어에 착안하여 만들어진 것이라고 한다.

(1) 기원전 660년경의 오른쪽에서 왼쪽으로 쓴 명문에서 나온 초기 에트루리아 알파벳의 R로 그리스 알파벳의 로를 형태, 소리, 알파벳에서의 순서까지 그대로 베낀 것이다. 이 에트루리아 글자는 다시 베껴져 가장 초기의 로마 알파벳의 R이 되었다. (2) 기원전 200년대의 로마 알파벳의 R이다. 글자의 형태가 오른쪽을 향하고 있으며 (그 당시의 로마의 글쓰기는 오른쪽 방향으로 정착되었다), R을 구분시켜 줄 수 있는 꼬리가 나타나기 시작하였음을 볼 수 있다. 로마 사람들은 P와 구분을 하기 위해 R에다 꼬리를 덧붙여 달았다. (3) 113년의 트라얀 명문에서 나온 로마 알파벳 R로 완숙단계로 접어든 형태이다. 이 형태가 오늘날 인쇄에 쓰이는 대문자의 기본형이 되었다. (4) 600년대에 라틴어로 쓴 성서에서 나온 R의 형태로 잉크를 이용하여 언셜 필기체 형태로 쓴 것인데, 로마 알파벳의 대문자를 거의 그대로 모방하였다. (5) 우리가 사용하는 소문자 r의 형태는 중세기 초엽의 라틴어에서 "업무용 필체"였던 반언셜 필기체의 형태로 출현했다. "업무용 필체"는 필경자들이 시간과 노력을 아끼기 위해 글자들의 형태를 단축시켜 만들어낸 글자형태이다. 위의 예는 프랑스에서 500년대에 쓰여진 글에서 나온 것이다.

약국의 간판에서 쉽게 찾아볼 수 있는 약처방을 상징하는 Rx라는 부호는 "복용하라"는 의미의 ("re-SIP-eh"로 발음되는) 동사의 명령형인 *recipe*라는 중세 라틴어의 단어를 나타내기 위한 것이다. 이 단어는 라틴어로 쓰여진 의사의 처방전에 공식적으로 나오는 첫단어였다(서유럽 국가들과 북미지역 국가들에서는 20세기초까지는 일반적으로 그랬었다). x는 처방의 시작임을 표시하기 위해 예전에 한때 R의 꼬리에 장식용으로 잉크로 덧붙여 넣었던 횡선을 나타낸 것이다.

R의 이야기를 끝내면서 건강문제에 대해 가장 먼저 글을 쓴 사람 중의 한 사람인 엘리자베쓰 시대의 영국 의사였던 윌리엄 버틀러(William Butler)에 대해 회상해보자. 버틀러는 자신의 음식섭취에 대한 안내서인 『검소한 저녁식사를 하라』(*Dyet's Dry Dinner*)(1599)에서 "이름에 r을 갖고 있지 않은 모든 달에 굴을 먹는 것은 현명하지 못할 뿐만 아니라 건강에도 해롭다"라는 유명한 조언을 했다.

*S의 형태와 소리가 1844년에 출판된 『경이로운 이야기들』(Wonderful Stories)에 삽화로 실린 알파벳에 몹시도 흥미로우면서도 자연스럽게 담겨져 있다.*

## 보편적인 S

S 뱀의 글자. 벤 존슨은 자신의 『영어문법』(1640)이란 책에서 S를 뱀의 글자라 일컫고 있으며, 그가 어떤 글자를 의미하는지는 누구나 어렵지 않게 짐작한다. 꾸불꾸불한 형태와 쉿쉿거리는 소리를 나타내는 S는 언어, 시, 예술 분야에서 오랜 세월에 걸쳐 모종의 뱀을 생각나게 만들어왔다.

존 밀턴의 대서사시 『실락원』(1667)에서 거의 끝 부분에 나오는 잊지 못할 장면을 예로 들어보자. 에덴동산을 망쳐 놓은 죄로 사탄이 하나님에게 벌을 받는다. 반항을 하는 사탄과 사탄의 군대가 거대한 뱀으로 변해가면서 내는 소리들을 귀 기울여 들어보라.

*사방팔방에서 수 없이 많은 언어들*
*모두에 있는 쉿쉿거리는 음산한 소리로*
*공공연하게 내뱉는 경멸의 소리…/ 드디어 모두*
*뱀의 형상으로 똑같이 변했다…/ 동산 구석구석마다*
*가득 차 쉿쉿거리는 무시무시한 소리가*
*괴물들의 머리들과 꼬리들에 온통 뒤섞여 출렁댔다…* (10권)

*On all sides, from innumerable tongues*
*A dismal universal hiss, the sound*
*Of public scorn…/ Now were all tranform'd*
*Alike, to Serpents…/ Dreadful was the din*
*Of hissing through the Hall, thick swarming now*
*With complicated monsters, head and tail…*(Book 10)

영어에서 S는 본질적으로 쉿쉿 소리를 내는 치찰음이거나 그와 같은 부류의 소리를 나타내는 글자이다. S 이외의 치찰음으로는 SH-, Z와 C가 나타내는 소리 중 부드러운 소리가 있다. "nose"(코)와 "pies"(파이)들과 같은 단어들에서는 S가 Z가 할 일까지 대신하기도 하지만, 영어 철자법에서 S는 자신이 해야 할 많은 일의 대부분을 감당한다.

영어로 인쇄된 글에서 S는 그 사용빈도에 있어 26글자 중 8번째에 달한다. 그리고 단어의 첫글자로서의 빈도는 첫번째에 해당된다. 다른 글자들에 비해 S로 시작되는 단어들이 더 많은데, 그 이유 중 하나는 (다른 언어들과는 달리) 영어에는 "sh" 소리에 해당하는 별개의 글자가 없는 탓에 S가 "sh" 소리로 시작되는 단어들까지 다 감당을 하기 때문이다.

대개의 언어들에서 치찰음이라는 범주는 다양한 색조의 많은 발음을 포함하려는 경향이 있다. 영어에서 S는 4가지 소리를 갖고 있다. 중요한 2가지 소리는 "season"(계절)이란 단어에 나타나는데, 한가지는 구강의 앞부분에서 조음되는 높은 음조의 "s" 소리이고, 또 다른 한가지는 낮은 음조의 "z" 소리이다. 이 소리들을 발음해보면 두번째 S는 성대의 울림을 동반하는 반면에 첫번째 S는 그렇지 않음을 발견하게 될 것이다. S가 "z" 소리를 내는 것은 ["lose"(잃다)]에서와 같이 모음과 모음 사이에 위치하거나 ["sales"(판매)]에서와 같이 모음 다음이면서 단어를 끝내는 위치에 있을 때이다.

그 이외에 때로는 "sure"(확실한)와 "mansion"(저택)에서와 같이 S

홀로 "sh" 소리로 발음되기도 한다. 또는 "fusion"(용해)과 "closure"(폐쇄)에서와 같이 프랑스어에서의 J와 같은 소리로 발음되기도 한다. 그런가 하면 S는 "island"(섬)에서처럼 발음되지 않기도 한다.

치찰음들은 그 여정이 순탄치 못했던 것으로 알려져 있다. 치찰음들은 미묘한 차이를 갖는 소리들이라서 언어들에 따라 잘못 발음되기도 하고 잘못 받아들여지기도 하였다. 예를 들어, 스페인어 화자들이나 이탈리아어 화자들은 영어 단어의 첫소리로 나오는 S를 발음하는데 종종 어려움을 겪기 때문에 완충장치로 "eh-song"(노래)이나 "eh-slice"(얇게 썬 조각)처럼 단어의 앞에다 모음을 삽입시킨다. [지나간 옛 시절의 재미 있는 이야기를 하나 하자면, 이러한 발음이 1930년대와 40년대의 막스 브라더스(Marx Brothers) 영화들에서 치코 막스(Chico Marx)가 역을 맡았던 이탈리아 사람의 전형적인 특징이었다.]

마찬가지로 "sh" 소리에 익숙치 못한 사람들에게는 "sh" 소리의 발음이 불가능할 수 있다. 영어를 말하는 3살에서 4살 사이의 어린 아이들은 보다 더 완벽한 발음을 할 수 있을 만큼의 나이가 될 때까지는 대체로 "sh" 소리를 "s" 소리로 대체하여 발음하기 때문에 "shoes"(신발)를 "sooz"로, "shy"(수줍은)를 "sy"로 발음한다. 성경 『사사기』(*Judges*)에는 히브리어 단어인 *shibboleth*에 얽힌 애통한 이야기가 나온다. *shibboleth*는 전쟁에서 적과 아군을 구분하기 위해 사용되었던 치찰음이 들어 있는 시험용 단어였다. 이스라엘의 두 지파였던 에브라임 사람들과 길르앗 사람들은 서로 적이 되어 전투를 하였다. 에브라임 사람들이 고향을 떠나 침략을 감행한 전쟁으로 에브라임 사람들이 패배를 하였다. 전쟁에서 이긴 길르앗 사람들은 살아 남은 에브라임 사람들이 고향으로 돌아갈 퇴로를 봉쇄하기 위해 요단강의 여울목을 포위하였다. 그리고는 누구든 낯선 사람이 여울목에 당도하면 시험으로 ("밀 이삭"을 의미하는) *shibboleth*라는 단어를 말하게 하였다. 그 이유는 토박이 길르앗 사람들이라면 "sh" 소리를 발음할 수 있었지만, 히브리어의 다른 방언을 사용하였던 에브라임 사람들은 "sh" 소리를 발음할 수 없었기 때문이었다. "그 사람은 *shibboleth*를 제대로 발음을 못하여 *Sibboleth*라고 발음했다. 그러자 길르앗 병사들이 그 사람을 요단강가로 끌어다 죽여버렸다." 성경에 의하면, 이렇게 해서 목숨을 잃은 에브라임 사람들의 수가 모두 합쳐 42,000이었다.

형태에 관해 말하자면, S는 처음부터 꾸불꾸불한 형태로 일관해왔다. 시나이의 세라비트 엘-카뎀 지역에서 아마 1750년경부터 초기의 셈어로 새겨지기 시작했을 명문들에는 소용돌이치는 W의 모습인 의 형태를 한 글자가 몇개 있다. 오늘날의 전문가들은 필경 그 형태는 궁수의 활을 나타낸 것이라고 믿는다. 구체적으로 말하면, 고대 근동지역에서 널리 사용되었던 것과 같은 동물의 뿔 두개를 연결하여 만든 그런 활의 형태라고 믿고 있다. 형성단계에 있었던 이 글자의 정확한 이름과 소리는 명확하게 밝혀지지 못한 채로 있다.

초기 셈어 알파벳의 연구에서 보통 그러하듯이 보다 더 명확한 정보는 더 나중 단계인 기원전 1000년경의 페니키아 알파벳을 통해 얻을 수 있다. 우리는 페니키아 알파벳에는 자인(*zayn*), 사메크(*samek*), 차데(*tsade*), 쉰(*shin*)이라는 이름들을 가진 치찰음을 나타내는 4개의 글자가 있었음을 알고 있다. 페니키아 알파벳에서는 글자가 나타내는 소리는 항상 그 글자의 이름을 시작하는 소리였으므로 그 4개의 이름은 각각의 글자가 서로 다른 소리를 나타냈을 것이란 생각을 하게 만든다. 사메크는 기본적인 "s" 소리를 나타냈고, 자인과 차데는 각각 "z" 소리와 "ts" 소리를 나타냈다. 그리고 쉰은 "sh" 소리를 나타냈다.

우연하게도 쉰은 우리의 W와 거의 똑같은 형태였다. 현대의 전문가들은 W의 형태에서 궁수의 활처럼 생겼던 초기의 글자의 형태가 어떻게 정형화되어 왔는가를 본다. 충분히 그럴 수 있다. 활 형태의 글자는 단순한 갈지자의 형태로 간소화되었던 것이다. 하지만 학자들은 쉰이라는 페니키아 알파벳에서의 이름은 "활"이 아니라 "치아"를 의미하는 것으로 이해하고 있다. 그러나 W처럼 생긴 그 글자는 (비록 상어의 두개의 커다란 윗니를 닮기는 했지만) 그다지 치아처럼 보이지는 않았다. 이유가 무엇인지는 확인할 수 없지만 글자의 원래 이름이 “치아”로 바뀌었다.

쉰은 페니키아 알파벳에서 21번째 글자였다. 오늘날 (기원전 1000년 직후에 페니키아 알파벳을 베껴 온) 히브리어 알파벳에서도 21번째 글자는 여전히 “치아”라는 의미의 쉰으로 불렸다. 히브리 알파벳에서 쉰은 “sh” 소리를 나타냈으며, 대부분의 히브리 알파벳의 글자들과는 달리 쉰은 형태에 있어서 여전히 페니키아 알파벳에서의 선조의 형태를 닮았다.

언급한 바와 같이 보통의 “s” 소리는 (“기둥”을 의미하는) 사메크라는 이름의 글자로 나타냈다. 논리적으로 본다면, 사메크라는 글자가 우리의 S의 조상이 되었어야 했다. 그러나 그리스 사람들의 우연한 실수로 인해 사건의 방향이 뒤틀리게 되었다.

그리스 사람들은 소리들의 차이를 비롯하여 페니키아어와는 전혀 다른 언어를 말하였다. 우리는 이미 치찰음들이 언어경계들을 넘으면서 어떤 어려움들을 겪었는지를 알고 있다. 그리스 사람들은 기원전 800년경에 페니키아 알파벳을 베껴 가면서 자신들 언어의 “s” 소리를 표기할 글자를 하나 택하였다…그러나 그들은 어떤 글자였는지를 혼동하였던 것이다.

왼쪽에 있는 쉰이라는 히브리 글자는 여전히 자신이 유래한 오른쪽에 있는 기원전 1000년경의 페니키아 알파벳의 쉰처럼 보인다.

그리스 사람들에게 필요했던 것은 단지 사메크라는 페니키아의 글자를 부호와 소리로서 베끼는 것이었다. 그리스 사람들은 사메크라는 글자를 쉰이라는 부호로 베꼈고, 알파벳의 순서에서도 사메크를 쉰의 자리인 21번째 자리에 넣었던 것이다. 하지만 그리스 사람들은 이렇게 해서 새로 만들어진 그리스 글자에다 사메크가 나타냈던 보통의 "s" 소리를 부여하고 "사메크"라 불렀다. 다시 말하면, 그리스 사람들은 그 글자를 페니키아 알파벳에서의 이름에 대한 그리스식 이름인 시그마(*sigma*)로 불렀던 것이다.

한편 그런 사실은 전혀 문제가 되지 않았다. 글자는 어디까지나 합의에 의한 부호에 불과하다. 그리고 그리스 사람들은 자신들에게 필요했던 S라는 글자를 얻었다. 그렇다면 무엇이 문제가 되는가? 또 한편으로는 "시그마"와 같은 실수는 알파벳을 페니키아로부터 그리스로 이전해가는 과정에서 빚어진 보다 더 큰 혼란의 한 부분에 불가했다. 보다 더 큰 혼란은 페니키아의 4개의 치찰음들인 자인, 사메크, 차데, 쉰 모두에 걸쳐 일어났던 것이다. (자세한 내용에 대해서는 여기서 다루지 않겠다.) 이러한 혼란은 그리스 알파벳의 탄생에 대한 단서들을 제공해줄 수 있을 것으로 생각되어 학자들을 매료시켰다.

학자들 사이의 공통된 생각은 많은 수의 필경자들이 한 세대에 걸쳐 만들어내는 그런 형태의 실수가 아니라 어떤 한 개인이 어느 한 순간에 저지를 수 있는 그런 형태의 실수라는 것이다. 이러한 사실은 (비록 약하기는 하지만) 그리스 알파벳이 그 이름은 역사속으로 사라졌지만 의심할 것 없이 천재였을 어떤 한 개인에 의해 만들어졌다는 학문적 이론을 지지해준다. 아마도 그리스와 페니키아 무역상들이 함께 거주했던 지중해 동쪽의 항구들 중 어느 한곳에서, 필경 페니키아 알파벳의 목록표를 가지고 그리고 아마도 페니키아 사람들의 도움을 받으며, 작업을 했을 그 사람은 그리스 사람들이 사용할 수 있게끔 페니키아 글자들을 베끼고 약간은 개조를 했을 것이다. 하지만 페니키아 알파벳에서 치찰음들을 나타내는 글자들을 옮기면서 작은 실수들을 저질렀을 것이다.

그리스 알파벳의 시그마는 급속히 자신의 모습을 변화시켜 나갔다. 어떤 이유로 인해 그리스 사람들은 W 형태의 글자를 한쪽으로 뒤엎

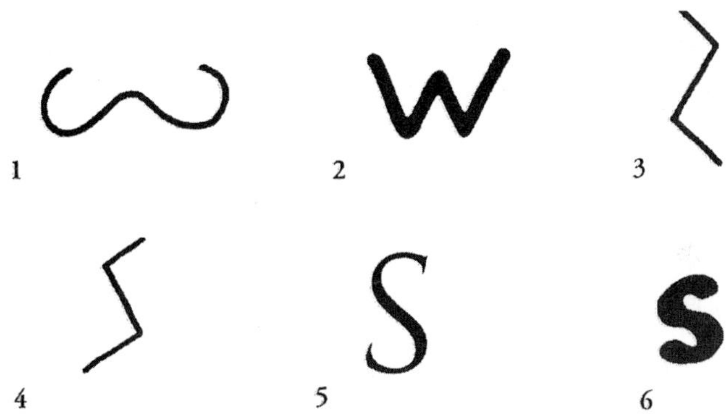

(1) 1750년경의 고대 셈어 알파벳에서 "궁수의 활"을 나타낸 글자이다. 적어도 형태적인 면에서는 이 글자가 우리가 사용하는 S의 최초의 조상이다. (2) 기원전 800년경의 명문에 있는 페니키아 알파벳의 쉰이다. 활 형태의 글자를 계승한 것임에도 쉰은 그 이름에서 "치아"를 의미했다. 쉰은 그 이름을 시작하는 "sh" 소리를 나타냈다. (3) 기원전 600년경의 왼쪽에서 오른쪽으로 글자들을 쓴 명문에 실린 그리스 알파벳의 시그마이다. 형태와 소리는 페니키아 알파벳의 쉰과는 달랐다. 그리스 알파벳의 시그마는 ("sh"가 아니라) "s" 소리를 나타냈다. 글쓰기의 흐름상 앞에 쓰여진 글자를 향하고 있어 뒤쪽을 향하고 있는 이 시그마는 우리의 S처럼 앞쪽을 향하고 있지 않고 흡사 우리의 Z의 형태를 취하고 있다. (그러나 현대 그리스어 알파벳의 시그마는 이것과 형태가 다르다.) (4) 초기 로마 알파벳의 S로 기원전 500년경의 왼쪽에서 오른쪽 방향으로 글자들이 쓰여진 명문에서 나온 것이다. 로마글자의 형태는 그리스 글자의 방향과는 반대 방향인 앞쪽을 향하고 있다. (5) 113년의 유명한 트라얀의 명문에 있는 로마 알파벳의 S이다. 완숙단계에 접어 든 이 로마 글자의 양쪽 끝부분에는 섬세한 모습의 끝내기 획(세리프)이 덧붙여져 있고 우리에게 낯익은 곡선의 형태를 지니고 있다. 암석에 새겨진 이 형태가 1470년경에 만들어진 첫번째 로마체 글자들의 소문자 S의 본보기가 되었다. (6) 문예부흥기의 이탈리아에서 사용되던 인본주의자들의 필기체 형태의 소문자 s로 1477년에 나폴리에서 라틴어로 쓰여진 책에서 나온 것이다. 인쇄자들이 소문자로 사용하기 위해 베낀 이 작은 형태의 s는 종국적으로 경쟁자였던 소문자 형태인 *f* 처럼 생긴 "기다란" s를 압도하였다.

어서 공중으로 향한 갈지자의 형태를 만들었다. 시그마의 변형들이 여러개 만들어졌다. 변형된 시그마의 형태에는 글쓰기의 방향에 따라 ⦉ 나 ʃ와 같이 길게 늘려진 Z를 닮은 것도 있었다. 이 형태가 (기원전 700년에) 에트루리아 사람들에게 전해졌으며, (기원전 600년에는) 이탈리아의 로마 사람들에게 전달되었다. 로마 사람들은 결국 허공을 향하고 있는 갈지자 형태의 글자를 둥글게 바꾸어 우리가 익숙하게 사용하고 있는 S의 형태로 만들었음은 물론 그 형태의 글자를 중세기 초엽의 서유럽 언어들의 알파벳에다 전해주었다.

300년대부터 800년대 사이에 사용되었던 유럽에서 손으로 쓰는 글자체에서는 대부분의 글자들은 펜으로 쓰기에 더 쉽도록 하기 위해 새로운 형태들의 글자들을 많이 산출해냈다. 당시에는 아무도 몰랐지만 이들 형태들 중 어떤 것들은 훗날 초기 인쇄자들의 소문자 형태의 본보기가 되었다. S는 2개의 손으로 쓴 형태의 글자를 만들어냈다. 하나는 기본적으로 오늘날의 소문자가 된 “짧은” s이고, 다른 하나는 다소 f처럼 보이는 형태의 “길다란” s였다. 길다란 s는 쓰기가 쉬었던 탓에 관습적으로 단어의 첫자리나 중간 자리에 사용되었지만, 단어의 끝자리에는 결코 사용되지 않았다.

1400년대 후반에 이르러 인쇄술이 확산됨과 더불어 기다란 s는 (짧은 s와 함께) 인쇄자들의 소문자 중의 하나가 되었다. f처럼 보이는 이 s는 그 이후에도 유행이 사라지기 전인 1700년대 내내 영어 인쇄와 손으로 쓰는 글자체에서 그 모습을 계속해서 드러냈다. 뿐만 아니라 이 S는 중세기 글자체들 중 어떤 글자체들은 여전히 인기를 누리고 있는 독일에서의 인쇄에서는 아직도 간간히 사용되고 있다.

S는 A, O, V, Z와 더불어 철학적 또는 정신적 해석을 요구하는 몇 글자 중 하나이다. S가 쉿쉿거리는 소리라고 해서 항상 나쁜 것만은 아니다. 유태인들의 신비스러운 전통에서는 히브리어 알파벳에서 치

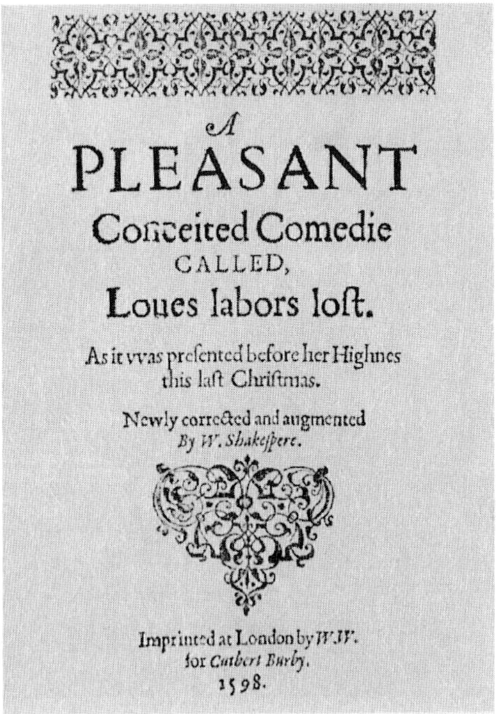
A
PLEASANT
Conceited Comedie
CALLED,
Loues labors loſt.
As it vvas preſented before her Highnes
this laſt Chriſtmas.
Newly corrected and augmented
By W. Shakeſpere.
Imprinted at London by W.W.
for Cutbert Burby.
1598.

1958년에 4절판으로 출판된 셰익스피어의 『사랑의 헛수고』(*Love's Labour's Lost*)(제목은 오늘날의 철자법으로 옮긴 것이다)의 표지이다. 여러 글자들속에 셰익스피어 시대의 영국에서 인쇄에 사용된 소문자 s의 모습도 보인다. 우리에게 익숙한 형태의 s뿐만 아니라 f처럼 보이는 "길다란" 형태의 s도 보이는데, 당시에는 "길다란" 형태의 s는 단어의 끝에서는 사용되지 않았다.

찰음을 나타내는 쉰은 불의 요소를 지닌 소리와 동등하게 취급되며 세 개의 "어머니" 글자 중의 하나로 찬양받았다. (다른 두 글자는 A와 M에 해당하는 것이었다.) 우리가 사용하는 로마 알파벳의 S와 관련해서도 역시 과거를 회상하게 만드는 형태가 있다. 거의 무한대를 상징하기 때문에 S는 영속성을 함축할 수 있다. 또는 쇠사슬의 고리가 될 수도 있으며, 사악한 뱀이든 영양원으로서의 뱀이든 (이미 본 바와 같이) 신화들에서

악행의 S. 로버트 카파(Robert Capa)가 『생명』(*Life*)이라는 잡지에 기고한 사진에서 독일 SS 장교의 식별표식인 쌍둥이 SS를 목깃에 부착한 한 독일군 장교가 미국군 헌병에게 수색을 당하고 있다. 이 사진은 2차 세계대전이 개전되고 얼마 지나지 않은 1944년 6월이나 7월에 노르만디 지역의 어디에선가 찍은 것이다. 슈츠스타펠(Schutzstaffel)(방어부대)이라는 부드러운 이름이 붙여진 이 부대는 1925년에 히틀러(Hitler)가 자신의 경호를 위해 창설한 부대로 후에 독일 정규 육군조직에 속하지 않는 나치당 직속의 부대로 확대 개편되었다. 나치의 희생자들에게 공포와 혐오의 대상이었던 검정색 제복의 SS 부대는 나치의 강제수용소를 운영했으며 전투부대로 운영되기도 했다. 이 장교는 SS 제 2 전차부대인 "제국"(Das Reich)사단 출신인 듯하다. "제국" 사단은 근자에 프랑스의 저항운동에 대한 보복으로 리모쥬(Limoges) 근교에 거주하는 642명의 프랑스 양민을 학살하였다.

천둥과 중세시대 독일의 룬 알파벳의 곡선형태의 S를 닮은 슈츠스타펠의 표식인 지그재그 형태의 S는 권력, 격세유전, 애국적 행위를 상기시킨다. 1970년대에는 헤비메탈 록 밴드 그룹 키스(*Kiss*)가 홍보용 이름의 한 부분으로 이중으로 겹쳐진 들쭉날쭉한 S를 채택하였다.

볼 수 있는 물의 어머니를 에워 싸고 있는 뱀이 될 수도 있다.

S의 어두운 면은 전통적으로 죄와 사탄과의 인연이다. 지나간 70년간에는 또 다른 악과도 인연을 맺었다. 테러와 대량학살을 자행한 히틀러의 사적 군대인 슈츠스타펠(방어부대)—악명 높았던 SS—와의 인연이었다.

하지만 S에는 보다 만족스럽고 조화로운 면도 있어 옹호자들도 있다. (1922년에) 보편적 중요성을 목표로 삼은 서사적 소설『율리시즈』(*Ulysses*)를 쓴 제임스 조이스(James Joyce)도 S의 옹호자 중의 한 사람이다. [오디세우스(Odysseus) 또는 율리시즈(Ulysses)라는 이름을 가진 영웅의 방황에 대한] 고대 그리스의 서사시『오디세이』(*Odyssey*)에 막연하게 근거를 둔『율리시즈』는 1904년 6월의 어느 날 낮과 밤에 걸쳐 거리를 배회하는 한명의 중요 인물과 별로 중요하지 않는 인물 몇명의 행적을 추적한다. 책 제목에도 3개의 S가 포함되어 있을 뿐만 아니라 본문도 S로 시작하고 S로 끝난다—다시 말하면, S를 포함하는 단어들로 시작하고 끝난다. 제목에 S가 여러번 나오도록 한 것은 아마도 (1) 우리 모두를 연결할 뿐만 아니라 우리를 죽음으로 묶어 두는 쇠사슬의 고리를, (2) 이야기의 내용에 곡절이 있음을, (3) 인간의 삶과 역사는 무한히 되풀이되는 것임을 상징하기 위함일 것이다. 대문자 S가 장식처럼 인쇄된 소설의 첫단어로부터 시작해서 ["포동포동하게 살이 찐 벅 멀리간(Buck Mulligan)이 계단 꼭대기로부터 내려왔다…"(stately, plump Buck Mulligan came from the stairhead…") 우리는 750면에 걸쳐 펼쳐지는 18시간의 이야기 줄거리와 무수히 맞닥뜨리는 사건들과 주제들을 섭렵하고 나면 그 유명한 몰리 블룸(Molly Bloom)의 확언적 공상으로 소설은 끝이 난다. "그래! 그리고 그의 심장은 미친 듯이 쿵쾅거리고 있었어! 그리고 그래! 나는 그렇다고 말했어! 나는 그렇다고 말할 것이야!"("…yes and his heart was going like mad and yes I said yes I will yes.")

*219쪽에서 본 바 있는 독일의 미술가 알브레히트 뒤러의 목판화 '비탄'에 그려진 상황에 대한 상세한 내용이다. 그림의 장면을 보면, 크리스트는 절명 후 십자가에서 내려 놓여져 있고 여인들이 그의 죽음을 슬퍼하고 있다. 중세기와 문예부흥기 미술가들은 종종 대문자 T 형태를 한 십자가를 그렸으며, T라는 글자는 비극적 의미이든 승리적 의미이든, 십자가 처형과 연관지어져야 했었을 것이다.*

# 티 파티

십자가의 상징. 카인(Cain)[아담과 이브의 장남으로 동생인 아벨(Abel)을 죽였음: 역자주]의 증표. 히브리 알파벳의 마지막 글자. 속박과 억압의 표상. 대못과 못의 측면모습. 이와 같은 연상들로 인해 T는 수세기에 걸쳐 종종 불길하고 위압적인 분위를 갖는 글자로 여겨져왔다.

고대 시대에는 그리스 알파벳 T와 로마 알파벳 T 모두 오늘날의 대문자 T처럼 보였다. 그리스-로마 세계에서 글을 읽고 쓸 줄 아는 사람들에게 T의 형태는 당시에 통상적으로 시행되던 사형방법인 십자가 처형을 생각나게 만들었을 것이다. 초기의 크리스트교인들은 T를 십자가 위에서 고통당하는 크리스트를 기억하게 만드는 것으로 여겼다. 이교도 사상가들도 물론 예수에 대한 언급도 하지 않았지만, T에 대하여 유사한 연관을 만들어내었다. 이교도였던 그리스의 루시안(Lucian)이란 작가는 "법정에 선 자음들"(Consonat at Court)이라는 제목으로 100년경에 쓴 기지에 넘치는 글을 통해 그리스 알파벳에서 경쟁관계에 있는 시그마라는 이름의 S와 타우(*tau*)라는 이름의 T 사이의 소송을 상상한다. S는 재판관들 앞에서 T를 독재자들과 탄압의 대리인이라 비난을 하면서 이렇게 말한다: "사람들을 처형하기 위해 십자가를 처음 만들 때 참주들이 모방한 것은 다름 아닌 T의 형태였다고 사람들이 말합니다. 이 비열한 도구는 스타우로스(*stauros*)라고 불리며, 그 비열한 이름은 타우에게서 얻은 것입니다."

불길한 앞날이 예고된 것일 수도 있기는 하지만, T는 영어와 영어의 철자에 있어서 꼭 필요한 글자이다. 놀랍게도 T는 영어 인쇄에서 두번째로 많이 사용되는 글자로 E 다음이다. (A는 그 다음인 세번째에 그친다.) 고대 영어에서 온 단어들에서 가장 많이 사용되는 글자인 T는 단어의 첫글자로보다는 단어의 중간이나 끝글자로 더 많이 나타난다. 이러한 사실은 여러분의 사전에서 T의 부분이 왜 별로 두껍지 않은가를 설명해준다.

T가 영어 인쇄물에 아주 많이 나타날 수 있는 것은 "the"(그)라는 단어의 덕도 조금은 있겠지만, 대체로 [*there*(그곳에), *other*(그밖의), *cloth*(천)와 같은] TH가 들어 있는 단어들 때문이다. 영어에서 TH는 T와는 다른 자신만의 소리와 역사를 지니고 있어 실제적으로는 별개의 알파벳 글자에 해당한다. (TH에 관한 이야기들에 대해서는 360-61쪽을 보라.)

작은북 소리와 같은 T의 소리는 시에 유용하게 사용되어왔다. 예를 들면, 영국의 병사-시인이었던 윌프레드 오웬(Wilfred Owen)은—1차 세계대전시 소름끼치는 전선에서 2년간 복무를 하였으며, 정전 1주일 전에 공격을 이끌기 위해 도움을 주다 전사하였다—1917년에 자신이 쓴 시 "죽을 운명에 처한 젊은이들을 위한 송가"(*Anthem for Doomed Youth*)에서 자음·모음글자들과 어울려 기억하기 쉽도록 의성적 효과를 내기 위해 T를 사용하였다. 그가 쓴 시는 그가 참전했던 전쟁의 공포와 광적인 파괴의 모습을 반영하고 있다.

짐승들처럼 죽어 나가는 이들에게 조종이 무슨 의미가 있는가?
오직 대포들이 내뿜어대는 무시무시한 분노만이 존재하는데.
오직 이따금씩 들려오는 날랜 총소리들만이
그들의 성급한 지도들 위에 후두둑거리며 쏟아져 내릴 수 있을 뿐인데.

*What passing-bells for these who die as cattle?*
*Only the monstrous anger of the guns.*
*Only the stuttering rifle's rapid rattle*
*Can patter out their hasty orisons.*

음성적으로 T는 D와 형제지간이다. 영어에서 이 두 글자는 혀끝을 위 앞니 뒤에 위치한 치조돌기 주위에 갖다 댄 상태에서 공기를 분출시켜 만들어내는 소리이다. D는 성대의 울림을 동반하는데 반해 T는 그렇지 않다. 따라서 T는 무성폐쇄음에 D는 유성폐쇄음에 해당된다. 하지만 T는 적어도 미국 사람들의 말투에서는 단어의 중간에 나올 경우 D와 아주 흡사하게 들릴 수 있다. 컨트리 뮤직에서는 종종 "saddle"(안장)과 "cattle"(소)이 같은 운으로 사용되며, 우리 모두는 젖소들이 철조망 울타리를 뛰어 넘으려고 애를 쓰면 어떤 일이 벌어질는지 안다: 젖소의 젖통들에 참사가 닥칠 것이다(udder disaster).

단어의 중간 자리는 대체로 T의 소리가 변화를 받기 쉬운 위치이다. 역사적으로 보면, 단어의 중간 자리에서는 T가 부드러워지는 것으로 알려져왔다. 구체적으로 단어의 중간 자리에서 T는 미국 사람들이 비공식적으로 발음하는 "d" 소리로만이 아니라 다른 소리들로도 변하며, 심지어는 소리가 사라지기도 한다. 런던 사투리에서는 "bottle"(병)이란 단어의 중간에 나오는 T는 발음이 되지 않는다는 것에—그래서 "bah-owe"로 발음된다—대해서는 59쪽에서 언급한 바 있다. 세계 도처에서 말하여지고 있는 주요 영어들에서 T가 부드러워지는 또 다른 예들로는 "nation"(국가), "creature"(피조물), "listen"(듣다) 등이 있다.

"listen"이나 "castle"(성)에서는 T가 옛날에는 발음된 적이 있었다.

그러나 "nation" 범주는 T가 다른 소리로 가장 많이 사용되는 단어들의 무리를 지칭하는 것이다. T가 다른 모음이 뒤따르는 I의 앞에 나오는 수백여개의 단어들에서는 "inertia"(게으름), "patience"(참을성), "facetious"(익살맞은) 등등에서와 같이 T는 "sh" 소리를 얻게 되었다.

그러한 단어들 대부분은 라틴어에서 온 것들로 "sh" 소리는 로마제국 말엽에 구어 라틴어에서 T의 발음이 흐려져 생긴 소리가 지금까지 내려온 것이다. ("민족"을 의미하는) *natio*와 같은 단어는 원래 "nah-tio"로 발음되었는데, 평민들이 사용하던 라틴어에서는 철자의 변화가 없었지만 "nah-shio"처럼 발음이 변하게 되었다. 마찬가지로 *gratia*(은혜, 용서, 매력)이라는 단어는 "grah-tia"에서 "grah-shia"로 변하였다.

(500년에) 로마제국이 멸망한 후에 T의 두번째 발음으로 생긴 이 소리는 유럽에서 새로 생겨나기 시작한 로망스어들의 한 부분이 되었다. 로망스어들에서 T의 이 소리는 그 발음이 서서히 더 흐려져서 "s" 소리로 변하였다. 이렇게 변하여 만들어진 소리는 때로는 철자에도 영향을 미치기도 했고 때로는 영향을 미치지 못하기도 했다. 현대 스페인어는 이러한 현실을 인정하여 *nación*("nah-see-on"으로 발음됨)과 *gracia*("grah-sia"로 발음됨)로 철자한다. 이들 단어들에서 부드럽게 발음되는 C는 한때 그 자리에 있었던 T를 대체한 것이다. 현대 이탈리아어에서는 *nazione*와 *grazia*에서와 같이 옛날의 T가 Z로 바뀌었다.

그런가 하면 중세기 프랑스어는 변화된 T 소리의 두 층위를 명확하게 인정하였다. T가 "s"로 완전하게 흐려진 경우에는 중세기 프랑스어 단어인 *grace*("grahss"처럼 발음됨)에서와 같이 철자도 C로 바뀌었다. 그러나 T가 "sh"로 고착된 경우에는 *nation*("nah-see-on"으로 발음됨)에서와 같이 T로 철자되어 그대로 남아 있다. 프랑스어에서의 이러한 철자법과 발음이 1066년의 노르만 정복 이후에 중세기 영국으로 수입되었다. 오늘날 중세기 프랑스어의 "nah-see-on"이 우리의 "nation"이 되었다.

T의 발음과 관련하여 가장 잘 알려진 일화는 영국의 공작부인이면

서 사회적인 재사였던 마고 아스퀴쓰(Margot Asquith)(1864-1945)와 관련이 있다. 마고 아스퀴쓰는 1908년부터 1916년까지 영국의 수상을 지냈던 허버트 아스퀴쓰(Herbert Asquith)의 부인으로 첫번째 옥스퍼드의 백작이 되었던 인사였다. 전해져오는 이야기에 의하면, 면도날같은 성품을 지녔고 나이가 든 작위를 받은 이 부인이 아름다운 그러나 교양이 없는 아가씨인 금발의 미국 여배우 진 할로우(Jean Harlow)와 만찬을 함께 하는 자리였다고 한다. [아스퀴쓰의 아들이 안쏘니 아스퀴쓰(Anthony Asquith)라는 영화감독이었으니까 그들이 함께 만찬을 하는 것이 불가능한 것은 아니었을 것이다.] 진 할로우가 아스퀴쓰 부인을 알아 보고는 "아니! 마고트 아스퀴쓰 부인 아니세요?"라고 큰소리로 묻자—그러나 이름을 "마-고트"(Mar-got)라 잘못 발음했다—그녀는 젊잖게 "오! 아니에요, 아가씨! 할로우에서처럼 T는 발음되지 않아요"라고 응수를 했다고 한다.

T는 현재까지 알려진 가장 오래된 알파벳으로 쓴 글을 통해 역사에 소개되었다. 그 글은 다름아닌 기원전 1800년경부터 와디 엘-홀 지역에서 석회암에 새겨진 명문들이었다. 비록 고대 셈어로 새겨진 두개의 석회암 명문의 내용은 결코 만족스럽게 해독될 수 없을는지는 모르지만, 그중 한 명문은 고대시절의 T의 형태 두개를 명백하게 보여주고 있다(50쪽의 명문 2의 사진을 참조하라). 하지만 T의 특성은 그보다 나중 단계의 초기 셈어 알파벳인 기원전 1000년경의 페니키아 알파벳을 통해 더 잘 알려져 있다.

페니키아 알파벳에서 T는 마지막 글자로 22번째 글자였다. 셈어 알파벳에서의 이름은 타우(*taw*)였으며, 그 이름이 시작되는 "t" 소리를 나타냈다. 타우라는 단어는 "표식"을 의미했는데, 이는 아마도 가축에 찍는 낙인이나 오늘날의 근동지역에서 목동들이 자신들의 양에다 염료로 표시하는 것과 같은 농경에 있어서의 구분을 위한 표식과 같은 것이었을 것이다. 타우의 형태는 더하기 표식처럼 위아래가 완벽하게 똑같든 교회의 십자가처럼 세로가 길든 대개는 십자형이었다. 또 어떤 명문들에서의 타우의 형태는 X처럼 보이기도 한다. 그외 X의 형태를 한 다른 페니키아 글자는 없으므로 형태를 조금 달리 쓰는 것은 문제가 되지 않았다.

오늘날 타우는 히브리 알파벳의 22번째 글자이면서 마지막 글자인 타우(*tav*)로 남아 있다. 히브리 알파벳의 타우 또한 "t" 소리를 나타냈으며, 그 이름도 비록 오늘날의 형태는 페니키아 알파벳에서의 형태와 전혀 같지 않음에도 불구하고 현대 히브리어로 여전히 "표식"을 의미하는 것으로 이해된다. 전설에 따르면 이 낙인, 즉 마지막 글자인 타우는 카인이 자기 동생 아벨을 살해한 후에 하나님이 카인에게 준 성경인 『창세기』(*Genesis*)에 언급된 "표식"이였다고 한다.

그리스 사람들이 기원전 800년경에 페니키아 알파벳을 베꼈을 때 타우(*taw*)는 "t" 소리를 나타내는 22번째 글자로서 새로 만들어지는 그리스 알파벳에 곧바로 들어갔으며, 그리스 알파벳에서의 이름은 (아마도 "cow"와 운이 맞았을) 타우(*tau*)였다. 타우는 그리스 알파벳에서 마지막 글자가 아니었다. 그리스 사람들은 자신들의 U를 필두로 하여 몇 글자를 새로 만들어 T 다음의 글자들로 집어 넣었기 때문이다. (오늘날 우리의 알파벳에서도 U는 여전히 T 다음에 나온다.)

그러나 그리스 사람들은 한가지 작은 변화를 만들었다. 돌이나 항아리에 새긴 현존하는 것 중 가장 오래된 그리스 명문에 나타난 타우의 형태는 십자형이 아니라 T의 형태이다. 극히 적은 수에 불과하기는 하지만, 수직선이 횡선을 꿰뚫고 있는 형태의 T는 변형된 글자가 아니라 글자를 새기는 사람의 손이 미끄러져 생긴 실수였던 듯하다. 그리스 알파벳에는 X자 형태의 T도 포함되어 있었기 때문에 그리스 사람들은 두 글자를 명확히 구분할 수 있도록 주의를 기울여 T에다 모자를 씌웠다. 서양의 전통에서 T는 대략 기원전 800년부터 1200년까지

2,000년간이나 머리에 모자를 쓴 형태였었다.

간단하고 손으로 쓰기 편한 T는 그리스 알파벳으로부터 에트루리아 알파벳으로 넘겨졌고 (기원전 700년), 에트루리아 알파벳에서 또 다시 로마 알파벳으로 넘겨졌다(기원전 600년). 로마 사람들은 T를 테(*te*)("tay"로 발음되었음)라 불렀다. 중세 프랑스어를 거쳐 끝내 영어에 도달하게 된 테라는 이름은 1500년대에 활발히 진행된 영어에서의 모음대변이의 결과 오늘날의 이름인 "티"(*tee*)가 되었다. 변화내용은 B의 이름과 다른 글자들의 이름의 변화내용과 비슷하다(85쪽을 참조하라). 현대 프랑스어에서는 T를 여전히 "tay"라 부른다.

우리가 사용하는 소문자 형태의 대부분은—a, b, d, e, f, g, h, i, m, n, p, q, r, u, y—300년에서 800년 사이에 유럽에서 잉크를 이용하여 손으로 쓰기 위한 글자체의 형태로 태어났다. 그러한 소문자 형태들이 만들어지게 된 것은 펜으로 쓰기 쉽고 빨리 쓸 수 있도록 하기 위한 것이었다. 그러나 O와 X와 같이 비교적 글자형태가 훨씬 간단하였던 글자들은 새로운 형태가 필요하지 않았기 때문에 새로운 소문자가 만들어지지 않았다. 그 글자들은 이미 손으로 쓰기에 완벽할 정도로 간단하였기 때문이었다. 수세기 동안 T도 그러한 부류의 글자에 속하여 모든 필사체에서 그냥 T 형태로 사용되었다.

1200년경에 이르러서야 우리가 익숙하게 사용하고 있는 t의 형태가 북유럽에서 펜으로 쓰던 고딕체(black letter)로 알려진 글자체에 나타났다. 펜으로 쓸 때 T의 형태를 t로 대체함으로써 얻을 수 있는 이득은 사소한 것이었다. t와 같은 형태로 글자를 씀으로 펜을 적게 움직일 수 있게 되어 필경자들이 횡선을 긋기 쉽게 되었다. 우리가 물려받은 소문자 형태들 중에서 아마도 t는 두번째로 최근에 물려받은 것일 것이다. L의 소문자는 1400년경에 만들어졌으며 t 다음에 만들어진 유일한 소문자 형태이다. 소문자 t가 만들어지기 바로 직전에 만들어진 소문자는 아마도 n으로 800년경에 펜을 이용하여 작은 글자로 썼던 카롤링거 왕조풍의 형태에서 온 것이다.

얄궂게도—1200년경에는 아무도 알 수 없었지만—새로이 만들어진 소문자 t는 가장 오래 된 T 글자, 그러니까 십자형이었던 청동기 시대 셈어의 타우(*taw*)를 재생산해내었다.

T는 주로 그 생김새로 인해 골프 티(golf tee), 컬링 티(curling tee)[컬링: 얼음판에 둥글고 큰 돌을 미끄러뜨려 목표에 넣는 스코틀랜드의 놀이: 역자주], 제도용 티자(T-square) 등으로 영어 어휘에 겸손하게 기여를 한다. 배관공들이라면 트럭에다 "티"(tee) 또는 티-휘팅(T-fitting)이라 불리는 T 자형의 파이프들을 싣고 다닐 것이다. "티-셔츠"(T-shirt)라는 용어는 정말로 T라는 글자의 형태를 말하는 것으로 2차 세계대전에 참전한 미국 병사들에게 보급되었던 면내의에서부터 사용되기 시작하였다. 그러나 우리가 마시는 차(tea)는 중국의 관화방언의 차(ch'a)라는 단어

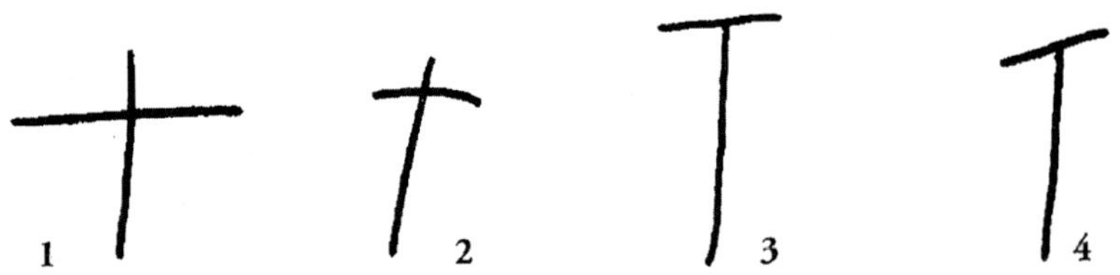

T의 형태는 원래 간단하여 수세기 동안 변화가 거의 없었다. (1) 이 글자는 알파벳이 처음으로 만들어진 지 한 200년쯤 지난 후인 기원전 1800년경에 이집트 중앙지역의 사막에서 어느 한 셈어 화자가 암석에 새겨 놓은 (아마도 해독은 결코 가능하지 못할) 글의 한 부분을 이루고 있는 T이다. (2) "표식"(*mark*)이라는 의미의 페니키아 알파벳 타우(*taw*)로 기원전 800년경에 사이프러스의 동남지역에서 쓰여진 명문에서 나온 것이다. 타우는 그 이름이 시작되는 "t" 소리를 나타냈다. 이 글자는 근동지역 알파벳의 전통을 이어 내려온 것이라서 그 형태가 1,000년 전의 선조격 글자의 형태와 거의 다르지 않다. (3) 그리스 알파벳의 타우(*tau*)로 아마도 현존하는 가장 오래된 기원전 740년경의 그리스 명문에서 나온 것이다. 그리스 사람들은 이 글자의 소리, 이름, 알파벳에서의 순서를 페니키아 알파벳에서 베껴 오기는 했지만, X의 형태를 갖는 그리스 글자와 보다 쉽게 구분할 수 있도록 모자를 쓴 모습으로 그 형태를 수정하였다. (4) 초기 로마 알파벳의 T로 기원전 520년경의 명문에서 나온 것이다. 이 글자는 에트루리아 알파벳과 그리스 알파벳에서의 선조 글자를 모방하여 만들어진 것이다.

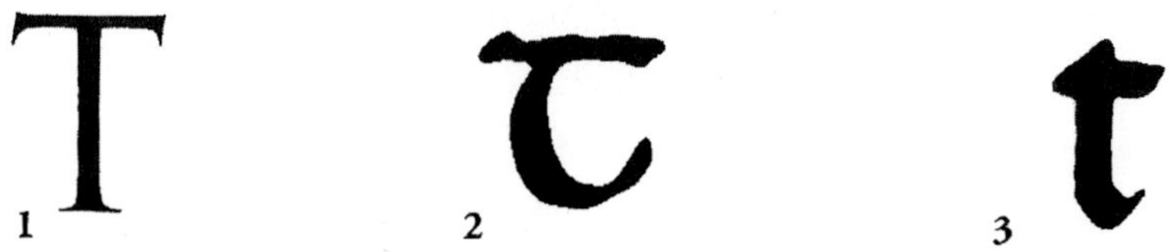


(1) 로마 알파벳 대문자 T로 유명한 113년의 트라얀 명문에서 나온 것이다. 글자의 간결한 획들이 가느다란 선들과 중간지점이 섬세하게 가늘어진 두 획으로 인해 위엄을 갖추었으며, 그 결과 이 T는 로마글자 중 가장 아름다운 글자 중의 하나가 되었다. (2) 카롤링거 왕조풍의 소문자로 잉크를 이용하여 쓴 형태이다. 1018년경에 영국에서 라틴어로 쓴 법률문서에서 나온 것이다. 역사적으로 보면 카롤링거 왕조풍의 글자체는 a, b, d, e 등과 같은 우리가 소문자라고 부르는 거의 모든 글자형태의 최종형태를 만들어내었다. 그렇지만 카롤링거 왕조풍의 T는 원래의 형태 그대로 모자를 쓴 형태로 남아 있었다. (3) 우리가 사용하는 소문자 형태가 1200년경에 북유럽에서 손으로 쓴 글자체인 "고딕체"의 형태에 그 모습을 드러냈다. 1420년경에 이탈리아에서 손으로 쓴 글자체를 모방한 이 형태는 1479년경에 이탈리아의 인쇄자들에 의해 소문자로 채택되었다.

에서 그 이름이 유래된 것이다.

"Those eyeglass frames fit her to a T"(그 안경테는 그녀에게 꼭 들어맞는다)에서와 같이 "fits to a T"라는 옛 표현은 일종의 불가사의다. 1693년에 영어 인쇄물에 처음 등장한 이 표현은 F-I-T를 맞추는 철자놀이를 언급한 것일 수도 있고, T-자를 이용한 제도에 대한 언급일 수도 있다. 리처드 에이. 퍼미지(Richard A. Firmage)는 『초보자를 위한 알파벳 교본』(*The Alphabet Abecedarium*)(1993)이라는 재미 있는 자신의 책에서 이 표현의 의미는 인쇄자와 서예가들이 글자들이 배열된 행에 맞추기 위해 횡선의 넓이를 다양하게 조절할 수 있는 T를 어떻게 이용하는가에 있다고 설명한다. 그러나 『옥스퍼드 영어사전』(*Oxford English Dictionary*)은 "fits to a T"보다 거의 한세기나 앞선 1607년에 처음으로 기록된 "fits to a tittle"(정확히)이라는 표현에서 의미를 찾는다.

("기호"에 해당하는 라틴어 단어인 *titulus*에서 유래한) *tittle*(티틀)은

## TH에 대한 이야기들

철자에 T가 들어 있음에도 불구하고—"Think Thin, father"(가볍게 생각하세요, 아버지)에서와 같이—TH의 소리는 T의 소리와 무척이나 상이할 수 있다. "father"와 같은 단어들에서 성대의 진동을 수반하는 TH는 T보다는 D에 더 가까운 소리이다.

영어에서 TH는 (매우 유사한) 두개의 소리인 "then"(그때에), "father"(아버지), "mother"(어머니)에서와 같은 유성치마찰음과 "thin"(얇은), "faith"(믿음), "moth"(나방) 등에서와 같은 무성치마찰음을 함께 나타낸다. ("마찰음"의 정의에 대해서는 142쪽을 참조하라.) 영어의 TH 단어들은 주로 고대 영어에서 온 것들이나 부차적으로 고대 그리스어에서 온 것들도 있다. [그리스어 단어들은 전형적으로 고대 라틴어와 중세 프랑스어를 통해 전달된 것들이다. *theater*(극장)가 그 예이다.]

이론적으로 말하자면, 영어에서 "th"는 두개의 글자로 이루어져 있지만, 소리적인 면에서는 자신만의 소리를 갖는 하나의 글자에 상당한다. 그리스어와 고대 영어 알파벳에도 그러한 경우들이 있었지만, 로마 알파벳에는 그러한 경우가 없었다. 192-194쪽에서 설명한 바와 같이, T와 H의 결합은—고대 로마에서 처음 시도되었고, 다음에는 중세시대의 영국에서 시도되었는데—로마 알파벳 글자로는 표기할 수 없었던 소리들을 나타내기 위한 노력이었다.

þ ð ƿ ʒ

위의 글자들은 고대 영어에 사용되었던 여분의 글자들이다. 중세시대 초기의 영어 글쓰기에는 로마 알파벳에 들어 있지 않은 글자가 적어도 4개가 사용되었다. 전통적인 로마 알파벳 글자들로는 표기할 수 없는 고대 영어의 소리들을 표기하기 위한 앵글로-색슨족의 글자가 4개 있었다. 그 글자들의 이름은 왼쪽에서부터 쏜(*thorn*), 에쓰(*eth*), 윈(*wyn*), 요(*yogh*)였다. 윈은 W가 만들어지기 이전에 "w" 소리를 나타냈으며, 요는 "y"와 "g" 소리 사이에 해당하는 기식음을 나타내기 위한 것이었다. 윈과 요에 대한 더 자세한 내용은 391-92쪽과 414쪽에서 설명한다.

쏜과 에쓰 둘 다 영어의 "th" 소리를 나타냈다. 엄밀하게 말한다면, 쏜은 ["thin"(얇은), "thank"(감사해 하다)에서와 같은] 무성음을 표기하기 위한 것이고, 에쓰는 ["then"(그때에), "than"(~보다)에서와 같은] 유성음을 표기하기 위한 것이다. 하지만 현존하는 옛

문서들은 그 두개의 글자들이 종종 일관되게 사용되지 못하였음을 보여준다. 에쓰보다는 쏜이 더 선호되었다는 것이다. 쏜은 북유럽에서 예전에 사용되던 룬 알파벳에서 차용된 것이지만 (175-76쪽을 참조하라) 에쓰는 앵글로-색슨족들이 만든 글자였다. 형태상으로 에쓰는 횡선이 덧붙여진 언셜체의 D처럼 보였다. 그리고 형태상의 이러한 유사성은 의심할 것 없이 의도적인 것이었다. "d"는 에쓰가 나타내는 유성음 "th" 소리와 비슷한 소리였다. ("den"과 "then"을 비교해 보라.)

앵글로-색슨족의 글자들은 1066년에 있었던 노르만 정복 이후에 점차적으로 사용되지 않게 되었다. 그러한 변화는 영어를 프랑스-로마식에 보다 더 "적합하게" 표기하려고 애를 쓴 노르만 치하에서 교육을 받은 성직자들과 선생님들로부터의 압력 때문이었다. 고대 로마 사람들이 그리스어의 "th" 소리를 로마 알파벳으로 옮겨 적었던 예들에 의존하여 노르만 정부의 권위자들은 쏜과 에쓰 대신에 TH를 사용하기 시작하였다.

에쓰는 1300년경에 영어의 철자에서 완전히 사라지고 TH로 대체되었다. 쏜은 대체로 TH로 교체되기는 했지만, 19세기까지는 영국 영어의 몇몇 단어들에 남아 있었다. 이에 대한 자세한 내용은 415-417쪽을 참조하라.

조그만 점이다. 중세시대 영어에서의 관례들로는 티틀은 학교에서 배운 알파벳의 마지막 글자이기도 하였다. X, Y, Z 다음에 아이들은 기억을 위해 두 글자를 더 써 넣었다. &와 ÷가 그 글자들이었는데, 첫글자는 (라틴어로 "and"를 뜻하는) 에트(*et*)라는 단어를 대신한 것이고, 두번째 글자는 (라틴어로 "is"를 뜻하는) 에스트(*est*)라는 단어를 대신하는 것이었다. 두번째 부호가 "티틀"이라 불렸다. 티틀 다음에다 아이들은 "amen"(아멘)을 써야 했다. 아이들은 자기가 쓴 알파벳 글자들을 큰 소리로 외울 때 "엑스"(*eks*), "위예"(*wye*), "제드"(*zed*), "에트"(*et*), "티틀"(*tittle*), "아멘"(*amen*)으로 끝을 내야 했다.

따라서 가장 작은 글자들인 *and last*까지를 모두 의미하는 "fits to a tittle"이 원래의 표현이었을 수 있을 것이다. 그러나 중세기 말엽에 이르러 티틀이 교실에서 더 이상 사용되지 않게 되자 그 표현은 "to a T"라는 관용적 표현으로 변하게 되었다. 이제는 우리도 "to a T"라는 표현을 보면 "에트, 티틀, 아멘"이라고 말할 수 있다.

*우리 모두를 위한 U. 1997년 보스니아-헤르체고비나(Bosnia-Herzegovina)의 사라예보(Sarajevo)에서 아일랜드의 록밴드 U2의 보노 복스(Bono Vox)가 역사적인 자선공연을 시작하면서 취한 활기에 찬 자세에 글자 U가 신비스럽게 만들어져 보이는 듯하다. 잔인했던 보스니아 내전으로 인한 상처의 치유책으로 열린 이 록밴드 공연은 구 유고슬라비아와 중앙 유럽을 비롯한 각지에서 50,000명의 젊은이들이 대거 참여한 사라예보의 역사상 가장 큰 행사였다. (U2라는 이름의 의미에 대해서는 372쪽을 참조하라)*

# U를 이해하기

U 숨겨져 있는 몇가지 사실들을 명확히 밝히지 않은 채 U에 대해 이야기를 해봐야 혼란만 엄청나게 가중시킬 것이다. 사정이 그러하니 "U와 그녀의 가족"이라는 우화로 접근을 시도해보기로 하자.

우리의 다섯번째 모음글자인 U에게는 딸이 둘 있다. 그 딸들은 자음 V와 W로 알파벳의 순서상으로는 U 다음에 나온다. V와 W는 유럽의 중세기와 문예부흥기를 거치면서 U로부터 서서히 태어났다. 그 이전인 고대 로마 시절에는 U는 혼자였다. U에게는 아이들이 없었기 때문에 (로마 알파벳은 T, U 다음에 X, Y, Z 뿐이었다) U는 나중에 생길 아이들이 담당해야 할 일들 중의 얼마간을 도맡아 하도록 강요당했다. 고대 로마 알파벳의 U는 친숙한 "u" 소리뿐만 아니라 모음 앞에 위치할 경우에는 "w" 소리도 나타낼 수 있었다.

로마 알파벳에서 "w" 소리를 나타내던 이 U는 "quart"(액량의 단위), "quest"(탐구), "require"(~을 필요로 하다) 등에서와 같이 Q

와 모음 사이에 나타나는 글자로 오늘날도 영어에 살아 남아 있다. [“queue”(줄)는 몇 안 되는 예외 중의 하나이다.] 때로는 “suave”(온화한), “persuade”(설득하다), “sanguine”(자신감이 넘치는), “language”(언어) 등에서와 같이 U가 S와 모음 사이에 나타나거나 G와 모음 사이에 나타날 경우들도 있다. 그러한 단어들의 대부분은 라틴어에서 온 것들로 중세기 프랑스어를 통해 영어에 전달되었다. 하지만 [queen(여왕), *quick*(기민함)과 같이] 예외적인 단어들이 몇개 있는데, 그 단어들은 고대 영어 자체에서 왔으며 오늘날에도 그 단어들의 철자는 프랑스어-라틴어 방식을 따르고 있다.

아이들이 다 장성한 다른 많은 어머니들이나 마찬가지로 U는 아이들이 태어나기 이전에는 그 모습이 다소 달랐었다. 되돌아가 줄리우스 케사르(Julius Caesar)나 마르크스 아우렐리우스(Marcus Aurelius)[(A. D. 121–180) 로마 황제(161–180)이며 철학자: 역자주]가 통치하던 로마시대에는 U의 형태는 보다 더 선이 날카롭고 세련되고 품위가 있었다. 실제로 U는 나중에 태어날 딸인 V와 (V의 소리는 없었지만) 그 모습이 정확하게 똑같았다. 따라서 암석에 새겨진 로마시대의 명문들에서는 위에서 언급한 황제들의 이름은 IVLIVS CAESAR와 MARCVS AVRELIVS로 나타날 것이다.

U의 인생에는 다른 글자들도 있었다. Y, 특히 모음으로서의 Y는 U의 반동생이다. U와 Y는 둘 다 고대 그리스 알파벳의 U에서 나왔다. 그러나 믿든 안 믿든 U와 가장 오래전부터 그리고 가장 깊게 관련을 맺은 글자는 F이다.

F와 U라? 마치 농담처럼 들린다. F와 U는 영어에서 가장 상스러운 글자들의 표상이다. 이 두 글자는 모든 성인 영어 화자들의 마음속에 들어 있는 우중충한 헛간에서 비밀리에 상스럽게 입을 맞춘다. 하지만 이 두 글자는 서로간에 고결한 관계도 맺고 있는 듯하다. U와 F는 그리스 사람들이 베껴 사용하였던 기원전 800년경쯤의 고대 페니키아

알파벳에서의 같은 글자로부터 나왔다. 하나의 페니키아 글자로부터 그리스 사람들은 자신들의 편의를 위해 서로 다른 두개의 글자를 만들어내었던 것이다. 하나는 자음이었고 하나는 모음이었는데, 그 글자들이 성장하여 결국 우리의 F와 U가 된 것이다. 따라서 부도덕하든 그렇지 않든 두 글자는 사촌지간이다.

오늘날까지도 영어의 F, V, W 소리 사이에는 가족으로서의 닮은 모습이 존재한다. 마찰음이라는 부류에 함께 속하는 F와 V는 그 발음이 매우 비슷하다. 그리고 "f" 소리는 "w" 소리를 발음하기 어려운 외국 사람들이 영어를 배울 때 그들의 발음에서 "w" 소리를 대체할 수 있다(또는 "v" 소리가 "w" 소리를 대체할 수도 있다). 예를 들면, 독일 사람들이나 동유럽의 어떤 국가 사람들은 "what"(무엇)을 "fhat"로, "which"(어느 것)를 "fich"로 발음한다.

이렇게 확장된 가족의 구성원들을 염두에 둔다면, 이제는 U를 이해하기 위한 이야기를 시작할 수 있다. 이야기는 고대 페니키아 알파벳의 여섯번째 글자인 와우(*waw*)로부터 시작된다. F의 장에서 설명한 바와 같이 와우는 "(천막용) 말뚝"을 의미하며 글자의 형태는 말뚝 모습의 Y 형태였다. 그리고 와우는 그 이름의 시작에 나타나는 소리인 "w" 소리를 나타냈다.

우리의 모음글자들은 모두 고대 그리스 알파벳들로부터 태어났다. 앞의 장들에서 그리스 사람들이 자음만으로 구성된 페니키아 알파벳으로부터 어떻게 A, E, I, O를 만들어냈는지 설명한 바 있다. 그리스 사람들은 페니키아 알파벳 글자들 중에서 그리스어에 필요하지 않은 소리를 나타내는 것을 몇개 골라서 그 글자들의 의미를 모음으로 바꾼 것이다. U는 페니키아 알파벳의 와우를 베껴서 모음을 부여한 것이다. 와우를 선택한 것은 분명 "w" 소리와 "u" 소리 사이에 약간의 유사성이 있기 때문이었을 것이다.

그러나 그런 가정을 하기에는 한가지 복잡한 문제가 있다. 그리스 사람들은 이미 와우를 베껴 자신들의 알파벳의 여섯번째 글자로 삼아 "w" 소리를 부여한 바 있기 때문이다. 이 그리스 글자가 (오늘날 여섯번째 글자인) 우리의 F의 선조가 되었다. 그럼에도 불구하고 그리스 사람들은 U라는 글자를 만들기 위해 분명히 페니키아의 와우를 다시 베껴서 아직 형성단계에 있었던 자신들의 알파벳의 끝자락에 배치하였다. (또한 그리스 사람들은 "w" 소리를 나타내는 자신들의 글자를 U와는 같아 보이지 않도록 형태를 고쳤다.) 역사상 당시의 그리스 알파벳에서 23번째 글자였던 U는 22번째 글자였던 T 다음에 나오는 글자였다. 그리스 사람들은 나중에 4개의 글자들을 더 만들어 U 다음의 글자들로 알파벳에 끼어 넣었다. 이 모든 것들이 27세기나 지난 오늘날의 알파벳에서 왜 U가 T 다음에 나오는가를 설명해준다.

그리스 알파벳의 U는 읍실론(*u psilon*)("ew-psil-on"으로 발음되었음)이라 불렸으며, 그 의미는 "벌거벗은 U"였다. 이 이름은 근본적으로 글자의 소리를 나타낸 것이었다. [오늘날에는 하나의 단어로서의 읍실론(*upsilon*)이 선호되는 형태이다.] 그리스 알파벳의 U는 아마도 독일어의 *ü* 와 같은 소리로 발음되었을 것이다. 구체적으로 말하면, "ew"나 심지어는 "ih"에 가까운 입을 좁게 오므려 내는 소리였다.

형태에 있어서 읍실론은 페니키아의 와우의 형태인 Y처럼 보였다. 몇세기가 지난 후 Y형태는 또 다른 경로를 통해 우리의 Y라는 글자를 만들어내었다.

기원전 700년경에 이르러 그리스 알파벳의 U는 이탈리아의 에트루리아 알파벳으로 베껴져 들어갔다. 그리고는 기원전 600년이 되기 이전에 에트루리아 알파벳에서 로마 주변의 라틴어 화자들을 위해 또다시 로마 알파벳으로 베껴져 들어갔다. 아마도 에트루리아 알파벳을 따라 로마 사람들은 그 글자를 유(*u*)("oo")라고 불렀을 것이다. 라틴어에 사용되던 U는 분명코 그리스어에서 입술이 보다 더 평탄한 상태에서 만들어지는 소리로 발음되었을 것이다. 보다 더 마치 오늘날의 영어의 모음인 U처럼 발음되었을 것이다. 라틴어에서는 아마도 "rude"(버릇 없는)에서와 같은 장모음으로서의 U 소리와 "put"(놓다)에서와 같은 단모음으로서의 U 소리를 나타내는 것으로 사용되었을 것이다.

U가 나타내는 소리는 특히 운문과 웅변에 있어서는 로마 사람들의 귀에는 슬픔에 차 있는 그리고 아주 원시적인 소리로 들렸을 것이다. 라틴어에는 "울부짖다"라는 의미인 *ululare*"oo-loo-lah-rhe"라는 의태동사가 있다. 버질(Vergil)이라는 시인은 이 단어를 즐겨 사용하였는데, 이 단어는 후에 영어의 "ululate"라는 단어가 되었다. 그리고 U는 로마의 시인 호레이스(Horace)가 기원전 15년경에 한줄의 시로 쓴 인간의 행복과 성취의 허무함에 대해 명상하는 *Pulvis et umbra sumus*(우리는 단지 먼지와 그림자에 불과하다)[Ode(송시) 4.7]라는 아주 훌륭한 시구절도 우리에게 전해준다.

공식적으로는 로마 알파벳의 U는 V의 형태였다. 이 V 형태는 에트루리아 사람들이 선호했던 것으로 Y의 형태에서 줄기를 빼낸 형태에서 나온 것이었다. V 형태는 기원전 500년부터 500년까지 약 1,000년간 U의 주된 형태로 이어져 왔으며, 그 이후 12세기 동안 경쟁자로 존재해왔다.

V의 형태를 한 U는 (123쪽에서 제시된 바 있는) 트라얀 원주의 명문과 같은 로마 제국 시대의 명문들과 고대 로마 시대에 잉크로 쓴 다양한 글들에서도 나타난다. 지속적이지는 못했지만 보다 더 둥근 형태의 U로 변해가려는 경향은 아직도 남아 있는 라틴어로 쓴 벽면 글씨들의 조각들과 기원전 1세기경에 비공식적으로 쓰여진 글들에서 찾아볼 수 있다. 이러한 사실은 놀라운 것이 아니다. 그 이유는 V 형태는 새겨 넣기에는 쉬었지만 U 형태가 파피루스나 소나 양의 가죽과 같이 부드러운 표면에 잉크로 빨리 쓰기에 훨씬 더 쉬었기 때문이었다. 로마 사람들이 일상생활속에서 쓴 글들에서는 V 형태가 U처럼 보이도록 쓰여지기 십상이었을 것이다.

로마 사람들의 이 선거홍보글에 담긴 글자 U는 항상 완벽하게는 아니지만 V 형태를 하고 있다. 폼페이(Pompei)의 어느 한 벽에다 페인트를 이용하여 붓으로 쓴 이 홍보글은 79년에 폼페이시를 뒤덮은 화산재 밑에 수세기 동안 감춰져 있었다. "모든 과일 판매상들"(pomari universi)이 시민들에게 마르크스 홀코니우스 프리스쿠스(Marcus Holconius Priscus)를 시장으로 선출할 것을 촉구하고 있다. 벽보에는 후보의 성이 거의 현대적 감각으로 상단에 가장 큰 글자들로 배치되어 있다.

둥그런 형태의 U는 300년경에 출현한 로마 시대 말엽의 언설체라는 펜으로 쓴 형태의 글들에 처음으로 규칙적으로 나타난다. 언설체는 로마 알파벳의 대문자들을 펜으로 쓰기 위한 글자체였기 때문에 둥그런 형태가 선호되는 것은 자연스러운 것이었다. 800년경에 개발된 영향력 있었던 카롤링거 왕조풍의 소문자체를 비롯한 중세기 초엽의 (전부는 아니었지만) 몇몇 필사체들에서는 U 형태로 쓰는 것이 관례가 되었다. 앵글로-색슨 사람들은 라틴어로 글을 쓰기 위해 둥근 형태의 대문자 U를 만들어 사용하였음에도 제목이나 문장의 시작 등과 같이 대문자들을 써야 할 위치에서는 여전히 V 형태를 즐겨 썼다. 중세기의 몇몇 글자체들은 소문자 u와 더불어 대문자 V를 사용하였다. 펜을 이용한 라틴어로 쓴 글들에서 그러한 변형은 대수롭지 않은 일이었던 듯하다.

그러나 라틴어 권역 바깥인 서유럽의 신생 언어들과 문학에서는 사소한 일이 아니었다. 여기서는 V 형태와 U 형태가 경쟁의 끝을 보도록 강요당하였다. 중세기의 프랑스어, 이탈리아어, 영어에서는 상대적으로 새로운 자음소리인 "v"라는 존재가 있었기 때문이었다(이에 대해서는 다음 장에서 자세히 설명한다). 따라서 소리가 글자를 찾아다니는 형국이 되었던 것이다. 중세기의 영어나 프랑스어 화자들은 "v" 소리를 글자 U의 자음소리로 이해하였으며, "v" 소리를 "u" 소리를 나타내는 똑같은 글자형태로 썼다. 그러한 이유로 V 형태와 U 형태는 상호교차하여 "v" 소리와 "u" 소리를 나타내었다.

1300년대와 1400년대의 중세영어 시대에 들어오자 이러한 방법이 적당치 못함을—두개의 소리와 두개의 글자가 적절하게 기능을 하지 못함을—깨닫게 되었다. 그러자 소리에 관계 없이 단어의 첫자리에서는 V를 사용하고 그외의 자리들에서는 U를 쓰려는 시도가 자연스럽게 일어났다. 그런 식으로 철자를 하게 되자 *vain*(헛된)과 *vice*(악덕)가 *vnder*(~의 아래에)와 *vpon*(~의 위에)가 함께 쓰이게 되고, *cure*(치료하다)와 *full*(가득 찬)과 더불어 *saue*(구하다)와 *euer*(언제나)가 함께 쓰이게 되었다. 영국에서의 이러한 철자법은 (1476년에) 인쇄술이 도입될 때까지 두세기나 계속되었다. 많은 예들이 있지만, *loue*(사랑)와 *knaue*(악한), *undo*(되돌리다)와 *vnison*(조화) 등이 초기에 인쇄된 셰익스피어의 희곡들 도처에서 찾아볼 수 있는 예들이다.

인쇄에 있어서는 두 소리와 두 글자 사이에 치열한 싸움이 일어나 결국 순진하게도 V 형태의 글자는 "v" 소리를 차지하고 U 형태의 글자는 "u" 소리를 차지하게 되었다. (이론적으로 본다면, V 형태의 글자가 모음소리인 "u"를 받는 다른 방법으로 결말이 날 수도 있었다. V 부호를 "v" 소리로 결정하게 된 요인들에 대해서는 다음 장에서 설명한다.)

U와 V 사이의 이와 같은 조정은 1500년대 중반에 이탈리아의 인쇄자들 사이에서 시작되었다. 이러한 관례는 1700년경에 이르기까지 영국의 인쇄에서는 일반화되지 못하였다. 한편 영국과 독일에서는 또 다른 소리인 "w"가 자신만의 글자인 "더블유"(*double-U*)를 얻었다. 이렇게 해서 U의 두 딸들인 W와 V가 태어나게 되었다.

후련하게도 U는 소리가 단순해졌다. 영어에서 U가 나타내는 중요한 소리는 "mud rules"(종잡을 수 없는 규칙들)에서와 같이 단모음 "u"

*Enter Bernado, and Fransico, two Centinels.*

Ber. VVHoſe there?
Fran. Nay, anſwere me: ſtand, and vnfolde yourſelfe.
Ber. Long liue the King!
Fran. *Bernado.*
Ber. Hee.
Fran. You come moſt carefully vpon your houre.
Ber. Tis now ſtrooke twelfe, get thee to bed *Franciſco,*
Fran. For this reliefe much thanks, tis bitter cold,
And I am ſick at hart.
Ber. Haue you had quiet guard?
Fran. Not a mouſe ſtirring.
Ber. Well, good night:
If you doe meete *Horatio and Marcellus,*
The riualls of my watch, bid them make haſt.
*Enter Horatio, and Marcellus.*
Fran. I thinke I heare them, ſtand ho, who is there?
Hora. Friends to this ground.
Mar. And Leedgemen to the Dane,
Fran. Giue you good night.
Mar. O, farewell, honeſt ſouldiers, who hath relieu'd you?
Fran. *Bernado* hath my place; giue you good night.

Exit Fran.
Mar.

1603년에 출판된 셰익스피어의 부정확한 첫번째 4절판의 정정판으로 1604년에 런던에서 두번째로 출판된 4절판의 『햄릿』(*Hamlet*) 첫면에 U와 그녀의 어린 가족들이 매우 뚜렷하게 자리를 잡고 있다. 셰익스피어 시대의 영어에서는 "u" 소리와 "v" 소리 모두 사용되었지만, 여기서는 형태적으로는 구분이 되지 않았다. 소문자로 쓴 글에서는 두 소리 모두 u의 형태로도 v의 형태로도 나타날 수 있다. [*vnfolde*(펼쳐진), *vpon*(~위에)과 같이] 단어의 첫자리에서는 항상 v로 나타나야 하지만, [*your*(당신의), *liue*(살다), *much*(많은), *riualls*에서와 같이] 그 이외의 자리에서는 u로 나타난다. 대체로 W는 대개 우리가 현재 알고 있는 것과 마찬가지로 철자되어 인쇄에 사용되었다. 한가지 예외는 첫줄에서 대문자로 사용되는 경우였다—첫줄에서 대문자로 사용될 경우에는 깨진 형태의 W가 사용되었는데, 이는 아마도 당시의 인쇄자들에게는 그렇게 큰 크기의 W 활자가 없어 V를 두개 연이어 사용했기 때문이었다. VV는 바로 W의 이름을 상기시킨다. W는 다름 아닌 "두개의 U" (또는 프랑스어로는 "두개의 V")였기 때문이다. (사정상 셰익스피어의 4절판 정정판의 실제면을 싣지 못하게 되어 해당면의 일부를 타자한 것임.)

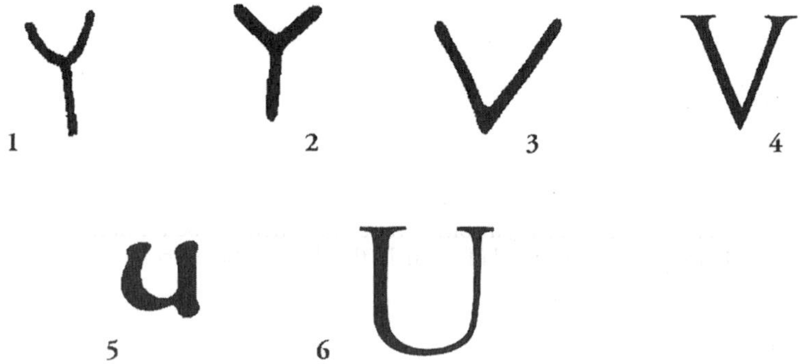

(1) 기원전 1000년경의 "말뚝"이라는 의미의 페니키아 알파벳 와우. 이 글자는 페니키아 알파벳의 6번째 글자로 "w" 소리를 나타냈다. (2) 기원전 700년경의 그리스 알파벳의 읍실론. 이 글자는 페니키아의 와우를 모방한 것이지만, 모음소리인 "u"를 나타냈으며, 초기 그리스 알파벳의 23번째 글자였다. (3) 기원전 500년경에 에트루리아 사람들이 선호한 줄기가 없는 형태의 U이다. 이 에트루리아 글자는 그리스 글자를 베껴 만든 것이며, 다시 로마 알파벳으로 베껴졌다. (4) 113년에 트라얀의 원주에 새겨진 로마 알파벳 U. 다른 글자들의 형태나 마찬가지로 로마 사람들은 글자의 한쪽 팔을 넓히고 가는 선을 덧붙여 묵직함과 우아함을 실었다. 구어 라틴어에서 이 글자는 "u"로 발음되거나 모음 앞에서 "w"로 발음되었다. (5) 언셜 필사체로 쓴 둥근 형태의 U로 600년대에 라틴어로 쓴 글들에서 나온 것이다. 이 형태는 V 형태와 다음 천년간 U라는 글자로 공존하였다. 1400년대 후반에 들어와 잉크로 쓴 둥근 형태는 초기 활자체 도안자들이 자신들의 인쇄에 사용할 소문자 u의 형태를 만들어낼 바탕을 마련해주었다. (6) 1914년에 미국인 브루스 로저스(Bruce Rogers)가 도안한 고전적 양식의 센토체(Centaur)의 U로 벽 등에 새겨진 로마의 대문자 U에 영향을 받았음이 명확해보인다.

와 장모음 "u" 두개가 되었다. 전문적으로 말하면 (두 소리를 발음할 때의 혀의 위치를 기준으로 말하면), 장모음 U는 고후설 모음이고 단모음 U는 저전설 모음이다. "loot"(전리품)와 "lute"(봉니), "son"(아들)과 "sun"(태양)과 같은 동음이의어들에서와 같이 어떤 경우의 O의 발음에서도 혀가 이들 두 위치에 위치할 수도 있다. U와 O가 소리에 있어 중복될 경우에는 대체로 O가 U의 영역을 침범한다.

장모음 U가 나타내는 "oo" 소리는 대체로 아기들이 생후 2개월쯤 되었을 때 처음으로 내는 소리들이라 여겨지는 3개의 소리들 중의 하나로 특징지어진다—다른 두개의 소리는 "ah"와 "ee"이다. 아기들이 내는 다음 단계의 소리들로는 이들 모음 앞에 나오는 "g"와 "m"같은 쉽게 발음할 수 있는 자음소리들이다.

U는 무엇인가를 환기시키는 형태와 이름을 지닌 덕분에 영어의 어휘에 공헌을 해왔다. 유턴(U-turn)을 하는 것은 케이턴(K-turn)을 하는 것보다 더 빠르지만 더 위험하다. 기술자들이나 과학자들은 U자형 틀(U-frame)이나, U자형 관(U-tube)이나, U자형 구획(U-section)을 만들어 사용할 수 있을 것이다. "you"(당신)를 뜻하는 U는 "Reeboks let U B U"(리복은 당신이 당신을 사게 만듭니다)라는 예전의 인쇄광고물이나 교회 마당의 게시판에 게시된 "Ch_ _ch: 무엇이 빠졌습니까?"에서와 같이 수수께끼 글자로 사용되는 단골손님이다.

아일랜드의 인기 록밴드 U2는 어느 정도는 아일랜드의 U-2라는 연방실업보험신청서의 이름을 익살맞게 사용한 것으로, 이 이름은 U2가 만들어질 당시인 1978년경의 세상을 우리들에게 상기시킨다. [UB40이라는 밴드의 이름도 비슷하게 붙여진 것으로 영국의 실업수당신청(British unemployment paperwork)의 이름을 따서 만든 이름이다.] 전혀 다른 U-2가 있는데, 이는 고공비행을 하는 미공군의 첩보비행기로 의도적으로 애매모호한 범주인 "효용(utility)"을 따서 붙인 이름이다. 한때는 비밀에 부쳐졌던 이 항공기가 당혹스럽게도 소련이 이 항공기 한대를 격추시켜 조종사를 생포한 후인 1960년에는 가정에서 다반사로 입에 오르내리는 단어가 되어 버렸다. 보다 더 최근에 U-2를 이용한 작전은 사담 후세인(Saddam Hussein)의 이라크(Iraq)를 정찰하는 것이었다. 두번의 세계대전에 투입되었던 독일의 가공스러웠던 U-보트(U-boat)는 잠수함으로 "바다속 보트"라는 의미의 독일어 단어인

*Unterseeboot*를 따서 붙인 이름이었다.

기묘하게도 U는 C와 O와 더불어 깔끔하게 굽은 곡선으로 기분을 유쾌하게 만들어주는 효력을 공유한다. U는 쇠로 만들어진 강하고 효능이 있는 말발굽이나 자석을 암시한다. 그러한 암시적 의미가—미국의 공식적 상징물로는 그리고 다른 문헌들에서는 거의 사용되지 않았지만—광고물이나 다른 인쇄물들에서 끊임 없이 사용되어왔다. 2001년 9월 11일에 있었던 테러리스트들의 무참한 공격 후에 취한 대응 중 가장 신랄하면서도 용기를 북돋아 주는 그러면서도 아주 단순했던 구호는 대문자 U를 자신감 넘치는 모습으로 크게 써서 버스 정류장, 상가의 진열장 그리고 다른 많은 장소들에 게시하였던 "뭉치면 일어 설 수 있다"(United We Stand)였다.

*역사적으로 유명한 V. 영국 수상 윈스턴 처칠(Winston Churchill) 이 2차 세계대전 중인 1943 년 6 월에 런던 시민들에게 손을 높이 들어 "승리"(Victory)의 상징을 만들어 보이고 있다. 암울했던 전쟁이 끝난 후인 1941 년에 처칠이 영국 국민들의 사기를 북돋아주기 위해 생각해낸 V 표시는 군대와 영연방 국가들과 종국적으로는 미국에서 나치 독일과 일본제국에 대한 대항의 상징으로서 대단한 인기를 얻었다. 처칠은 처음에는 손가락 마디를 바깥으로 향하게 하는 손짓의 상징을 만들었지만, 그러한 손짓에는 이미 "세워라"(Up yours)는 속된 의미가 있음을 알고 나서는 엄지를 바깥으로 향하게 하는 손짓으로 바꾸었다. 의심할 바 없이 그간 오랫동안 지녀왔던 그런 숨은 의미가 V 표시가 통속성을 얻는데 도움이 되었다.*

# V-스러움의 탄생

V 바다에서의 승리(victory). 모피 옷을 입은 비너스(Venus). 위험부담 자본(venture capital). 베리존(Verizon)[미국 통신전문업체: 역자주]과 비아콤(Viacom)[미국 미디어콘텐츠회사: 역자주]. V라는 글자는 그 글자가 들어 있는 단어들에다 풍미와 극적인 분위기를 더해줄 수 있다. 주목하지 않을 수 없는 형태와 원기왕성한 소리를 지니고 있어 V는 목적, 몰두, 향상을 암시한다. V는 탐조등, 창살의 촉, 천공기의 진동막대, 기도하는 모습, 배의 물가름일 수도 있고, 또는 8,000만년 된 누층에서 날개를 펴고 있는 거위도 될 수 있다.

이러한 연상들 중에 어떤 것은 V라 알려진 신비의 여인을 쫓아 다니는 두 주인공의 인생역정을 1950년대부터 1910년대까지 추적하는 내용으로 1961년에 출판된 토마스 핀천(Thomas Pynchon)의 소설 『브이』(*V*)에 나타난다. 실체가 없는 V는 줄곧 계몽(깨우침)이라는 먼 골대를 제시하다가 마침내 그녀(V)는 20세기[프랑스어로는 (*vingtième siècle*)임]와 인간의 성욕성을 상징하는 것임을 불완전하게나마 드러낸다: 즉, V라는 글자가 비너스 여신이나 두개의 다리를 상징하는 것으로 사용된 것이다.

V와 J는 영어에서 가장 어린 글자들이라는 공통점이 있다. 두 글자 모두 겨우 19세기 중엽에 이르러서야 우리의 알파벳에 정식으로 받아들여졌다. V와 J가 1700년에 이르러 인쇄물에 규칙적으로 사용되었음에도 19세기 중엽 이전에는 많은 사람들이 V와 J를 각각 자음으로 사용되는 U와 I의 형태로 간주하였다. 다시 말하면, 모음의 변이형들이었던 글자들이 이제는 알파벳의 글자 순서상 각각의 모음 뒤에 따라 나오는 것이다.

J는 I로부터 탄생된 반면에 V는 U로부터 탄생되었다(W도 U에서부터 탄생되었다). V와 J의 역사는 같은 모습으로 흘러왔다. 두 글자는 모두 (500년에) 로마제국이 붕괴되기 전부터 시작된 유럽 언어들에서의 방대한 변화에 대한 훗날의 대응으로서 출현했고 후에 그 사용이 가속화되었다. 구어적 라틴어가 붕괴됨에 따라 프랑스어, 스페인어와 같은 예전의 로마 알파벳으로는 전혀 표기될 수 없는 소리들을 갖고 있는 중세 로망스어들이 탄생되게 되었다. 그러한 소리들이 결국 자신들만의 글자들을 요구하게 되었던 것이다.

그러나 100년경쯤으로 되돌아가 본다면, 로마 사람들에게는 23개의 글자만으로도 문제가 없었다. 라틴어와 더불어 그리스어에서 차용한 문화에 대한 어휘들을 표기하기에 23개의 글자로 충분했던 것이다. 따라서 당시에는 J, W, V 이 세 글자는 존재하지 않았다.

독자들은 여기서 잠시 주저할는지 모르겠다. 고대 로마에는 V가 없었다고? 비너스(Venus)는 로마의 여신이 아니었단 말인가? 베수비우스(Vesuvius)라는 이탈리아의 화산은 또 무엇이고, 베스파시안(Vespasian)이란 로마 황제는 또 누구란 말인가? 게다가 줄리우스 케사르가 전쟁이 끝나자 집으로 보낸 "*Veni, vidi, vici*"(나는 왔노라, 보았노라, 정복했노라)라는 전문은 도대체 무엇이란 말인가? 이런 것들은 어떻게 하고 로마 알파벳에 V가 없다고 할 수 있는가?

그에 대한 답은 이렇다: 위에 든 예들에서 사용된 로마글자는 결코 V가 아니었던 것이다. 그것은 다름 아닌 U로 쓰기만 V로 썼지 그 발음은 "w"였던 것이다.

오늘날의 분석에 의하면, 고대 구어 라틴어에는 "v" 소리가 없었다. 그에 가장 가까운 소리는 F로 표기되었던 "f" 소리였다. 그러나 라틴어에는 종종 음절의 시작에 나타나는 "w" 소리가 있었다. 케사르가 외쳐댔던 말은 "*Way-nee, wee-dee, wee-kee*"였던 것이다. 비너스의 이름은 사실은 "*Way-nus*"로 발음되었던 것이다. 시골녘에 새로 지은 주택은 *villa nova* "willa no-wa"였다. 앞장 (367쪽)에서 인용된 바 있는 로마의 시인 호레이스의 시구절—*Pulvis et umbra sumus*(우리는 단지 먼지와 그림자에 불과하다)—에서 "먼지"에 해당하는 라틴어 단어는 바람에 흩날리는 재와 다소 비슷한 소리인 "pul-wis"로 발음되었다.

로마 사람들은 자신들의 "w" 소리를 나타내기 위해 U라는 글자를 자음으로 사용했던 것이다. 그것이 바로 U가 맡았던 두번째 임무였다. U가 맡은 중요한 임무는 모음으로서의 역할이었다. *murus*(벽), *manu*(손으로)와 같은 라틴어 단어들에서 자음글자의 앞이나 단어의 끝에 올 때는 모음으로 사용되었다. 그러나 모음글자 앞에서는 로마 알파벳의 U는 자음 "w"로 인식되었다. "kwair-cus"로 발음되었던 *quercus*(참나무)라는 단어는 U가 모음으로도 자음으로도 사용되었음을 증명해준다. 처음에 나온 U는 자음으로 그 다음에 나온 U는 모음으로 사용된 것이다.

*Venus*와 *villa*라는 라틴어 단어의 시작에 쓰인 U는 자음으로서의 U였다. *Venus*에서 첫번째 글자와 네번째 글자는 오직 오늘날의 글자형태에서만 다르게 보일 뿐이다. 고대 로마 사람들이라면 *Venvs*로 쓰거나 아니면 비공식적 형태로는 *Uenus*라 썼을 것이다. V와 U 형태가 당시에는 같은 글자인 U로 간주되었다—이 점에 대해서는 앞장에서 설명한 바 있다. *Uenus*라는 철자는 우리 현대 독자들에게는 *quercus*에서와 같이 U가 다른 방법으로 두번 사용되었음을 보여줄 것이다. 오늘날의 단어

인 “yearly”(연 1회의)와 비교해보라. 자음으로서의 Y로 시작되고 모음으로서의 Y로 끝나지만 어떠한 혼동도 생기지 않는다. 어떤 Y가 어떤 목적으로 사용되었는지를 음성환경이 말해주기 때문이다.

라틴어에서 U를 자음으로도 사용한 것에는 나름대로의 논리가 있었다. 논리는 모음으로서의 U에서 나온 것으로 U는 또 다른 모음 앞에 위치하게 되면 자연스럽게 “w” 소리를 만들어내는 경향이 있기 때문이었다. “nuance”(뉴앙스), “fluent”(유창한), “suing”(소송을 제기하는)과 같은 영어 단어들에서도 같은 현상이 일어남을 알 수 있다. 두개의 모음소리가 결합하는 대부분의 경우 [*co-op*(협동조합)에서와 같이] “w” 소리나 (*Fiona*에서와 같이) “y” 소리가 만들어진다. 기원전 600년경에 알파벳을 받아들인 로마 사람들은 자신들의 “w” 소리를 나타내기 위해 자연스럽게 “w” 소리를 좋아하는 U를 선택했던 듯싶다. 이런 상황은 I의 경우에도 마찬가지였다. I도 역시 “y” 소리를 나타내는 자음으로서의 두번째 임무를 갖고 있었다.

자음으로서의 U는 현대 로망스어들에서도 여전히 자신의 임무를 수행하고 있다. 스페인어의 *agua*(물)라는 단어는 “ah-gwa”로, 프랑스어의 *huit*(여덟)라는 단어는 “hweet”로 발음된다. 영어에서는 Q 다음 자리에서 한 가지 역할을 단단히 하고 있다. 영어에서 Q는 그 다음에 두개의 모음이 따라오지 않는 한 결코 사용되지 않는데, 그중 첫번째 모음이 U로 *quart*(액량의 단위), *question*(질문), *inquire*(문의) 등에서와 같이 거의 항상 “w” 소리로 발음된다. 영어에서는 G나 S 다음에서도 U가 자음으로서의 기능을 한다. 이에 해당하는 단어들은 라틴어, 프랑스어나 스페인어에서 온 “anguish”(고뇌), “iguana”(이구아나), “suite”(한벌), “suede”(스웨이드 가죽) 등과 같은 단어들이다[*suede*는 스웨덴(Sweden)에 해당하는 프랑스어 *Suède*에서 온 것이다. 영어의 “Swede-”는 프랑스어의 “Sued-”에 해당한다].

이들 예에서는 Q, S나 G에 가려 보이지 않는 음절의 중간에 U가 나온다는 것에 주목하라. 바로 그 자리가 고대 로마 시대 이래로 “w” 소리를 나타내는 U가 살아 남아 있는 전형적인 위치이다. 하지만 음절의 첫자리와 같이 다른 위치에 나왔던 U는 세월이 흐름에 따라 그 사용이 위축되어 다른 글자로 대체되었다. *victoria*(승리), *caverna*(큰 동굴)이나 *pulvis*(먼지) 등과 같은 무수히 많은 라틴어 단어들에서 자음으로 사용되었던 U는 그후에 "w" 소리로부터 "v" 소리로 변하였다.

그러면 이제 그간 1,000여년간에 걸친 소리의 변화를 추적해보기로 하자. 300년경에 이를 즈음에 로마 제국의 구어 라틴어는 새로운 발음들을 향해 변화해가기 시작했다. 특히 이 책 전편을 통해 언급된 바와 같이 몇몇 자음들이 새로운 소리들을 향해 변화하기 시작했다. 첫째로, 로마의 "w" 소리는 많은 단어들에서 "b" 소리로 변해갔다. "b" 소리로 변함에 따라 입술을 보다 편한 위치에 둘 수 있게 되었지만, 관행이 되어 비린 철자에는 어떠한 변화도 일어나지 않았다. 여전히 *villa nova* 또는 *uilla noua*로 쓰인 시골의 새 주택은 더 이상 "willa no-wa"가 아니라 "billa no-ba"로 발음되었다.

대체로 고대 라틴어에 가까운 현대 스페인어는 초기에 있었던 이러한 변화단계를 그대로 유지하고 있다. 스페인어와 라틴 아메리카의 대부분의 방언들에서 글자 V는 판에 박힌 듯이 B와 똑같이 발음된다. 스페인어의 ("마을"을 의미하는) *villa*는 "billa"로 발음된다. 마찬가지로 *victoria*는 "bictoria"로, *caverna*는 "caberna"로 발음된다.

옛날의 스페인 이외의 지역에서는–로마 제국이 무너지자 구어 라틴어가 갈라져 중세기의 로망스어들로 분화되었던 것처럼–자음으로 사용된 U는 더 변하여 "b"소리에서 "v" 소리로 변하였다. 둥지를 벗어난 언어가 된 프랑스어와 이탈리아어는 900년경에 이 둘째 단계에 접어들었다. 중세시대의 파리 시민들이라면 *villa*나 *caverne*를 오늘날의 우리들이라면 V라고 부를 소리로 발음하였을 것이다. (85쪽에서 살펴본 중세기 프랑스어에서의 B 자체의 변화와 비교해보라.)

다음으로는 영국에서의 사정을 살펴보기로 하자. 오늘날의 연구결과에 따르면, 1000년경의 고대 영어는 게르만 어족내에서의 이전의 변화로 인해 이미 영어만의 “v” 소리를 갖고 있었다. 그 당시 영어의 V 소리는 “love”(사랑하다), “drive”(떼를 짓게 하다), “even”(골고른)과 기타 앵글로-색슨 시대로 거슬러 올라가는 다른 단어들에서 V로 남아 오늘날까지 유지되고 있다. 고대 영어의 알파벳은—라틴어에서 자음으로 사용되던 U를 물려받지 못한 탓에—“v” 소리를 F라는 글자로 나타내었다. 따라서 고대 영어에서 “love”(사랑)는 “luv-uh”로 발음되었고 철자는 *lufu*였다. F는 “f” 소리도 나타냈기 때문에 이와 같이 “v” 소리를 나타내는 것이 F의 두번째 임무였다.

“f”와 “v”는 어느 두 자음들 사이의 관계보다도 훨씬 더 가까운 소리들이다. 함께 순치마찰음으로 분류되는 두 소리는 모두 앞니를 아래 입술에 대어 만들어지는 작은 틈으로 공기를 불어내면서 만들어내는 소리들이다. 중요한 차이는 “v” 소리는 성대의 진동을 동반하는 반면에 “f” 소리는 그렇지 못하다는 것이다. 그 두 소리를 모두 F라는 글자로 표기하는 것은 고대 영어에 있어서는 적합한 일이었다. 하지만 그러한 사용은 곧바로 역사에서 사라져버리게 되었다.

1066년의 노르만 정복은 프랑스어 어휘와 철자법을 영국에 불러들였다. 1300년경에 이를 때쯤에는 중세기 영어는 수많은 노르만식 프랑스어 어휘들로 어휘가 크게 확장되었다. 그중에는 “v” 소리를 포함하고 있는 어휘들이 많았으니, *caverne*, *victorie*, *village* 등이 그 예들이다. 프랑스어에서 “v” 소리를 나타내는 글자는 V 또는 U였기에 그 규칙은 토박이 영어 단어들에도 강요되었다. 그 결과 “love”와 “drive”와 같은 오늘날의 철자들이 만들어지게 되었다. 1400년대에 교육을 잘 받은 런던 사람에게 “victorie”의 첫번째 글자나 “love”의 세번째 글자의 이름을 물어 본다면, 아마도 그녀는 자음으로 사용된 U라고 답할 것이다.

U라는 글자에 대한 이야기를 하기 위한 장이기는 하지만, 여태껏 중세기 서법에서의 V 형태와 U 형태에 대한 이야기들만 다소 장황하게 늘어 놓았다. 두 형태의 글자들이 상호교차적으로 자음으로서의 U를 포함

하여 U라는 글자를 나타냈다. U로 쓰여진 것은 “u” 소리와 “v” 소리를 나타낼 수 있었다—그리고 V로 쓰여진 것도 마찬가지로 “u” 소리와 “v” 소리를 나타낼 수 있었다. V 형태는 뚜렷하게 대문자로 사용되는 형태였고, U 형태는 종종 소문자 형태로 나타나곤 했었다.

다음은 소리에 관계 없이 단어의 첫자리에서는 V로 쓰고 다른 자리들에서는 U로 쓰던 단계로 1400년경이었다. 이탈리아, 프랑스, 영국에서는 자신들의 언어 표기에서 그 관행을 지켰다. 중세기 말엽에 쓰여진 글에는 *vpon*(~위에), *vse*(사용), *vile*(몹시 나쁜), *victorie*(승리), *loue*(사랑하다), *euer*(일찍이), *rule*(규칙), *huge*(매우 큰) 등과 같이 철자된 단어들이 나온다. 이는 (1476년에) 영국에 인쇄술이 도입된 후에도 그러한 관행이 지켜졌다는 것을 보여주는 것이며, 그 관행은 (1611년의) 『제임스 왕 성경』 원판과 (1623년의) 『셰익스피어 2절판 모음집』과 같은 인쇄물에도 반영되었다.

이처럼 두개의 글자가 두개의 소리에 사용되었다. 그러나 1650년경에 이르자 “v” 소리와 “u” 소리에 각각 U와 V라는 글자를 부여함으로써 “v” 소리와 “u” 소리를 정리해야 할 필요가 대두되었다. 그러나 어느 소리에 어느 글자를 부여해야 할 것인가? 생각하건데, “v” 소리가 U 형태에 배당되어야 했을 것이다. 그러나 1500년대 말엽에 “v” 소리는 V로만 인쇄를 하기 시작한 이탈리아와 프랑스의 인쇄자들에 의해 길이 결정되었다. 그들이 한 선택은 소리에 관계 없이 주로 단어의 첫자리에 V 형태가 사용되었던 이전 단계에서의 사용법에 의해 촉발되었다. 이탈리아어와 프랑스어의 특성상 단어의 첫자리에 위치한 V 형태는 “u” 소리보다는 “v” 소리를 훨씬 더 많이 나타냈던 탓에 그러한 연결이 만들어진 것이다. 1700년대에 이를 때쯤에는 영국에서도 그러한 선택이 보편적인 것이 되었다.

새 글자에 부여된 소리가 그 글자의 이름을 만드는데 도움이 되었다. 영어에서의 이름인 브이(*vee*)는 프랑스어에서의 이름인 베(*vé*)에서

왔다. 이론적으로 말한다면, 새 글자의 이름은 "v 소리가 나는 U"라는 의미에서 *voo*라 불려야 했었을 것이지만, 그런 일은 일어나지 않았다.

나중에 생긴 동료인 J와 마찬가지로 V는 우리의 알파벳의 식구로서 정식으로 받아들여지기까지는 또 150년이라는 세월을 기다려야만 했다. 1840년경에 다다를 때까지도 (모두는 아니었지만) 학자들은 오직 24글자만을 인정하면서 V를 U의 변형으로 J는 I의 변형으로 취급했다. J와 V가 들어 있는 26글자의 알파벳은 런던에서 교장선생님을 하던 토마스 디체(Thomas Dyche)가 1707년에 쓴 『영어로의 안내』(*Guide to the English Tongue*)에 처음으로 등장했다(하지만 384쪽에 제시된 그의 목록표에서의 흥미로운 글자순서에 주목하라). 그러나 1755년에 출판된 획기적인 영어 사전에서 사무엘 존슨은 24글자만 포함시킨 채 J와 V의 공식적인 도착을 적어도 75년간이나 지연시켰다.

존슨은 사전 전편을 통해 V와 J를 철자로서는 사용하고 있음에도 불구하고 글자 목록표에서는 V와 J를 배제하였다. 그의 사전의 표제어는 "H, I, K"와 "T, U, W"의 순으로 배열된다. U나 V로 시작되는 모든 단어들이 표제어 "U" 아래에 알파벳상의 글자순서대로 실려 있다. 존슨의 사전에서 U 표제에 나오는 첫항목은 로마 숫자로 5를 의미하는 "V"이고, 그 다음에 곧바로 "Vacancy"(빈 상태)와 "Vacant"(빈)가 뒤따라 나오고, "Vagrancy"(방랑)와 "Valley"(마을)와 "Vat"(큰 통)가 그 뒤를 따라 나온다. Va-의 단어들이 끝나면 그 다음에는 "Ubiquity"(도처에 존재함)와 "Udder"(젖통)가 나오고, 그 다음에는 "Veal"(송아지 고기)과 "Ugly"(보기 흉한)가 뒤따라 나온다. 의미심장하게도 U와 V는 별개의 표제어로 다루어져야 될 자격을 갖추고 있음에도 "오래된 관행이" U와 V를 별개로 다루는 것을 방해한다고 존슨은 서문을 통해 밝히고 있다. J와 V는 찰스 리차드슨(Charles Richardson)이 『영어 새사전』(*NewDictionary of the English Language*)을 출판한 1836년에 이르기까지도 영국의 알파벳에서 여전히 배제되고 있었다. 하지만 획기적인 사건은 노아 웹스터

*(1) 암석에 새겨진 고대 로마의 명문에서 나온 U로 오늘날의 인쇄에서 사용되는 V의 형태를 만들어주었다. (2) 1100년대 초기의 이탈리아에서 라틴어로 쓴 글에서 나온 것으로, ["come"(오다)의 명령형인] Veni라는 단어의 첫글자로 잉크로 쓰여진 것인데, "v"라는 자음소리를 나타내는 오늘날의 V라는 형태뿐만 아니라 오늘날의 비스듬히 기운 모습의 이탤릭체의 바탕이 되었다. (3) 이탤릭체 소문자로 인쇄된 v로 1615년경에 쟝 자농(Jean Jannon)에 의해 프랑스에서 고안된 형태이다. (4) 자농이 고안한 이탤릭체 대문자 V의 모습으로 소문자에서와 같은 그런 둥그런 형태가 아니라 (5)에 제시된 자신의 로마체 소문자 V와 더 닮은 형태이다. 자농의 글자체와 같은 도안들로 인하여 그 후속으로 세리프체가 만들어졌으며, 오늘날의 대부분의 사람들은 이탤릭체 v를 이와 같이 두가지 형태로 취급하는 관습을 따르고 있다.*

의 『미국 영어 사전』에서 일어났다. 이 사전은 J와 V를 포함하여 26개의 글자들로 이루어진 알파벳을 선보였던 것이다.

V는 영어의 어휘에 소박하게 기여한다. 1915년형 캐딜락(Cadillac) 이후로 가능해진 8기통(V-8) 자동차의 이름은 4개의 실린더가 두줄로 배치된 것에서 연유된 것으로, 각 줄이 각을 세우고 있어 옆면으로 보면 그 모습이 V의 형태를 이루고 있기 때문에 붙여진 이름이다. V-칩(V-chip)은 TV 수상기의 주파수대 변환기로 그 이름은 원래 1990년대 중엽에 처음 보급된 "viewer"(주파수대 변조기)의 이름을 따 붙여진 것이지만, 이제는 "violence"(폭력)를 의미하는 것으로 더 많이 받아들여진다. 그러나 그 무엇보다도 가장 중요한 V는 2차 세계대전 기간 동안 영국 사람들의 도전과 결심의 상징이 된 윈스턴 처칠의 "승리를 의미하는 V" 손짓이었다. 처칠은 히틀러가 결국 전쟁에서 승리하지 못할 것임을 암시하는 사건들이 일어나기 시작하던 때인 1941년 1월에 국회에서 이제는 매우

## *A Guide to the Engliſh Tongue.*

### PART I.

### The ALPHABET.

| *Engliſh Letters.* | | *Roman Letters.* | | *Italian Letters.* | | *The Names of the Letters.* |
|---|---|---|---|---|---|---|
| a | A | a | A | *a* | *A* | ay |
| b | B | b | B | *b* | *B* | bee |
| c | C | c | C | *c* | *C* | ſee |
| d | D | d | D | *d* | *D* | dee |
| e | E | e | E | *e* | *E* | e |
| f | F | f | F | *f* | *F* | eff |
| g | G | g | G | *g* | *G* | jee |
| h | H | h | H | *h* | *H* | aytſh |
| i | I | i | I | *i* | *I* | i |
| j | | j | J | *j* | *J* | jay |
| k | K | k | K | *k* | *K* | cay |
| l | L | l | L | *l* | *L* | ell |
| m | M | m | M | *m* | *M* | em |
| n | N | n | N | *n* | *N* | en |
| o | O | o | O | *o* | *O* | o |
| p | P | p | P | *p* | *P* | pee |
| q | Q | q | Q | *q* | *Q* | cu |
| ꝛ r | R | r | R | *r* | *R* | ar |
| s ſ | S | s ſ | S | *s ſ* | *S* | eſs |
| t | T | t | T | *t* | *T* | tee |
| v | | v | V | *v* | *V* | vee |
| u | U | u | U | *u* | *U* | yu |
| w | W | w | W | *w* | *W* | double yu |
| x | X | x | X | *x* | *X* | eks |
| y | Y | y | Y | *y* | *Y* | wi |
| z | Z | z | Z | *z* | *Z* | zed |

1707년 런던에서 출판된 토마스 디체의 『영어로의 안내』에 실린 알파벳에서는 V가 U 앞에 나오는데, 이것은 인쇄한 사람의 실수로 인한 것이 아니다. 디체는 V와 J를 독립된 글자로 취급하려는 초기의 학자들에 속하기는 하지만, V와 J가 각각 U와 I에 관계가 있다는 사실 이외에는 V와 J의 알파벳에서의 순서가 명확치 않은 시기에 이 책을 썼다. V를 U의 앞에 위치시킨 근거는 V와 U를 동일한 글자로 취급하여 V로 시작하는 모든 단어들과 U로 시작하는 모든 단어들을 함께 나열할 경우 V로 시작하는 단어들이 알파벳 순서상 앞으로 배열되기 때문이라는 것이다. 구체적으로 "vacate"(~을 비우다)와 "vat"(큰 통)같은 단어들은 a열에 속하기 때문에 U는 "ubiquitous"(어디에나 있는)와 같이 B열에 속하는 단어들이 나올 때까지 기다려야 한다는 것이다. 이처럼 V가 먼저 U에게 주먹을 날린다는 것이다. 디체의 알파벳에서는 I가 역시 J 앞에 나온다. 그 이유는 I는 대명사 "I"처럼 그 자체로서 영어 단어가 될 수 있어 "jabber"(재잘거리다), "Jack" 등과 같이 A열에 속하는 단어들보다 먼저 나오기 때문이라는 것이다. 결국 일관성을 유지하려는 욕구가 새로 들어온 글자들인 J와 V를 각각의 모체 모음글자들인 I와 U의 바로 앞자리와 뒷자리로 밀어붙였던 것이다.

윈스턴경이 1945년 5월 8일 방송을 통해 독일과의 전쟁에서 승리를 거두었다고 국민들에게 알린 후 군집한 국민들에게 승리의 상징을 흔들어 보이고 있다. 전쟁이 끝난 후에도 V는 정치를 비롯한 공식적인 석상에서의 처칠의 개인적 상징으로 남았다. 처칠은 인생의 마지막 20년간 사진기자들과 지지자들의 "우리에게 승리를 주세요"(*give us a V*)라는 요구를 늘상 받았다. (위 사진의 출처는 IWM Photo No.H41849임.)

유명해진 연설을 하면서 처음으로 손가락으로 V자를 만들어 보였다. (역설적으로 히틀러도 영국과 대항하기 위해 훗날 자신의 V들을 출격시켰다. "대응용 무기"라는 의미의 독일어 단어인 *Vergeltungswaffe*에서 이름을 딴 비행폭탄인 V-1과 V-2를 출격시켰다.) 처칠의 V 손짓은 강력한 선전방법이기는 했지만, 영국의 신비주의 학자인 알프레드 칼리어(Alfred Kallir)가 주장했던 것만큼 그렇게 강력하지는 못했었다. 칼리어는 동맹국들이 전력을 다해 전쟁에 참여하게 된 것은 모두가 기도하는 사람의 손의 모습을 닮은 V라는 글자의 형태를 통해 전달된 우주적 힘에 의해 진작된 것이라는 주장을 내세운 바 있다. 칼리어는 전쟁이 끝난 후에 펴낸 소책자인 『V의 승리』(*The Victory of V*)에서 감동적으로 그러한 주장을 하였다.

*이 W에는 다리들이 있다. 공화당 대통령 후보인 조지 워커 부시(George Walker Bush)가 대통령 선거가 얼마 남지 않은 2000년 11월 어느 날 플로리다(Florida)의 탐파(Tampa)에서 지지자들에게 손가락 세개를 이용하여 W를 만들어 보이고 있다. 부시가 만들어 보인 이 W는 아버지인 조지 허버트 워커 부시(George Herbert Walker Bush) 대통령과 자신을 구분해주는 자신의 중간이름을 가리키는 것이었다. 이 W 상징은 처칠의 "승리를 나타내는 V"를 본 딴 것으로 (374쪽을 참조하라), 아마도 "두비야"(Dubya)[부시의 애칭: 역자주]가 민주당의 앨고어(Al Gore)에게 신승을 거두는데 일조를 하였을 것이다.*

# 쓸모가 있는 W

W 표준화된 활자체의 모든 글자들 중에서 가장 넓은 글자인 W는 단지 M을 거꾸로 뒤집어 놓은 것 그 이상의 것들을 지니고 있다. M은 수직으로 뻗은 두개의 다리를 이용하여 안전하게 서 있을 수 있는 반면에 W는 두개의 V 형태가 연결되었던 초창기의 형태를 기념하듯 상징적으로 팔들을 바깥을 향해 벌리고 있다.

W는 고대 게르만어에 뿌리를 둔 영어시대로 거슬러 올라가는 소리를 나타낸다. 전문용어를 빌려 말한다면, 그 소리는 유성양순반모음(voiced bilabial semivowel)이다—개방된 목을 통하여 모음과 같은 방식으로 만들어지는 두개의 자음 중의 하나이다(다른 하나는 Y 소리이다). 이제쯤이면 독자들도 모두 알고 있겠지만, "유성양순"이란 용어는 W가 성대와 두 입술을 사용하여 만들어지는 소리라는 것을 의미하는 것이다.

혀의 위치가 특정하게 정해지지 않은 소리인 탓에 "w"는 영어 화자들이 쉽게 발음할 수 있는 글자들 중의 하나이다. 아기들도

W M

M의 폭을 꽤나 좁아 보이게 만드는 W는 에릭 길(Eric Gill)이라는 영국 사람에 의해 도안되어 길 산스체(Gill Sans)라고도 불리는 유명한 1927년 산스-세리프체에서 분명하게 자신만의 형태를 지니고 있다. 산스-세리프체처럼 모든 글씨체에서 M과 W가 그렇게 확실하게 구분되는 것은 아니다.

그 소리를 낼 수 있으며 ("wa-wa"), 많은 아이들이 그리고 어른들 중에서도 어떤 사람들은 "r" 소리를 "Wudolph the wed-nosed weindeeh"(빨간 코를 지닌 루돌프 사슴)에서처럼 "w" 소리로 대체하여 발음할 지도 모른다.

W는 글자들 중 가장 재미 있는 역사를 가지고 있다. W는 우리의 알파벳의 23번째 글자이지만, 연대순으로는 J와 V보다 조금 먼저인 24번째로 우리의 알파벳에 합류한 글자였다. W는 구체적인 언어적 필요에 따라 기원후 첫 천년간에 걸쳐서 만들어진 글자였다. W의 역사는 언어에 순응하기 위해 글자가 어떻게 만들어질 수 있는가를 보여주는 예이다.

여러 곳에서 언급된 바와 같이 고대 로마 알파벳은 오직 23개의 글자만 갖고 있었다. W, V, J는 없었다. 그 세 글자들은 중세기 또는 문예부흥기에 일반적으로 통용되기 시작하였는데, 그것은 1400년대 중엽 이후의 인쇄기의 발달 때문이었다. V와 W는 U의 변이형으로 태어났으며, 지금은 V와 W는 알파벳 순서상으로는 자신들의 어머니인 U의 뒤에 위치한다. 오늘날 U는 W의 이름인 "더블 유"(*double U*)에 남아 있다.

고대 로마 시대에는 U가 오늘날의 W가 하는 일을 했다. 로마 시대의 서법에서는 모음소리인 "u"와 자음소리인 "w"를 나타내기 위해 U

가 어떻게 사용되었는가를 앞의 장들에서 자세히 설명한 바 있다. *equus*(말)라는 라틴어 단어는 첫번째 U가 "w" 소리를 나타내는 반면에 두번째 U는 친숙한 소리인 "u" 소리를 나타내고 있음을 보여준다. 라틴어에서 "w" 소리는 오직 모음 앞에서만 나타났기 때문에 U가 이렇게 두가지 일을 하는 것은 그럴듯한 것이었다. 따라서 모음 앞에 오는 U는 항상 자음으로 사용되는 것이었다.

그러나 그후 구어 라틴어는 수세기에 걸쳐 발음들에 변화가 진행되면서 서서히 "w" 소리의 대부분을 상실하게 되었다. 오늘날의 분석에 의하면, 300년경에 이르러 라틴어의 "w" 소리는 음절의 핵 위치에서는 사라지고 대신에 "b" 소리가 그 자리를 대신하게 되었다. 500년경에 로마 제국이 멸망한 이후 "b" 소리는 (라틴어에서 분화된) 중세기 초엽의 프랑스어와 이탈리아어에서 "v" 소리로 변하였다. 결국 이러한 변화들이 V라는 글자를 만들게끔 영향을 미쳤다.

라틴어의 "w" 소리는 주로 Q 다음 자리와 같은 음절 중간자리에 그 사용이 남아 있다. 음절의 중간에 나타나는 "w" 소리는 "quantum"(분량)이나 "frequent"(자주 일어나는)에서와 같이 U로 계속하여 표기되었다.

이런 식으로 "w" 소리는 말기 라틴어의 대부분의 단어들에서 사라졌으며, U라는 글자가 당시까지 남아 있는 "w" 소리를 나타내게 되었다. 깔끔하고 단순해졌지만, 그러나…

인간의 삶과 언어는 때때로 복잡다단하기도 한 것인지라 라틴어의 "w" 소리는 규칙에 의해 "b" 소리로 변해야 함에도 가끔 음절의 첫자리에서 버티고 있기도 하였다. 지명들처럼 그 사용이 아주 깊게 뿌리를 내린 몇몇의 단어들에서 그런 일이 일어났다. 오늘날의 비명연구가들은 (비명연구가들은 옛날의 글과 글자를 연구하는 학자들이다) 현존하는 비명들과 글들에 나타난 지명의 철자들에서 그러한 사실을 증명해줄 증거를 찾아낸다. 예를 들면 이탈리아 동부의 산악지역에는 로마사람들이 세우오(Seuo)("Seh-wo")라 불렀던 지역이 있는데, 논리적으로는 “Seh-bo”로 변했어야 당연한데도 로마 제국의 말기 몇세기 동안에도 분명히 “w” 소리를 계속해서 유지했다. 현존하는 비명들에 의하면, 150년경쯤에 이르러 그 지명의 철자가 Seuo에서 Seuuo로–즉, U를 이중으로 겹쳐 쓰는 것으로–변하기 시작한다. 이처럼 U를 두개 겹쳐 사용한 것은 당시의 글쓰는 사람들이 “w” 소리를 받아들였음을 보여주는 듯하다.

그러한 증거는 이중으로 겹쳐 쓴 U가 로마 제국 말엽에 (흔하지는 않았지만) 구어 라틴어에서 음절의 핵 위치에 남아 있던 옛날의 “w” 소리를 나타내기 위해 사용된 비공식적 방법이었음을 암시하는 것이다. 이중으로 겹쳐 쓰인 이 U는 한 1,000년쯤 지나서 W로 표준화될 운명이었다.

그런가 하면 라틴어와 중세기 초기의 로망스어 권역 바깥인 북유럽의 게르만 어족에서는 “w” 소리가 번창해졌다. (1400년대 후반에) 독일의 북부지역에서 영국으로 침공해 온 앵글로-색슨족 사람들은 어떤 위치에서건 “w” 소리를 발음했다. “Wotan”(알고 있다), “wassail”(건배의 인사), “weapons”(무기), “witches”(마녀), “woods”(숲), “swine”(돼지)와 같은 단어들을 생각해본다면, 그들의 취향을 대충 알 수 있을 것이다. 독일어로 쓰여진 가장 오래된 책이라 알려진 865년에 알자스(Alsace) 지방의 바이스부르크(Weissburg)에서 복음서들을 독일어로 음역해 놓은 책에 의하면, 대륙의 게르만어에는 “w” 소리가 있었으며 라틴어에서의 방식대로 이중으로 겹쳐 쓴 U로 표기되었다. (훗날 적어도 독일의 북부지역에서는 “w” 소리가 “v” 소리로 변했다.)

800년을 기점으로 하여 덴마크와 노르웨이에서 배를 타고 와 북부 프랑스와 북부 영국에서 약탈과 점령을 하기 시작한 바이킹족들에게도 게르만어의 “w”소리는 토박이 소리였다. 1000년경에 이르러 바이킹족에게 점령당한 프랑스의 노르만디 지역(Normandy)에서는 스칸디나비아어의 어휘들이 대거 유입됨에 따라 파리의 프랑스어에는 없는

"w" 소리가 사용되는 노르만들의 프랑스어 단어들이 만들어지게 되었다. 특히 노르만들이 사용하는 프랑스어에서 "w" 소리는 원래의 프랑스어에서의 "g" 소리를 대체하여 단어를 시작하는 소리로 사용되었다.

예를 들면, 중세기의 노르만 프랑스어에서 권한과 보장을 인정하는 서류를 의미하는 단어는 *warant*["warrant"(보증서)의 선조이다]였다. 이는 ["guarantee"(보증)에서와 같이] 프랑스어의 *guarant*이라는 단어의 변이형이었다. 마찬가지로 노르만들이 살던 프랑스의 경계에 세워진 성에는 *wage*(임금)을 받으면서 *warre*(전쟁)에 임할 준비를 하는 *William*(윌리엄)이라는 *wardein*(경계병)이 있었다. 그러나 프랑스 왕이 이끄는 군대에는 *gage*를 받고 *guerre*에 임하는 *guarden Guillaume*이 있었을 것이다.

중세기의 노르만 사람들은 이와 같이 프랑스어의 소리가 아닌 "w" 소리를 갖고 있었던 탓에 그 소리를 표기할 방법이 필요했던 것이다. 그들이 택한 방법은 말기 라틴어와 독일어에서 사용한 것처럼 U를 이중으로 겹쳐 쓰는 것이었다.

그러는 사이에 영국 사람들은 자신들만의 해결방법을 갖게 되었다(이는 놀라운 일은 아니었다). 영국에 거주하던 앵글로-색슨족 사람들은 J, Q, V가 없고 U를 불규칙적으로 사용하는 로마 알파벳을 사용하였다. 하지만 고대 영어의 소리들을 수용하기 위해서 앵글로-색슨족 사람들은 원래 로마글자가 아니었던 4개의 글자들을 자신들의 알파벳에 보충하였다. 그중 2개는 영국에서 만들어진 것이고 2개는 북유럽에서 사용하고 있던 글자들을 빌려온 것이었다. (360-61쪽에서의 "TH의 이야기"들을 참조하라.) 그 글자들 중 윈(*wynn*) 또는 웬(*wen*)이라 불리던 글자가 또 다른 P처럼 보이지만 "w" 소리를 나타냈던 것이다.

중세기의 영국은 W라는 글자가 번창할 수 있는 비옥한 토양이 될 운명에 처해 있었다. 노르만디에서 가장 명성이 높았던 윌리암, 즉 정복자 윌리암공이 1066년에 군대를 이끌고 영국의 동남쪽에 상륙하여

> 고대 영어에서 “w” 소리를 나타냈던 윈 (또는 웬)이라 불렸던 앵글로-색슨의 글자다. 윈은 1300년경에 이르러 영어의 글쓰기에서 사라진 대신 노르만들의 이중으로 겹쳐 쓰는 U로 대체되었다.
>
> ƿ

영국군을 무너뜨리고 영국의 권좌를 차지했다. 노르만의 정복은 모든 것을 바꾸어 놓았다. 구어 영어와 영어 글쓰기도 서서히 변화를 겪게 되었다. 많은 변화들이 있었다. 그중 한가지 변화가 영어에서 사용되던 윈이 U를 이중으로 겹쳐 쓰는 노르만 방식에 밀려 끝내 사라졌다는 것이다.

이중으로 겹쳐 쓴 U는 형제 글자인 V의 경우와 마찬가지로, 그렇지만 정도는 조금 덜 극단적으로, U의 변이형이 아니라 독자적인 글자로 받아들여지기까지는 몇세기가 흘렀다. 이중으로 겹쳐 쓴 U가 독자적인 글자로 받아들여지게 된 원인은 (1476년의) 인쇄술의 영국유입이었다. 이중의 U 형태는 필연적으로 영어를 인쇄하는데 사용될 다른 금속활자들과 섞이게 되었고, 그 결과 별개의 글자로서의 위상을 확실하게 얻게 되었다.

1500년대를 지나면서 W는 학교에서 영국의 어린 아이들에게 가르쳐지는 등 글자목록에 받아들여지기 시작했다. W는 자신의 어머니인 U의 앞이나 뒷자리로 삽입되었다. 리차드 멀카스터는 자신의 획기적인 영어문법책인 『기본문법 첫번째』(1582)에서 W를 U 바로 다음 자리에 넣었다. 하지만 1597년에 영국의 작곡가 토마스 몰리(Thomas Morley)가 알파벳을 노래로 암기시키기 위해 쓴 노래에서는 “더블-유”(*double-u*)로 철자되어 U 앞에 나온다. 이 두가지가 W가 영어의 알파벳 목록에 가장 먼저 나타난 예들이다.

영어에서 W 형태는 1100년에서 1500년 사이에 출현하였다. 로마 시대 말엽에 쓰던 둥그런 형태의 더블-유는 인쇄기가 발명되기 이전에 흔히 손으로 쓰던 형태였다. (그 형태는 오늘날의 필기체 소문자 w로 보존되어 있다.) 그러나 인쇄술의 도래와 더불어 영국의 활자체 도안자들은 결국 V를 이중으로 겹친 형태(double-V)를 만들어내었다. 이는 고대 로마 시대에 암석에 새겼던 V-형태의 U를 참조하여 만들어낸 형태였다. 초기의 활자체들 중에는 두개의 V가 살짝 떨어져 있는 VV 형태를 보여주는 것도 있다. 그러나 두개의 V가 서로 맞닿아 있거나 겹쳐 있는 W의 형태가 보다 일반적인 형태였다.

독일에서는 W가 1470년 이후에 독일의 전통적 필사체 형태인 𝔴에 기초한 형태로 인쇄에 사용되었다. 오늘날 독일어에서 W는 주로 독일어의 "v" 소리를 나타낸다. 이는 중세기 이후에 독일어에서 발생된 변화 때문이다. 현대 독일어에서 W가 "v"를 나타내는 경우의 대부분은 기원이 같은 영어 단어들에서 W가 "w" 소리를 나타내는 것에 상응한다. *Wasser*("vahsser")와 "water"(물), *wunderbar*("vuhnderbar")와 "wonderful"(경탄할만한), *Wilhelm*("Vilhelm")과 "William" 등이 그 예들이다.

남유럽에서는 W가 여행을 별로 잘 하지 못했다. "w" 소리가 대체로 말기 라틴어에서부터 시작된 것이라서 1600년대의 로망스어들에서는 "w" 소리를 나타낼 새로운 글자에 대한 필요성이 절박하지 않았다. 고대 로마 시절에 자음으로 사용되던 U를 물려받은 것만으로도 이탈리아어의 *Guido*나 스페인어의 *iguana*(이구아나)에서와 같이 잔존하고 있는 "w" 소리들을 나타내기에 충분하였던 것이다. 이미 차용된 외래어들을 표기하는데 사용되기는 하지만, 오늘날까지도 W는 이탈리아어나 스페인어의 알파벳에서는 완전한 글자가 아니다.

마찬가지로 프랑스어는 W에 대해 매우 저항적이었다. 프랑스어는 (영어와 공유하는) *suave*(온화한)에서와 같이 자음으로 사용되는 U만으로도 "w" 소리를 나타내는데 전혀 문제가 없었다. 단어의 첫소리로 나오는 "w" 소리를 표기하기 위해 프랑스어에서는 "yes"를 의미하는

*oui*나 "west"를 의미하며 "west"로 발음되는 *ouest*에서처럼 OU-의 결합을 사용한다. 19세기 말엽이 지나서야 W는 프랑스어의 알파벳에 마지막으로 받아들여진 글자이다. 그 이전의 빅토르 위고를 비롯한 여타의 프랑스 작가들은 W가 없이 25개의 글자로만 이루어진 알파벳을 사용했다.

이렇게 늦게 W를 인정한 탓에 프랑스어에서의 이름은 인쇄된 형태에 대한 묘사인데—더블 베(*double vé*)—반해 영어에서의 이름은 옛날에 손으로 쓴 형태를 묘사한다. 대체로 프랑스어에서의 글자이름들이 영어에서의 글자이름을 만들어내었는데, 유독 w만 영어에서의 이름이 프랑스어에서의 이름을 만들어내게 한 경우이다. 오늘날의 프랑스어에서는 외국어에서 들어온 이름들과 영어에서 차용된 단어들 이외에는 W가 거의 사용되지 않는다. 이들 경우에서도 "wagon-lit"(기차의 침대차)에서와 같이 "v"로 발음되는 경향이 있다.

"answer"(대답하다)와 "two"(둘)같은 영어 단어들은 예전에는 발음되었지만 오늘날에는 발음되지 않는 W를 갖고 있다. 이러한 사실은 그들과 관련이 있는 단어들인 "swear"(맹세하다)와 "twain"(둘)을 통해 알 수 있다. 셰익스피어가 1607년에 쓴 비극『안토니와 클레오파트라』(*Antony and Cleopatra*)에 나오는 "Our Italy shines o'er with civil swords"(우리의 이탈리아는 시민들의 검으로 밝게 빛난다)라는 근심에 가득찬 구절에서 "swords"라는 단어는 문맥의 내용상 "wars"처럼 발음되었을 것이다.

[*white whale* (흰고래)] 등과 같은 토박이 영어에 기원을 두고 있는 단어들에서 주로 나타나는 WH- 결합은 대체로 중세기 영어에서 "hw"로 발음되었던 HW-라는 철자를 대신한다. 1300년경에 이르러 영어의 글쓰기에서 두 글자의 순서가 바뀌었는데, 보다 노르만식다워 보이고 보다 품위 있게 보이기 위한 것이 한가지 이유였다. 오늘날 그러한 단어들 거의 대부분에서 H는 소리가 나지 않게 되었다. 그러나 복잡다

단한 이유들로 인해 *whom*(누구를), *whole*(전체의) 등과 같은 몇몇 단어들에서는 W가 서서히 묵음으로 변하였다. 사무엘 존슨이 자신의 1755년 사전에서 "*whore*(매춘부)에서만 또 때로는 *wholesome*(건전한)에서는 *wh*가 그냥 *h*처럼 발음된다"는 인상적인 논평을 하도록 자극하기도 했지만, W가 묵음으로 변한 것이 그리 대단한 사태를 초래케 하지는 못했다.

(1) 113년의 고대 로마의 고전적 형태의 U. 암석에 새겨진 형태로 문맥에 따라 "u" 또는 "w"로 읽혀질 수 있었다. (2) 이중으로 겹쳐 쓴 U로 800년대의 카롤링거 왕조풍의 소문자 u를 이중으로 겹쳐 쓴 것으로(더블-유), 말기 라틴어, 중세기 초기 독일어, 노르만 프랑스어의 글에서 "w" 소리를 나타냈다. (3) 과거에 있었던 형태들의 특징을 함께 결합하여 만든 사이가 벌어진 더블-유(VV)로 (370쪽에서 본 바 있는) 1604년의 셰익스피어의 두번째 4절판에 실린 햄릿의 첫면에 실려 있는 모습이다. 당시까지는 대체로 영어의 W는 하나의 글자, 즉 연속된 형태의 글자로 보다 더 많이 인쇄되었다. (4) 1932년에 런던 <타임스>에 사용하기 위해 만들어지고 이제는 세계적으로 가장 널리 사용되고 있는 활자체 중의 하나가 된 타임스 뉴 로만체(Times New Roman)의 W다. 이 W에서 W의 형태가 형성되기까지의 역사적 배경을 알아낼 수 있다.

*금지하는 X. 이와 같은 표시는 1968년에 미국 영화협회가 관객등급제를 도입한 후 영화선전벽보들과 다른 광고전단들에 등장하기 시작했다. X는 "extreme"(극단적 등급)을 나타내는 것으로 외설스러운 영화를 포함하는 범주의 영화들을 가리키는 것이었다—그러나 외설영화만을 포함하는 것은 아니었다. X-등급이 매겨진 영화중에서 한 텍사스 청년이 뉴욕시에서 겪은 불행한 일들을 그린 영화인 '한밤중의 목동'(Midnight Cowboy)(1969)은 최고의 영화상을 포함하여 3개나 되는 오스카상을 받았다. "X" 범주는 그 이후 덜 나쁘게 느껴지는 듯한 "NG-17"로 개명되어 쓰이고 있다. ["NG-17"은 "no children, 17 or under, admitted"(17세 이하의 아동 관람금지)를 의미한다.]*

# X와 더불어 살기

X *Xenophobia*(제노포비아)는 "외국인에 대한 공포"를 의미한다. 한때 X에 속했던 이 단어만큼 용납할 수 없고 금지하려는 마음을 잘 드러내는 단어도 없다. 맞다. X는 지난 12여년 사이에 부드러워졌다. 그러나 옛날에는—X-파일(X-Files)도, X 게임(X Games)도, X상자(Xbox)도 없었던 옛 시절에는—다소 불길해서 별로 사용되지 않았던 X는 국외자의 처지였다.

30년전만 해도 X는 주로 아이들의 관람을 금지하는 영화나 제품의 표지에 붙은 "독극물" 경고를 상징했다. 보물지도의 어느 한 지점에 X가 표시되었다면, 그곳은 틀림 없이 아주 멀리 떨어진 곳이며 위험한 곳일 것이다. 그곳이 사무엘 콜러리지(Samuel Coleridge) 가 1798년에 쓴 시에 나오는 전설의 나라 "쿠블라칸"(*Kubla Khan*)의 수도 제너두(Xanadu)라면 아주 아주 먼 곳일 것이다. 1960년대 마블(Marvel)의 만화책들에 나오는 엑스-맨(X-men)은 초인적인 능력을 갖고 악과 싸우는 돌연변이 같은 사람들이었다. 엑스-맨들은 정말로 선한 사람들이지만, 말하자면, 돌연변이로 생긴 그런 사람들이었다. 화학 원소표에 Xe로 표시되어 있는 크세논(xenon)이라는 기체는 그 내용이 알려지지 않았던 물질이었다. "xenon"이라는 이름은  그리스어로 진정 "알려지지 않은 것"이라는 의미로 "xenophobia"(외국인 공포증)와 같은 어근을 갖고 있다.

X의 미지성은 사용빈도가 아주 낮다는 사실에 기인하기도 한다. 영어로 된 인쇄물에서 X의 사용빈도는 끝에서 두번째나 세번째로 (조사에 따라서) Z와 Q 또는 J 바로 위이다. 단어를 시작하는 글자로서는 X는 확실하게 꼴지의 자리를 차지한다. X는 영어 단어들의 첫글자로는 가장 적게 사용되는 글자인 것이다.

X가 신비성을 지니도록 하는 보다 중요한 사실은 X가 "3X = X + 3이라면, X는 얼마인가?"에서처럼 알려지지 않았거나 드러나지 않은 수학적 양을 나타내는 일에 관습적으로 사용된다는 것이다. (앞의 경우 X는 1.5이다.)

X를 이런 식으로 사용한 것은 1637년에 프랑스의 철학자·수학자·과학자인 르네 데카르트(René Descartes)의 논문『기하학』(*La Géométrie*)에서 처음으로 도입되었다. 데카르트는 기하학 방정식에서 어떤 수이든 세개의 미지수들을 나타내는데 X, Y, Z를 배정하였다. 그러나 세 글자들 중에서도 데카르트는 X를 선호하였다(Z는 왜 미지수가 아닌가?"에 대해서는 403쪽을 참조하라). 데카르트의 방법은 커다란 반향을 일으켰다. 몇세기가 지난 오늘날에는 수학과 과학에서 X는 거의 의문부호처럼 사용되게 되었다.

독일의 물리학자 빌헤름 콘라트 뢴트겐(Wilhelm Konrad Röntgen)은 1895년에 이상한 새로운 방사선을 발견하자 엑스-선(X-ray)이라고 이름을 붙였다. 그 이유는 그 방사선이 어떤 물질을 함유하고 있는지 몰랐기 때문이었다. 그와 유사한 과학적 안개가 '외계로부터 온 엑스'(*The X from Outer Space*), '행성 엑스의 미지의 세계'(*Strange World of Planet X*), '엑스-알려지지 않은 것'(*X-The Unknown*) 등과 같은 1950년대와 60년대의 공상과학영화들을 에워쌌다.

20세기에 들어와서는 소설과 심지어는 신문잡지에서 조차도 X는 어떤 사람의 이름을 대신하기 위해 사용되고 있다. 이는 익명을 유지하여 출판물에 의한 명예훼손 소송을 방지하기 위한 것이다. 이러한 관습은 로렌스 올리비어(Laurence Olivier)와 멀 오베른(Merle Oberon)의 1938년의 엉뚱한 영화 '엑스 부인의 이혼'(*The Divorce of Lady X*)에 잘 반영되어 있다. 마찬가지로 1952년에는 미국의 흑인해방운동의 주창자 말콤 리틀(Malcolm Little)은 잊혀진 자신의 아프리카 혈통을 기념하여 후세에 전하기 위해 자신의 이름을 말콤 X(Malcolm X)로 바꾸었다. 그리고 40세가 넘은 사람들이라면 "X 상표"(Brand X)라는 경멸적인 말투를 잊을 수 없을 것이다. "X 상표"는 레스토일 마루용 세제(Lestoil floor cleaner)나 브릴로 수세미(Brillo scouring pads)보다 품질이 열악한 경쟁사 제품의 정체를 은폐하기 위해 1960년대 TV 광고들에서 사용된 이름이었다.

만약 X가 당시의 순정제품에 사용되었다면 그것은 위험하거나 선정적인 제품이었을 것이다. 아마 액면 그대로 그랬을 것이다. 미국의 X-1은 (X는 "시험적"이라는 것을 의미한다) 1947년 10월에 척 이거(Chuck Yeager)라는 청년이 조종하여 음속을 돌파한 첫번째 항공기였다. 다음 해에는 영국의 자동차 회사가 XK 120이라는 첫번째 재규어(Jaguar) 스포츠카를 만들었다. X는 "시험용 엔진"을 뜻하며, K는 "11번째 시도 끝에 만든 것임"을 뜻하며, 120은 최대시속을 뜻하는 것이었다.

미국영화협회는 1968년에 새로운 영화를 개봉할 때 영화팬들에게 섹스, 불경, 폭력의 수준에 대해 주의를 환기시키기 위해 글자로 등급을 매기는 제도를 도입하였다. 성인물을 끝등급으로 하는 척도에서 R은 "제한등급"(restricted)임을, X는 외설을 포함한 부류로 "극단적 등급"(extreme)임을 나타냈다. 그로 인해 실제로 하룻밤 사이에 X는 미국 사람들의 마음속에 더럽고 노골적인 성행위라는 새로운 연상으로 자리를 잡게 되었다.

따라서 1960년대 말경에 이르러서는 X는 "불가사의한 것," "위험한 것" 또는 "성행위"는 물론 그러한 것들이 혼합된 것을 의미할 수 있게 되었다. 다시 말하면, X는 미지의 것, 사악한 것, 극단적인 것이었다. X의 대중적 의미는 그 다음 수십년간에 걸쳐 극적으로 개선되었다. 그러나 먼저 X의 배경을 어느 정도 이해할 필요가 있다.

X는 고대 로마 알파벳에서부터 왔다. 원래 X는 21개의 글자로 이루어진 로마 알파벳의 마지막 글자였으나 100년경에 이르러 Y와 Z가 X 뒤로 덧붙여졌다. 로마 알파벳에서 X는 *rex*(왕)나 *exit*(그가 나가다)와 같은 라틴어 단어들에서처럼 "ks" 소리를 나타냈으며, 그 소리의 앞에다 모음을 덧붙여 엑스(*eks* 또는 *ex*)라는 이름이 만들어졌다.

로마 사람들은 기원전 600년경에 에트루리아 알파벳을 베끼면서 X를 얻었고 아마도 그 이름까지도 얻었을 것이다. 에트루리아 알파벳은 그에 앞서 그리스 알파벳을 베껴 온 것이었다. 에트루리아 알파벳의 X는 나폴리만에 거주하던 그리스 사람들이 사용하던 서그리스 알파벳의 크시(*ksi*)라는 글자에서 온 것이다. 그리스 알파벳의 크시는 "ks"라는 소리를 나타냈으며, 알파벳의 끝자리 근처에 위치한 X 형태의 글자였다.

학자들은 에트루리아 사람들이 자신들의 언어로 글자의 소리를 보다 더 잘 나타낼 수 있도록 글자의 이름을 엑스로 바꾸었다고 주장한다. 그 이유는 그리스의 크시는 때로는 그리스어의 단어나 음절의 첫소리로 나올 수 있는데 반해 에트루리아의 "ks" 소리는 오직 앞에 모음을 동반한 음절의 끝소리로만 나타날 수 있을 뿐 음절의 첫소리로는 결코 나올 수 없기 때문이라는 것이다. 이와 아주 흡사한 규칙이 라틴어와 영어에도 적용된다(아래를 참조할 것).

X는 (500년에) 로마가 붕괴된 후 로마 알파벳이 중세기 유럽의 언어들로 전달되는 와중에 영어의 글자가 되었다. X의 "ks" 소리는 고대

1 2 3 4

X는 형태가 원래 단순하고 확실히 구분이 되었던 탓에 수천년 동안 전해져오면서 변화를 거의 겪지 않았다. (1) 기원전 700년경의 그리스 서부지역 알파벳의 크시라는 글자이다. 알파벳의 끝 부근에 나오며 "ks"라는 소리를 나타냈던 이 그리스 글자는 에트루리아 알파벳으로 베껴져 엑스(eks), 즉 X가 되었다. (2) 113년경에 암석에 새겨진 명문에서 나온 우아한 모습의 이 X는 한쪽 획이 살짝 넓어졌다. 이 글자는 라틴어 단어의 중간이나 끝에 나타나는 "ks" 소리를 나타냈다. (3) 600년대에 잉크를 이용하여 손으로 쓴 언설체 X이다. 펜으로 쓸 수 있도록 고안된 것임에도 형태는 로마의 대문자에 의존하고 있다. (4) 브로드웨이체(Broadway)라 불리는 1925년의 활자체 X로 이전 시대의 전통들을 생각보다 훨씬 더 많이 반영하고 있다.

영어에서 단어의 첫소리가 아니라 중간이나 끝소리로 나타났다. 오늘날 앵글로-색슨 시대의 그 소리는 "Saxon"(색슨 사람들), "ox"(황소), "mix"(섞다)와 같은 고대 영어에서 온 단어들에 보존되어 있다. 반면에 노르만 프랑스어를 통해 영어에 전달된 단어들에서는 [*luxury*(사치스러운), *anxious*(걱정하는)에서와 같이] 보다 부드러운 X 소리로 나타나거나 [*tax*(세금), *execute*(실행하다)에서와 같이] 아예 X의 소리가 나타나지 않는다. 하지만 "xylophone"(실로폰)에서와 같이 단어의 시작에서는 X가 부드러운 소리인 "z" 소리로 나타난다.

현대 영어에서 X로 시작되는 단어들의 대부분은 고대 그리스어에서 나온 것들이다. *xylophone*(실로폰), *xanthine*(노랑), *xiphoid*(칼모양으로 생긴) 등이 그 예들이다. *Xena*(제나)라는 이름—익살스런 만화책들이나 TV에서 투사로 활동하는 공주의 이름—은 "외국에서 온 숙녀"를 의미한다. *Xerox*(제록스)라는 이름은 *xerography*에서와 같이 그리스어의 *xeros*(마른)라는 단어에서 나온 것으로, 등사판으로 인쇄를 하는 방법을 개선하기 위해 1950년대말에 완성된 건식 복사법이다.

그러한 X-어들에서 X는 원래 그리스어에서 "ks"를 나타내던 글자였던 크시를 상징한다. 그리스어의 *xeros*는 실제로 "ksehr-os"로 발음되었다. 아테네의 작가이며, 군인이며, 귀족이었던 *Xenophon*은 자신의 이름을 "Ksehnophon"이라 불렀을 것이다. 그의 이름은 "외국어적인 소리"를 의미했다. 또한 그리스어의 "ks" 소리로 영어 단어를 시작하는 것도 정말로 외국어적이어서 "ks"로 시작되는 그리스어 단어들이 영어에 차용되면 규칙적으로 부드러운 소리인 "z"로 바뀌었다. 하지만 "z" 소리로 바뀌는 것은 오직 단어의 첫글자로 사용되었을 때만이다. 그리스어에서 유래된 무수히 많은 단어들에서 단어의 처음이 아닌 다른 위치들에 나타나는 X는 *exodus*(대탈출), *lexicon*(사전), *oxygen*(산소)에서처럼 그리스어에서의 원래 소리로 발음된다.

1990년대 초엽 이래로 X는 주류 글자들에 합류하여 새천년을 특징짓는 글자들의 반열에 올랐다. Q, e, i와 마찬가지로 X는 판매와 광고에 동원에 되고 있다. 이제 X는 "컴퓨터를 이용한 기술과 관리"나 "앞

그리스 알파벳의 "다른" X이다. 콘스탄틴의 십자가로 알려진 크리스트교의 상징에서 (이 상징의 의미는 310쪽에서 설명한 바 있다) X 형태는 "kh" 소리를 나타내는 크히(*khi*)라는 그리스 글자에 해당한다. 반면에 우리가 사용하고 있는 X는 그리스 알파벳에서 "ks" 소리를 나타내는 크시라는 글자에서 온 것이다. 혼란스럽게도 이들 글자는 X라는 부호를 공유한다. 물론 두가지 서로 다른 초기 그리스 알파벳, 즉 그리스 동부지역 알파벳과 그리스 서부지역 알파벳이냐에 따라 X가 의미하는 것은 다르다. 우리가 사용하는 알파벳은 그리스 서부지역의 알파벳에서 나온 것인 반면에 그리스 동부지역의 알파벳은 결국 고대 및 현대 그리스어의 공식 알파벳이 되었다. 72-73쪽의 도표를 참조하라.

## Z는 왜 미지수가 아닌가?

전해져오는 이야기에 의하면, 17세기에 한 인쇄공이 겪었던 문제가 X가 미지의 것을 상징하는 중요한 임무를 얻는데 도움이 되었다고 한다. 르네 데카르트는 이제는 잘 알려진 1637년의 자신의 수학논문 『기하학』에서 많은 방정식들을 풀면서 어떤 수이든 상수일 경우에는 A, B, C로 표시를 한 반면에 미지수일 경우에는 X, Y, Z를 이용하여 표시를 했다. 그는 Z를 (A에 상응하는) 첫번째 미지수로, Y를 두번째 미지수로, X를 세번째 미지수로 삼으려 했었다.

그러나 인쇄공은 원고에 따라 조판을 하는 과정에서 Y와 Z 활자가 자주 부족한 것을 발견하게 되었는데, 데카르트가 이들 글자를 필요로 하는 방정식들을 많이 썼기 때문이었다. 하지만 프랑스어에서는 Y나 Z보다 훨씬 덜 사용되는 글자인 X는 충분하게 남아 있었다.

그래서 인쇄공은 한개 또는 두개의 미지수가 나오는 방정식들에서 Z, Y, X 중에 어떤 것을 쓰는가에 따라 차이가 생기는지와 더불어 혹시 인쇄의 편의상 X를 더 많이 써도 상관이 없는지를 문의하는 편지를 데카르트에게 보냈다. 그러자 위대한 수학자는 인쇄공의 제안을 받아들일 수 있다는 답장을 보냈다. 그러한 조그만 사건이 바로 왜 『기하학』이란 논문이, 특히 논문의 후반부에서, 미지수를 나타내는 글자로 X를 선호하는가의 이유이다.

서 있음"같은 것을 상징한다. X-세프터 생물학 연구와 '런, 롤라, 런'(*Run, Lola, Run*)이라는 영화를 제작한 독일의 X-영화제작사(X-filme Production Company)는 말할 것 없고, X-합작(X-Collaboration), X포인트 기술(Xpoint Technologies), X비젼 이클립스(Xvision Xclipse) 등이 그러한 예들이다. 마이크로소프트사(Microsoft)의 비디오 게임 제어기인 X박스(Xbox)는 실제로 제어기 위 전체에 X가 새겨져 있다. 제어기의 안쪽을 두드려서 X가 겉으로 도드라져 나오게 한 형태로 마치 X가 늘상 그곳에 있는 듯 보인다. 그 모습과 이름으로 엑스박스는 가족 누구에게나 즐거움과 조종을 약속해준다.

30년이나 35년전이라면 이와 같은 제품명들은—이러한 이름들은 얼

네덜란드의 화가 프랑스 할스(Frans Hals)가 그린 유명한 초상화에 근거하여 금속판에 새긴 프랑스의 철학자·수학자·과학자인 르네 데카르트(1596-1650)의 모습이다. "나는 생각한다. 고로 나는 존재한다" (이 말의 의미는 아마 "의심하는 것이 현실에 접근하는 것이다"일 것이다)는 그의 철학적 진술로 아주 잘 알려져 있는 데카르트는 당시 사람들의 세계관을 바꾸어 놓았으며 과학과 이성의 시대를 열었다. 그의 업적 중 가장 중요한 수학논문인 『기하학』(1637)에서 그는 기하학적 문제들에 대수를 이용하는 길을 개척했다. 그림의 주변으로 "기사, 페론경"(lord of Perron)(포이티어 근처에 있는 가족 소유지)이라는 그의 작위가 적혀 있다. 하단 중앙에 위치한 문양의 상징이 X의 형태를 보이는 것은 아마 우연일 것이다.

마만큼은 평상적인 영어에서는 X가 거의 사용되지 않는다는 것을 이용한 것이다—정말로 이상야릇하게 보였을 것이다. X-등급을 받은 '목구멍 깊숙이'(*Deep Throat*)라는 영화가 상영되던 1972년에 "X 상자"(X Box)와 같은 제품이 출시되었다면 어처구니 없게도 외설스럽게 들렸을 것이다. 오늘날 회사들이 X를 상표로 선택한다는 것은 X의 명예가 회복되었다는 새로운 분위기를 나타내는 것이다.

어찌하여 그리 되었는가? 이렇게 분위기를 바꾸어 놓기 시작한 것은 더글라스 쿠프랜드(Douglas Coupland)가 1991년에 쓴 베스트셀러 소설 『X 세대: 가속화된 문명을 위한 이야기들』(*Generation X: Tales for an Accelerated Culture*)이었다. 경기가 불황인 시절에 출판된 이 책은 베이비붐 시대가 지나간 1965년에서 1975년 사이에 태어난 미국 사람들의 위축된 가능성의 문제를 다루었다. 그 제목은 1960년대의 TV 광고에 X 상표(Brand X)[어떤 상품을 돋보이게 하기 위한 익명의 경합품을 말함: 역자주]

가 나타나게 만들었다. 곧바로 매체들은 90년대 초반에 출시된 제품 20여개를 "X에 해당하는 것들"(X-ers)로 언급하기 시작하였다. [90년대 후반에는 "Y에 해당하는 것들"(Y-ers)도 있었다.]

90년대 초반에 이르러서는 컴퓨터에 관련된 용어들도 바뀌었다. (1986년에) 그림표시를 위한 엑스 윈도우 시스템(X Window System)이 개발되었고, 그 뒤를 이어 인기를 끓었던 쿼크 엑스프레스(Quark XPress) 프로그램이 (1987년에) 출시되었고, 완숙단계의 출판용 탁상 컴퓨터의 시대가 도래되었다. 곧이어 대문자 X는 상표이름들에서 "지면편집 기능"을 암시하기 시작했다. 오늘날 우리들은 엑스퍼트 툴즈(Xpert Tools), 펀치엑스티(Punch XT), 엑스드림(Xdream), 헥스웹 엑스티(HexWeb XT)와 기본적인 쿼크 프로그램(Basic Quark Program)의 모든 확장 프로그램(Xtensions)을 사용한다. 그 이외에도 윈도우의 "엑스 서버"(X Server) 프로그램에 속하는 씨큐어엑스(SecureX), 엑스-씬프로(X-Thin Pro), 위나엑스이(WinaXe) 등등이 있다.

그 다음으로 'X-파일'(*X-Files*)이 나왔다. 1993년에 등장하여 수수께끼와 같은 X의 전통적인 대명사가 된 폭스 TV(Fox TV)의 인기 연속물은-지구를 접수하기 위해 외계 행성이 벌이는 음모의 증거를 쫒는 잘 생긴 두명의 미연방 수사국(FBI) 요원에 대한 이야기- X를 정상화시키고 수많은 팬들에게 전율과 즐거움이라는 연상을 심어주는데 일조를 하였다. 2002년에 그 연속물이 막을 내릴 때쯤에는 X는 이미 적출의 반열에 들어섰다. X는 더 이상은 나쁜 녀석이 아니었다.

편지를 서명하여 끝내면서 입맞춤을 하기 위해 X를 쓰던 관습은 유럽의 많은 사람들이 문맹이었던 중세기에 시작되었다. 법률서류에 서명을 대신하여 X를 쓰거나 십자표식을 그려야 했었다. 그런 다음 서명자는 약정을 준수하겠다는 약속으로 X에 입을 맞추었던 것이다. 몇 세기의 세월이 지나자 편지의 끝에 쓴 X는 서명이 아니라 입맞춤을 의미하게 되었다.

*조프로와 토리가 1529년에 쓴 글자들에 대한 논문인 『꽃밭이 있는 정원』에 실린 잉크로 그린 로마 알파벳 대문자 Y는 우리가 행해야 할 삶의 행실에서의 도덕적 선택을 상징한다. 악행의 넓고 편한 길은 폭력, (매, 멍에 등과 같은) 형벌과 지옥으로 연결되는 반면에 덕행의 좁은 길은 월계관, 홀[제왕의 상징: 역자주], 왕관과 같은 명예와 직무로 이끈다. 장래에 영웅이 될 젊은 헤라클레스(Hercules)[그리스 신화에서 주피터의 아들이며 힘센 영웅: 역자주]가 자신의 삶의 방향을 선택해야 했던 전설속의 이야기와 관련하여 갈림길은 문예부흥기의 글과 예술에서 애용되던 상징이었다.*

# Y가 생겨난 까닭

Y "당신은 갈라진 다리를 갖고 태어났어. 갈라진 두 다리가 당신을 Y-형태의 관에 담아 무덤으로 보낼 것이야." 익살맞은 이 비난을 영국의 극작가 조 오르톤(Joe Orton)이 1969년에 쓴 『집사가 목격한 것』(*What the Butler Saw*)이라는 파괴적인 희극에서 똑같이 비난받을 처지인 남편이 아내 프렌티스(Prentice)에게 한다.

갈라진 형태의 글자 Y는—대체로 조 오르톤의 말보다는 덜 자극적이기는 했지만—역사 전반에 걸쳐 사상가들에게 영감을 불어 넣어주었다. 16세기 프랑스의 활자체 도안자이면서 학자였던 조프로와 토리는 Y에서 악행이든 덕행이든 선택을 해야 한다는 상징을 발견하였다(앞쪽의 그림을 보라). 프랑스의 저자 빅토르 위고는 자신의 1839년 소설 『여행 비망록』(*Travel Notebooks*)에서 열광적으로 말한다. "Y는 무수하게 다양한 해석이 가능한 그림같은 글자라는 것을 인식해본적이 있는가? 나무는 Y의 형태를 취하고 있으며; 두 길의 갈림길은 Y 형태를 만들어내며; 두 강이 만나 함께 흐르면 Y 형태이며; 당나귀나 황소의 머리는 Y 형태를 취하며; 유리잔의 굽은 Y 형태로 만들어졌으며; 줄기에 달려 있는 백합이 Y 형태이며; 하늘을 향해 기도하는 사람은 팔을 Y 형태로 들어 올린다."

Y는 영어에서 일반적으로 모음으로도 자음으로도 사용되는 유일한 글자이다. 모음으로써의 Y는 I와 중복되며, 비록 종종 [*messy*(어질러진)에서와 같이] 장모음 E와 간간히는 [*myrtle*(은매화), *satyr*(호색가)에서처럼] 약모음로 발음되기도 하지만, [*myth*(신화), *fly*(날다)에서와 같이] 단모음 I나 장모음 I처럼 발음된다. "say"(말하다)와 "boy"(소년)에서 모음인 Y는 앞의 모음과 결합하여 하나의 소리를 형성하는데, 그 소리는 "paid"(지불된), "void"(무효의) 등과 같은 많은 단어들에서 두개의 모음이 결합하여 만들어내는 소리와 비슷한 소리이다.

영어에서 자음으로서의 Y는 *youth*(젊음)와 *yearning*(그리움)의 "y" 소리 하나만을 갖는다. 기술적으로는 경구개반모음(palatal semivowel) 또는 유성경구개마찰음(voiced palatal spirant)이라 알려진 "y"는 혀를 경구개 아래에 위치시킨 상태에서 성대의 진동을 동반하여 발음되는 소리이다. 영어에서 오직 W와 Y에만 해당되는 "반모음"이라는 이름은 이들 글자의 소리를 발음할 때 목과 성대를 사용하는 방법이 모음과 흡사하다는 것을 의미하는 것이다.

Y라는 글자가 "y" 소리를 독점적으로 나타내는 것은 아니다. 고대 영어를 포함한 토착 인도-유럽어들에는 Y가 없어도 "y" 소리가 들어 있는 단어들이 많다. 예를 들면, 현대 독일어와 체코어는 "y" 소리를 J로 나타낸다. 따라서 독일어에서 "year"(년)는 *Jahr*이고 "yahr"로 발음된다. 고대 라틴어에는 보통의 "y" 소리가 흔했는데, "y" 소리는 자음으로 사용되는 I로 나타냈다(J의 장에서 216-218쪽을 참조하라).

영어에서 조차도 자음으로서의 Y는 없었던 때도 있었다. 알파벳을 이용하여 영어를 쓰기 시작한 600년대로부터 600년 동안에는 "y" 소리는 로마 알파벳에서 온 것이 아닌 4개의 고대 영어의 글자들 중의 하나인 요(*yogh*)로 표기되었다. 1200년 이후가 되어서야 비로소 Y가 "y" 소리를 나타내는 일을 떠맡았다.

따라서 Y는 모음과 자음 두개의 서로 다른 글자로 생각되어질 수 있다. 그 두 글자는 같은 형태를 보이지만 뚜렷하게 다른 성격을 갖고 있으며, 모음으로서의 글자가 2,000년 이상이나 더 오래된 것이다.

그러면 모음으로서의 Y를 먼저 다루어 보기로 하자. 이미 여러 차례에 걸쳐 언급한 바와 같이 고대 그리스 사람들은 읍실론이라 불리는 모음글자를 갖고 있었다. 읍실론은 입을 좁혀 발음하는 "u" 소리를 나타냈으며, 그 형태는 오늘날의 Y와 꼭 같았다. 초기 그리스 알파벳의 다른 글자들과 마찬가지로 읍실론은 (기원전 700년에) 에트루리아 알파벳으로 베껴졌으며, 에트루리아 알파벳으로부터 (기원전 600년에) U라는 글자로 로마 알파벳으로 베껴져 들어갔다. 그러므로 읍실론은 오늘날 우리가 사용하는 U의 할머니격이 되는 글자이다.

그러나 대부분의 글자들과는 달리 읍실론은 라틴어와 영어에서 다시 태어났다. 로마 알파벳이 만들어진 지 700년쯤 지난 100년경에 로마 사람들은 두개의 글자들을 추가하였으니, 오늘날의 Y와 Z이다. 추가된 그 두 글자는 당시의 아테네에 살던 그리스 사람들이 사용하던 알파벳에서 직접 베껴 온 것이었다. Z는 그리스 알파벳의 자음 제타(*zeta*)였고, Y는 (또 다시) 모음 읍실론이었다. 로마 사람들은 그리스 단어들을 라틴어로 음역하여 옮기기 위해 특별히 Y와 Z를 수입했던 것이다. 그에 앞선 몇세기 동안 그리스어에서 전문분야와 문화에 관한 용어들이 대량으로 로마의 학문과 사회에 유입된 탓에 그 단어들을 라틴어로 음역해야 할 필요성이 대두되었기 때문이었다. 로마 사람들은 자신들의 Y 글자를 읍실론이라 불렀으며, Y를 이용하여 *symphonia*(교향곡), *symmetria*(대칭), *stylus*(첨필) 등과 같은 유용한 그리스 단어들을 라틴어로 보다 더 잘 표기할 수 있었다.

로마 사람들이 Y를 만든 이유는 그리스 알파벳의 웁실론은 로마 알파벳의 U와는 다른 소리를 나타냈기 때문에 라틴어의 철자법을 위해 그리스어에서 웁실론이 나타내는 소리를 표기할 글자가 필요했기 때문이었다. 로마 사람들의 귀에는 그리스어의 웁실론은 아마도 "u" 소리와 "i" 소리의 중간쯤의 소리로 들렸을 것이다. 그렇다면 로마 알파벳의 Y도 역시 아마도 "i"에 가까운 소리로 발음되었을 것이다.

여러 가지 증거들에 의하면 로마제국 말엽쯤(300년)에는 로마 알파벳의 Y는 로마 알파벳의 I와 똑같은 소리로 발음되었다는 것이다. 사정이 그러했음은, 완벽하게는 아니지만, 현대 프랑스어와 현대 스페인어에서 Y의 이름에 남아 있다. 현대 프랑스어와 현대 스페인어에서의 Y의 이름은 *i grec*(이 그레끄)와 *i griega*(이 그리에가)인데, 이들은 모두 "그리스어의 I"라는 의미이다.

고대 로마 알파벳의 Y는 그리스어에서 차용된 단어들로 그 사용이 한정되었던 반면에 중세기 초기에 해당되는 500년에서 1000년 사이에는 라틴어, 프랑스어, 영어로 쓰여진 다른 단어들로 사용의 범위가 넓혀지기 시작했다. 필경자들은 글자의 획들이 일렬로 겹쳐 구별하기 어려울 경우에 I를 대신하여 Y를 쓰고는 하였다. 예를 들면, "impassable" (고통을 느끼지 않는)에 해당하는 라틴어 단어는 중세시대의 필경으로는 *inuium*으로 써야 했는데, 짧은 획의 글자들이 겹쳐 있어 *ynuyum*으로 바꾸어 써서 더 읽기 쉽게 만들었다.

중세시대에는 Y가 I의 또 다른 형태임을 암시하기 위해 종종 Y에 점을 찍기도 하였다. 마찬가지로—중세시대에 생겨난 이름으로 결코 적절하게 설명이 된 적이 없는—"위예"(wye)라는 영어 알파벳에서의 Y의 독특한 이름 또한 I와 관련이 있는 듯하다.

한편으로는 보다 읽기 쉬워서 또 다른 한편으로는 잘 생긴 모습 때문에 Y는 1250년경에서 1600년경 사이에 영어 철자법에서 전성기를 누렸다. 현존하는 글들은 어느 곳에서든 I 대신에 Y가 사용되었음을 보여준다. I를 사용하여도 전혀 읽기 어렵지 않았을 "hys"(그의)와 같은 경우에 조차도 Y가 사용되었다.

1500년대에 영국에 인쇄술이 보급되면서 가독성의 문제는 해결되었고, 점진적으로 많은 단어들에서의 철자가 I로 복귀되는 표준화 작업이 이루어졌다. 예전에 Y와 I가 경쟁하였음은 *flyer/flier*(하늘을 나는 것), *cyper/cipher*(암호), *tyre/tire*(지치게 하다) 등과 같이 선택적 철자가 가능한 단어들에서 어렴풋이나마 오늘날에도 여전히 감지할 수 있다.

하지만 중세시대에 있었던 Y의 유행은 커다란 유산을 하나 남겼으니, 영어에서는 Y가 어떤 단어이거나 단어의 끝에 나오는 "i" 소리를 나타내는 특별한 임무를 얻게 되었다는 것이다. 오늘날 우리는 (1) [*stony*(돌투성이의), *mighty*(강력한), *my*(나의)와 같은] 고대 영어에서 온 단어들의 형용사형을 나타내는 단어들; (2) [*empathy*(감정이입), *remedy*(개선방법), *tally*(계산)와 같은] 그리스어, 라틴어 또는 고대 프랑스어에서 온 것들로 원래는 *-ia*, *-ium*, *-ie*와 같은 어미들을 지녔던 명사들; (3) (프랑스어의 *Henri*에서 온 *Henry*와 같이) 영어화된 단어들; (4) (*Jimmy*, *kitty*, *dummy*와 같은) 축소형 단어들에 이르기까지 전혀 다른 4개의 범주를 아우르는 "-y" 어미를 사용한다.

그외에도 로마 사람들이 "system"(제도), "phylum"[(동물의 분류상의) 문], "hypodermic"(피하의) 등과 같은 그리스어에서 차용된 무수히 많은 단어들에 사용된 읍실론을 음역하기 위해 Y를 사용했던 일을 Y는 여전히 담당하고 있다. "sympathy"(동정)와 같은 단어는 Y가 두가지 방법으로 사용되었음을 보여준다. *sympatheia*에서와 같이 고대 라틴어에서 그리스의 읍실론 대신으로 사용된 후에 중세 영어에서 편리하게 영어화된 -y 접미사로 사용된 것이다.

Y는 오늘날 독일어, 스웨덴어, 폴란드어, 체코어와 같은 북유럽과 동유럽의 많은 언어들에서는 순수하게 모음으로만 취급된다. 이들 언어에서는 "y" 소리가 빈번히 나타나기는 하지만, 이미 설명한 바와 같

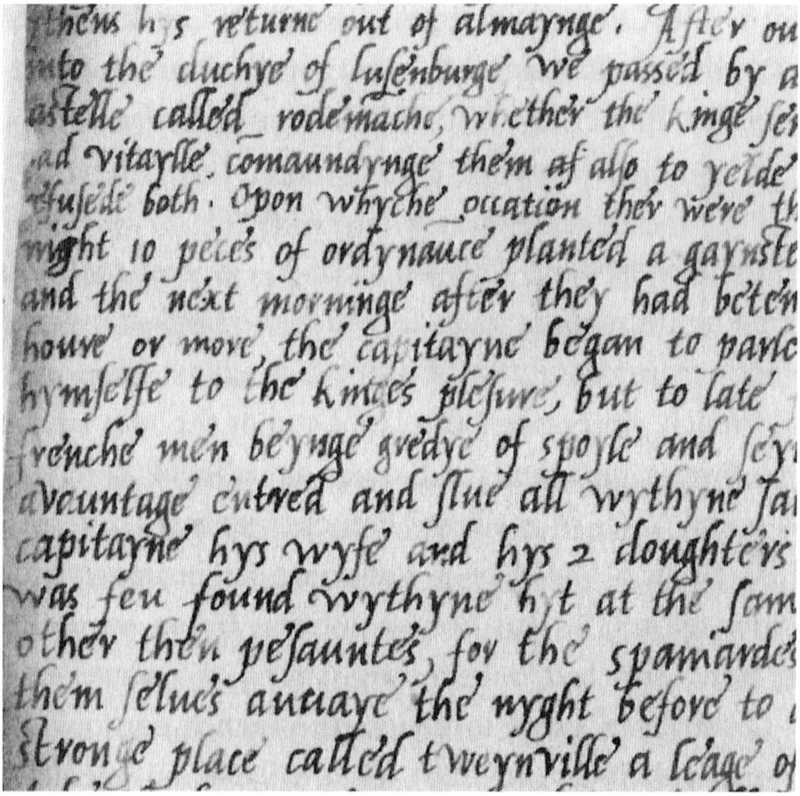
thens hys returne out of almaynge. After ou
into the duchye of lusenburge we passed by a
astelle called rodemache, whether the kinge se
ad vitaylle, comaundynge them al also to yelde
fusede both. Upon whyche occation they were th
night 10 peces of ordynaunce planted a gaynste
and the next morninge after they had beten
houre or more, the capitayne began to parle
hymselfe to the kinges plesure, but to late
frenche men beynge gredye of spoyle and sey
aventage entred and slue all wythyne sa
capitayne hys wyfe and hys 2 doughters
was feu found wythyne hyt at the sam
other then pesauntes, for the spaniardes
them selues awaye the nyght before to
stronge place called tweynville a leage of

"…But too late, for the Frenchmen beynge gredye of spoyle and seyinge some advantage, entered and slew all wythyne, saving the capitayne, hys wyfe, and hys two daughters…" (글의 중간부분에서 시작되는 문장이다.) 영국의 젊은 귀족 바나비 피츠패트릭(Barnaby Fitzpatrick)이 영국의 왕 에드워드 6세(King Edward VI)에게 프랑스의 왕 앙리 2세(King Henri II)와의 전투를 자세하게 설명하기 위해 1552년에 쓴 이 편지에서 두꺼운 칼날 모습을 한 Y들이 보인다. 당시의 영어 글쓰기에서 모음 I를 대신하여 쓰인 Y는 I보다 읽기 쉽고 매끈하게 보였다.

이, "y" 소리는 J로 표기된다. ("j" 소리는 구어에서 생략되거나 변형된 G로 표기된다.) 독일어에서는 Y가 *Psychologie*(철학)와 *symbolisch*(상징적인)와 같은 주로 그리스어에서 유래된 단어들에만 나타나는데, 원래 그리스 알파벳 읍실론을 나타내는 것이다. 실제로 독일어에서 Y의 이름은 윕실론(*üpsilon*)이다.

그러면 이제 자음으로 쓰인 Y에 대해 이야기해보자. Y의 이러한 면은—영어의 철자법상 가장 중요한 특징 중의 하나로 영어는 유럽의 다른 많은 언어들과는 Y를 다르게 사용한다—중세기의 프랑스어에서부터 시작되었다. 중세기가 시작될 즈음에 말기 라틴어에서 분화되어 나온 프랑스어는 23개의 글자로 이루어진 알파벳을 물려받았다. 물려받은 알파벳에는 (중세 프랑스어 단어인 *symphonie*에서와 같이) 모음으로 쓰이는 Y와 모음으로도 ("joos-tee-seh"로 발음된 *iustice*에서와 같이) 자음으로도 쓰이는 I가 포함되어 있었다. 그러나 프랑스어에서는 라틴어에서보다 Y가 더 많이 사용되기 시작했다. 모음으로 사용되는 I와 자음으로 사용되는 I를 Y로 대체하여 썼기 때문이었다. 프랑스어에서 Y는 점차로 자음인 "y" 소리를 나타내기 시작했다. 특히 *yeulx*(눈들)와 *ioyeulx*(기쁜)와 같은 중세시대의 철자에 있어서 음절의 첫글자로 사용될 경우에는 Y가 자음 "y" 소리를 나타냈다. 이탈리아어에서는 그렇지 않았지만, 스페인어에서도 Y가 이런 식으로 사용되기 시작하였다.

당시의 프랑스어의 모든 철자법들이나 마찬가지로 자음으로 쓰이는 Y는 1066년에 있었던 노르만 정복과 더불어 강압적으로 영국에 수입되었다. 영국에 수입된 Y는 비옥한 토양을 만났다. 자음소리인 "y"는 구어적 프랑스어에서는 별로 많이 쓰이는 소리가 아니었는데 반해 북유럽 언어인 고대 영어에서는 훨씬 더 자주 사용되는 소리였기 때문이었다. Y는 형제 글자인 W와 같은 이유들로 인해 그 지위가 갑자기 격상되었다.

노르만들이 들어오기 전의 영국을 간단히 살펴보자. 이 장을 시작하면서 고대 영어 시대에 사용되던 글자인 요에 대해 언급한 바 있다. 요는 오늘날의 소문자 Z를 닮은 짧고 불규칙한 곡선으로 이루어진 형태의 글자였다. 앵글로-색슨 사람들은 자신들의 언어에서 흔하게 나타나는 "y" 소리를 나타내기 위해 요를 사용하였다—"y"는 오늘날 "Yule"(성탄절), "yoke"(멍에), "yeoman"(자작농) 등과 같이 중요한 옛 단어들에서 찾아볼 수 있는 소리이다. 고대 영어는 이 소리를 나타내기 위해 이론적으로는 로마 알파벳에서 자음으로 쓰이는 I를 선택할 수 있었을 것이다. 하지만 I는 형태가 구분하기 어렵고 모음으로서의 임무도 갖고 있었기 때문에 분명 선택하기에 적절치 못한 것으로 보였을 것이다. 그래서 1000년경에 살았던 영국 여인은 "Yule"이라는 단어를 ȝeol처럼 썼을 것이다. 첫번째 글자가 "y" 소리를 나타내는 요이다. (다른 용처들에서는 요가 "g" 소리에 더 가까운 소리를 나타냈을 것이다.)

그러나 노르만 정복으로 인해 프랑스어를 말하는 새로운 지배계층의 사람들이 영국에 들어오게 되자 요는 필요가 없는 글자가 되었다. 노르만들의 프랑스어는 요가 아니라 Y를 사용하였기 때문이었다. 영어의 글쓰기를 노르만식에 일치시키려고 애를 쓴 노르만 성직자들의 압력으로 인해 영어에서도 점차로 Y가 "y" 소리를 나타내는 표준이 되었다. 1400년대 말엽에 이르자 유용하게 사용되던 요는 적어도 영국에서는 역사속의 글자가 되어버렸다.

하지만 요는 멀리 떨어진 스코틀랜드에서는 살아 남았다. 1508년에 스코틀랜드에 인쇄술이 도입됨과 더불어 요는 인쇄에 사용되기까지 하였다. 요 자체를 위한 활자는 만들어지지 않았지만 로마 알파벳 중에서 형태적으로 가장 가까운 Z에 할당되었다. 따라서 스코틀랜드의

Ȝ　　þ

각각 "y" 소리와 "th" 소리를 나타내던 요와 쏜은 고대 영어 글쓰기에서 로마 알파벳을 보완하기 위해 앵글로-색슨 사람들이 사용했던 두 글자였다. (로마 알파벳을 보완하기 위해 앵글로-색슨 사람들이 사용했던 글자는 모두 4개였다. 자세한 내용은 360-61쪽을 참조하라.) 현대영어가 형성되는 와중에서 요와 쏜은 때때로 Y로 대체되어 인쇄되고는 하였다.

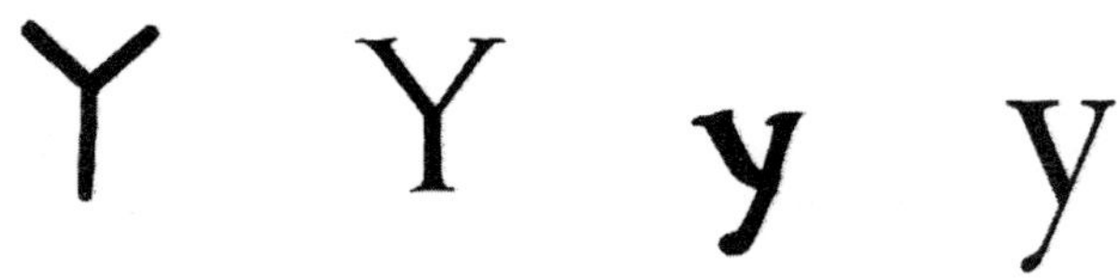

1 2 3 4

(1) 고대 그리스 알파벳의 모음이었던 읍실론은 우리가 사용하는 U의 선조가 되었으며, 몇세기 지나서는 우리가 사용하는 Y의 선조가 되었다. 오늘날의 Y는 읍실론의 형태를 충실하게 보존하고 있다. (2) 100년경의 로마 명문에서 나온 Y이다. 읍실론을 베꼈던 탓에 로마 알파벳에서 Y는 읍실론이라 불렸으며 U와 I 중간에 해당하는 모음소리를 나타냈다. (3) 600년대에 잉크를 이용하여 쓴 언셜체 Y로 로마 알파벳의 대문자 Y의 형태를 간직하고 있지만 펜이 지나가야 할 획수는 두개로 줄어들었다. 언셜체 Y의 형태가 오늘날의 소문자 형태가 되었다. (4) 1768년경에 영국인 존 바스커빌(John Baskerville)이 도안한 글자체의 현대판인 바스커빌 옛날체(Baskerville Old Face)의 소문자 y이다.

인쇄에서는 1700년대에 이르기까지 Z라는 글자가 "z" 소리나 "y" 소리를 나타냈다. "year"(년)라는 단어는 정상적으로 발음되었지만 인쇄는 *zer*로 되었을 것이다.

스코틀랜드에서 변형으로 사용되었던 Z는 사라져 버렸지만 그 흔적은 오늘날에도 찾아볼 수 있다. 여러 흔적들 중에서도 스코틀랜드의 성들인 맥켄지(MacKenzie)와 멘지즈(Menzies)에는 한때 게일어(Gaelic)에서 "g" 소리를 나타내던 Z가 있다—이런 사실은 영국에는 알려지지 않았고 스코틀랜드에서도 결국 잊혀져버렸다.

영어에서 많이 나타나는 "th" 소리를 나타내던 또 다른 고대 영어 글자인 쏜의 운명 또한 요의 운명과 그리 다르지 않았다. 쏜도 역시 노르만들이 지배하는 영국에서 사라지도록 압력을 받게 되었으며, 결국 1400년대에 이르러서는 많은 경우에 TH의 결합으로 된 철자에 길을 내주고 말았다. 하지만 쏜은—특히 비공식적인 글쓰기에서 "the"(그), "them"(그들을), "there"(거기에), "that"(저것)과 같은 단어들의 편리한 축

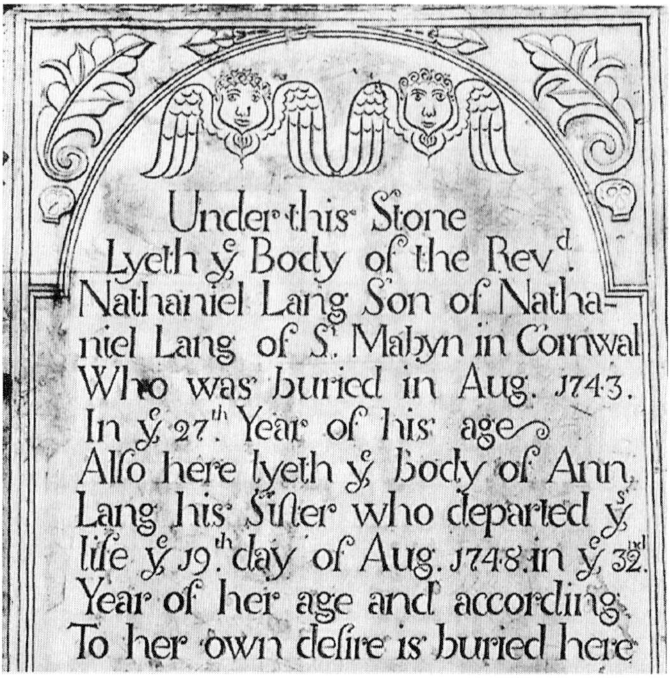


콘월(Cornwall) 북쪽지역에서 1700년대에 젊은 나이로 사망한 성인 쌍둥이들의 무덤에 세워진 비석에 새겨진 쏜의 형태는 Y와는 달리 말아 올려진 형태의 꼬리로 구분된다. (2, 6, 7, 9번째 줄에 있는) "the"와 (8번째 줄에 있는) "this"와 같은 단어들을 대신하는 편리한 축약자로 그리고 지면을 절약하게 만드는 쏜은 1700년대 내내 영국에서 비명과 기타 다른 표지판들에 사용되었으며, 1800년대까지는 사사로이 손으로 쓰는 글들에서도 사용되었다.

약자로서—몇세기를 더 견뎌냈던—고대 영어 글자들 중 가장 오랫동안 살아 남았던 글자였다.

손으로 쓴 쏜은 1400년대에 이르러 로마 알파벳의 Y를 닮은 모습으로 변하였다. (1476년에) 영국에 인쇄술이 도래함과 더불어 쏜은 인쇄에도 사용될 만큼 대중적으로 사용되었다. 조판과정에서 쏜과 가장 비슷하게 생긴 로마글자인 Y에게 쏜을 대신할 임무가 주어졌다. 쏜을 이용하여 인쇄된 "the"라는 단어는 *ye*처럼 보이거나 표제에 쓰일 경우에는 *Ye*처럼 보였을 것이다. "that"이라는 단어는 *yat*처럼 보였을 것이다.

그러한 단어들은 오늘날 우리가 발음하는 것과 똑같이—"the," "that"으로—발음되었을 것이지만, 글자는 조금 다른 모습으로 쓰여졌다.

Y, 즉 쏜은 1700년대에 영어로 인쇄된 글들과 표지판들과 그리고 1800년대에 이르기까지 개인들이 손으로 쓴 글들에 남아 있다. 오늘날 쏜은, 비록 일반적으로 이해되는 것은 아니지만, "Ye Olde English Pub"(옛날식 영국주막)이라는 간판과 같이 예스럽고 아취가 풍기는 복고주의의 부름을 다시 받고 있다.

*중세시대에 잉크로 쓴 세가지 형태의 Z로 미국의 활자체 도안자 프레드릭 더블유. 가우디가 펜으로 그린 것이다.*

# [ 이국적인 Z ]

Z 알파벳의 마지막 글자에 대한 이야기를 시작하기 전에 잠시 멈추어 서서 없어서는 안 될 글자인 U(you)에게 경의를 표하자(그렇다, 끝까지 읽어 준 독자 여러분에게 경의를 표한다). 귀중한 시간을 내어 이번 탐사여행에 함께 동행을 한 독자 여러분께 정말로 감사를 표한다. 필자에게는 이 책이 알파벳 글자들에 대해 필자가 느낀 매력을 독자 여러분과 공유하고 언어를 펼쳐 보여주는 작은 형태이지만 경이로운 글자들에 대한 경외심을 더욱 더 높일 수 있는 기회였다. 뿐만 아니라 필자는 이전에는 결코 이해하지 못했던 많은 것들도 알게 되었다. 마찬가지로 독자 여러분도 이 책을 즐겼음은 물론 얼마간의 지식이라도 얻었기를 바란다. 여행의 끝에 도달한 이 시점에서 독자 여러분에게 감사를 표한다.

Z는 로마 알파벳의 마지막 글자로 독특하면서도 알기 어려운 아니면 단지 불리한 처지에 처한 자음글자이다. 알파벳의 마지막 글자라는 사실로 인해 받을 수 있는 모욕적인 대우는 Z가

지닌 진짜 약점으로 인해 그 도가 더해진다. Z는 대략적으로 영어 인쇄에서 가장 적게 사용되는 글자이다. 26개의 글자들이 벌이는 이 경주에서 Z는 꼴찌로 Q와 X보다도 뒤쳐져 있다. (가장 많이 사용되는 글자인) E가 1,000번 나타날 때 Q는 50번, X는 44번 나타나며, Z는 겨우 22번 나타난다.

Z가 잉여적인 단지 남아도는 짐 꾸러미로 불려온 것은 하등 이상한 일이 아니다. (1605년에 발표된) 셰익스피어의 『리어왕』(*King Lear*)에서 성마른 캔트 백작은 얼빠진 신하 오스왈드(Oswald)를 향해 "경은 사생아 제드(*zed*)야! 경은 불필요한 글자란 말이야!"라고 Z의 영국식 이름으로 불러대면서 모욕을 준다.

그러나 아직은 Z를 위해 울지 마라, 프레드야(Fred)! Z는 잘 쓰이지 않고 알기 어려워서 득을 보았을 뿐만 아니라 지나간 10년 동안에 인쇄물에서 폭발적인 인기를 누렸으니 말이다. 요즈음에 와서는 Z는 Z-콤(Z-Com)(통신회사들), Z 투자(Capital Z)(투자회사들)과 같은 이름들로, 키즈 코너(Kidz Korner)와 같은 간판들로, '엑시텐즈'(*eXistenZ*)와 같은 영화제목들로 소나기를 이루고 있다.

먼저 옛날에 있었던 철자문제를 살펴보자. 참으로 오랜 세월 동안 S가 Z의  일을 강탈하여 갔다. Z와 S는 음성적으로 사촌지간이다. 두 소리 모두 쉿쉿 소리가 나는 부류의 소리들로 치찰음이며, 혀를 비슷한 위치에 둔 상태에서 발음된다. 그러나 Z는 혓날 부근의 진동을 수반하지만 S는 혀의 끝 부근의 진동을 수반한다. 그리고 Z는 성대의 진동을 동반하지만 S는 그렇지 않다.

달래는 그리고 호기심을 유발시키는 "z" 소리는 잠, 벌 또는 하늘 높이 날고 있는 프로펠라 비행기의 소리를 연상시킨다. "z" 소리는 "s" 소리와 확연히 다르다. 하지만 "rose"(장미), "raise"(올리다), "ties"(넥타이) 등과 같은 무수히 많은 영어 단어들에서 "z" 소리는 S의 몫으로 돌아갔다. Z로 철자된 영어 단어들 중 상당수가 오직 글자만 부여받은 듯하다. “dose”(1회분의 약의 복용량) 대신에 “doze”(졸다), “prise”(상) 대신에 “prize”(상)처럼 [그러나 “surprises”(놀라다)는 S만 가능하다] z로 철자하면 이미 존재하고 있는 단어들을 복제하는 것일 뿐일 수 있기 때문이다. 영어문법학자 리차드 멀카스터가 1582년에 관찰한 바와 같이 “Z는 우리들 사이에서 참으로 많이 듣지만 보기는 어려운 자음이다.”

그러면 왜 Z의 사용이 제한되었는가? 철자법이 유동적이었던 시절에 쉽게 읽을 수 있는 S를 필경자들이 선호했기 때문이라는 것이 한가지 이유였다. 오늘날에도 마찬가지이지만 Z는 명확히 쓰기가 훨씬 더 어려웠다. (1400년대 말에) 인쇄술이 보급되면서 그런 문제는 해결이 되었지만, 영국에서는 보다 깊게 자리잡은 편견이 남아 있었다. Z는 단지 외국적인 것으로 보였던 것이었다. 라틴어나 고대 영어에서 거의 사용되지 않았던 탓에 Z는 영국 사람들에게는 프랑스어나 그리스어의 글자로 연상되었으며, 그 결과 *Amazon*(아마존강), (그리스어에서 온) *zodiac*(황도대), *azimuth*(방위각), (아랍어에서 온) *zenith*(천정) 등과 같은 차용어들만을 위해서 그 사용이 유보되었다.

어린 시절의 Z에게는 그런 인기문제는 결코 없었다. 기원전 1000년경으로 되돌아간다면, 페니키아 알파벳의 7번째 글자는 자인(*zayin*)으로 그 이름의 시작에 나타나는 “z” 소리를 나타냈다. 그 이름은 아마도 “도끼”를 뜻했을 것이다. 글자의 형태는 오늘날의 대문자 I처럼 보였는데, 그 밑바닥의 횡선을 지운다면 자루가 달린 도끼를 암시할 수 있었을 것이다.

기원전 800년경에 그리스 알파벳으로 베껴졌을 때의 이름은 제타(*zeta*)였다—이는 분명히 차데(*tsade*)라고 불리던 페니키아 알파벳의 다른 치찰음 글자와 혼동하였기 때문이었다. (342-45쪽과 421-22쪽을 참조하라.) 제타는—글자 이외에는 그리스어로 아무것도 의미하지 않는 이름이었다—I 형태의 글자로 생을 시작하였으나 서서히 Z의 형태로 변모해 나갔다. 그 글자는 그리스어에서 흔하게 나타나는 “dz” 소리를 나타냈다.

하지만 "dz"도 "z"도 이탈리아의 로마에서 사용되던 라틴어에서는 사용되는 소리가 아니었다. 알파벳이 그리스어 사람들에게서 에트루리아 사람들에게로 그리고 (기원전 600년에) 에트루리아 사람들에게서 로마 사람들에게 옮겨진 후에 제타는 로마 사람들의 사용에서 사라져 버렸다. 기원전 250년 당시의 로마 알파벳은 21개의 글자로 제타는 없었고 X로 끝났다.

세월이 지나 100년경이 되자 변화가 생겼다. 당시에 로마의 과학과 문화에 관한 어휘들에 봇물을 이루어 들어온 그리스어로부터의 차용어들의 음역의 편의를 위해 로마 사람들은 두개의 그리스 알파벳 글자를 택해 자신들의 알파벳의 끝에다 첨가하였는데, 그 글자들이 웁실론과 제타로 바로 Y와 Z였다. 새로 첨가된 두 글자는 라틴어에는 결코 쓰이지 않았고 오직 외국어, 주로 그리스어에서 차용된 단어들에만 사용되었다. 그리스 알파벳의 제타가 "z" 소리를 나타내게 되었는데, 그 또한 로마 알파벳의 글자가 나타내는 소리로는 새로운 소리였다. 로마 사람들은 Z를 Z의 그리스 알파벳에서의 이름인 제타로 불렀다.

그러나 Z는—로마 알파벳의 글자들 중 거의 사용되지 않는 꼬리의 끝자락에 해당하는 글자였던 탓에—중세시대 초기에 이르기까지는 괴로운 생활을 하였다. 하지만 중세기에 접어들면서 로망스어들이 출현하게 되자 "ts" 소리와 "tz" 소리를 표기하기 위해 Z를 사용하게 되었다. "ts"와 "dz"는 고대 프랑스어와 이탈리아어에서 흔하게 나타나는 소리들이었다. Z는 중세 프랑스어 권역인 프랑스와 영국으로 조용히 파급되어 나갔다. 두 나라 모두에서 Z 소리는 결국 우리의 "z" 소리로 변하였다. 이 "z" 소리를 차지하기 위해 Z와 경쟁을 했던 글자는 S였다—영국 영어에서는 "analyse"(분석하다)로 철자하지만 미국영어에서는 "analyze"로 철자하는 것에서 그러한 경쟁의 흔적을 아직도 찾아볼 수 있다. 1600년경에 이르렀을 때에는 분명한 승자는 S로 Z는 영어

인쇄물에서 거의 사용되지 않았다.

수세기가 지난 후 Z는 *Zanzibar*[아프리카 동해안의 섬: 역자주], *Zoroastrianism*(조로아스터교), *Nebuchadnezzar*(느부갓네살)[신 바빌로니아 왕(605~562 B. C.): 역자주]에서처럼 외국적이거나 신비스러운 분위기를 풍기는 글자로 남게 되었다. 창조적 정신을 지닌 매체가 Z-단어들을 선택했다면, 대체로 그러한 효과를 노리기 위한 것이었다. 1920년대와 30년대의 영화들에서 그리고 1950년대의 TV에서 조로(Zorro)라는 주인공의 이름은 그가 남기는 거의 Z-형태로 베어진 방문흔적만큼이나 이색적이었다. (1970년에 결성되어 여전히 왕성하게 활동하는) 휴스톤 록 그룹 ZZ 탑(Houston rock group ZZ Top)은 가히 혁신자들이었다. 1970년에 시판했다가 최근에 다시 판매하기 시작한 다춘(Datsun)[오늘날의 니싼(Nissan)]의 소비자들에게 사랑을 받았던 스포츠카는 그 글자만큼이나 독특한 풍미가 있는 듯함을 보여주려는 의도였다. 그런가 하면, 코스타-가브라스(Costa-Gavras) 감독의 정치영화인 Z는—실제로 현대 그리스의 독재정권에 항거하는 좌익의 상징을 따서 붙인 이름이었다—정부의 음모와 자유의 종말에 대해 이야기를 했다. Z는 우리들이 우발적으로 갈 수 없는 그런 곳이었다.

그러나 그것은 그 당시의 이야기일 뿐이다. 눈에 띄는 글자들을 때로는 별난 발음부호들로 광고나 판촉에 이용하려는 최근의 풍조와 맞물려 오늘날에는 Z를 어느 곳에서나 볼 수 있다. 그중 많이 사용되는 글자들이 X, Q, K 그리고 Z이다. 이들 글자들은 대체로 강한 소리들을 나타내는 별로 많이 사용되지 않는 글자들이다. 한때는 외국적이고 극단적이었던 듯했던 Z는 이제는 수 없이 많은 상품이름들에서 "최신의 유행," "공학기술을 이용한 놀이," "최고의 봉사"를 상징한다.

Z를 이용한 이름들은 두 부류로 나뉜다. 영화제목 'Antz'(1998)(개미들)이나 폭스 티브(Fox TV)의 'Girlz Channel'(소녀들을 위한 채널)과 'Boyz Channel'(소년들을 위한 채널)에서처럼 Z가 이채로운 오철자를

인기가 있던 소설, 영화, 1950년대의 월트 디즈니(Walt Disney) TV 시리즈에서 불후의 명성을 얻은 바 있는 천을 칼끝으로 베어내어 그린 Z는 가공의 영웅 조로의 서명이다. 미국 작가 존스턴 맥컬리(Johnston McCully)가 1919년에 쓴 소설에 소개된 조로[스페인어로는 "폭스"(fox)이다]는 망토를 걸치고 가면을 쓴 모습으로 스페인 출신의 캘리포니아 정착민들을 로스엔젤리스에 주재하면서 통치하던 1820년대의 스페인 총독의 불의와 타락에 대항하여 투쟁하는 신비에 가득 찬 인물이었다. 현란한 솜씨의 검객인 조로는 패배한 적을 죽이지 않고 살려 두는 대신 적의 옷이나 근처에 있는 가구들을 칼로 베어 자신의 서명인 "Z"를 남겨 놓았다. 조로에게 신임을 받는 몇명만이 조로가 별 볼일 없어 보이는 듯한 그 지역의 한 신사의 분신임을 알고 있었다. 조로는 1920년대에 더글라스 페어뱅크스사(Douglas Fairbanks)가 제작한 무성영화 '조로의 표식'(*The Mark of Zoro*)으로 은막에 모습을 드러냈다. 하지만 조로가 영화에 등장한 것으로 정식 인정받는 것은 아마도 1937년에 12부작으로 제작된 '조로 다시 여정에 오르다'(*Zoro Rides Again*)일 것이다.

만들어주는 경우에 제품은 일반적으로 10대나 10대 이전의 어린아이들을 목표로 한다. 어린 아이들은 Z로 철자를 한 것은 자신들에게 신뢰를 심어주겠다는 신호라 인식한다. 라세르즈(Racerz) 과자, '드레곤 볼 Z'(*Dragon Ball Z*)라는 수줍은 듯한 이름이 붙여진 티브의 만화영화, (웹사이트인) 휘즈-키즈(Whizz-Kidz)와 "키즈 덴티스트"(Kidz' Dentists)(아동치과) 등과 같은 표지판에서 흔하게 볼 수 있는 Z 또한 이 부류에 속한다.

Z만 단독으로 사용될 경우에는 보다 성인들을 위한 것임을 의미하는 것이었다. Z텔(Z-Tel)(전화통신사), Z-월드(Z-World)(컴퓨터 하드웨어)

1 2 3 4

(1) 기원전 1000년경의 “도끼”라는 의미의 페니키아 알파벳의 자인이다. 페니키아 알파벳에서 4개의 치찰음 중의 하나인 자인은 7번째 글자였으며 “z” 소리를 나타냈다. (2) 기원전 700년경의 그리스 알파벳의 제타. 제타는 형태와 알파벳에서의 순서에 있어서 자인을 그대로 답습하였으며, 자인과 비슷한 소리를 나타냈다. (3) 그리스 알파벳의 제타로 기원전 400년경에 이르러 오늘날의 우리에게 보다 익숙한 형태로 변하였다. (4) 120년경의 로마 알파벳의 Z로 고대 로마 알파벳의 23번째인 마지막 글자였다. 로마 사람들은 그리스어에서 온 차용어들의 음역을 위해 그리스 알파벳의 제타를 베껴 자신들의 알파벳 글자로 사용하였다. 로마 사람들은 이 새 글자를 알파벳의 마지막 자리에 배치하였는데, 그 순서가 오늘날 우리에게까지 그대로 전해져왔다.

Z-코프(Z-Corp)(인쇄기), Z-텍(Z-Tech)(전자제품), Z-팀(Z-Team)(비디오제품), Z-맨(Z-man)(음향기기), Z-시스템즈(Z-Systems)(복사점), Z-스폿(Z Spott)(문신가게), Z 매거진(Z magazine), 라첼 Z(Rachel Z)(재즈 피아니스트) 등등이 그러한 예들이다. 그러한 예들은 상당히 많다. 실제로 Z는 이제는 진부한 상투어가 될 처지에 놓인 듯하다.

Z가 지닌 기세의 대부분은 로스엔젤리스의 와츠(Watts)라는 유태인 거주지를 배경으로 한 1991년에 선풍을 일으켰던 영화 ‘소년들과 두건’(*Boyz N the Hood*)에서 나온 것이다. 그 제목에서 일종의 오철자가 쓰인것을 미국의 흑인들의 힙-합(hip-hop) 문화에서 오랫동안 사용되어 온 암호말처럼 대중화시켰다. 그렇게 되자 야구모자를 거꾸로 쓰기와 헐렁한 바지차림처럼 북미지역의 10대들의 주류속으로 파급되었다. 그렇지만 힙-합 전통은 게토 트윈즈(Ghetto Twiinz), 영블라드

즈(Youngbloodz), 제이-지(Jay-Z) 등과 같은 랩가수들의 이름으로 살아남아 있다.

Z의 어떤 면모도 수수께끼같은 Z의 이름만큼 더 흥미를 유발하지는 못한다. Z의 이름은 영국, 카나다와 그밖의 영연방 국가들에서는 "제드"(*zed*)이고 미국에서는 "지"(*zee*)이다. 미국식 이름은 자음을 영어로 이름붙이는 보통의 방식을 따른 것이다. 글자가 나타내는 소리에다 비(B). 티(T), 브이(V)의 이름들에서와 같이 전형적으로 장모음 E를 덧붙이는 것이 보통의 방식이다. 그러나 영국식 이름은 고대시절과 중세시대에 그 글자가 지녔던 이름에 보다 일치한다.

언급한 바와 같이 로마 사람들은 그 글자를 제타(*zeta*)("zayta"로 발음되었음)라 불렀다. 그 이름이 중세기 초기의 로망스 언어들로 전달되었다. 현대 이탈리아어에서는 여전히 제타로 불리고 있으며, 스페인어에서는 제타 또는 제다(*zeda*)로 불린다. 고대 프랑스어에서의 이름은 제드(*zède*)로 변했으며, 축약된 형태는 제(*zé*)였다. 이들이 오늘날 현대 영어에서 Z가 갖고 있는 두 이름의 할아버지들이다.

우리의 알파벳 글자들의 이름의 대부분은 1066년에 노르만 정복과 더불어 영국에 들어온 중세 프랑스어에서의 이름에서 나온 것이다. 그러나 그 과정이 그리 깔끔하지는 못했다. 중세기와 문예부흥기의 영어에는 글자들의 이름의 변이형들이 놀라울 정도로 많이 있었다. 변이형 이름들은 대량소통이 가능해지기 전 시대에는 지역 및 사회 계층적으로 사투리들이 다양하였기 때문이었다. 영국에서의 Z의 공식적 이름은 "제드"였었지만, 현존하는 기록들에 의하면 변이형 이름들도—지(zee)는 물론 자드(*zad*), 자드(*zard*), 이짜드(*izzard*), 이자드(*izard*), 우자드(*uzard*), 에조드(*ezod*) 등의 변이형들도—19세기까지 사용되었다.

이짜드와 에조드 형태는 또 다른 수수께끼이다. 사무엘 존슨은 1755년에 쓴 자신의 영어사전에서 이짜드와 에조드를 Z의 초창기의 이름이었던 "에쓰 하드"(*S hard*)("ess hard"로 발음되었음)가 소멸되어가는 과정에서 남은 흔적이라고 설명한다. 다른 학자들은 이짜드와 에조드가 프랑스어 단어 에 제드(*et zède*)("그리고 제드")에서 온 것이라 가정한다. 에 제드는 중세시대 노르만들이 지배하던 영국에서 어린 아이들이 학교에서 알파벳을 외울 때 어떻게 끝냈었는가를 보여주는 것이다.

그러나 지(*zee*)와 제드(*zed*)라는 이름은 1600년대에 버지니아(Virginia)와 매사추세츠(Massachusetts)에 초창기의 정착지를 건설하기 위해 영국 각지에서 온 이민자들과 더불어 두 이름 모두 확실하게 미국으로 건너왔다. 두 이름 모두 초창기 시절의 미국에서 사용되었다. 아마 늦추어 잡아도 1882년경에 어떤 신문에 Z의 이름이 "뉴 잉글랜드(New England)에서는 항상 지(*zee*)이고, 남부지역에서는 제드(*zed*)이다"라는 기사가 실렸다. 그러는 사이 뉴 잉글랜드의 영향력이 있는 한 인사가 "지"를 주창하고 나섰다. 코네티컷 출신의 사전 편찬자였던 노아 웹스터는 영국 영어로부터 미국 영어의 근본적인 분리를 추구했다. 1828년에 웹스터가 미국 영어의 표준을 만들기 위해 쓴 『미국영어사전』에서 그는 그 글자의 이름에 대해 "지(*zee*)로 발음된다"고 단호하게 말한다.

## 책을 끝내면서

이 책을 끝내면서 마지막 말을 받을 특권은 19세기 프랑스의 소설가이면서, 시인이면서, 희곡작가였던 빅토르 위고에게 있다. 『노틀담 사원의 곱추』(*The Hunchback of Notre-Dame*)(1831)와 『레미제라블』(*Les Misérables*) (1862)의 저자인 그는 언어, 문명, 원리의 보다 심원한 형상으로서의 25개의 글자들—당시의 프랑스어 알파벳에는 W가 없었다—에 대한 열렬한 경외자였었다. 그의 체험기인 『여행 비망록』(*Travel Notebooks*)(1839)에서 그는 각 글자들의 중요성에 대해 숙고하면서 알파벳 글자들을 신비스럽게 해석한다. Y에 대한 언급을 시작으로 (이에 대해서는 이미 407-08쪽에서 설명한 바 있다), 순서를 꼭 지키지는 않았지만 알파벳의 모든 글자들에 대해 설명을 해 나간다. 대열에 끼지 못한 W에게는 양해를 구하면서 빅토르 위고의 이야기를 여기에 옮겨 놓는다:

*인간사회, 이 세상, 그리고 인류 전체를 알파벳에서 찾아 볼 수 있다. 본능적 공감, 천문학, 철학 그리고 모든 학문은 감지될 수 없을지라도 자신들의 진리가 알파벳에서부터 시작됨을 발견한다. 그리고 그래야 마땅하다. 알파벳은 원천이다.*

*A는 중간에 횡대가 걸려 있는 박공지붕이거나 아치(arch)이며; 아니면, A는 친구 둘이 서로 껴안고 악수를 나누며 인사를 나누는 장면이며; D는 등이며; B는 D위에 D가 얹어진 것으로 등위에 등으로 낙타의 쌍봉이며; C는 초생달, 즉 달이며; E는 기초가 되는 것들로 기둥, 파이프 오르간의 연주대, 고전건축의 최하부이며, 건축물 전체가 들어 있는 하나의 글자이며; F는 교수대이며; G는 프랑스 사람들의 뿔피리이며; H는 두개의 타워가 다리로 연결된 건물의 정면이며; I는 포탄을 쏘아 올리는 무기이며; J는 쟁기의 날이며, 흔하게 나뒹구는 뿔이며; K는 입사각과 동일한 투사각이며, 기하학의 열쇠들 중의 하나이며; L은 다리이고 발이며; M은 산이거나 천막이 짝으로 쳐져 있는 진영이며; N은 빗장이 지쳐져 있는 문이며, O는 태양이며; P는 등에 짐을 지고 서 있는 짐꾼이며; Q는 엉덩이와 꼬리이며; R은 짐꾼이 지팡이에 의지해서 취하는 휴*

*식을 나타내며; S는 뱀이며; T는 망치이며; U는 항아리이며; V는 화병이며 따라서 U와 V는 종종 혼동된다); Y는 이미 이야기 하였으며; X는 교차된 칼들로 전투이며—누가 승자가 될 것인가? 우리는 누가 승자가 될 것인지 모르는 탓에 신비주의자들은 X를 운명의 상징으로 대수학자들은 미지수로 채택을 했으며; Z는 번개로 즉 하나님이시다.*

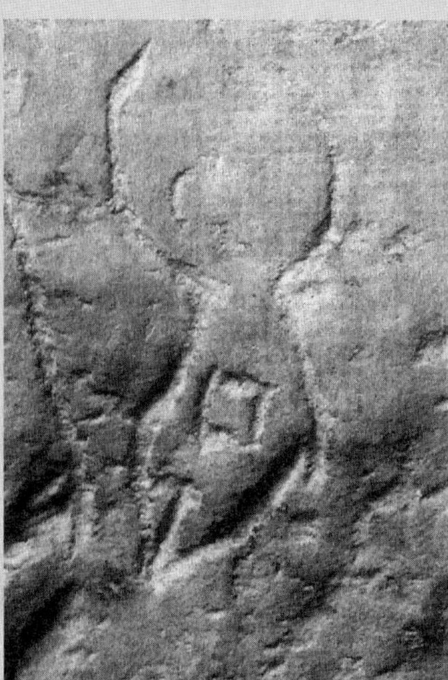

*"신"을 뜻하는 셈어 단어인 엘(el)에 쓰여진 알레프라는 글자이다. 알파벳으로 쓴 것 중 가장 오래된 글로 알려진 이집트 중앙 지역의 와디 엘-홀에서 발견된 것으로 기원전 1800년경의 알레프라는 글자의 형태이다.*

# 참고문헌


Backhouse, Janet. *The Lindisfarne Gospels*. lthaca, N.Y.: Cornell University Press, 1981.

Barber, Alleen. "X Appeal," *Fortune*, Sept. 28, 1998, p. 64.

Barber, Katherine, ed. *The Canadian Oxford Dictionary*. New York: Oxford University Press, 1998.

Beament, Justin, and Esther Dudley. *In Blessed Memory: Incised Headstones of North & West Devon and North Cornwall, 1650-1850*. Exeter: Exeter School of Arts & Design, University of Plymouth, 2000.

Bishop, T. A. M. *English Caroline Minuscule.* New York: Oxford University Press, 1971.

Blumenthal, Joseph. *Art of the Printed Book: 1455-1955*. New York: Pierpont Morgan Library, 1973.

Bonfante, Larissa. *Etruscan*. London: British Museum Publications, 1990.

_______ . *The Etruscan Language: An Introduction*. New York: New York University Press, 1983.

Bowman, Alan K. *Life and Letters on the Roman Frontier: Vindolanda and Its People*. New York: Routledge, 1994.

Campbell, George L. *Handbook of Scripts and Alphabets*. New York: Routledge, 1997.

Catich, Edward M. *The Trajan Inscription in Rome*, 2nd ed. Davenport, Ia.: Catfish Press (St. Ambrose College), 1961.

Chappell, Warren, and Robert Bringhurst. *A Short History of the Printed Word,* 2nd ed., rev. Point Roberts, Wash.: Hartley & Marks, 1999.

Claiborne, Robert. *Our Marvelous Native Tongue: The Life and Times of the English Language*. New York: Times Books, 1983.

Cook, B. F. *Greek Inscriptions*. London: British Museum Publications, 1987.

Crystal, David. *The Cambridge Encyclopedia of the English Language*. New York: Cambridge University Press, 1995.

_______ . *The Cambridge Encyclopedia of Language*, 2nd ed. New York: Cambridge University Press, 1997.

Current, Richard N. *The Typewriter and the Men Who Made It*, 2nd ed. Arcadia, Calif.: Post-Era Books, 1988.

Daniels, Peter T., and William Bright, eds. *The World's Writing Systems*. New York: Oxford University Press, 1996.

Diamond, Jared. *Guns, Germs, and Steel: The Fates of Human Societies*. New York: W. W. Norton, 1997. Chapter 12: "Blueprints and Borrowed Letters: The Evolution of Writing."

Diringer, David. *The Alphabet: A Key to the History of Mankind*, 3rd ed. London: Hutchinson & Co., 1968.

_______ . *Writing*. New York: Frederick A. Praeger, 1962.

Drogin, Marc. *Medieval Calligraphy: Its History and Technique*. Montclair, N. J.: Allanheld & Schram, 1980.

Drucker, Johanna. *The Alphabetic Labyrinth: The Letters in History and Imagination*. New York: Thames & Hudson, 1995.

Dyche, Thomas. *A Guide to the English Tongue,* facsimile ed. Menston, Yorkshire: The Scolar Press, 1967. First published: London, 1707.

Elliott, Stuart. "The Last Letter of the Alphabet," *New York Times*, October 26, 1999.

*Encyclopedia Americana*. Brief articles on letters of the alphabet. Danbury, Conn.: Grolier Inc., 1998.

Fairbank, Alfred, and Berthold Wolpe. *Renaissance Handwriting*. London: Faber and Faber, 1960.

Firmage, Richard A. *The Alphabet Abecedarium: Some Notes on Letters.* Boston: David R. Godine, Publisher, 1993.

Fischer, Steven Roger. *A History of Writing*. London: Reaktion Books, 2001.

Gardiner, Sir Alan. *Egyptian Grammar: Being an Introduction to the Study of Hieroglyphics*, 3rd ed., rev. Oxford: Griffith Institute, Ashmolean Museum, 1988.

Goldberg, Jonathan. *Writing Matter: From the Hands of the English Renaissance*. Stanford, Calif.: Stanford University Press, 1990.

Gordon, Arthur E. *Illustrated Introduction to Latin Epigraphy.* Berkeley: University of California Press, 1983.

Gray, Nicolete. *A History of Lettering: Creative Experiment and Letter Identity*. Oxford: Phaidon Press, 1986.

Hamilton, Gordon J. *Development of the Early Alphabet*, Ph.D. diss. Harvard University, 1985.

Harden, Donald. *The Phoenicians*, rev. ed. New York: Thames & Hudson, 1963.

Harling, Robert. *The Letter Forms and Type Designs of Eric Gill*. Boston: David R. Godine, Publisher, 1976.

Hart, John. "The Opening of the Unreasonable Writing of Our Inglish Toung." Written in 1551. Reprinted in *John Hart's Works on English Orthography and Pronunciation*, Volume 1, ed. Bror Danielsson. Stockholm: Almquist & Wiksell, 1955.

_______. *An Orthographie*. op. cit. First published London: 1569. Reprinted in *John Hart's Works on English Orthography and Pronunciation*, Volume 1, ed. Bror Danielsson. Stockholm: Almquist & Wiksell, 1955.

Havelock, Eric Alfred. *Origins of Western Literacy*. Toronto: Ontario Institute for Studies in Education, 1976.

Healey, John F. *The Early Alphabet.* Berkeley: University of California Press, 1990.

Hoffman, Edward. *The Hebrew Alphabet: A Mystical Journey*. San Francisco: Chronicle Books, 1998.

*The Holy Bible*. King James Version.

Hornblower, Simon, and Anthony Spawforth, eds. *The Oxford Classical Dictionary*. New York: Oxford University Press, 1996.

Isserlin, B. S. J. "The Earliest Alphabetic Writing," in *The Cambridge Ancient History, Volume 3, Part 1: The Prehistory of the Balkans; and the Middle East and the Aegean World, Tenth to Eighth Centuries B. C.*, 2nd ed., ed. John Boardman, I. E. S. Edwards, et al. New York: Cambridge University Press, 1982.

Jackson, Donald. *The Story of Writing*. New York: Taplinger Publishing Company, 1981.

Jean, Georges. *Writing: The Story of Alphabets and Script*s, trans. Jenny Oates. New York: Harry N. Abrams, 1992.

Jeffery, L. H. "Greek Alphabetic Writing" in *The Cambridge Ancient History, Volume 3, Part 1: The Prehistory of the Balkans; and the Middle East and the Aegean World, Tenth to Eighth Centuries B. C.*, 2nd ed., ed. John Boardman, I. E. S. Edwards, et al. New York: Cambridge University Press, 1982.

_____ . *The Local Scripts of Archaic Greece: A Study of the Origin of the Greek Alphabet and Its Development from the Eighth to the Fifth Centuries B. C.*, 2nd ed., rev. by A. W. Johnston. New York: Oxford University Press, 1990.

Johnson, Samuel. *A Dictionary of the English Language*, 2nd ed., rev. by H. J. Todd. London: Longman, Rees, et al., 1827.

Johnston, Edward. *Writing and Illuminating, and Lettering*. London: Sir Isaac Pitman & Sons, 1932 (1906 edition).

Jonson, Ben. *The English Grammar*. London: Lanston Monotype Corporation, 1928. First published London: 1640.

Katzner, Kenneth. *The Languages of the World*, 3rd ed. New York: Routledge, 1995.

Knight, Stan. *Historical Scripts: From Classical Times to the Renaissance*, 2nd ed., rev. New Castle, Del.: Oak Knoll Press, 1998.

Leclerc, A. "Letter of the Year," *Esquire*, July 1992, p. 18.

Maittaire, Michael. *The English Grammar: Or, an Essay on the Art of Grammar, Applied to and Exemplified in the English Tongue*, facsimile ed. Menston, Yorkshire: The Scolar Press, 1967. First published: London, 1712.

Man, John. *Alpha Beta: How Our Alphabet Changed the Western World.* London: Headline Book Publishing, 2000.

Mares, G. C. *The History of the Typewriter, Successor to the Pen.* Arcadia, Calif.: Post-Era Books, 1985. First published: London, 1909.

Markoe, Glenn E. *Phoenicians*. Berkeley: University of California Press, 2000.

Martin, Henri-Jean. *The History and Power of Writing,* trans. Lydia G. Cochrane. Chicago: University of Chicago Press, 1994.

Massin. *Letter and Image,* trans. Caroline Hillier and Vivienne Menkes. London: Studio Vista, 1970.

McArthur, Tom, ed. *The Oxford Companion to the English Language.* New York: Oxford University Press, 1992.

McCarter, P. Kyle, Jr. *The Antiquity of the Greek Alphabet and the Early Phoenician Scripts*. Missoula, Mont.: Scholars Press, 1975.

Meggs, Philip B. *A History of Graphic Design,* 3rd ed. New York: John Wiley & Sons, 1998.

Mencken, H. L. *The American Language: An Inquiry into the Development of English in the United States,* 4th ed. New York: Alfred A. Knopf, 1955. Chapters: "The Two Streams of English" and "American Spelling."

______. *The American Language: Supplement Ⅰ*. New York: Alfred A. Knopf, 1952. Chapter: "The Two Streams of English."

______. *The American Language: Supplement Ⅱ*. New York: Alfred A. Knopf, 1956. Chapter: "American Spelling."

Mish, Frederick C., ed. *Merriam-Webster's Collegiate Dictionary*, 10th ed. Springfield, Mass.: Merriam-Webster, Inc., 2001.

Monaghan, E. Jennifer. *A Common Heritage: Noah Webster's Blue-Back*

*Speller*. Hamden, Conn.: Archon Books, 1983.

Moscati, Sabatino. *The World of the Phoenicians,* trans. Alastair Hamilton. London: Weidenfeld and Nicolson, 1968.

Mulcaster, Richard. *The First Part of the Elementarie which entreateth chefelie of the right writing of our English tung*, facsimile ed. Menston, Yorkshire: The Scolar Press, 1970. First published: London, 1582.

Murray, James A. H., Henry Bradley, et al., eds. *The Oxford English Dictionary*. New York: Oxford University Press, 1933.

Naveh, Joseph. *Origins of the Alphabet*. London: Cassell & Company, 1975.

Nesbitt, Alexander. *Lettering: The History and Technique of Lettering as Design.* New York: Prentice-Hall, 1950.

*The New Encyclopedia Britannica*, 15th ed. Chicago: Encyclopedia Britannica, Inc., 2002.

Ouaknin, Marc-Alain. *Mysteries of the Alphabet: The Origins of Writing*, trans. Josephine Bacon. New York: Abbeville Press Publishers, 1999.

Pei, Mario. *Invitation to Linguistics: A Basic Introduction to the Science of Language*. London: George Allen & Unwin Ltd., 1965.

______. *The Story of Language*, 2nd ed. London: George Allen & Unwin Ltd., 1966.

______. *The Story of Latin and the Romance Languages*. New York: Harper & Row, 1976.

Penney, J. H. W. "*The Languages of Italy,*" *in The Cambridge Ancient History, Volume 4: Persia, Greece and the Western Mediterranean c. 525 to 479 B. C.*, 2nd ed., ed. John Boardman, N. G. L. Hammond, et al. New York: Cambridge University Press, 1988.

Powell, Barry B. *Homer and the Origin of the Greek Alphabet*. New York: Cambridge University Press, 1991.

Robinson, Andrew. *The Story of Writing*. New York: Thames & Hudson, 1995.

Sacks, David. *Encyclopedia of the Ancient Greek World*. New York: Facts

On File, 1995.

Sandys, Sir John Edwin. *Latin Epigraphy: An Introduction to the Study of Latin Inscriptions*, 2nd ed., rev. by S. G. Campbell. Groningen, Holland: Bouma's Boekhuis N. V., 1969.

Sass, Benjamin. *The Genesis of the Alphabet and Its Development in the Second Millennium B. C.* Wiesbaden, Germany: Otto Harrassowitz, 1988.

Scragg, D. G. *A History of English Spelling*. New York: Barnes & Noble Books, 1974.

Senner, Wayne M., ed. *The Origins of Writing*. Lincoln, Neb.: University of Nebraska Press, 1989.

Sihler, Andrew L. *New Comparative Grammar of Greek and Latin*. New York: Oxford University Press, 1995.

Simpson, J. A., and E. S. C. Weiner, eds. *The Oxford English Dictionary*, 2nd ed. New York: Oxford University Press, 1989.

Steinberg, S. H. *Five Hundred Years of Printing*, 3rd ed., rev. by John Trevitt. New Castle, Del.: Oak Knoll Press, 1996.

Tory, Geofroy. *Champ Fleury (Field of Flowers)*, trans. and annotated by George B. Ives, 1927. New York: Dover Publications, 1967. Originally Published in French in Paris, 1529.

Tuer, Andrew W. *History of the Horn-book,* Amsterdam: S. Emmering, 1971.

Ullman, B. L. *The Origin and Development of Humanistic Script*. Rome: Edizioni di Storia e Letteratura, 1960.

V & M Typographical, Inc. *The Type Specimen Book.* New York: Van Nostrand Reinhold Company, 1974.

Woodard, Roger D. *Greek Writing from Knossos to Homer: A Linguistic Interpretation of the Origin of the Greek Alphabet and the Continuity of Ancient Greek Literacy*. New York: Oxford University Press, 1997.

# 면담에 응해주신 분들

Darnell, John Coleman. Assistant Professor, Department of Egyptology, Yale University. Telephone interview, November 2001.

Dobbes-Allsopp, F. W. Associate professor of Old Testament, Princeton Theological Seminary. Telephone interview and e-mail correspondence, January 2002.

Hamilton, Gordon J. Professor, Old Testament Language and Literature, Huron University College. E-mail correspondence, July 2002.

# 삽화, 그림, 사진 등의 출처와 사용을 허락해주신 분들

6쪽과 325쪽: cartoon images of "dog," "doctor" "knot," "deer," "waist," and "nose" by kind permission of AM. Productions, Ottawa, Ontario.

9쪽: Attic red-figure cup fragment by Akestorides Painter from The J. Paul Getty Museum, Malibu, CA. Photograph © The J. Paul Getty Museum.

16쪽: Map reprinted from A. Bernard Knapp, *The History and Culture of Ancient Western Asia and Egypt*, 1st ed., Chicago: Dorsey Press, 1988. © 1988. Reprinted with permission of Wadsworth, a division of Thomson Learning. *www.thomsonrights.com.* Fax 800-730-2215.

20쪽: Painting © By Björn Landström. Reprinted from Björn Landström, *The Ship*, Garden City, NY: Doubleday & Company, 1961. By permission of Olof Landström.

29쪽: Courtesy Israel Antiquities Authority.

35쪽: From Sir Alan Gardiner, *Egyptian Grammar*, 3rd ed. Oxford: Griffith Institute, Ashmolean Museum, 1957. Reprinted by permission of the Griffith Institute, Oxford.

49쪽: Photograph by Bruce Zuckerman and Marilyn Lundberg, West Semitic Research. Drawing by Marilyn Lundberg, West Semitic Research.

50쪽: Photographs by Bruce Zuckerman and Marilyn Lundberg, West Semitic Research.

51쪽: Reproduced with permission of Punch Ltd.

52쪽: From the U.S. Department of Agriculture website: *www.ams.usda.gov*.

54쪽, 248쪽,249쪽, 312쪽, 406쪽: Reprinted from Geofroy Tory, *Champ Fleury* (English translation), New York: Dover Publications, 1967.

67쪽: Lyrics from "The Sadder But Wiser Girl," from Meredith Willson's *The Music Man*, by Meredith Willson. Ⓒ 1957 (renewed) FRANK MUSIC CORP. and MEREDITH WILLSON MUSIC. All rights reserved.

68쪽: Map reprinted from A. T. Reyes, *Archaic Cyprus: A Study of the Textual and Archaeological Evidence*, New York: Oxford University Press, 1994. Reprinted by permission of Oxford University Press.

75쪽: Ⓒ American School of Classical Studies at Athens: Agora Excavations.

76쪽, 77쪽: By permission of the British Library. Manuscript G.12216.

82쪽: Photograph Ⓒ The British Museum. GR 1870.3-20.88.

88쪽: The Metropolitan Museum of Art, Fletcher Fund, 1924. All rights reserved, The Metropolitan Museum of Art.

89쪽: Map reprinted from Graeme Barker and Tom Rasmussen, *The Etruscans*, Oxford: Blackwell Publishers, 1998.

98쪽: Ⓒ The Coca-Cola Company, Atlanta, Georgia. Used by permission.

111쪽, 200쪽, 284쪽, 324쪽, and 338쪽: Reprinted from Massin, *Letter and Image* (English translation), London: Studio Vista, 1970.

122쪽: Map reprinted from Michael Grant, *The Antonines: The Roman Empire in Transition*, New York: Routledge, 1994.

123쪽: Trajan Inscription photograph by kind permission of Mobium Creative Group, a subsidiary of R. R. Donnelley & Sons Company, Chicago, IL.

124쪽: Alinari/Art Resource, NY.

128쪽: Reuters/Richard Carson.

133쪽: Photograph by Bruce Zuckerman and Marilyn Lundberg, West Semitic Research.

141쪽: Ⓒ F Company Design, Minneapolis, MN. By permission.

153쪽, 215쪽 418쪽: Reprinted from Frederic W. Goudy, *The Alphabet and Elements of Lettering*, Berkeley: University Press, 1942.

166쪽: Kunsthistorisches Museum, Vienna.

167쪽: The Bodleian Library, University of Oxford, Manuscript Auct. T.2.26, f.82r.

181쪽: The Bayeux Tapestry, 11th century. By special permission of the City of Bayeux.

182쪽, 183쪽: By permission of the British Library. Manuscript Add. 10546, f.26 det.

209쪽: By permission of the British Library. Yates Thompson Manuscript 6, f.127 r.

210쪽: St. Bride Printing Library, London, England. Photo by Geremy Butler Photography.

219쪽 351쪽: © The British Museum. Dodgson Burl. Mag. 1922, p. 18.

226-227쪽: Reprinted from a Yale University Press facsimile edition of the Henry Hoth copy of the Shakespeare First Folio at the Elizabethan Club, Yale University. By kind permission of the Elizabethan Club.

230쪽: By kind permission of the Master, Fellows, and Scholars of Pembroke College in the University of Oxford.

233쪽: Reprinted from Edward M. Gottschall, *Typographic Communications Today*, New York: International Typeface Coropration, 1989. By kind permission of Agfa Monotype, Wilmington, MA.

248-249쪽: From Charles Olson, *The Collected Poems of Charles Olson*, edited by George Butterick. Berkeley: University of California Press, 1987. © 1987 Estate of Charles Olson.

262쪽: The Metropolitan Museum of Art, bequest of Charles Allan Munn, 1924. All rights reserved, The Metropolitan Museum of Art.

276쪽: Courtesy of Newman's Own.

296쪽, 310쪽, 402쪽: Reprinted from *A Book of Alphabets with Plain, Ornamental, Ancient, and Medieval Styles*, Ottawa, Ontario: Algrove Publishing Limited, 2000. By kind permission.

300-301쪽: By permission of the British Library. Manuscript Cott. Nero Div.f.5 v.

329쪽: Photograph by Bruce Zuckerman and Marilyn Lundberg, West Semitic Reseach.

347쪽: By permission of the British Library. Heber copy C. 34.1.14.

348쪽: ⓒ Robert Capa/Magnum Photos.

353쪽: By Wilfred Owen, from THE COLLECTED POEMS OF WILFRED OWEN, copyright ⓒ 1963 by Chatto & Windus, Ltd. Reprinted by permission of New Directions Publishing Corp.

362쪽: Reuters/Damir Sagolj.

368쪽: Reprinted from Sir John Edwin Sandys, *Latin Epigraphy: An Introduction to the Study of Latin Inscriptions*, 2nd ed., Groningen, Holland: Bouma's Boekhuis N. V., 1969. By permission of Ares Publishers, Golden, CO.

370쪽: This item is reproduced by permission of the Huntington Library, San Marino, California. RB 69305.

374쪽, 385쪽: ⓒ Bettmann/CORBIS/MAGMA.

384쪽: Reprinted from Thomas Dyche, *A Guide to the English Tongue* (facsimile edition), Menston, Yorkshire: The Scolar Press, 1967.

386쪽: AP/Wide World Photos.

404쪽: Reprinted from Elizabeth S. Haldane, *Descartes, His Life and Times*, London: J. Murray, 1905.

407-8쪽, 428-29쪽: Victor Hugo excerpt reprinted from Georges Jean, *Writing: The Story of Alphabets and Scripts*, New York: Harry N. Abrams, Inc., 1992. English translation by Jenny Oates, ⓒ 1992 by Harry N. Abrams, Inc.

412쪽: By permission of the British Library. Manuscript Cott. Cali. E.III f.273.

416쪽: Gravestone on the east wall of St. Swithuns Church, Shobrooke, Devon, from Justin Beament and Esther Dudley, *In Blessed Memory: Incised Headstones of North & West Devon and North Cornwall*, 1650-1850, Exeter: Exeter School of Arts & Design, University of Plymouth, 2000. Photograph courtesy of Justin Beament.

424쪽: "Z"™ is used with the express permission of Zorro Productions, Inc., Berkeley, CA. ⓒ 2003. All rights reserved.

429쪽: Photograph by Bruce Zuckerman and Marilyn Lundberg, West Semitic Research.

# 찾아보기

## W. 386-95



## X, 100, 148, 396-405

# 지은이 소개

데이빗 삭스 (David Sacks)

데이빗 삭스는 뉴저지주의 서밋에서 성장하였으며 스워쓰모어 대학(Swarthmore College)과 옥스퍼드 대학에서 그리스어와 라틴어를 공부했다. <뉴욕 타임스 서평>, <월스트리트 저널>, <오타와 시민>을 위시하여 여러 잡지들과 신문들에 문화와 관련된 내용을 주제로 하여 글을 썼다. 『고대 그리스 세계 백과사전』의 저자인 삭스는 카나다 온타리오주의 오타와에서 아내와 두 딸들과 함께 살고 있다.

# 옮긴이 소개

이건수

경희대학교 사범대학 외국어교육학과에서 영어를 전공하고 경희대학교 대학원 영어영문학과에서 영어학을 전공했으며, 하와이대학교 대학원 언어학과에서 언어학 박사학위를 취득하였다. 현재 경희대학교 외국어대학 영미어학부 교수로 영어학과 언어학을 강의하고 있다. 박사학위논문을 비롯하여 다수의 논문을 썼으며, 다수의 대학영어교재를 공동으로 편찬하였으며, 『언어학개론』(신아사), 『비교통사론』(이혜란 공역)(한신문화사), 『영어학의 이해』(여승주 공역)(신아사)를 출판하였다.

**The Alphabet** (Letter Perfect)
The marvelous History of Our Alphabet From A to Z
데이빗 삭스 지음 / 이건수 옮김

재미있는 알파벳 이야기

1판 1쇄 찍음 · 2010년 7월 5일
1판 1쇄 펴냄 · 2010년 7월 10일

지은이 · 데이빗 삭스
옮긴이 · 이 건 수
발행인 · 정 현 걸
발 행 · 신 아 사
인 쇄 · 남양인쇄
주 소 · 서울특별시 은평구 녹번동 28-36 2F
전 화 · (02) 382-6411 팩 스 · (02) 382-6401
홈페이지 · www.shinasa.co.kr
E-mail · shinasa@daum.net
출판등록 · 1956년 1월 5일 (제 9-52호)

ISBN 978-89-8396-697-1 (03740)

정가 16,000 원